国家社会科学基金教育学一般课题
《基于可视化大数据分析的中小学中国画教学评价体系建构研究》
（BLA170231）
研究成果

基于可视化大数据分析的中小学中国画教学评价体系建构研究

郑　文　编著

浙江人民美术出版社

图书在版编目（CIP）数据

基于可视化大数据分析的中小学中国画教学评价体系建构研究 / 郑文编著. -- 杭州 : 浙江人民美术出版社, 2023.5

ISBN 978-7-5340-3813-6

Ⅰ.①基… Ⅱ.①郑… Ⅲ.①数据处理－应用－中国画－教学研究－中小学 Ⅳ.①G633.955.2-39

中国国家版本馆CIP数据核字（2023）第088166号

责任编辑　陈辉萍　许诺安
责任校对　钱偎依
责任印制　陈柏荣

**基于可视化大数据分析的
中小学中国画教学评价体系建构研究**

郑　文　编著

出版发行　浙江人民美术出版社
　　　　　（杭州市体育场路347号）
经　　销　全国各地新华书店
制　　版　浙江大千时代文化传媒有限公司
印　　刷　杭州捷派印务有限公司
版　　次　2023年5月第1版
印　　次　2023年5月第1次印刷
开　　本　710mm×1000mm　1/16
印　　张　25.25
字　　数　400千字
书　　号　ISBN 978-7-5340-3813-6
定　　价　128.00元

如发现印刷装订质量问题，影响阅读，请与承印厂（0571-56798200）联系调换。

目　录

序章　研究导论①

一、研究缘起

（一）研究背景

大数据时代背景下，无处不在的数字化图像正改变着青少年的生活、学习和感知世界的方式，也深刻影响和改变着人们的思维和生活方式。在新的全球竞争格局下，21世纪的教育走向何处？教育的宗旨是什么？应如何组织学习？

2015年联合国教科文组织发表的报告《反思教育：向"全球共同利益"的理念转变》回应了这些问题，在报告的序言中，教科文组织总干事伊琳娜·博科娃指出："世界在变化，教育也必须变化。社会无处不在经历着深刻变革，这种形势呼唤新的教育形式，培养当今及今后社会和经济所需要的能力。这意味着超越识字和算术，以学习环境和新的学习方法为重点，以促进正义、社会公平和全球团结。教育必须教导人们学会如何在承受压力的状况下生活；教育必须重视文化素养，立足于尊重和尊严、平等，有助于将可持续发展的社会、经济和环境结为一体。"进而她强调"再没有比教育更加强大的变革力量，教育促进人权和尊严，消除贫穷，强化可持续性，为所有人建设更美好的未来，教育以权利平等和社会正义、尊重文化多样性、国际团结和分担责任为基础"。最后她写道："我们必须高瞻远瞩，在不断变化的世界中重新审视教育。"这种审视教育的结果就是由此提出了教育应该"向全球共同利益"的理念转变。②

在追求"向全球共同利益"的理念转变的背景下，美术教育的价值正在不断凸显，它能够以不同的方式影响我们每一个人，与此同时，也能够将我们团结起来，形成一个共同体。美术能开放思想，培养我们对彼此文化的尊重，为建立开放包容的社会铺平道路；在可持续发展方面，美术教育是发挥人类智慧和创造力最为强大的可再生资源的能量来源，它能教导人们学会如何在承受压

---

① 本章由华东师范大学美术学院教授郑文撰写。
② 联合国教科文组织.反思教育：向"全球共同利益"的理念转变？［M］.联合国教科文组织总部中文科，译.北京：教育科学出版社，2017.

力的状况下更好地生活。总之，美术教育具有独特的价值，是促进全球可持续发展的驱动因素，是社会强大的变革力量。作为美术教育中的重要组成部分，中国画教学理当顺应美术教育发展趋势，同样向追求"全球共同利益"的理念转变。

在全球化趋势日益明显的当下，本土文化也面临着严峻考验。面对全球化带来的民族文化身份的碎片化以及身份认同的危机感，如何找寻强化中华民族文化认同的途径，如何从传统中寻找促进现代社会发展的智慧，是中国画教学和评价必须深思的问题和实践的方向。

随着国家综合实力的不断增强，在不断融入世界一体化的进程中，我国也建立了以"文化立国"为宗旨的文化发展战略。党的十九大报告明确提出"推动中华优秀传统文化创造性转化、创新性发展"的方向。

文化强国不仅需要新一代重视、热爱、传承中华优秀传统文化，更需要从未来的角度汲取传统文化的养分，创造出可以传至明天的优秀文化。中国画教学既是一种智性活动，又是一种德性教育。当前国家倡导的美育和课程思政建设正是强调发掘出学科特色和德性内涵，中国画中蕴含着丰富的道德理念，挖掘中国画背后的德性内涵，既有助于促进中国画课程教学实践的深层化，也有助于实现立德树人的教学本位。

在视觉文化时代背景下，中国画教学对于学生的智力发展、综合素质养成的作用毋庸置疑，教育界已广泛认识到美术学习评价多元化的理论意义和重要性。但在一线的教学实践活动中，教师在完成高品质课程及优质教学后则往往缺乏有效的方式进行教学评价。因此，为确保学生享有优质的中国画教育，需要建立基于绩效和能力的中国画教学和中国画学习评估体系及模型。一方面，运用定量或实验的方法，开发切实有效的中国画学习评估工具进行定量分析的实证研究，以评估中国画教学与学生认知和创造之间的联系；另一方面，除定量研究外，还需开展基于有效教学为基础的定性研究，从中国画教学发展的内部和外部环境探寻发展规律及路径。

《反思教育：向"全球共同利益"的理念转变？》报告的"导言"中对知识、学习进行了重新定义："知识在有关学习的任何讨论中都是核心议题，可以理解为个人和社会解读经验的方法。因此，可以将知识广泛地理解为通过学习获得的信息、认识、技能、价值观和态度。""学习可以理解为获得这种知识的过程。学习既是过程，也是这个过程的结果；既是手段，也是目的；既是个人行为，也是集体努力"。① 通过对报告的深入解读，我们认识到在经历着深刻变革的第四次工业革命时代，教育形式以学习环境和新的学习方法为重点，对知识和学习的新定义中凸显了学习的过程与结果。视觉艺术教育理应进行相应的转变，无论是课程目标的设定还是教学的实施，都应转向为学生营造新的学习环境和提供新的学习方法。在视觉艺术教育评价上，也应从关注"教"转向重视"学"的过程，从以往对重视教学评价转向注重中小学生的美术学习评价。②

"以学习者为中心"教学理念的产生正是呼应这一思想，它将学习者的发展作为教育目标选择的重要考量，强调人的全面发展、人的自由发展或者人的个性化发展。③ "以学习者为中心"最核心的观点是：1.学习者主动参与活动和意义建构；2.学习者先前知识经验和已有及形成中的观点在学习过程中的重要性。

近年来，基础教育课程与教学改革进入了一个新的发展阶段，《普通高中美术课程标准（2017 年版）》《义务教育艺术课程标准（2021 版）》都将评价重点放在学生的美术学习质量上。近年来召开的国内外重要的美术教育会议、我国相关政策法规在讨论教育发展重要关注点与走向时都不约而同地确立了"监测和提升学生艺术学习质量"的任务和目标，保障与提升学生艺术学习质量已成为时代发展的重要需求。因此，本研究也将侧重点放在学生中国画学习评价方面，重视"以学生为中心"的中小学中国画教学评价。

通过梳理可以发现，大数据时代带来视觉文化的转型对美术教育尤其是中国画教育提出了新的挑战，当前教学评价和传统文化艺术的关注已成为探讨的热点。但由于至今为止对中小学中国画教学评价的研究几乎是空白，我们未能掌握中国画教学真实有效的确凿信息，难以把握中小学生通过中国画学习是否

---

① 联合国教科文组织.反思教育：向"全球共同利益"的理念转变？[M].联合国教科文组织总部中文科，译.北京：教育科学出版社，2017：8—9.

② 钱初熹.国外中小学视觉艺术教育评价的新动向及其启示[J].现代基础教育研究，2017.26（6）：197—207.

③ 郑太年.以学习者为中心的课堂对话：理论框架与案例分析[J].开放教育研究，2019.25（4）：59—65.

真正获得了传统文化素养。中国画教学评价改革已迫在眉睫，基于可视化大数据分析的中小学中国画教学评价体系建构显得十分必要和迫切。

（二）存在问题

通过调研和现有研究的归纳，可以发现，中小学中国画教学评价极为滞后，它存在诸多问题，主要表现在五个方面：

第一，从评价内容上看，当前中小学中国画教学评价较为重视知识技能评价，忽略情感、态度和价值观的评价。

在中国画教学中我们应该评什么？在中国画鉴赏教学中，是评价学生记住中国画的相关概念与基本知识，还是关注学生的文化理解和创新思维，是否具有创见性地鉴赏中国画作品？在中国画创作实践教学中，是关注学生对中国画技法的表现和掌握能力，还是关注学生在创作中表现出的意象、意趣和气韵？通过中国画学习，学生有没有形成勇于尝试、善于创新、坚韧负责、善于沟通合作的品性和能力？显然，中国画教学评价和学习评价的背后是我们要培养什么样的人才问题。在对中小学中国画教学现状调研中，我们发现大多数美术教师还是局限于关注中国画知识与技能的评价，忽视对情感、态度和价值观的评价，这与我们培养学生视觉艺术核心素养的目标不一致。因此，建立全方位、立体的评价学生中国画学习的体系显得尤为重要。

第二，从评价方法看，已有的中国画教学评价基本流于师生的口头评价与对作品的终结性评价，评价方法被窄化。

中小学美术学习评价方法有很多种，包括档案袋评价、等级评定、评语、评价量表、打分数、评价卡片、展示性评价、民主投票、问卷、测试、行为观察记录等多种评价方法，评价者可以同时选用其中一种或几种进行评价。而通过对中国画教学现状的调查发现，中国画教学评价的手段极为有限。在当下一些中小学中国画课堂中，由于教师评价素养的匮乏，课堂评价被狭隘地理解为课堂中评价语的使用，通过口头语对学生的表现进行简单的价值判断，而不是提供针对性、描述性的反馈信息。具体表现在课堂上评价语过于泛化，如"你回答得真好""画得棒极了"，这些没有针对性指导性意见的简单评价充斥着课堂，而关注任务本身的描述性反馈却极少出现。

第三，从评价标准看，现有的中国画教学评价大多较为主观，缺乏科学化和专业化的评价标准。

在考查学生中国画知识的习得时，中国画教学评价往往只是教师或学生的即兴评价，大多涉及中国画作品的直观感受，缺乏对中国画作品内涵充分而深入的解读和阐释，评价较为单一。在当前大部分的中国画学习评价中，评价往往只是教师基于自己的认识给出的相应判断，评价结果较为主观。教学评价应与课程目标、教学内容紧密相连，在制定了合理的课程目标后，依据课程目标对学生的中国画学习做出科学的、专业的价值判断。但当前对学生中国画学习评价在评价维度的制定、作业质量、评价实施过程、结果分析和运用等方面都缺乏相应的研究，中国画课堂教学和学习评价大都以教师的经验为主，学生中国画学习评价应该是多角度、全方位的，不能一概而论，为了更为科学合理地反映教学成效和学习成果，应该将量性评价与质性评价结合起来进行研究。

第四，从评价过程看，目前的教学评价重视终结性评价，忽视过程性评价在教学中的重要作用。

在当前的中国画教学中，教师常常将学生完成的作业作为教学过程中的最后一个环节。这种做法实质上将教学过程看作一个线性的流程，割裂了教学、学习与评价三者之间的关系。这种总结性的学习评价由于不能及时地将学习状况反馈给学生，延误了学生学习的最佳时机，从而导致学生学习链的断裂[1]。学习评价实际上是包含在"教与学"的过程之中，与教学、学习构成三位一体的关系，绝不是凌驾于教学过程之上，或教学过程结束之后一个可有可无的环节。

第五，从评价功能上看，尚未合理运用中国画教学评价的结果。

评价具有评定、选拔、管理、诊断、发展等不同的功能。在课堂中评价应发挥诊断及促进学生学习的功能。那些在评价中得到积极的强化和鼓励的学生，他们的中国画学习兴趣、动机及自信心会随之提高；反之，那些经常在课堂评价中经历挫折的学生，他们的学习兴趣、动机及自信心就会受到打击。[2]中国画教学评价应积极发挥其诊断与促进学生中国画学习的功能，及时发现学生在中

---

[1]　赵士果. 促进学习的课堂评价研究 [D]. 上海：华东师范大学，2013：45.

[2]　同上。

国画学习中遇到的困难或问题，给予学生及时的反馈和指引。然而，审视当前中小学美术教师的中国画教学评价行为，未能合理运用评价结果有效促进学生的中国画学习，评价只发挥着评定与管理的职能，并未真正发挥诊断和激励的功能。

二、研究目的与意义

（一）研究目的

1.探明中国画教学评价对学生成长，推动我国传统文化发展、建设创新型国家具有重要作用的理论依据。

2.发现当前中小学中国画教学评价中存在的问题，分析产生这些问题的原因。

3.针对问题及原因，找到解决方法，提出建构基于可视化大数据分析的中国画教学评价体系，为学校中国画教学评价提供决策依据，为美术教育学科构建做出应有的贡献。

4.预测人工智能和可视化大数据技术下学校中国画教学评价的发展方向，指明与此相对应的中小学中国画教学评价发展的方向。

（二）研究意义

在理论方面，本研究利用最新的可视化大数据分析方法对中小学中国画教学及学生中国画学习评价进行实证研究，建构了基于“学习者为核心”的中小学中国画教学评价体系，其中包括中小学中国画课堂教学质量评价指标体系和学生中国画学习能力评价指标体系。同时，开发了基于标准的学校中国画学业质量测评工具。论证了在文化创造型国家的建设中，在学校美术教育中进行中国画教学评价的重要意义。这些研究力求弥补以往该领域理论研究上的空白，以起到理论引领的作用。

在实践方面，探索了基于馆校合作的中国山水画学习能力提升评价的新方法，及基于眼动技术的中国山水画审美能力评测的新方法，开发基于评价体系的高品质中小学中国画课程和优质教学评价案例，提供基于学生学习不同程度、内容、方法的中国画评价策略，并力求获得在全国范围内进行交流的成功经验。

具体而言，表现在以下两方面：

第一，有利于丰富中小学中国画教学评价的理论和实践，建构促进"教"与"学"的中国画教学评价体系，丰富和完善基础教育美术学科教育评价体系。

本研究围绕美术教育及中国画教学的书籍、期刊、相关报纸杂志，对有关美术教学评价及中国画教学评价的文献进行系统梳理与分析，尝试系统论述美术学习评价理念、评价目标、评价内容、评价方法。借鉴教育评价的研究方法，运用定量和定性的方法，通过实证研究开发可行有效的中国画学习评估工具，建构基于可视化大数据分析的中小学中国画教学评价体系，开发基于标准的中国画学业质量测评工具。希望通过研究，其成果能为中小学中国画教学评价改革带来积极的推动作用，对中小学美术教学评价、中国画教学评价及中国画学习评价的发展和理论建设起到促进和推动作用。

第二，在实践探索上，拓展基于评价的高品质中国画课程和教学，对当下中国画教学评价实践具有指导和借鉴意义。

从国内相关政策与研究者的文献评述中，发现中小学中国画教学评价、中国画学习评价及美术学习评价中存在的问题，通过调查、分析美术课程标准、美术教科书、教学现状等，来全面了解评价中小学生中国画教学的现状，发现其中的问题所在。通过开发和实施基于评价的高品质中国画课程和教学，探究有效的、合理的中小学中国画学习评价策略、评价方法、评价指标等，研究包括课堂、馆校结合和校外机构等多种环境下的中国画教学评价，为推进中小学美术教育评价体系的完善提供基石。

总之，本课题研究旨在构建一套具有信度和效度的中国画教学评价体系，其目的是使每位学生通过中国画的学习，提高视觉艺术素养，增进对中国优秀传统文化艺术的理解和自豪感，树立建设创新型国家和世界和平的志向，增强社会责任感，促进内在精神的生长。

三、相关概念界定

（一）可视化

可视化（Visualization）是将数据信息和知识转化为一种视觉表达形式，是充分利用人们对可视模式快速识别的自然能力。[①] 它是利用计算机图形学和图像处理技术，将数据转换成图形或图像在屏幕上显示出来，并进行交互处理的理论、方法和技术。它让用户以直观交互的方式实现对数据的观察和浏览，从而发现数据中隐藏的特征、关系和模式，给予人们深刻与意想不到的洞察力。

（二）大数据

大数据（Big data），或称巨量资料，指的是需要新处理模式才能具有更强的决策力、洞察力和流程优化能力的海量、高增长率和多样化的信息资产。[②] 大数据涵盖的数据集合容量超越了常规软件所能够采集、管理和处理的数据量，通过它搜索、整合、交叉计算获得的参考数据具有丰富的利用价值。

（三）数据可视化

数据可视化主要旨在借助于图形化手段，清晰有效地传达与沟通信息。通过直观地传达关键的方面与特征，从而实现对于相当稀疏而又复杂的数据集的深入洞察。数据可视化与信息图形、信息可视化、科学可视化以及统计图形密切相关。当前，在研究、教学和开发领域，数据可视化是一个极为活跃而又关键的方面。它实现了成熟的科学可视化领域与较年轻的信息可视化领域的统一，让大数据有意义，使之更贴近大多数人。数据可视化是寻路仪，在某种意义上，恰当的可视化标识可以提供较短的路线，帮助指导决策，成为通过数据分析传递信息的一种重要工具。

（四）教育评价

教育评价是指根据一定的目的和标准，运用可行的方法（测量、非测量、系统收集资料信息的方法）对教育的要素、过程和效果（教育计划、课程、学习结果、教育现象、教学活动、教育目标或程序）进行价值判断的活动，其目的是为学生发展、教育决策等作参考。一般而言，教育评价包括对课程的评价、对教师教学的评价和对学生学习的评价。

[①] 韩丽影，刘伟. 信息可视化——知识服务网站的新形象 [J]. 情报理论与实践，2005.28（6）:636-639.

[②] 网络资源：http://wenda.so.com/q/1511842377213931

（五）中国画教学评价

中国画教学是中小学美术教学中的重要组成部分，对中小学生理解中国文化及对自身发展具有不可替代的作用。本研究中的中国画教学评价是指根据一定的目标和标准，采取一定的评价方法对师生中国画教学和学习的过程、结果等进行价值判断的活动，其目的是更好改进教师的中国画教学和促进学生的中国画学习。

本研究利用可视化大数据分析等方法对中小学中国画教学中产生的评测数据进行多维度的分析，以此建构学校中国画教学评价体系，得出对改进中国画教学评价和中国画学习评价有价值的结论。

四、研究成果和学术价值

本课题是聚焦于中小学中国画教学评价开展的专题研究，此选题在国内尚无先例，是一项填补国内可视化数据分析与中小学中国画教学评价领域研究空白的课题。经过4年多的研究历程，本课题研究在理论与实践两方面均取得了突破性进展。具体而言，有以下五方面的突破性进展、学术价值及应用价值：

第一，本课题基于21世纪视觉艺术素养的中国画教学评价新方向，立足于中小学中国画教学实践，建构基于"以学习者为中心"的中小学中国画教学评价体系，其中包括中小学中国画课堂教学质量评价指标体系和中小学生中国画学习能力评价指标体系，这两个评价指标体系涵盖了教师的"教"与学生的"学"，能有效评价当前中小学中国画教学质量和中小学生的中国画学习质量，极大地丰富了中国画教学评价的方式，也助推了中小学美术教学评价领域的发展。

基于"以学习者为中心"的中小学中国画课堂教学质量评价指标体系，摒弃了从教学目标、教学内容、教学策略、教学成果等教学要素为设计依据的传统评价范式，此类评价的缺陷在于难以量化，评价指标标准也不容易统一，难以彰显"评鉴"和"促发展"的教学评价功能。本指标体系采用德尔菲法、层次分析法等方法，以课堂教学行为和学生中国画学习能力为依据，充分关注课堂教学中教师的教和学生的学，及其互动关系，对当前中小学中国画课堂教学实践具有较好的引导作用，能够成为激励美术教师开展专业对话与实践反思的工具。本评价工具能够较为全面地评价中小学中国画课堂教学中的各方面要素，填补了我国中小学中国画教学在评价方面的研究缺失。

目前对学生艺术学习能力主要采用自上而下方式设定的指标来测评，这种方法偏重于对学生学习结果的监测和评估。本研究建构的中小学生中国画学习能力评价指标体系则从具体的教学案例和学生学习资料出发，在充分考虑学生的学习感受和真实反馈的基础上进行建构，它为学生提供了在中国画学习过程中能够获得的能力和素养，为教师的教和学生的学提供了参照。该指标体系采用扎根理论的研究路径，基于真实的案例，采用自下而上的方法，评价指标更能贴合真实情境，针对性强，具有较好的实用性和指导性。

第二，当前中小学中国画教学状况不容乐观，学生对中国画的认知和审美鉴赏能力堪忧。[①]基于此现状，本课题研究关注学生中国画审美能力提升评价方法的创新，探索了基于馆校合作的中国山水画学习能力提升评价的新方法，以及基于眼动技术的中国山水画审美能力评测的新方法。这些研究对有效提升中小学生中国山水画的学习能力，增强他们对中华优秀传统文化的认同与理解有着重要的推广价值。

本研究提出以英国 ELLI 项目学习力维度为依据评价学生山水画学习力的四个维度，经研究证实中小学生的山水画学习力在四个维度上均有显著提高。由此证明由大学、美术馆和中小学校三方联合开展的山水画教学在培养中小学生山水画学习力方面具有可行性与有效性。本研究的成功经验，对解决目前我国中小学中国画课堂教学以及馆校结合美术教育仍然注重向学生传递知识与技能，未能真正提高中小学生美术学习力的问题，可以起到借鉴或推广的作用。本研究所提供的实证数据，对我国有关中小学生山水画学习能力研究的不足进行补充，同时为中小学中国画课程与教学的改革提供有效策略以及值得借鉴与推广的经验。

迄今为止，在美术鉴赏教学中对学习者的鉴赏水平是通过他们的口头或书

---

① 本课题组在 2018 年 1 月至 6 月进行了中小学中国画教学及学习情况的调查研究，调查覆盖 26 个省、市、自治区，共收集教师问卷 420 份（小学教师 190 人，中学教师 230 人），学生问卷 1586 份（小学生 539 人，中学生 1047 人）。调查中发现，55% 的小学生、17.96% 的初中生及 30.1% 的高中生没有学过中国画。

面评论来评估的。然而，仅根据口头或书面描述很难确定学习者是否在他们的观看方式上发生了实际变化。为了解当下学生对中国优秀传统文化的审美认知现状，研究采用眼动追踪技术的实证研究，通过视觉轨迹、热点图、兴趣注视区、瞳孔变化等眼动数据可视化分析方法，并结合问卷调查和访谈等方法，考察不同学习程度、学习类型的学生对中国经典山水画的鉴赏过程、审美认知能力与水平，分析他们鉴赏中国山水画时的视知觉特点与规律，提供了学习单和笔墨实践体验的教育干预与学生眼动变化的新发现。研究表明，眼动变化是检查艺术欣赏中由于教育干预而产生的观看策略变化的方法，突破了迄今为止有关缺乏教育干预是否能改善学生在中国画欣赏过程中观看策略等课题的研究瓶颈。

第三，根据中国传统艺术发展的学校美术教育评价理论，在中小学开发了一系列高品质的基于评价的中国画创作和鉴赏及两者结合的中国画单元课程，实施了以学习评价为核心的中国画教学，提供了多种值得推广的途径、策略与方法，具有较高的应用价值。

本课题研究汇集了学校内外开设以中国画教学评价为核心的系列课程，通过多样化的中国画教学评价实践活动培养学生热爱传统文化艺术的意识，激发学生对中国画的兴趣，真正达到帮助学生理解和体会蕴含在中国画作品中的造型理念及其价值。这些教学案例提供了值得在全国各地推广的多种途径及具体教学方法，具有较高的应用价值，突破了以往中国画教学评价单一的藩篱，取得了中国画教学评价研究领域的新进展。

第四，为了切实提高我国中小学中国画教育的质量，本研究开发的基于标准的中国画学业质量测评工具以素质教育为导向，以培养学生中国画的学习潜能和审美能力为目标，注重从学生的视觉感知、创新思维、迁移能力、文化理解等方面进行测评，在中国画学习评价领域是全新的尝试，也为中小学中国画教学进行周期性的长期追踪评价提供了参照。

本课题借鉴国际学业质量测评的经验，尝试从基于艺术核心素养的角度进行中国画学业质量测评工具的开发，运用表现性评价方法测评学生在视觉感知、创新思维、迁移能力、文化理解等方面的能力，在评价中促进学生更好地进行中国画的学习。研究设计了初中和高中两套测试题，通过小规模测试发现试题能较好地评测学生的中国画学习能力，为我国中小学中国画教育决策服务提供依据。

第五，开拓基于可视化大数据分析方法与中小学中国画教学评价相关角度，研究学校美术教育评价发展的新的研究领域，提供交叉学科研究的方法，突破了以往从单一角度出发的研究局限，提供了融艺术学、文化学、教育学、心理学、脑科学、统计学等诸多学科领域于一体的交叉学科研究的方法。

通过文献梳理发现，中小学美术教育评价研究方法一直滞后于其他学科的教育评价研究，本课题在学校教育评价理论的指引下，采用了数据分析法、文献研究法、实例研究法、调查问卷法、德尔菲法、层次分析法、扎根理论等研究方法和思路，利用 SPSS、NVIVO、EXPERT CHOICE、知识图谱、眼动追踪技术等可视化大数据分析软件，这些研究方法和数据挖掘技术既提高了课题研究的信度与效度，拓展课题研究的深度和广度，也为美术教育评价研究提供了方法的指引。

总之，本课题研究，在理论方面，利用可视化大数据分析方法对中小学中国画教学及学生中国画学习评价进行实证研究，建构了基于"学习者为核心"的中小学中国画教学评价体系，其中包括中小学中国画课堂教学质量评价指标体系和学生中国画学习能力评价指标体系。同时，开发了基于标准的学校中国画学业质量测评工具。论证了在文化创造型国家的建设中，在学校美术教育中进行中国画教学评价的重要意义。这些研究力求弥补以往在该领域理论研究上的空白，以起到理论引领的作用。在实践方面，探索了基于馆校合作的中国山水画学习能力提升评价的新方法，及基于眼动技术的中国山水画审美能力评测的新方法，开发基于评价体系的高品质中小学中国画课程和优质教学评价案例，提供基于学生学习不同程度、内容、方法的中国画评价策略，并力求获得在全国范围内进行交流的成功经验。

第一章　中小学中国画教学评价的新方向[①]

第一节　学校中国画教育及其评价的价值

中国传统文化虽然不能给我们提供构建社会主义和谐社会的现成答案，但它却可以为我们解决当代人与人、人与社会、人与自然，以及物质文明与精神文明的矛盾，提供历史的智慧、现实的参照。中国传统艺术充分体现了这一思想。重新梳理中国画的精华，使之融入学校教育之中，是我们的责任。

一、中国画的社会功能

在中国绘画发展进程中，人物画、山水画、花鸟画这三种不同题材的绘画的产生与其所具有的社会功能有关。人物画最早产生并成熟，是与人物画的鉴戒教化功能密切相关的。唐代张彦远在《历代名画记》中开宗明义："夫画者，成教化，助人伦，穷神变，测幽微，与六籍同功，四时并运，发于天然，非繇述作。"[②]郭若虚在《图画见闻志》中把人物画的表现内容归结为六类：典范、观德、忠鲠、壮气、写景、风俗[③]。从表现寓意来看则主要是传道授业、颂扬、比德、讽喻等政治和社会功能，此外，人物画还具有纪实性的叙事和隐喻功能。

绘画除具有鉴戒教化的社会功能外，还具有怡悦情性[④]的功能，并且自宋始，以画自娱的观念就深深植根于文人画家心中，成为绘画的主要功用。郭若虚在《图画见闻志》中说："窃观自古奇迹，多是轩冕才贤，岩穴上士，依仁游艺，探赜钩深，高雅之情，一寄于画。"[⑤]李成也说："吾本儒生，虽游心艺事，然适意而已。"[⑥]李公麟亦云："吾为画，如骚人赋诗，吟咏情性而已。"[⑦]

[①]　本章由华东师范大学美术学院教授郑文撰写。

[②]　张彦远.秦仲文，黄苗子，点校.历代名画记 [M].北京：人民美术出版社，1963：1.

[③]　米田水译注.图画见闻志·画继 [M].长沙：湖南美术出版社，2000：17-18.

[④]　张彦远论道："图画者，所以鉴戒贤愚，怡悦情性。"见张彦远.秦仲文，黄苗子，点校.历代名画记：卷六 [M].北京：人民美术出版社，1963：134.

[⑤]　郭若虚.图画见闻志：卷一 [M].北京：人民美术出版社，1983：15.

[⑥]　岳仁，译注.宣和画谱：卷十一 [M].长沙：湖南美术出版社，1999：231.

[⑦]　岳仁，译注.宣和画谱：卷七 [M].长沙：湖南美术出版社，1999：157.

山水画在中国绘画中占有重要地位，自产生后其发展就一直未曾断裂，就是因为它有着完全不同于人物画和花鸟画的独特功用。南朝宗炳最早提出了山水画"畅神"的功能："圣贤映于绝代，万趣融其神思。余复何为哉？畅情而已。神之所畅，孰有先焉！"[①] 也就是说，山水画能满足人不能亲临自然，又能在画中畅游的快感，同时还能从中体悟到圣人贤者所说的"道"。

在《宣和画谱》中，花鸟画的功能被论述为："诗人六义，多识于鸟兽草木之名，而律历四时，亦记其荣枯语默之候。所以绘事之妙，多寓兴于此，与诗人相表里焉。"[②] 也就是说，花鸟画是画家通过记载草木鸟兽的荣枯和四季的变化，用以寄托和抒发情感。两宋花鸟画达到鼎盛，后到明代中晚期发展出了写意花鸟画，其托物言志功能得以大大彰显。

由人物画、山水画及花鸟画所具有的不同社会功能可见，中国画始终关注着人的精神，不管是人物画所具有的教化功能，抑或花鸟画的托物言志，还是山水画超脱于俗世的"畅神"，这些都以人精神的自由和安宁为归旨。

二、学校中国画教育的价值

（一）对个人成长的影响

当面对20世纪人类的生存条件、人生意义、社会及文化所面临的种种危机时，为了让更多人能从现代生活的紧张和压力中得以释放，学校中国画教学无疑能使学生静下心来，在学习和欣赏的过程中以一种新的慢生活来陶冶情操和提升生活品质，它以不消耗实在物质为前提，可以消泯人过多的物质欲望，使之回归人的本心，从中探求对自然、人生的新认识，并得以完善人格。正如北宋郭熙所言："人须养得胸中宽快，意思悦适，如所谓易直子谅油然之心生，则人之笑啼情状，物之尖斜偃侧，自然布列于心中，不觉见之于笔下。"[③]

《乐记·乐本》中说："礼以导其态，乐以和其性。"中国画能滋养学生的

---

① 张彦远．秦仲文，黄苗子，点校．历代名画记 [M]. 北京：人民美术出版社，1963：131.

② 潘运告．岳仁，译注．宣和画谱 [M]. 长沙：湖南美术出版社，1999:310.

③ 郭熙，郭思．林泉高致 [M]// 熊志庭，刘城淮，金五德，译注．宋人画论．长沙：湖南美术出版社，2000:27.

性情，使他们真正感受到学习艺术是一种愉悦的享受。因为中国传统艺术能使学生在自然和谐的氛围中受到艺术的熏陶，不会产生紧张和不愉快的情绪，即使是烦乱浮躁的心绪也能得到改善，学生从中获得内心的平静和愉悦，同时开阔视野和拓展生活的乐趣，并借此来加深对中国文化的理解。学习中国画又能促进学生的自我发展，以及身体与心灵的健全成长，这是因为中国传统艺术注重人内在心性修养的全面发展，从而能促进学生的生理和心理的健康发展。

通过中国传统艺术熏陶能促进学生个体情感、道德、智力和心理的健康发展，它不同于知识技能教育注重理性把握，它诉诸情感触动，给予人心灵感情微妙而直接的影响，因而能激励学生去追求真、善、美，对人自由而全面的和谐成长具有极大的促进作用。对人的身体而言，学习中国画需要人的呼吸、眼、耳、手，以及身体之间的协调，通过学习可以使人的眼睛等视觉感官变得敏锐，手和身体更加灵活、和谐。中国画中要表现的物象很多，如何合理、有序地平衡好这些物象的关系，就需要训练学画者对其中关系的把握和协调能力，而这种能力的培养也有助于学生在现实生活中更好地协调各种复杂的关系。

因此，中国画教学是要培养自由全面发展的，具备敏锐的审美能力、良好的审美趣味、健康的人生态度、完善的心理结构、丰富的个性魅力的人，使其具有自由的超越精神和炽热的理想追求。

（二）对社会和谐发展的影响

艺术对现实的反映，表现为两种不同的类型，一种是顺承性的反映；一种是反省性的反映[①]。顺承性的反映，对于它所反映的现实生活会产生推动和助成的作用，因而它的意义往往取决于被反映的现实生活，西方从古典艺术到现代艺术皆属于这种类型；反省性的反映，诸如中国传统艺术中的山水画，它是超越现实生活，走向自然，以获得个体精神的自由，保持精神的纯洁，恢复生命的活力而形成的，它犹如在炎暑中喝下的一杯饮料。

中国画具有重人品、学问、才情和思想的特点，那着力于对艺术文化传承的种种努力，利用视觉又超越视觉的追求，崇尚主体性、文化性、审美性和执

---

① 徐复观. 中国艺术精神 [M]. 上海：华东师范大学出版社，2001:5.

中性的主旨，甚至看重过程的认知方式，视艺术为精神生存方式而非谋生手段，这些不但触及了中国艺术本质的深处，也孕育着某种超前性。在当今人与自然关系日益失衡，商业经济日益掣肘画家创造力的状况下，中国画中蕴含着的传统精华无疑有助于我们加以借鉴。

中国文化注重"天人古今心物内外"，中国文化的民族心理是"形而上者之谓道，形而下者之谓器"①，终归"道器不二""物我相忘"和"天人合一"。中国画的传统也不离此道，在客体与主体、真实与虚幻、自然与人生、物质与心灵之间找寻一种平衡和整体性的和谐。中国画追求平和自然的审美趣味。因此，学习中国画能够促使学生以开阔的眼界和心胸看待生活和社会，从而拥有良好的精神风貌、振奋的精神状态、高尚的道德情操，建立积极、宽容、健康的社会心态，也为建设和谐社会营造良好的心理基础和文化氛围。

当代人所面临的生存危机之一是人与人之间缺乏理解与沟通。在交通和通信技术日新月异、互联网蓬勃发展的今天，人与人之间心灵的沟通与理解却变得越来越困难，这给人们带来了生理、心理和精神上的巨大损害，导致新的生存压抑和孤独，也使社会失去应有的平衡协调。寻求人与人之间沟通与理解的途径和方法已成为社会的一大课题。而通过中国画教学，无疑对促进和建立和谐人际关系有着重要作用。

（三）对全球化进程的影响

在全球化不断发展的社会中，传统文化艺术不被重视，是很严重的文化危机。因为不重视传统的民族将失去梦想。一个富有创造力的民族，不应丢弃传统，应把传统的智慧化为前进的动力。因此，中国传统艺术教育不仅是促进人的文明程度的提升；其另一个重要意义，就是在全球化进程中建构文化多元性。

一个崛起的经济和政治大国迫切地需要重新塑造自己的文化大国形象，这就再次把建构中华民族文化认同的议题提到了议事日程上来。在不使中国传统文化受到外来殖民和损害的前提下，充分利用全球化带给我们更加开放的文化氛围来大力发展中国的文化艺术。

---

① 易传·系辞传 [G]// 崔建林，编.周易全书.北京：中国戏剧出版社，2007:362.

中国画追求"和谐",认为和谐高于冲突。人类文明史中充斥着冲突、斗争和流血,东西方皆如此。但比较而言,中国文化更强调和谐,注重以和为贵,强调多样化的和谐共处。仁爱原则、礼教精神、协同社群都是以"仁"为核心,以相互关联、共生和谐为基本原则,是与西方近代主流价值不同的普遍性文化原理,在全球化发展的进程中,这种价值理念对当今世界和平亦有补益,可以与西方现代性价值形成互补,而这些也都渗透在中国画艺术之中,通过中国画教育可以让学生得以深入体悟。

现今,全球化发展使得越来越多的世人重新关注这门东方艺术,中国画想要走向世界、发扬光大,成为更多人瞩目和珍惜的文化瑰宝,就必须将中小学中国画教学更好地完善和落实。只有开展优质的中国画课程教学,并且有与之相匹配的教学评价,这一独特的中国传统艺术才能得以继承、发扬和创新。

三、中小学中国画教学评价的意义

中小学中国画教学评价正是中国画教学中实现上述价值的重要途径,它为教师及其学生提供中国画教与学的方向和标准,也由此推进了中国画教学的改革。由此,中国画教学评价的意义还表现在以下四个方面:

(一)检验学生的学习成果,衡量与判定中小学中国画教学质量,是中国画教学评价最重要的一项职能。教学目标和教学任务设定是否合理,教学环节和教学活动是否能提升学生的学习积极性和能力,学生能否达到预期的教学目标,教学任务能否得以完成,这些都可以通过教学评价加以证明。

(二)引导学生中国画学习的方向。在中国画学习方面如何制定评价标准很重要,是只针对学生的知识和技能进行评价,还是希望改善学生对中国画的态度、情感和价值观等,从关注学生成长的艺术素养和关键能力方面入手进行评价,这都决定了中国画教学到底带给学生怎样的艺术体验的问题。

(三)提供中国画教学反馈信息,改善教师的教学过程,提高中国画教学的质量。在实际的中国画教学中,教学评价不仅为教师判断自己的教学质量提供了大量的反馈信息,也为学生了解自己的学习情况提供了直接的反馈信息。

(四)引导中国画教学改革的方向。在中国画教学中,评价的导向作用是重要的。好的中国画教学评价能及时发现问题,适时调控教学的进程,并及时调整教学目标、教学重难点、教学方法、教学策略等，使之更好地完善中国画教学活动和中国画学习活动。

总之，中国画教学评价的目的和意义并不是让学生的艺术学习更为标准化，而是让学生真正爱上中国画，并在中国画的学习过程中获得一生受益的审美能力和创新意识。

四、小结

通过上述的梳理，我们认为，中国画教育对于学生身心全面发展和社会持续发展都具有一定的积极影响。从学生个体未来发展的角度看，中国画教学有助于培养学生的文化理解与传承素养，引导学生从时间深度（历史视角）和空间广度（国际视野）上加深对本民族文化和他民族文化的认识和理解；有助于学生以平等、尊重的态度看待和理解不同的文化，践行中华优秀文化中所蕴含的有利于人类和谐发展的价值理念，并以此为出发点，在不断提升自己的跨文化沟通与合作、审辨思维以及创新能力的同时葆有一颗中国心。从生态环保角度来认识中国山水画，其中所揭示的人文内涵对于思考人之本体，及其与环境的关系具有思想的活力。山水画中忘我虚己、超然物外的心境，可以缓释科技文明带来的焦虑，而其中的天人合一、物我融合、万物平等的观念则包含了东方特有的智慧，超越了时空的生态关怀，在人与地球环境的矛盾日益显现的今天独具思想的启示意义。

立足过去、现代和未来之间的联系，挖掘中华传统文化艺术中滋养学生心灵、培育文化创造力等方面的价值，培养儿童和青少年面向未来的艺术创造力。从这些意义和价值来看，中国画教学的重要意义不只是文化艺术的传承，更是为了健全学生的人格和推进中华传统艺术价值的创新；它不局限于爱国情感和民族自豪感的培养，还要重视文化创新能力的培养。而要探索通过中国画教学传承与发展中华传统文化的新途径，需要通过对中国画教学评价的研究和实践来更好地落实，提升中国画教学质量和培养学生中国画学习的能力和素养，以推进中小学切实开展与全球化时代齐头并进的中国画教学。

第二节　21世纪未来公民必备的核心素养

在日益多元且快速变迁的信息化时代，面临着众多不确定的、复杂的且含糊不清的因素影响。面对日新月异的信息社会，一方面，诸多的新事物为个人选择和个性自由实现提供了新的机遇；但另一方面，每个人都被湮没在信息洪流中，饱受信息折磨，虚拟世界极易使个人身份迷失、自我概念模糊。同时，快速发展的社会也对个体的适应能力提出了严峻的挑战，这意味着个体必须"拥有强大的自我概念和将个体的需要和需求转化为意志行为的能力"。教育已成为当今世界帮助学生应对未来机遇和挑战的重要途径之一，而面向21世纪核心素养的教育实践必将成为培养学生迎接信息时代挑战的钥匙。

一、核心素养的内涵

自20世纪80年代以来，国际经济合作与发展组织（OECD）、联合国教科文组织（UNESCO）、欧盟（EU）等国际组织先后开展关于核心素养的研究，为把握"核心素养"的来源和内涵，需要系统分析世界知名的核心素养框架，进而获得对核心素养内涵的理解。

（一）OECD 2030核心素养框架

国际经济合作与发展组织（简称经合组织，OECD）在2015年启动"教育2030：未来的教育与技能"项目，该项目提出了两个意味深远的问题：其一，今天的学生需要什么知识、技能、态度和价值观才能在2030年茁壮成长，塑造自己的世界观？其二，教学系统如何才能有效地发展这些知识、技能、态度和价值观？针对这两个问题，2018年4月经合组织发布了《OECD学习框架2030》，这一框架是为未来生活和教育构建了一个共同愿景：致力于帮助每个学习者发展成为一个完整的人，实现人的潜能，并帮助形成包括个体、社区和全球福祉的共同愿景（见图1-1）。

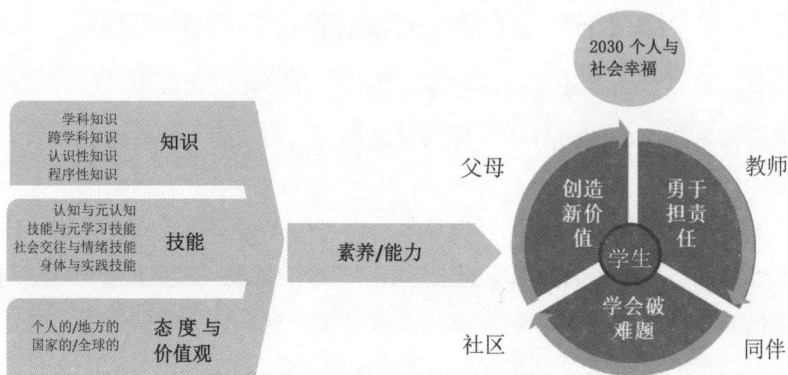

图 1-1　OECD 学习框架 2030

　　OECD "教育 2030" 项目确定了三种变革社会和塑造未来的能力，即创造新价值、协调矛盾和困境（学会破难题）、勇于承担责任。这些能力需要通过反思、预见和行动这样的一个过程来培养。反思就是在决策、选择和行动时采取一个批判性的立场的能力，就是从不同的角度来审视我们已知的和假设的；预见是启动认知的技能，如分析和批判性思维，以便预见未来会需要什么或者我们今天的行动会给未来带来什么影响。反思和预见都是负责任的行动的前提。因此，《OECD 学习框架 2030》概括了一个复杂的概念：通过反思、预期和行动的过程，调动知识、技能、态度和价值观，以便发展与世界接触所需的相互关联的能力。

　　为了确保新的学习框架是可操作的，OECD "教育 2030" 项目将变革性能力和其他关键概念转化为一套特定的结构，包括创造力、批判性、思考、责任、协作等。该框架希望能够为学习者未来发展打下坚实基础，并以此帮助他们获取自身文化和个人身份认同。另外，"重中之重" 还能够引导他们自主探索未知领域。同时，在该框架中又提出了 "OECD 学习罗盘（Learning Compass）" 的概念，采用 "罗盘" 这一比喻旨在强调如何利用知识、技能、态度与价值，以实现 "在陌生环境中自定航向"。[①] 为了将 "我们追求的未来" 和 "我们渴望的教育" 变为现实，让教育履行其面向 2030 新未来的使命，应当聚焦新时代的素养问题。"幸福 2030" 既然

---

① 　OECD（2005）The definition and selection of key competencies［Executive Summary］EB /OL］．Available online at: http:/ /www. oecd. org/dataoecd /47 /61 /35070367. pdf

已成为全球的共同愿景，为达此目的，学生应具备何种素养？1997 年 OECD 和瑞士联邦统计署共同启动了"素养的界定与选择：理论和概念的基础（Definition and Selection of Competences:Theoretical and Conceptual Foundations）"，简称"迪斯科"计划（DeSeCo），该项目确定了三大类型核心素养:（1）互动地使用工具的能力;（2）与异质群体有效互动的能力；（3）自主行动的能力。这三类核心素养的内在逻辑是人与工具、人与社会、人与自我的关系，它们有机联系、互动、整合，是适应不同情境需要而不断变化的动态结构。[①]

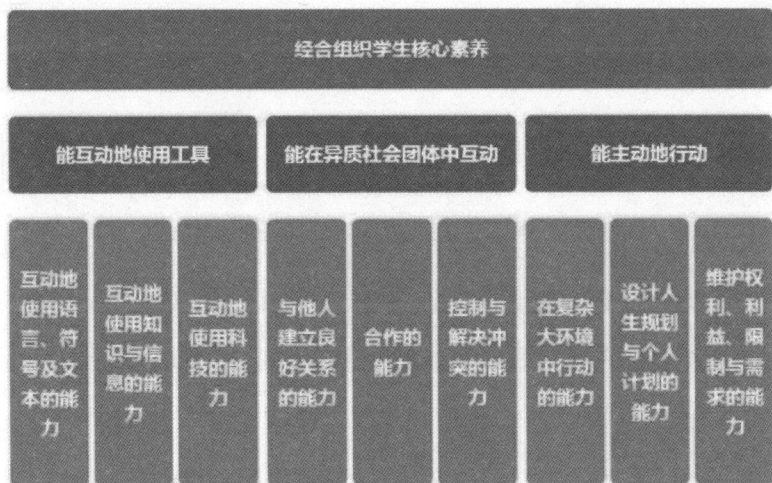

图 1-2　经合组织的学生核心素养

"OECD 学习框架 2030"在原有核心素养基础上，提出了应对未来挑战与机遇的变革能力以及其他新的核心素养，即创造新价值、勇于担责任以及学会解难题。就是旨在培养出新时代真正意义上"有能力的人"，能够主动担负起时代与环境所赋予的使命。[②]由此，OECD 将"素养"界定为："素养"（competency）不只是知识与技能。它是在特定情境中通过利用和调动心理社会资源（包括技

---

① OECD. The Definition and selection of key competencies: Executive summary[R]. Paris:OECD，2005.

② 舒越，盛群力 . 聚焦核心素养 创造幸福生活——OECD 学习框架 2030 研究述要 [J]. 中国电化教育，2019.386（3）:9-15.

能和态度），以满足复杂需要的能力。首先"素养"的共同价值基础是民主价值观与可持续发展；其次"素养"是一种以创造与责任为核心的高级心智能力，"素养"的核心是反思性思考与行动；再次，"素养"是后天习得的，而非与生俱来的心理特征；最后，"素养"既是跨领域的，又是多功能的。[1]

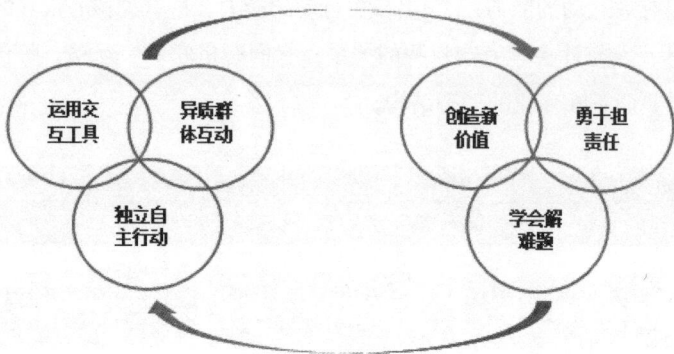

图 1-3　三种新旧核心素养（变革素养）的连通

（二）欧盟组织核心素养框架

为应对全球化、知识经济和信息时代的挑战。2006 年 12 月，欧洲议会（European Parliament）和欧洲理事会（European Council）联合批准"为了终身学习的核心素养：欧洲参考框架"，该框架借鉴了 OECD "迪斯科"计划，又充分体现欧洲教育特色和发展需要。它将"素养"界定为："素养是适用于特定情境的知识、技能和态度的综合。"[2] 将"核心素养"界定为："核心素养是所有个体达成自我实现和发展、成为主动的公民、融入社会和成功就业所需要的那些素养。"[3] 与 OECD 核心素养偏于过程取向不同的是，欧盟的核心素养重视结果取向，具体指明了其应用的领域与情境。

---

[1]　张华. 论核心素养的内涵 [J]. 全球教育展望，2016（4）：10-24.

[2]　Gordon, Jean et al. （2009）: Key competences in Europe: Opening doors for lifelong learners across the school curriculum and teacher education, Case Network Reports, No. 87, ISBN 978-83-7178-497-2, Annex1: Key competences for lifelong learning-A European reference framework.

[3]　张华. 论核心素养的内涵 [J]. 全球教育展望，2016（4）：10-24.

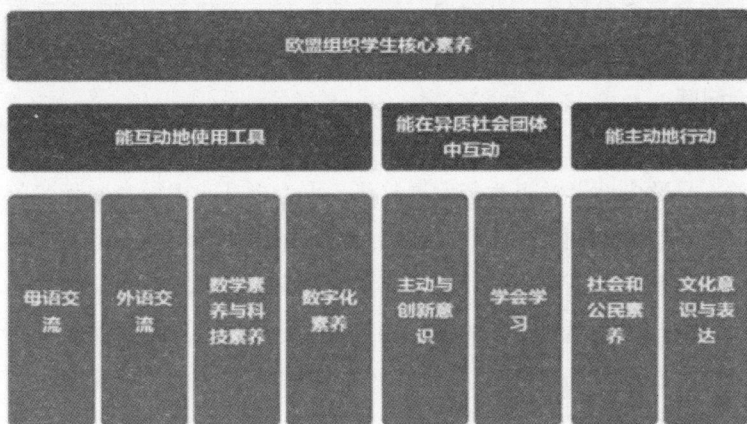

图 1-4　欧盟组织的学生核心素养

（三）美国核心素养框架

美国的"21 世纪学习框架"（Framework for 21st Century Learning）由两部分构成：1. 核心学科与 21 世纪主题；2. 21 世纪技能。前者侧重知识，后者侧重技能，二者相互依赖，彼此交融。

在此框架中，"核心学科"包括英语、语言艺术、世界语言、艺术、数学、经济学、科学、地理、历史、政府与公民。这里的"学科知识"（content knowledge）"不是指储存一堆事实"，而是指学科观念和思维方式，其目的在于让学生像学科专家那样去思考。"21 世纪主题"着眼于培养学生的跨学科意识和运用多学科知识解决复杂问题的能力。"21 世纪技能"包括相互联系的三类：1. 学习与创新技能；2. 信息、媒介和技术技能；3. 生活与生涯技能。"21 世纪技能"的逻辑关系：运用"21 世纪工具"发展学习技能与生活技能；学习技能侧重认知性素养，生活技能侧重非认知性素养，二者相互促进、相得益彰。较之 OECD 和欧盟的核心素养框架偏重于宏观规划与决策，此框架更具有对于课程与教学改革实际操作的指导价值。

（四）中国核心素养框架

中国学生发展核心素养由北京师范大学林崇德教授团队研究制定。制定核心素养是为素质教育服务，是全面实施素质教育，深化教育领域综合改革的迫切需要。关注学生的核心素养，就是关注"教育要培养什么样的人"这一根本性的教育问题。

建构中国学生发展核心素养是为了贯彻二十大精神，落实立德树人工程的迫切需要；是顺应世界教育改革发展趋势、大力提升我国教育国际竞争力的迫切需要；也是全面实施素质教育、深化教育领域综合改革的迫切需要。

中国学生发展核心素养总框架符合立德树人的教育方针和反映社会主义核心价值观，包括3大领域、6种素养、18个指标：一是自主发展，包括学会学习和健康生活；二是社会参与，包括责任担当和实践创新；三是文化基础，包括文化底蕴和科学精神。这三者反映了动态的问题，反映了与时俱进的理念，同时三者之间又是有关系的，文化基础是自主发展和社会参与的基础，而自主发展和社会参与又是文化基础的根本保证。

图 1-5　中国学生发展核心素养

（五）核心素养内涵再认识

为了更好地理解"素养"，可以从词源学角度进行分析。"素养"的英文为 competence 或 competency，拉丁文词根为 competere。从词源学上看，com- 指"聚合"（together），petere 指 "追求、奋力向前"，合起来看，competere 即指 "合力奋斗"（to strive together）。它清晰表明 "人为适应环境而合力奋斗" 的原初含义。概而言之，"素养" 最初即是指个体恰当应对情境时需要的综合能力。

由此，"素养" 可以界定为：人在特定情境中综合运用知识、技能和态度解决问题的高级能力与人性能力。"核心素养" 是适应信息时代对人的自我实现、工作状态和社会生活的新挑战而诞生的概念。"核心素养" 又称 "21 世纪素养" 或 "21 世纪技能"，核心素养指向 21 世纪信息时代公民生活、职业生涯和个人自我实现的新特点和新需求。核心素养具有时代性、综合性、跨领域性与复杂性的特点。[①]

二、基于 21 世纪人才需求的核心素养

2016 年 6 月北京师范大学中国教育创新研究院受世界教育创新峰会（World Innovation Summit for Education，WISE）的委托，发布了《面向未来：21 世纪核心素养教育的全球经验》的报告，梳理与总结全球 21 世纪核心素养教育的实施经验。该研究围绕 4 个核心问题展开：提出 21 世纪核心素养的驱动力，与驱动力分析类似，对各个素养框架中所涉及的素养条目进行了分析，归纳出领域素养和通用素养两个维度共 18 项素养，其中领域素养又可细化为基础领域素养（6 项）和新兴领域素养（3 项），通用素养细化为高阶认知（3 项）、个人成长（2 项）、社会性发展（4 项）（见表 1-1）。其中艺术素养属于基础领域素养。基于这 18 项素养分析框架，对不同收入水平经济体对各个素养的关注程度进行比较。在进行频次统计时，每个国际组织或经济体只选择一个素养框架进入频次统计（共 29 个素养框架）（比较结果见图 1-6）。

---

① 张华 . 论核心素养的内涵 [J]. 全球教育展望，2016（4）：10-24.

表 1-1　未来公民必备的 21 世纪核心素养

维度		素养
领域素养	基础领域素养：	语言素养、数学素养、科技素养、人文与社会素养、艺术素养、运动和健康素养
	新兴领域素养：	信息素养、环境素养、财商素养
通用素养	高阶认知：	批判性思维、创造性与问题解决、学会学习与终身学习
	个人成长：	自我认识与自我调控、人生规划与幸福生活
	社会性发展：	沟通与合作、领导力、跨文化与国际理解、公民责任与社会参与

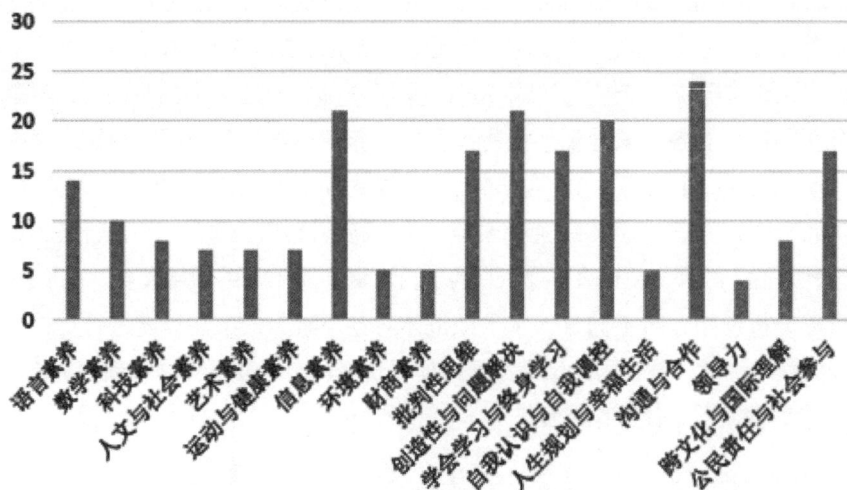

图 1-6　国际组织和经济体对不同素养关注频数的统计（来源：人民教育网）

报告不仅讨论了未来公民需要的 21 世纪核心素养内容，还具体研讨了从理论转化为教育实践的 21 世纪核心素养路径。面向 21 世纪的教育，报告指出："开发体现核心素养的多样化、多形态的测评工具，建立以核心素养为导向的评价

与反馈系统，是各国或地区推进 21 世纪核心素养教育的重要抓手。"^① 并提出
了实施路径："面向 21 世纪核心素养的评价可以依托形成性评价、统一考试或
教育监测、行业资格证书等形式来实现。"^②

---

① 面向未来：21 世纪核心素养教育的全球经验（sohu.com）．
② 同上。

第三节　基于 21 世纪视觉素养的中小学中国画教学评价新方向

一、视觉素养是 21 世纪必备的核心素养

（一）视觉素养

"视觉素养"这个概念最早出现于 1969 年，约翰·德贝斯（John Debes）将此定义为：视觉素养（visual literacy）是指人类通过观看，同时通过整合其他感官经验而发展起来的一组视觉能力的素质。这些能力的发展是人正常学习的基础，当这些能力被开发出来，通过创造性地运用，人们就能够理解和享受视觉传达的各类图像和作品。[①] 维基百科中对"视觉素养"的定义是：视觉素养是一种从以图像形式呈现的信息中解释、协商和表达意义的能力。[②] 视觉素养的基础是图片可以阅读，意义通过阅读过程产生。托莱多艺术博物馆馆长布莱恩·肯尼迪（Brian Kennedy）认为"视觉素养是感知素养的关键"，指出了视觉素养的过去和未来都取决于感官的参与。

美国《艺术教育国家标准》中对"视觉艺术"进行了界定：广义的范畴，包括传统美术（诸如素描、绘画、版画、雕塑），传播和设计艺术（诸如电影、电视、图形制作、产品设计），建筑和环境艺术（诸如城市设计、内部和园林设计），民间艺术以及诸如制陶、纤维编制、珠宝等艺术品和木制品、纸质等其他材料的艺术制品。[③] 华东师范大学教授钱初熹指出：视觉素养是青少年在世界生存与交流中必不可少的核心素养。视觉素养主要包括对现实世界中的图像进行解码、分析和理解的视觉识读能力，及通过图像传达意义与价值的视觉表达与交流能力，并且能将这些能力迁移到学习、工作、生活及人格中的能力。视觉素养的核心是"美感""空间""创意"。[④] 总之，构成视觉素养概念的基础是多学科的交叉和共存，因而视觉素养是一个跨学科的研究领域。

---

① 毛泓 . 我国视觉素养教育的特色及启示 [J]. 新闻世界，2011（2）：102-103.
② 维基百科英文版 [EB/OL]2014-2-10．Http://en.wikipedia.org//wiki/Visual_literacy.
③ 刘沛 . 美国艺术教育国家标准（续）[J]. 中国美术教育，1999（4）：50-52.
④ 钱初熹 . 培养青少年视觉素养的学校美术课程与教学改革 [J]. 中小学教材教学，2015（2）：19-22.

当下的社会已是视觉文化的时代，无处不在的图像渗透到生活的方方面面，改变人们对于生活、学习和感知世界的方式。现在人们可以通过多种方式传递信息，语言已经不是唯一的交流系统。现在从事任何一门工作都需要依赖于视觉素养，视觉素养已成为全体公民的基本文化素养，是处于高度复杂世界中生存和交流必不可少的核心素养。今日的教育者也越来越深刻地意识到培养青少年视觉素养的重要性。

（二）学校美术教育是培养学生视觉素养的重要途径

视觉文化于20世纪90年代兴起与形成，带动了学校美术教育的第一次变革。其特征表现为：培养青少年视觉认知能力为核心目标，引进贴近青少年生活的青年次文化、大众文化等各种美术教育资源。

21世纪初，视觉文化转型推动了学校美术教育的第二次变革，其特征表现为：围绕培养青少年必备的视觉素养，注重批判性反映和创造性表达两个相互联系的视觉体验过程。2011年在韩国首尔召开的教科文组织第二届世界艺术教育大会发布《首尔议程——发展艺术教育的目标》，报告指出"运用艺术教育的原则和实践来促进解决当今世界面临的社会和文化挑战，其中通过艺术教育来加强社会的创造力和创新力尤为重要"[①]。2014年第34届国际美术教育学会世界大会主题为：通过美术的多样性，探讨本土传统文化和新的实践对于学校美术教育产生的影响。2019年第36届国际美术教育学会（InSEA）世界大会主题为："制造：在21世纪美术教育的各个层面上，制造是如何被理解的？"会议有4个议题，分别是"地点""本土化""身份""实验"，它提供了一个机会，让美术教育者来反思强调诸如"本土化""身份"等概念。在此背景下，学校美术教育的目标发生了很大的转变，视觉素养的培养成为学校美术教育的核心理念。为了应对未来社会的挑战，学生需要具备视觉读写能力、创造能力等核心能力，而这些能力和素养都可以通过学校美术教育得以培植和发展。

---

① 　第二届世界艺术教育大会 . 首尔议程——发展艺术教育的目标 [Z].2010.5.

二、中国画教学评价是学生获得 21 世纪视觉艺术素养的重要途径

中国画是中华优秀传统文化的重要的视觉呈现，历经了千年的嬗变，已经形成了丰富的人文精神内涵和独特的审美趣味。中国画的发展凝聚了中国文化的智慧，表现在传统文化熏陶下成就的"意象"思维模式与"写意"的造型观，这种思维方式和造型理念是中国画得以生存和发展的源泉。对于学生而言，学习中国画，可以了解、认识中国传统绘画中独特的图式符号系统、审美趣味和隐喻意义，获得对中华优秀传统文化的认同和理解，培植学生的民族审美观、激发民族自豪感，增强文化自信。

中国画教学是学校美术教育的重要组成部分，中国画教学有助于培养学生建立起对中国绘画中所蕴含的独特的哲学思想、艺术理念、审美趣味、表现手法和观察方式的认识和理解，进而使学生通过创作和鉴赏的方法表达对中国绘画的理解和阐释。中国画教学能有效提升学生对图像识读、审美能力、创新能力、文化理解和传承能力等方面的素养和能力，而中国画的教学评价正是帮助教师和学生更好地达成此目标的有效途径。

21 世纪重在培育新时代真正意义上的"有能力的人"，能够主动担负起时代所赋予的使命[1]。当前中国画教学评价的真正问题在于通过怎样的教学评价方式来评判中小学生对中国画价值理念的认知程度，这对于培育肩负时代与国家所赋予的使命的人是极为重要的。因此，中国画教学不能让学生仅仅局限于知识技能的学习，还需要在学习过程中培育学生诸多应对社会和时代发展的核心素养，这些必备品质和关键能力通过中国画教学是可以实现的，因而中国画的教学评价和学习评价正是着重关注这些方面价值的实现。

（一）图像识读和审美能力

美术教育寻求观看模式的发展，它的特殊贡献是培养一种"观察训练"，从而增强一个人的视觉发现能力和识别力，而这又取决于所见事物的审美构成。[2]

---

[1] 舒越，盛群力.聚焦核心素养 创造幸福生活——OECD 学习框架 2030 研究述要 [J]. 中国电化教育，2019.386（3）:9-15.

[2] 埃德蒙·伯克·费德曼.艺术教育哲学 [M].马菁汝，译.杭州：浙江人民美术出版社，2016:69.

因此，图像识读和审美能力是学生学习视觉艺术获得的最基本的专业技能。学生通过中国画的学习，在图像识读和审美能力方面主要体现在对中国画作品的笔法、墨法、造型、章法、意境、创新、主题等方面的实践、感悟、解读和评价，同时也包括对中国画基本知识的理解和把握，以及能够使用中国画术语分析和评价自己及他人作品的能力。学生在中国画实践创作过程中，进行探究、表达和展示，发展中国画表现的思维技巧，并通过中国画作品分享信息、表达情感，充分传递中国画的价值与力量。这是学生学习中国画所需达成最基本的专业素养和关键能力。

笔法、墨法、造型、章法、创意既可以判断学生对中国画的鉴赏能力，也可用于评价学生的中国画创作能力。其中创意最重要，它强调了作品的气韵、意境和创新性。教师可根据学生年龄特点有重点地加以引导，创设相关任务情境，通过浸润式教学来促进学生的审美能力，提升文化理解。鉴赏能使学生不仅注重中国画的表现形式，也能增进学生对作品主题、意境、人文内涵的理解以及情感态度、价值观的转变，创作则能有效激发学生的表现欲望和创新能力，理解中国画独特的表现形式和审美特质。鉴赏与创作互为交融的教学模式能有效拓展学生艺术视知觉的范畴，提升学生的中国画审美感知和判断能力。

基于21世纪视觉艺术素养和能力，学生所具备的中国画图像识读和审美能力应该偏重于评价学生的高阶视觉艺术能力，这些高阶视觉艺术能力主要包括：1.表现出较高的中国画表现能力；2.有原创性的构想、创新性表现；3.认知的复杂性。在学习过程中，培养学生运用中国画相关知识技能解决问题的能力。学生追求和享受创作过程，而不仅仅追求最终完成的作品。为了更好地达成这些能力，中国画教学评价中要注重学生中国画知识和技能的理解与表达，对知识和技能进行适合时代发展和学生自我发展的新诠释，并借助新媒体技术来助推中国画的教学内容和方法，注重激发学生的创意，加强表达创意方法的指导，倡导将中国画的知识和技能富有创造性地应用于学习和工作之中。

（二）创新思维和反思探究能力

创造力与创新能力是21世纪社会发展所需要人才的必备品质和关键能力。创新能力是对原创的或不寻常的构想事物的能力或行为。艺术创作是培养青少年创新能力的重要途径，而创新思维也是学生通过视觉艺术学习获得的核心技能。美术教育的质量取决于审美的质量，这就需要培养学生具有良好的"批判性眼光"。

发散性思维是创意思维的重要标志。发散性思维有两个评价指标：（1）冒险的行为，冒险性会让学生敢于尝试。在中国画创作中的冒险行为表现为学生敢于尝试新的表现形式、艺术风格、绘画主题，即使在创作实践过程中面对挫折也仍然拥有再次尝试和挑战的勇气；在中国画鉴赏中的冒险行为表现为学生能够敏锐观察各种现象，在陈规中发现新气象，对新事物保持接纳和探究的心理，包括发现并记录细节差异的能力。（2）学习迁移，学习迁移是构建学习经验的一种主动而动态的过程，能使人在新的情景中运用以往的经验。迁移能力不是依靠记忆事实或墨守成规，而是受学习理解程度的影响；学习迁移能力展示了学生能将不同的知识联系、运用、整合的能力。创意往往源自不同寻常的连接，中国画是中国文化的视觉呈现，理解中国画需要多方面的人文知识底蕴，因而当中国画的知识背景储备趋于多样丰富时就有可能激发出新的创意和理解。为拓展学生的创意思维能力，美术教师需要具有捕捉学生中国画表现能力独特性的敏感度，同时也需积极鼓励学生进行独立思考，以培养他们自发性、独创性的思维能力。

艺术活动是一种智性品质的探索形式，它不仅重视个性表达的释放，还重视反思、想象和控制的能力，否则很难产生个体审美提升和真正感人的作品。所以中国画教学不仅培养学生的知识技能，更应关注学生的批判性思维和迁移拓展能力。批判性思维是态度、知识和技能的综合体，它不仅指向学生个体思考和判断现象或问题的技能，还包括开放的心态、探究的倾向和严谨求真的态度，以及开展推理、概括、反思所需要的相关知识。[①]中国画学习中的反思探究不仅关注对学生批判性思维中自我探究力和自我反思力，考察学生的勇于试错及自我探究的能力；同时也要关注学生的知识迁移能力和对中国画图像中文化的阐释能力。

[①] 杨向东.关于核心素养若干概念和命题的辨析 [J].华东师范大学学报（教育科学版），2020.38（10）：48—59.

（三）文化理解和传承能力

文化是人类在长期历史发展过程中创造的物质与精神成果，文化理解与传承指人们对文化的认知与理解、继承与扬弃、发展与创新的过程和行为。如何在理解、认同和传承本民族优秀文化传统的基础上，尊重并吸收外来文化的积极因素，对本民族文化进行创造性转化和创新性发展，这既是国家软实力建设的重要内容，也是关乎民族前途命运的重要指标。因此，文化理解和传承能力是 21 世纪人才的核心素养，也是学生通过视觉艺术学习获得穿越历史与未来的通用技能，它对于建立人力资源强国和文化强国具有深远意义。①

通过良好的中国画学习体验，能够激发学生对中华优秀传统文化的学习热情和兴趣，形成正确的人生观、价值观、世界观，增强民族自豪感；培养学生正确看待中国文化的眼光和对中华文明价值创新的理解，树立对中国文化艺术的自信和文化艺术传承的志向。将中国画作品放在一定文化情境中能够帮助学生解读、感知与理解，并从文化的角度观察和理解中国画作品、美术现象和观念的内涵、共性与差异；分析不同时期、地域的中国画艺术的特点、风格，理解文化继承与创新的关系，研究中国画图像中所隐含的历史文化现象和信息。同时，引导学生践行优秀传统文化中的价值理念。

从文化创新的角度来看，文化强国不仅需要学生重视、热爱、传承中华优秀传统文化，更需要从未来的角度汲取传统文化的养分，创造出可以传至未来的优秀文化。而我国的中国画教育中缺乏将过去、现代和未来文化相联系的广阔视野，缺乏面向未来的文化创造的追求。因此，21 世纪视觉艺术素养在文化理解和传承方面，不仅要加深学生对乡土和祖国的传统文化以及历史的理解，同时要培养学生自主地、创造性地继承和发展传统文化的实践力，让学生进一步明确中国画在中国历史上和当今世界中的独特价值和地位，并从不同的角度理解中国画为个人发展与社会经济发展所作出的杰出贡献。

---

① 刘妍，马晓英，刘坚，等.文化理解与传承素养:21 世纪核心素养 5C 模型之一 [J].华东师范大学学报（教育科学版），2020.38（2）：29-44.

三、人工智能、大数据技术拓展了中国画教学评价方法的新路径

国务院于 2017 年 7 月印发了《新一代人工智能发展规划》；2018 年 4 月教育部又出台了《高等学校人工智能创新行动计划》；2019 年全国两会期间，国务院总理李克强作政府工作报告时，首次提出"智能+"，凸显了人工智能在国家战略中的地位。习近平总书记也指出："人工智能是引领新一轮科技革命和产业变革的重要驱动力。"[①]2019 年 8 月联合国教科文组织发布《北京共识——人工智能与教育》，这是联合国教科文组织首个为利用人工智能技术实现 2030 年教育议程提供指导和建议的重要文件。由此可见，人工智能的发展空前活跃，对第四次工业革命产业结构重组与经济社会转型起到巨大的推动作用。而在此过程中，如何利用人工智能促进教育高质量发展成为亟待研究的重要课题。

21 世纪技能、全球共同利益、核心素养、大数据、人工智能等，这些新变化所带来的新思考也引发了当今教育领域的重大变革，跨学科交叉融合的教育研究范式为中国画教育评价发展打开了新视野，提供了新范式，拓宽了进一步发展的方向。

新的评价技术和手段的不断涌现，为中小学中国画教学评价研究提供了新思路和新工具。近年来，云计算、物联网等技术的发展极大推动着美术教学评价和学生美术学习活动的转型。运用在线评估工具对学生美术学习进行研究，采用"双回路学习"的在线学习方式，在线评估工具能即时反馈学习者的美术学习进程，教师能更有效地收集反馈信息，改进在线课程，并为美术教育实证研究提供有效的证据。澳大利亚伍伦贡大学（University of Wollongong Australian）教授伊恩·布朗（Ian Brown）及其团队以国家课程标准为依据，开发了在线视觉素养评估（visual literacy assessment）工具，其中尤其强调对创造力进行评估。日本筑波大学教授石崎和宏与王文纯共同开发了致力于发展学生美术鉴赏能力的在线鉴赏学习评估工具[②]。未来会有更多跨领域、跨界的评估工具和方法被介绍到美术教学评价领域，人工智能和可视化分析等新技术也被不断地应用于教

---

① 习近平. 推动新一代人工智能健康发展　更好造福世界各国人民 [N]. 人民日报，2019-5-17（1）.

② 钱初熹. 艺术教育研究的新视野与新范式 [J]. 美育学刊，2018（4）：7-12.

学评价活动中。研究者应该保持对当前技术发展的敏锐性和洞察力，从而促使中国画教学评价研究的不断创新。

四、小结

美国教育家埃利奥特·W. 艾斯纳在《教育想象》一书的结尾呼吁道："我们需要负起引导的责任来拥抱教育的可能性，并欣然探究可以达到这种可能性的更多的路径。"[①] 学校美术教育应该承担引领和教化的职责，通过不断提供高品质的美术课程和教学，让学生获得在未来社会中生存与交流所必不可少的视觉素养和能力，以确保他们适应快速发展的时代。在此进程中，中国画教学及其评价亦要顺应时代社会发展的潮流，使学生通过学习，充分感受到中国画在当今社会及未来社会中的重要价值和力量。

---

① 埃利奥特·W. 艾斯纳. 教育想象——学校课程设计与评价［M］. 李雁冰，主译. 北京：教育科学出版社，2008：410.

第二章　基于可视化大数据分析的国内外中小学美术教育评价研究

第一节　基于知识图谱分析的中小学中国画及美术教育评价研究综述 [①]

一、引言

无论从我国基础美术教育的发展阶段和核心任务，还是国际艺术教育的发展趋势来看，美术教学评价改革已经势在必行。为了全面了解我国中小学中国画及美术教学评价研究的现状和发展趋势。本研究以中国知网（CNKI）学术期刊全文数据库为数据来源，运用科学计量可视化软件，对中国画及美术教学评价文献中的高频关键词进行分析，以知识图谱方式呈现1988年以来我国美术教学评价研究的整体概况，阐述研究的热点主题及未来趋势。中国画教学是美术教学的一部分，在资料梳理过程中发现中国画教学评价的相关文献几乎没有，远远滞后于美术教学评价。在此状况下，本研究希望通过对中小学美术教学评价的相关文献梳理，探究当前中小学美术教学评价的现状、发展及问题，以此来反观中小学中国画教学评价问题。

二、中小学中国画教学评价研究现状

笔者以CNKI数据库文献作为数据来源，检索范围为1988—2018年，于2019年3月29日进行检索。通过检索主题词"中小学　中国画教学评价"，没有发现有效文献；检索主题词"中国画 教学评价"，也没有发现有效文献。为进一步了解中国画教学的研究现状，厘清评价环节在中国画教学研究中的作用与关系状况，再次检索主题词"中国画教学"，共得到510条结果，为保证数据的有效性，对其中与中小学中国画教学无关的文献进行筛选、剔重和删除后

[①]　本节由华东师范大学美术学院教授郑文和首都师范大学美术学院博士生王颖洁合作撰写，此节内容的主要部分以《学校美术教学评价研究热点和发展趋势研究》为题发表在杂志《中国美术研究》2019（3）：142-147。

36

得到可用文献 152 条。

可用文献主要分为两大类：一类的标题以"XX 对中国画教学的影响"为主，另一类以"中国画教学 XX 研究"为主。前者侧重探究影响中国画教学的因素，后者偏重探讨中国画教学的具体内容等（见图 2-1）。

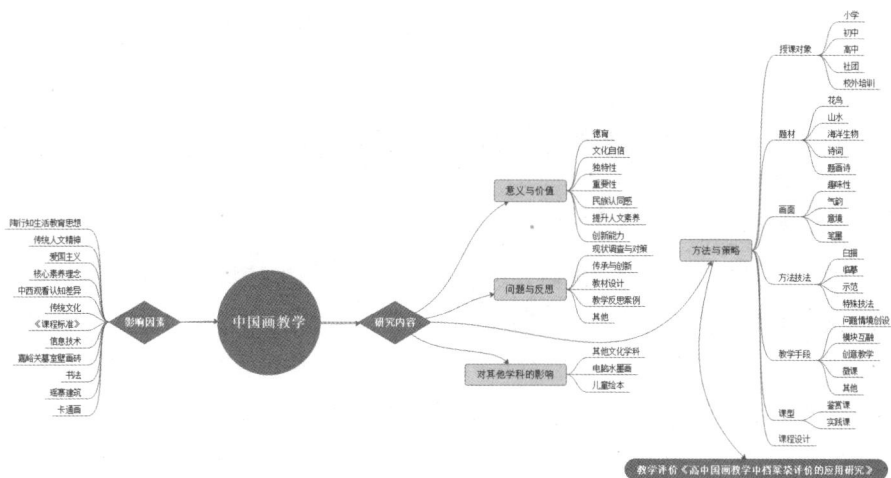

图 2-1

通过梳理可以看出，近年来中国画教学的相关研究趋于多样化，逐步构建起了中国画教学的知识网络。有对中小学中国画教学"意义与价值""问题与反思"的研究；更有大量对中国画教学"方法与策略"的研究，以及与其他学科产生影响的研究。具体而言主要表现在：个人教学经验的总结、绘画技法的传授、中国画创作和写生方法的教学等，研究内容已从中国画技术层面的训练转向学生创新意识的培养等，教学内容也更关注文化内涵的挖掘。在诸多与中国画教学相关的文章中，尤其是课程设计、教学反思案例中，虽有不少涉及了中国画教学评价的内容，但仅作为中国画教学中的一环，并未突破传统评价的范畴，没有建设性的研究，参考价值不大。有关中小学中国画教学评价研究仍然非常薄弱，五年间仅有扬州大学蔡雨阳的硕士论文《高中国画教学中档案袋评价的应用研究》一篇可供参考。

随着国家对中国传统文化价值的重视，近年来国内很多博物馆、美术馆都推出了诸多颇具特色的历代、近现代及当代中国画展，这些展览具有独特策展理念、陈列形式多样、内容丰富，与这些展览相配套的还有场馆推出的中国画教育活动，其中尤以上海博物馆、苏州博物馆、张家港美术馆等为代表，这些展览和教学活动拓展了学生中国画学习的场域，给学生全新的视觉体验，对学生认知中国画具有重要意义。纵观这些研究，都基本停留在教学实践研究范畴。教学过程中的评价尚未得到重视，有关中国画教学评价和学习评价方面的研究几乎还是空白。

三、美术教学评价文献数据的可视化分析

（一）数据收集和趋势分析

为了了解美术教学评价的研究现状，本研究以 CNKI 数据库文献作为数据来源，以"美术、教学评价"为主题词进行检索，范围为 1988—2018 年，于 2019 年 3 月 29 日进行检索，共得到 783 条结果。为保证数据的有效性，对其中与美术教学评价无关的文献进行筛选、剔重和删除后得到可用文献 422 条。

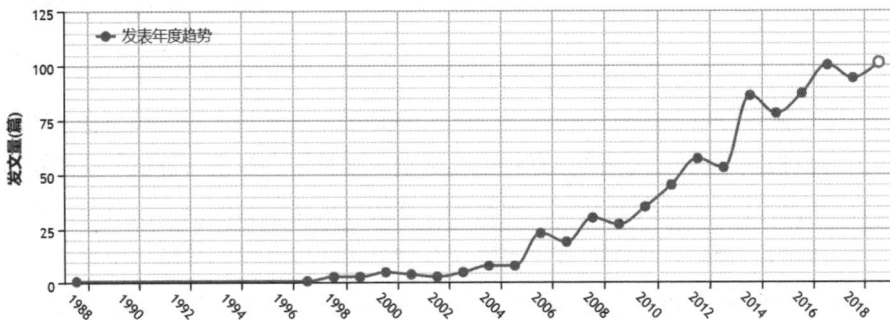

图 2-2

通过统计可以看出，1988—2005 年间美术教学评价的研究文献极为有限，尚未受到关注。2006 年至 2011 年，美术教学评价研究的文献由个位数上升到两位数，说明美术教学评价开始受到关注。2012 年至 2018 年，美术教学评价研究文献增加显著，说明已经开始得到重视。从论文发表的整体态势上看，2006 年和 2012 年可视为两个转折点，由此，可将美术教学评价研究发展分为三个阶段：

1. 美术教学评价研究意识的萌发阶段（1988—2005）。这一阶段相关期刊文献共 23 篇，在有效总文献中占比 5.45%，主要以教学经验式总结为主。

2. 美术教学评价研究的草创阶段（2006—2011）。相关期刊文献 107 篇，占比 25.36%。这一阶段的研究虽仍以实践教学为主，但已开始融入教学理论，涉及的研究内容开始趋于多元。

3. 美术教学评价研究的发展阶段（2012—2018）。相关期刊文献 292 篇，占比 69.19%。这一阶段的发展与 2011 年《义务教育美术课程标准》的颁布，以及大数据时代带来视觉文化转型有很大关系，这一阶段的研究方向呈多元化的发展态势，既有对国内外教育教学理论的介绍与借鉴，也开始涌现出基于教学实践的美术评价方法、评价标准及评价工具的开发等，较之前在广度和深度上都有很大发展。

（二）高频关键词共现知识图谱分析

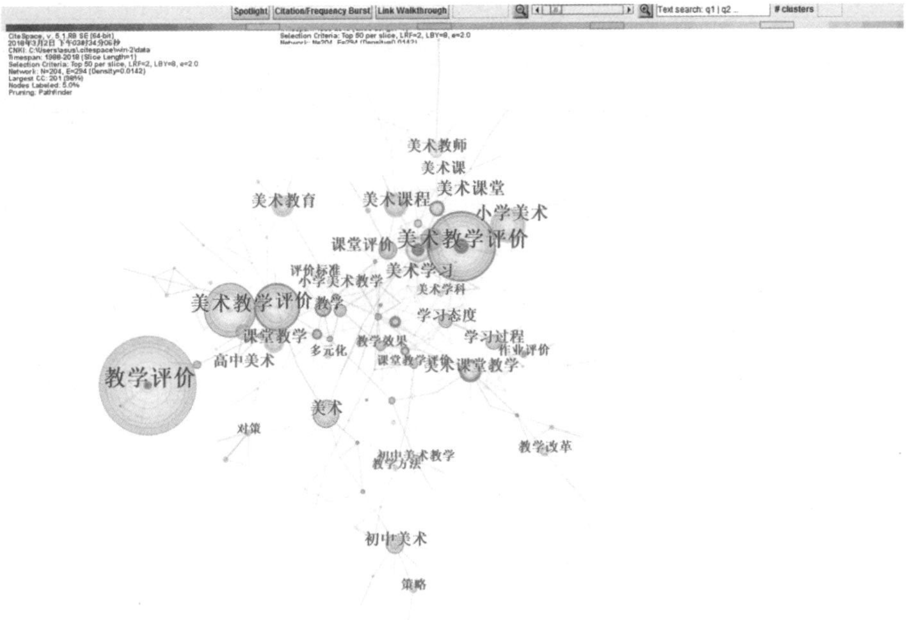

图 2-3

CiteSpace 可视化分析工具是应用 Java 语言开发的信息可视化软件，运用词频统计方法对关键词进行分析统计，从而获得所研究领域的研究热点、未来发展趋势及最新动态等。

　　研究热点代表着一个研究领域最新、最具探索潜力的主题。关键词是一篇论文中重点研究的内容，是作者对文章的高度概括和提炼。运用科学计量可视化软件 CiteSpace 进行关键词检索，并导出高频关键词科学知识图谱（图 2-3），可以比较清晰地呈现研究的整体概貌和研究热点。

表 2-1

序号	关键词	中心性	频次
1	教学过程	0.53	9
2	课堂教学	0.4	27
3	教学质量	0.39	8
4	评价标准	0.33	10
5	教学评价	0.26	68
6	新课程改革	0.21	9
7	评价方法	0.19	10
8	学习态度	0.19	21
9	有效教学	0.18	29
10	教学改革	0.17	4

　　在科学知识图谱中关键词出现的频次用圆圈大小表示，出现频次高的关键词所表示的圆圈越大，关键词字体越大，中心度越高，越趋向图谱中央位置。根据研究需要，通过 CiteSpace 软件导出美术教学评价文献的关键词的中心性和频次等信息，通过筛选、合并等处理，得出排序前 10 的关键词的信息（表 2-1）。根据表 2-1 和图 2-4 中关键词的中心性和出现频次，结合二次检索文献的整体判读，发现评价标准、教学改革、评价方法、有效教学、课堂评价、美术学习、学习态度、评价体系等关键词具有较强的中心性和较高的出现频次，对这些关键词聚类后，可以发现近 30 年来美术教学评价前沿研究呈现出强调实践性的特点，与实践教学联系紧密，涉及评价方法和策略，课堂评价和学生的美术学习，

评价标准和评价体系建构等主题。

（三）关键词聚类分析

关键词聚类能比较直观地展示关键词间的亲疏关系，判断它们之间的关联程度，进一步揭示本领域的研究热点。关键词聚类分析的原理是以关键词在同一篇文献中出现的频率为分析对象（即词篇矩阵），利用聚类的统计学方法，把关联密切的关键词聚集在一起形成类团。将 422 篇文献中所提取出的 39 个高频关键词导入 SPSS 软件中进行系统聚类，获取高频关键词的相似矩阵和聚类树状图。

根据关键词聚类结果可以看出：美术教学评价研究的热点主要集中在四个领域：有效教学与评价方式

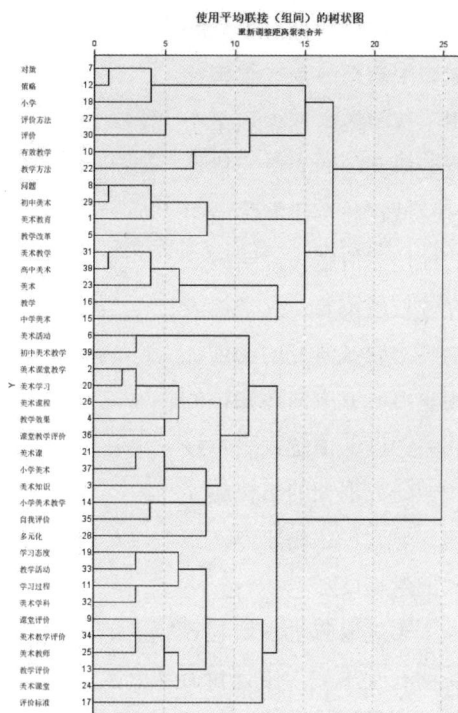

图 2-4

（领域一）、教学改革和美术教学评价（领域二）、课堂教学和美术学习评价（领域三）、评价标准和评价体系（领域四）。

（四）高频关键词多维尺度分析

多维尺度分析是利用关键词之间的相似性或相异性数据，将其以点的形式分布到空间中的特定位置，直观地展示各关键词之间的关系，不同关键词在空间中的距离远近显示了其相似性的高低，高度相似的关键词聚集在一起，形成科学研究的热点。知识图谱是根据 422 篇文献中所提取出的 39 个高频关键词导入 SPSS，然后转化为共词相似矩阵，再采用"相异矩阵 =1- 相似矩阵"的方式生成相异矩阵，并在 SPSS 中对相异矩阵进行多维尺度分析（ALSCAL），获取 Euclidean 距离模型散点图，结合聚类分析结果，绘制美术教学评价研究热点的知识图谱。（图 2-5）

多维尺度分析生成的知识图谱是一个二维坐标图，其中横坐标表示某个领域研究的向心度，描述该领域在整个研究领域中的地位，值越大说明该研究领域越重要；纵坐标表示某个领域研究的密度，衡量该研究中内部知识的联系强度，值越大表示该领域研究框架的结构越完整，研究现状越成熟，发展前景越良好[1]。

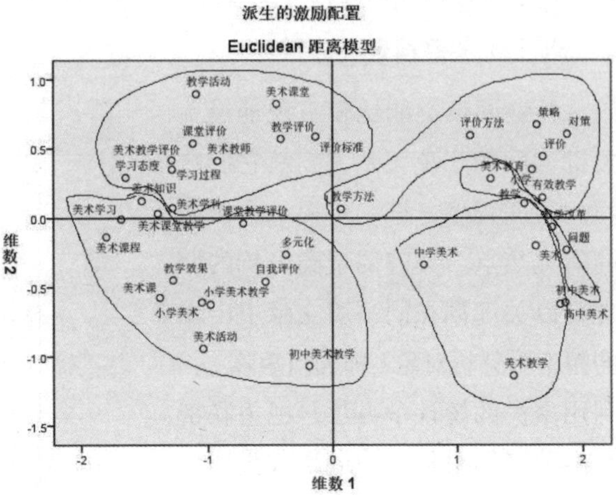

图 2-5

第一象限呈现研究领域一的七个高频关键词和领域二的二个高频关键词，说明在美术教学中评价方法、对策、有效教学等领域处于研究的重要地位。值得关注的是横跨第一象限与第四象限的狭长形区域内呈现的美术教育、教学改革、问题这三个关键词，且"有效教学"位于两个区域的交汇处，同时包含在两个领域内。这说明有效教学、教学改革、问题、美术教育等领域虽然具有研究价值但未形成完整体系，虽是当下研究的热点但同时也是难点所在。第二象限呈现研究领域四的十个高频关键词和领域三的三个高频关键词，说明评价标准、教学评价、美术知识、课堂教学、学习态度等领域的研究有进一步发展的空间，具有潜在发展趋势。这一领域在未来美术教学评价中具有较重要的价值，可以持续和深入地关注。第三象限呈现领域三的十个高频关键词，这说明对课堂教学、教学效果、自我评价、美术课程等领域研究的力度不够，处于边缘，研究框架结构不完善，是比较薄弱的部分。

---

① 郭文斌，方俊明，陈秋珠.基于关键词共词分析的我国自闭症热点研究 [J].西北师范大学学报（社会科学版），2012（1）：134-138.

四、中小学美术教学评价的研究热点

根据可视化分析得出的高频关键词、关键词聚类分析和多维尺度分析的知识图谱，结合文献梳理，可将现阶段我国美术教学评价的研究热点分为四个领域，下面将进一步加以分析。

（一）有效教学与评价方法

随着新一轮课程改革的不断深入以及国内外对于教学评价的不断重视，国内研究者与一线中小学教师的研究与实践主要是通过教学与评价的协调统一来提升教学效果。正如知识图谱中第一象限所呈现的那般，关于有效教学、评价方法、评价策略等方面的研究越来越多，该领域涉及有效教学、评价方法、对策、策略、小学、评价、教学方法等7个高频关键词，是目前美术教学评价研究的热点和重点。目前虽有一定研究成果但并未形成系统的评价体系，总体上还是以一线教师的个案研究、基于经验式总结研究为主体。

但随着研究的不断深入，已开始由教师经验式评价逐步过渡到基于教育教学理论的评价实践研究，对有效教学、评价方法、策略等领域的研究极大地推动了美术教学评价研究，近五年内取得了很大的突破，并在今后一段时间内会持续成为教学评价的研究热点。

有效教学是指教师遵循教学活动的客观规律，以尽可能少的时间、精力和物力投入，取得尽可能好的教学效果[①]。只要有教学过程就需要考虑有效教学，有效果、有效率、有效益是有效教学的特征。教学评价则是证明有效教学的重要方式。不少研究者从"有效教学"实践入手探讨美术教学的各个学习领域，中小学美术都有所涉及，其中尤以美术鉴赏内容为多，亦涉及教学评价方法、评价策略、评价内容、评价指标等方面。

美术教学评价既关注学生对美术知识和技能的掌握情况，同时也开始注重对学生美术学习能力、态度、情感与价值观等方面的评价，强化诊断、发展和激励功能已成为当前美术教学评价的重要目的，为此教学评价方法也呈现出多样化的发展态势。主要表现在学习借鉴国外多元智能理论、建构主义学习理论、

---

① 程红，张天宝．论教学的有效性 [J]．上海教育科研，1999（5）：13-14.

后现代课程理论、Ellen Weber 评价理论等相关教育教学理论基础上拓展出的各种评价方法，采用量化和质性评价方式，尤其重视对质性评价方法的实践研究，使用表现性评价、形成性评价、过程性评价等质性评价方法。采用教育叙事研究法对有关美术学习过程与结果进行描述，使用学习档案袋记录学生个体的美术学习成长历程；研究范畴则涵盖课堂与课后、博物馆和社区等多种环境下的视觉艺术学习。王晔等提出中小学美术表现性评价方法的实施，强调在评价中应特别关注对较高层次的思维（如思考、分析、解构、判断、表达）与思考过程的考量[①]。史美霞要求教师关注结课环节的总结性评价，加强教学过程中的形成性评价和实现评价主体的多元化[②]。陈晓蕾提出了"档案袋评价"和"苏格拉底研讨评价"两种质性学生学习评价方法[③]，等等。

（二）教学评价和学习评价

教学评价是依据教学目标对教学过程及结果进行价值判断并为教学决策服务的活动，是研究教师的教和学生学的价值的过程。课堂教学、美术活动、美术课程都是教学评价的载体，其主导者是教师，对象是学生。该领域涉及美术活动、初中美术教学、美术课堂教学、美术学习、美术课程、教学效果、课堂教学评价、美术课、小学美术、美术知识、小学美术教学、自我评价、多元化等 14 个高频关键词，它们集中在知识图谱的第三象限，有三个关键词处于第二象限，这说明它讨论的主题结构比较松散，目前仍处于研究的边缘地带，但已开始引起研究者的关注。

在美术教育教学领域，尤其是教学评价中还存在诸多问题有待解决，比如评价内容主要针对学生的智力、知识、技能的掌握，忽视学生成长所需要的其他方面能力，重技能轻审美、重结果轻过程的评价观依然存在；"评价过于简单""评价过于单一""评价不够全面"；特别缺乏对学生在美术学习过程中

---

① 王晔，颜慧珍，于晓明.中小学美术表现性评价特质及实施方法研究 [J].现代基础教育研究，2015（9）：131-136.

② 徐春浪，汪天皎.我国学生评价研究热点聚类分析及其知识图谱 [J].教育理论与实践，2016（11）：37-41.

③ 陈晓蕾.中小学美术教学中质性学生评价理论与实践的研究 [D].上海师范大学，2005.

表现出来的创意进行评价的意识及方法等等。对于教学评价中所凸显的问题和弊端，美术教学评价改革已迫在眉睫。自 2010 年以来，虽然中小学美术教育领域内已开始关注到教学评价改革问题，但有理论性和实践深度的研究依然非常少。

根据《关于深化教育改革全面推进素质教育的决定》的要求，教师对自身的教学活动进行自我评价，实际上是一个反思、修正的过程，易于促进教师的专业成长。孙小莉从定位教师的角色、优化教学的内容、改革教学的流程、教学的评价方式以及教学空间结合等方面着手，探讨高中美术教学多元化策略[①]。张婉愉从教师课堂口头用语、体态语、作业评语等三个方面细致分析了美术课堂教师评价用语使用的现状，厘定美术课内外教师评价用语使用的特征[②]。目前有关课堂教学评价的研究偏重教师对课程、方法等方面评价的研究，促进教师发展的评价研究较少。

美术学习评价是美术教学评价的主要部分之一，特指根据一定的评价标准，采取一定的评价方法对学生的美术学习的过程及结果进行评价与判断，评价主体可以为学生、教师、学校、家长、社区等。[③]从《义务教育美术课程标准（2011年版）》的颁布开始，研究覆盖中小学美术教学，强调多元化的教学评价方法，重视学生的自我评价。美术学习评价是美术教育评价领域中最重要的组成部分，美术学习评价具有反馈的功能，有助于每位学生准确地把握自己的美术学习能力与水平。钱初熹等提出了注重行为目标和表现性目标相结合，倡导美术学习成就评价[④]。张旭东关于小学生美术学习中"创意"评价的研究，是在美国克拉克绘画能力测验工具与成果的启发下，基于主题、技巧、通过不同技巧与过程表达自己的情感这三个维度，来建立评价学生美术创作中"创意"的方法和标准，帮助学生进行优质美术学习，切实提升美术素养[⑤]。

在整个评价中，美术学习评价通过过程性评价和终结性评价结合、以学生

① 孙小莉 . 高中美术教学多元化策略 [J]. 中国校外教育，2015（1）:168.
② 张婉愉 . 华中师大附小美术教师评价用语研究 [D]. 华中师范大学，2014.
③ 赵晶晶 . 中小学生美术学习有效性的评价研究 [D]. 研究生硕士学位论文，2010.
④ 程红，张天宝 . 论教学的有效性 [J]. 上海教育科研，1999（5）：13-14.
⑤ 张旭东 . 评价中小学生美术学习中"创意"的研究 [D]. 华东师范大学，2015.

作为评价主体的方式，通过评价反馈教学，提升美术教学评价效能。因此，美术学习评价逐渐取代美术教学评价，是当前研究的热点和发展趋势。

（三）教学改革和美术核心素养的评价

在全球化和数字化时代背景下，如何适应 21 世纪时代发展和社会需求，进一步深化课程改革，转变育人模式，促进学习方式和教学模式的变革已成为基础教育评价研究的重点。

该部分的研究以此为背景，探究基于教学改革的美术教学评价问题。该领域涉及问题、教学改革、初中美术、美术教育、美术教学、高中美术、美术、教学、中学美术等 9 个高频关键词，主要集中在第四象限，是美术教学评价研究中具有研究价值的领域，同时也是目前我国教育界正在重点研究的方面，通过新一轮的美术学科课程标准的制定、美术核心素养的提出，教学改革正如火如荼地进行中。

在全面推进素质教育的进程中，研究者逐渐意识到美术教育对提高和完善学生综合素质所具有的独特价值。2014 年 3 月，我国教育部颁布《关于全面深化课程改革 落实立德树人根本任务的意见》，提出"各学段学生发展核心素养体系"要求，以此推进深化课程改革。2016 年北京师范大学发布了《面向未来：21 世纪核心素养教育的全球经验》WISE 研究报告，艺术素养作为基础领域素养得到了充分的重视，而美术核心素养则是艺术素养的重要组成部分。因此，2017 年教育部颁布《普通高中美术课程标准（2017 年版）》[1]，提出美术学科五大核心素养，我国美术教育正式进入核心素养时代。

近两年来，围绕美术核心素养的美术教学评价体系与实践研究开始得到关注。尹少淳提到，核心素养时代的美术教学应重视评价导向，通过评价来控制和调整教学行为，在确定了核心素养本位的课程目标后，将它们分解成可检测的评价指标，通过这些可检测的指标以评价的方式回馈目标。[2] 王大根认为，美术核心素养本位的评价应是一种嵌入学习的过程性评价，不仅重视美术学习结

---

① 　中华人民共和国教育部制定.普通高中美术课程标准：2017 年版 [M].北京：人民教育出版社，2017.

② 　尹少淳.美术核心素养大家谈 [M].长沙：湖南美术出版社，2018:25-26.

果，更要运用过程性评价随时发现和解决教学过程中出现的偏差和问题，保障美术教学的有效实施。[①]除了理论研究之外，实践性个案研究也进展较大，其中尤以硕士论文居多，涉及小学、初中及高中各个学习时段，有探讨小学美术欣赏课教学的评价[②]；初中"设计·应用"领域中设计批评素养的培养[③]；高中美术动画教学的评价[④]，提升高中生图像识读素养的美术视觉传达设计教学中的评价[⑤]，等等。

同时，针对新课标改革背景下美术教育存在的问题，钱初熹等通过研究国内外中小学美术学习评价现状，梳理了世界各国中小学美术学习评价的标准与方法，提出与高品质课程和优质教学相对应的有效美术学习评价的建议[⑥]。张贺菊提出小学美术教育教学改革创新的可行性策略：以德育促美育，以画笔填充美丽新世界；举办校园美术节，引领小学艺术教育新航程；运用鼓励性评价方式，激发学生持续学习美术的动力[⑦]等。除了理论研究之外，实践性个案研究也进展较大，涉及小学、初中及高中各个学习时段。

（四）评价标准和评价体系

从国际艺术教育发展趋势来看，焦点已经从重视教学评价转向注重学生视觉艺术学习成就的评估方面。在国内有关评估的评价工具、评价标准、测评指标以及相应的评价体系目前尚未形成完整的结构，在未来美术教学评价中具有重要价值，是潜在的发展趋势，可以持续和深入地加以关注和研究。该领域涉及评价标准、

---

① 尹少淳.美术核心素养大家谈 [M].长沙：湖南美术出版社，2018:53-55.
② 王晔，颜慧珍，于晓明.中小学美术表现性评价特质及实施方法研究 [J].现代基础教育研究，2015（9）：131-136.
③ 孟逸.初中"设计·应用"领域中设计批评素养的培养研究 [D].海南师范大学，2016.
④ 史美霞.浅谈美术教学中的评价作用——谈教学评价对学生身心发展的促进作用 [J].陕西师范大学学报，2006（12）：446-448.
⑤ 陈晓蕾.中小学美术教学中质性学生评价理论与实践的研究 [D].上海师范大学，2005.
⑥ 钱初熹，徐耘春.视觉文化背景下的中小学美术学习评价 [J].现代基础教育研究，2013（3）：72-80
⑦ 张贺菊.新课程理念下小学美术教育教学改革与创新 [J].美术教育研究，2017（1）：145.

学习态度、学习过程、美术教师、教学活动、美术学科、课堂评价、美术教学评价、教学评价、美术课堂等 10 个高频关键词，它们全部处于第二象限中。

2014 年以来，国家相继发布的有关教育领域相关政策法规都明确提出"监测和提升学生艺术学习质量"的任务和目标，如今美术不仅被视为创造性表达的载体，也被视为发展观察、传播、解释和理解文化多样性的一门学科，通过工具开发与标准制定，可以有效评价学生的艺术学习已达成共识。但如何找到评价学生美术学习成效的方法，以提供有关美术教育独特功能与影响力的令人信服的证据，依然是美术教学评价面临的问题和挑战。

近年来，针对美术学科核心素养展开的命题与测评、评价工具的开发、评价标准及评价体系的建构等研究正在逐渐推进中，这将成为美术教学评价研究的重点。教育部基础教育质量监测中心采用自主研发的标准化艺术（音乐和美术）教育监测工具，已于 2016、2019 年两次在全国范围内对四年级和八年级的教育质量进行监测。其目的在于了解基础教育阶段学生的美术学习状况，掌握影响学生发展的相关因素，准确报告基础教育美术学科教育质量的现状，为教育决策提供科学依据[①]。

研制学生美术学习评价标准，有利于引领和促进美术教学活动的科学化和规范化。彭俐从初中学生美术学习的过程与结果两方面，在四个学习领域建构初中学生美术学习评价标准的基本框架[②]。张曦、曹建林以小学"欣赏·评述"学习领域的评价为例，提出聚焦核心素养的美术教学评价理念，设计了五维评价工具，形成捕获课堂信息—分类梳理评分—给出质量评价—反馈助推反思四步操作要点[③]。为了更有效地促进教学评价与教学的互动，刘琢提出对现行的美术学科成绩评定体制进行改革，制定具体的考查目标细目表，建立教师随堂观察记录表，改革相应的学生作业本，确定评定标准等[④]。

---

① 钱初熹. 国外中小学视觉艺术教育评价的新动向及其启示 [J]. 现代基础教育研究，2017（6）：197-207.
② 彭俐. 初中学生美术学习评价标准的依据、原则与框架 [J]. 江苏教育研究，2018（5）：43-46.
③ 孙小莉. 高中美术教学多元化策略 [J]. 中国校外教育，2015（1）:168.
④ 刘琢. 小学美术课堂教学评价思考 [J]. 现代教育科学，2014（6）：143-144.

综上所述，目前中小学美术教育评价的研究热点表现出三个特点：第一，基于美术实践教学的评价方法、策略等研究已成为当前研究关注的重点和热点；第二，美术教学评价研究从相关性研究向实证性研究转变；第三，美术教学评价体系处于不断完善的过程中，评价标准、评测工具和教学评估研究越来越受到重视，将成为今后研究的热点和重点。

五、小结

通过梳理可以发现，近20年来我国中小学美术教学评价研究已取得了长足发展，美术教学评价从单一走向多元，从粗放式研究向注重量化和质性研究过渡，从相关性研究向实证性研究转化。从历时性角度来看，美术教学评价在理论借鉴和实践教学中反思、成长；从共时性角度看，我国中小学美术教学评价研究在评价指标、体系构成和实践形态等方面开始呈现多元化发展态势。与此相比，中小学中国画教学评价的研究就显得十分薄弱，迄今为止对中小学中国画教学评价体系的研究几乎是空白，我们未能掌握中国画教学是否真实有效的确凿信息，难以把握中小学生通过中国画学习是否真正获得了传统文化素养。

展望未来，中小学中国画教育评价研究范式的多元化是未来发展的方向，这既体现了中国画教学评价的复杂性，也折射出时代发展的价值取向。把握时代脉搏，创新中国画教学评价理论，跨越教学评价理论和现实教学评价之间的鸿沟，从提高学生的文化自信、发展学生的中国智慧并使之获得相应的艺术素养角度从发，建构基于中小学生全面发展的中国画教学评价体系显得尤为重要。

第二节　国外中小学视觉艺术教育评价的研究动向 ①

一、视觉艺术教育评价重点的转换

（一）从教学评价转向学习评估

2015 年 11 月，联合国教科文组织在纪念成立 70 周年之际，公开出版了新的研究报告：《反思教育：向"全球共同利益"的理念转变？》（Rethinking Education: Towards a global common good?）。联合国教科文组织总干事伊琳娜·博科娃（Irina Bokova）指出："世界在变化，教育也必须变化。社会无处不在经历着深刻变革，这种形势呼唤新的教育形式，培养当今及今后社会和经济所需要的能力。这意味着超越识字和算术，以学习环境和新的学习方法为重点，以促进正义、社会公平和全球团结。"报告的《导言》对知识、学习重新下了定义："知识在有关学习的任何讨论中都是核心议题，可以理解为个人和社会解读经验的方法。因此，可以将知识广泛地理解为通过学习获得的信息、认识、技能、价值观和态度。""学习可以理解为获得这种知识的过程。学习既是过程，也是这个过程的结果；既是手段，也是目的；既是个人行为，也是集体努力。"②

通过对这一报告的深入解读，我们认识到在世界经历着深刻变革的第四次工业革命时代，教育形式以学习环境和新的学习方法为重点，对知识和学习的新定义凸显了学习的过程与结果。视觉艺术教育理应进行相应的转变，无论是课程目标的设定，还是教学的实施，应转向为学生营造新的学习环境和提供新的学习方法。在视觉艺术教育评价上，也应从以往对教学评价的重视转向以中小学生视觉艺术学习评估为重点。

（二）视觉艺术学习评估

"视觉艺术学习评估"即从学生的角度出发，在学生本人或他人对自身学

---

① 本节由华东师范大学美术学院教授钱初熹撰写，此文以《国外中小学视觉艺术教育评价的新动向及其启示》为题发表在杂志《现代基础教育研究》2017，26（6）：197-207.

② UNESCO. Rethinking Education: Towards a Global Common Good?[R].UNESCO Publishing，2015.

习过程与结果中知识、技能水平以及情感、态度、价值观所发生的变化进行价值判断的过程。视觉艺术学习评估具有反馈的功能，它有利于每一名学生准确地把握自己的视觉艺术学习能力与水平，其特征为：第一，评估融入日常学习中，学生在视觉艺术学习全过程中的大量学习表现，既可用于形成性评价也可用于总结性评价。其次，评估呈现的是真实性任务，学生在其中展示他们个人的视觉艺术知识、理解力和技能。

本文采用既包括传统意义上的美术（Art），又包括设计（Design）、媒体艺术（Media Art）的"视觉艺术"（Visual Arts）的称谓，但由于各国基础教育课程名称有所不同，因此文中根据各国的课程名称进行阐述。本文涉及与评价相关的几个英文单词：英文 Evaluation 翻译为"教育评价"，包括课程评价、教学评价和学习评估；英文 Assessment 翻译为"学习评估"；英文 Test 翻译为"测试"，指出题考试或测验。本文提出鲜明的观点，即视觉艺术教育评价、学习评估与测试不同，测验与评分不同，对学生视觉艺术素养的评价不提倡采用常模参照测试或测验的方式。

二、国外中小学视觉艺术教育评价的新动向

（一）英国中小学美术与设计学习评估

2013 年 9 月，英国公布了《英国国家课程标准》（The national curriculum in England），其中"美术与设计"（Art and Design）课程中包括美术、工艺和设计。学习目的：美术、工艺和设计体现了一些最高级的人类创造力。高品质的美术和设计教育应该吸引、激励和挑战学生，教授他们的知识和技能，让他们实验、发明和创造自己的美术、工艺和设计作品。随着学生的进步，他们能够以批判性的思维进行更多思考和发展，深入理解美术和设计。他们也应该以美术和设计，反映和塑造历史，并为国家的文化、创造和财富做出贡献。课程目的：美术与设计课程旨在确保所有学生开展创造性工作，探索自己的想法并记录自己的经验，精通绘画、雕塑等美术领域、工艺领域和设计领域。技术：使用美术、工艺和设计语言评估和分析创意作品，了解伟大的艺术家、工艺品制造商和设计师，并了解历史和不同时期的艺术形式。

保罗·卡尼艺术网站提供美术与设计课程资源[1]，网站提出与课程标准相对应的评价理念为：评价不应该是教师对学生的判断，而应当是促进和改善学习的积极指导；学生在创作活动中的创意过程（Creative Process），创意灵感→创意发展→创意分析→创意决策是评价模型的关键（图 2-6），因为创造和批判性的判断是并行的。学生不仅应该学习如何开发技术，还应该学习如何公平地分析自己的创作并做出良好的选择。评价应该成为一个积极健康的体验，让学生能够做出创造性的决定，并从自己的错误中学习。（图 2-7）

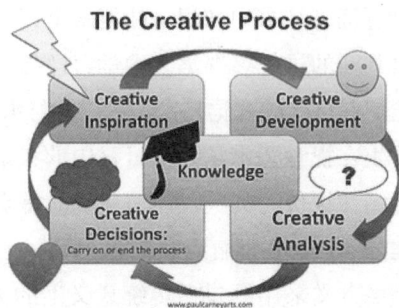

图 2-6

第一和第二阶段（小学）的美术与设计学习评估主要采取良好的形成性评价，将简单有效的评价嵌

图 2-7

入课堂实践，帮助学生了解如何提高美术与设计能力。第三阶段（初中）的学习评估是个人美术、工艺和设计学习旅程的记录，包括每个人的进步、优势和弱点以及如何改进的建议等。判断学习评估体系的标准是：（1）评估是否增强了学生的信心，而不是使学生感到挫败。（2）学生是否真的学到了之前他们不能做到的。

学习评估不仅仅是对一件学生作品进行评分或评论，还应包含三方面：第一，参与学习活动的数量和质量，这可以分为 1—10 或 1—5 个等级。第二，进步。当评估学习进展时，应该强调每个学生从自己的起点出发获得了多少进步，这在根本上不同于仅仅评估学习结果的质量，根据进步的程度分为 5 个等级：

---

[1] Paul Carne. Art and Craft and Design Assessment Advice [EB/OL]. www. Paulcarneyarts. Com/naea.co.uk，2017-01-05.

取得了显著的进展；取得了良好的进展；进步符合预期的年龄阶段；进展比预期缓慢；极少或没有进展。第三，达到的能力水平。学习评估最重要的是把握学生的能力水平，他们已经学到和实现了什么，分为高于班级标准水平的能力、达到班级标准水平的能力、努力达到班级标准水平的能力。还有两方面需要加以关注，即有特殊教育需求的学生和有才华的学生。例如，快速完成学习任务的学生通常有一个充满表现欲望的头脑，教师可以在教室里设置一个包含有趣任务的扩展盒，引导他们思考自己下一步该做什么，鼓励"自由绘图时间"，或自行选择美术、工艺和设计的书籍来阅读。

通过学习评估，教师了解学生的个人需求，根据他们的需要或能力做出教学改进。换言之，通过总结学生在学习过程中发生了什么，提醒学生做了什么来加强他们的知识和理解，从而使这种学习更有效，以此提高信心。这一网站为教师提供美术与设计学习评估的数字教材，还为学校提供有效的美术与设计学习评估的教师培训课程。网站工作人员前往有需求的学校，可以是半天、全天或在放学后，帮助教师获得有关学习评估的咨询或解决具体问题。

视觉艺术教育评价中最难实现的就是对创意的学习评估，英国中小学美术与设计学习评估注重对学生学习过程与结果中创意的评估，将创意过程分为四个环节，有助于对创意过程的整体把握。此外，学习评估体系完整，包括学生参与学习活动的数量和质量（学习积极性等）、进步（与自己之前的能力水平相比）和达到的能力水平（与标准的能力水平相比）三方面，有助于让每一名学生准确地把握自己的学习状况、能力水平。

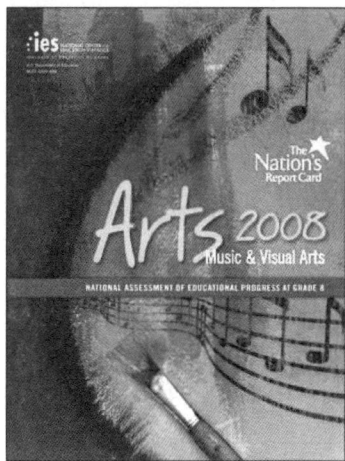

图 2-8

（二）美国中小学视觉艺术学习评估

2014 年 3 月，国家核心艺术标准联盟（NCCAS）正式公布了《国家核心艺术标准》（National core arts standards）。其中，视觉艺术（Visual Arts）标准提倡通过把握大概念（big ideas）来支持学生的学习成果，包括持久的理解和对本质问题的掌握，按年级（学前至 8 年级和高中的 3 个阶段）划分 15 个等级的持续理解和相对应的 15 个表现标准。根据这一标准，全美视觉艺术教育学会（NAEA）提出教师依靠几个成熟的评估工具来衡量学生视觉艺术学习表现和成就的方法。[①]

第一，量规。量规是根据目标和具体标准，学生所达到的不同成绩的评估图表。如果目标是使用基本技术来画一条漂浮在被松树环绕的池塘上的船，那么表达了空间关系，描绘了轮廓，使用光线和阴影的学生得分为 A；描绘了场景并捕获一些但不是全部形状的学生得分为 B；显示船、池塘和树木彼此之间的随机关系，使用一些形状和一些阴影的草图的学生得分为 C。量规提供客观的标准，旨在确保对所有学生评估的公平性，然而在视觉艺术教育中，它限制了学生采取凸显个性的创造性解决方案来创建图像的可能。

第二，学习档案袋评估。根据学生在一段时间内生成的作品集，评估学生们在作品集中展示自己的能力、想法和愿景，以及如何产生一个凝聚的视觉呈现的过程。它展现了学生在凸显个人风格的表现或进行具有个性特征的陈述上是否投入了时间和发展了创意。教师可以判断学生是否能够胜任使用颜色或设计的技术和元素，以及是否掌握了不同类型的媒体的使用方法。

第三，书面自我评价。绝大多数的 K-12（幼儿园到高中）的学生不会从事视觉艺术职业，有些学生在创作方面的表现也可能不尽如人意，但视觉艺术可以增强观察、解释、视觉合成和分析的关键技能。视觉艺术学习评估可以采取撰写文章进行书面自我评估的方式，学生口头描述绘画、设计等创建图像的过程。教师可以对学生创造视觉艺术作品的智力技能进行评估。

第四，学习进展评估。2008 年，美国国家教育进展评估机构（National Assessment of Educational Progress，简称 NAEP）进行了第三次艺术教育进展评价。国家评估管理委员会监督 NAEP 框架的开发，该框架描述每个主题中要评估的具体知识和技能。视觉艺术学习评估要求 8 年级学生观察、描述、分析和评价现有的视觉艺术作品，并创作视觉艺术作品，以此来衡量学生的知识和技能。为了捕捉创作和回应的过程，视觉艺术评估包括二类练习：第一，真实的任务，

---

① NAEA. Visual Arts Assessment Tool[EB/OL].www.art-educators.org，2017-01-02.

学生使用各种媒体创作视觉艺术作品，并以书面形式评估自己的工作，以呈现在视觉艺术创作方面的知识和技能。第二，以多项选择题的形式，呈现学生以书面形式描述、分析、解释和评价视觉艺术作品的能力。3900 名学生参加了视觉艺术进展评估项目。[①]

其中，真实任务的第一个练习：学生观看珂勒惠支（Kaethe Kollwitz）和席勒（Egon Schiele）的自画像，并研究两幅作品的技术和表现力之间的关系。评估等级为"通过"（Acceptable）、"部分通过"（Partial）、"不通过"（Unacceptable）和"无回答"（Omitted）。60%—70% 的学生被评为"通过"和"部分通过"。

真实任务的第二个练习，学生创作自画像。每人拿到一面镜子和一张 12 英寸 ×18 英寸的白色绘图纸，要求使用彩色油粉笔（Cray-pas）和木炭铅笔来创建一个自我肖像，表达对自己的个性来说是重要的东西。这些自画像采用四个评分等级进行评定："充分"（Sufficient）、"不够充分"（Uneven）、"最小化"（Minimal）和"不足"（Insufficient）。

评估小组认为表现"充分"的自画像作品，所表达的观念清晰、具体，观察细致，能够识别个人特征，有一定的细节，展示了有目的地使用组成元素和复杂材料的能力。这幅作品（图 2-9）恰当地运用了颜色和线条，表现充分，

图 2-9

呈现个性，并显示出他对珂勒惠支自画像的细致观察。4% 的学生自画像被评为"充分"。

评估小组对表现"不够充分"的作品提出一些具体的意见，这些学生一般采用了相关的组成元素，也注意到了细节，如面部特征的表达以及有效使用材料。然而，表现"不够充分"的作品通常呈现出部分不一致或不完整。在这里展示

---

① 　NAEP. The Nation's Report Card: Arts 2008[R]. National Assessment of Educational Progress，2008.

的样本（图 2-10）中，学生通过使用生动的颜色描绘面部表情、首饰和背景中所包含的符号，赋予作品表现的个性。然而，她所使用的视觉元素似乎不一致，如背景中的符号和颜色的放置、呈现。25% 的学生自画像被评为"不够充分"。

图 2-10

正如许多被评为表现"最小化"的作品一样，在这里展示的样本（图 2-11）中，特定观察的努力是明显的（在眼睛里的红线），但很少。元素组合看起来十分偶然，并且材料的使用也不够熟练。例如，虽然这个学生可能试图通过用颜色（红色）强调他的眼睛和嘴来表达个人的某种感觉，但他缺乏传达他所想要传达的信息的技能。57% 的学生的自画像被评为"最小化"。

大多数被评为表现"不足"的自画像通常未能表现出特定的观察，很少有组合的意识，大多数未能熟练地使用材料。与"最小化"的样本不同，这幅自画像样本（图 2-12）中没有呈现出任何关于一个人的具体特征。14% 的学生自画像被评为"不足"。

图 2-11

NAEP 还向作为 NAEP 样本的教师、学生和学校提供调查问卷。这些问卷的调查结果为 NAEP 提供了有关教师如何开展视觉艺术教学，学生在学校体验怎样的视觉艺术学习以及学校提供怎样的视觉艺术教育机会的信息。

美国的视觉艺术学习评估对应《国家核心艺术标准》所强调的创造更高期望的视觉艺术深入学习机会的目标。全美视觉艺术教育学会开发了几个成熟的评估工具来衡量学生视觉艺术学习表现和成就，其中，展现学生在凸显个人风格的表现上的创意的学习档案袋评估是一种十分有效的学习评估工具。美国国家教育进展评估注重提供真实性任务，这样的学习评估有利于学生展示他

图 2-12

们个人的视觉艺术知识、理解能力和技能。

（三）澳大利亚中小学视觉艺术学习评估

2015 年 5 月，澳大利亚课程网站上公布了 8.3 版的国家课程标准（The Australian Curriculum）。在澳大利亚课程中，艺术（arts）是一个学习领域，它汇集了相关但不同的艺术形式，包括视觉艺术、音乐、舞蹈、戏剧、媒体艺术。虽然这些艺术形式具有密切的关系，并且经常以相互关联的方式出现，但每种都反映不同的知识、技能和理解以及不同主体的批判性和创造性思维，涉及不同的艺术实践方法。课程包括各种文化和地方的每种艺术形式的过去、现在和新兴的艺术实践。视觉艺术课程标准明确提出凸显递进关系特征的各学习阶段（F—2、3—4、5—6、7—8、9—10 年级）的成就标准[1]。

例如，F—2 年级成就标准：到第二年年底，学生描述他们所创作和所观看的视觉艺术作品，并阐述创作和展示作品的原因和地点。学生使用不同的形式来表达他们的观察、想法和想象力以及使用不同的技术。

又如，5—6 年级成就标准：到 6 年级结束时，学生解释他们是如何将自己的想法表现在创作的作品中，描述不同文化、创作于不同时间和地点的视觉艺术作品和创作实践对自己创作的影响。学生使用视觉艺术元素和实践来表达他们对作品的个人看法，在设计和制作视觉艺术作品中展示不同的技术和过程，并描述作品的展示如何达到增强观众理解的作用。

再如，9—10 年级成就标准：在 10 年级结束时，学生解释如何传达自己在创作和观看作品中的艺术意图，评论不同文化、创作于不同时间和地点的视觉艺术作品及其展示方式。学生以个人或小组合作的方式分析视觉元素、实践和观点之间的连接，并识别其他艺术家对自己作品的影响。

澳大利亚伍伦贡大学（University of Wollongong Australian）教授伊恩·布朗（Ian Brown）及其团队以国家课程标准为依据，开发了在线视觉素养评估（Visual Literacy Assessment）工具，围绕 21 世纪必备的视觉素养，以创造力作为标准级，制订了 8 个领域从易到难的评估指标。他们对 299 名学生的视觉艺术学习过程

---

① 　ACARA. The Australian Curriculum [E]. www. australian curriculum.edu.au. 引用日期：2017-01-03.

进行了评估，其结论为：学生擅长进行视觉艺术的创作与交流，却难对视觉艺术信息进行分析与评价。其原因在于：教师在教室里教授的是应用图像的低技能，忽视了解读与分析图像的技能。针对所发现的问题，这一团队提出今后视觉艺术教育中需要关注高端的思维技能的建议。这一网站提供支持新的灵活的、可选的、高质量的学习评估，研究成果连接视觉艺术课堂，旨在转变学习方式，真正实现培养学生视觉素养的目标。

澳大利亚课程确定了所有澳大利亚学生应该被教导的期望，无论他们住在哪里或他们的背景。学生可以通过网站访问相同的内容，这意味着学生可以根据一致的国家标准评估自己的视觉艺术学习成就。澳大利亚伍伦贡大学教授伊恩·布朗及其团队以国家课程标准为依据所开发的在线视觉素养评估工具，直指 21 世纪技能中最为关键的创造力，8 个等级的创造力评估指标比较准确地呈现出学生在视觉艺术学习中创造力发展的水平。

（四）新西兰中小学视觉艺术教育监测

2007 年，新西兰公布了《新西兰课程》（The New Zealand Curriculum）。艺术学习包括舞蹈、戏剧、音乐 – 声音艺术、视觉艺术。视觉艺术学习结构化内容（the learning area structured）为：通过参与视觉艺术活动，学生学习如何辨别、参与和赞赏自己和他人的视觉世界。视觉艺术学习从孩子的好奇心与对感官和故事的喜悦开始，扩展到复杂的想法和概念的沟通。通过探索毛利语的背景，了解毛利视觉文化。将欧洲、太平洋岛屿、亚洲和其他文化的艺术作为增加新西兰视觉文化的重要维度。在视觉艺术课程中，学生发展视觉素养和美学意识，他们以基于视觉、触觉和空间观念的创作来解决问题。随着视觉素养的发展，学生能够以越来越复杂和有意识的方式探索更广泛的视觉艺术领域。

视觉艺术通过绘画、雕塑、设计、版画、摄影和运动图像在一系列实践中培养学生的创意思维。艺术史包括对美术、建筑和设计理论的研究。理论研究也提供实践探究。随着技术和多学科实践的发展，学生在视觉艺术中探索和交流的机会将不断扩大。每一年级（1—8 年级）都有相应的标准，视觉艺术学习评估包括四个维度：（1）在背景中了解视觉艺术；（2）开发实践知识；（3）发展创意；（4）沟通和解释。

2007 年，新西兰实施了国家教育监测项目（National Education Monitoring Project，简称 NEMP）[1]，有关视觉艺术教育的监测是第四次，其依据是新西兰国家视觉艺术课程标准。有 248 所学校的 2877 名儿童及其父母参与这一项目，100 多名教师协助完成。

这一视觉艺术教育监测项目将"技能和知识"定义为：创作艺术作品需要选择、组织和使用材料以及必要的技能，用于创建和形成图像，表达想法和意图；欣赏和理解其他艺术家的作品，需要知道他们如何创作、创作的目的以及环境对他们创作的影响。它还包括不断增强的观看、解释、评论和回应的能力。这一项目的框架包括以下三个维度：

第一，创作，分为"发展创意"和"实践知识"两方面。（1）发展创意：产生、探索、选择和发展想法和经验；使用一系列信息源（记忆、想象、观察、陈述）；通过视觉艺术表达创意、感觉和看法；对创意及其实现创意的过程进行试验；审视自己的工作，选择并决定。（2）实践知识：选择和使用元素、原则和媒体；在 2D、3D、混合媒体和基于时间的艺术中使用技术和经历过程；适应和改进技术过程以及使用工具和材料的方法；解释具体文化的方法；保护材料和环境；实施健康和安全的程序。

第二，回应，分为"沟通和口述"与"在背景中了解视觉艺术"两方面。（1）沟通和口述：描述和解释个人回答；描述主题；识别和描述元素的使用和原则；识别媒体、流程和程序；评论视觉艺术作品中的想法和意义的传达方式；考虑他人的反应。（2）在背景（上下文）中了解视觉艺术：考虑艺术家的意图、价值观、信念和感觉；认识文化符号和艺术家的个人符号；调查视觉艺术的社会、文化和历史背景；考虑视觉艺术在个人和社会环境中的价值；了解视觉艺术如何和为什么被关注。

第三，学生的态度，包括兴趣和热情；愿意探索、创造和冒险；持久性；开放心态；参与和自信。

该框架是组织工具，它将重要的学习成果与主要想法、过程和态度联系起来。

---

[1]   NEMP. Visual Arts Assessment Results 2007[R]. National Education Monitoring Project，2007.

其目的是灵活和广泛地鼓励探索任务的开展，鼓励有效的描述。评估主题是"学生在视觉艺术中的思考和技能"，与新西兰的视觉艺术课程相一致，并设定了广泛的任务背景。

视觉艺术学习评估共有 21 项任务，使用 4 种不同的方法。13 项任务在教师和学生一对一的面试情况下实施，学生使用材料和视觉信息，以录像的形式加以记录。1 项任务是在团队合作的情况下提出的，学生小组（4 人）在一起合作。1 项任务是围绕一系列任务建立的站点，学生各自在计算机上独立完成。6 项任务是学生亲手使用材料独立完成创作。（图 2-13、图 2-14、图 2-15、图 2-16、图 2-17、图 2-18）所有的 21 项任务在 4 年级和 8 年级相同或基本相同。学校类型、学校规模、社区规模和地理区域不是评估视觉艺术任务表现的重要因素，三个变量为性别、种族和在家使用的语言（英语或其他）。

新西兰的视觉艺术课程注重为学生提供随着技术和多学科实践的发展而不断丰富的视觉艺术探索和交流的机会，学习评估与这一重点相对应，对知识、技能水平以及情感、态度和价值观所发生的变化进行评估。国家教育监测项目提出 2D、3D、混合媒体的图像创作以及图像识读等多项真实性任务，有益于全方位衡量学生的视觉艺术学习能力和水平。

（五）日本中小学美术学习评价

根据2011年4月日本文部科学省公布的《小

图 2-13

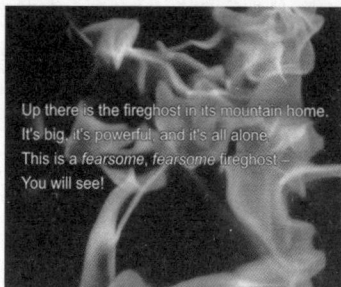

图 2-14

图 2-15

图 2-16

学学习指导要领》和 2012 年 4 月公布的《中学学习指导要领》，日本小学图画工作科和中学美术科的评价聚焦在四个维度上，即"对造型（中学为'美术'）的关心、愿望、态度""发想与构想的能力""创造性技能""鉴赏能力"。与这四个维度相对应，实现指导和评价一体化，在表现与鉴赏活动过程中，每个学生都生动地表现出其资质和能力，对他们的态度以及确保成长的行为进行评价。评价的要点为：（1）发想与构想的能力、鉴赏能力与思考力、判断力、表现力以及与言语活动相关联的能力。（2）从形与色、影像等视角出发进行分析性评价。

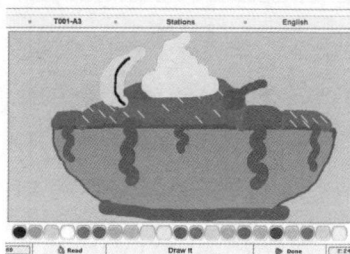

图 2-17

　　例如，小学三年级的课题"切割与连接木的世界"的教学目标：培养三年级学生创作立体作品的能力。木材，一方面可以切割成各种各样的形状，可以用木工用的黏合剂、钉子等连接。另一方面，使用锯子、榔头等工具，学生的创造性技能可以得到提高。评价内容为："对造型的关心、愿望、态度"，愿意与木接触，使用木材制作形体；"发想与构想的能力"，在将各式各样的木材组合的过程中，考虑自己想制作的东西；"创造性技能"，与想制作的东西相对应，在用具和材料的使用方法上动脑筋、下功夫；"鉴赏能力"，发现自己和同学的优点以及动脑筋、下功夫的地方。[①]（图 2-19）

图 2-18

图 2-19

　　又如，中学一年级的课题"解读米勒的《拾穗图》"，教学目标与评价要

---

① 　日本文教出版社 .my 实践事例「切ってつなげて木の世界」[E].www.nichibun-g.co.jp. 引用日期：2017-01-09.

图 2-20

图 2-21

图 2-22

点一体化，具体为：通过对《拾穗图》作品的观察，参与鉴赏活动，愉快地进入作品的世界；边感受作品，边仔细分析、鉴赏，探明作者在作品中寄托的感情，感受美术世界的乐趣；根据知识进行判断、想象和推理，感受探索美术世界的乐趣，将自己的感受与思考写在卡片上并与他人交流。[①]

2009 年，日本国立教育政策研究所进行了图画工作科和美术科的笔试和实技的考查，从"发想与构想的能力、创造性技能、鉴赏能力"三个维度对 3000 名 6 年级小学生实施了抽样调查（图2-20、图 2-21）；从"发想与构想的能力、鉴赏能力"二个维度对 3000 名中学 3 年级学生实施了抽样调查。调查委员会针对调查结果中所发现的"发想与构想的能力、创造性技能和鉴赏能力"诸方面的问题，提出改进指导的具体建议。[②]

近年来，筑波大学教授石崎和宏与王文纯共同开发了"擅长的鉴赏技巧"（Appreciation Repertoires）的鉴赏学习评估工具。他们将鉴赏行为分为：联想、观察、感想、分析、解释、判断；作品要素分为：主题、感情表现、造型要素、形式风格。6 个鉴赏行为与 4 个作品要素交叉组合，形成了 24 个基本的鉴赏技巧。针对对小学生、初中生、高中生和大学生的鉴赏学习评估结果中所发现的问题，他们开发了鉴赏学习支援卡（图 2-22）、鉴赏教学支援电子教材和鉴赏教学支援网站，致力于发展青少年的美术鉴赏能力。

① 日本文教出版社 .my 实践事例、「フランソワ・ミレーの落穂拾いを読み解く～」[E]. www.nichibun-g.co.jp. 引用日期：2017-01-09.
② 日本国立教育政策研究所 . 特定の課題に関する（図画工作・美術）調査結果 [R]. 日本国立教育政策研究所，2009.

日本的小学图画工作和中学美术课堂教学中十分注重学习评估的环节，根据每一课或每一单元制定评价要点，注重评估学生思考能力、判断能力、表现能力和表达能力的发展。筑波大学教授石崎和宏与王文纯所开发的鉴赏学习评估工具，解决了长期以来对鉴赏学习过程与成果难以开展评估的问题，可以全面把握学生鉴赏美术作品的能力和水平。

四、中小学视觉艺术教育评价及其研究的展望

（一）经验与启示

2014 年 1 月 10 日，我国发布的《教育部关于推进学校艺术教育发展的若干意见》第 8 条："建立中小学学生艺术素质评价制度。"对中小学生艺术素质的评价中包含美术素质的评价。2015 年起，全国各地根据教育部体育卫生与艺术教育司制订的评价方案，结合本地区特点，研制学生美术素质评价方案，开展美术素质测评。各地研发的评价标准、测评指标和操作办法涵盖学生课堂学习、课外学习和特长等各个方面，比较全面，可行性高。但在课堂美术学习方面，美术教师们却反映难以制定具体细化的评估指标加以实施，依然根据每位教师自身的经验给出分值。由于每位教师对美术课程与教学的理解不同，对学生美术学习评估的标准也不同，对同一名学生的美术学习过程与结果，不同的教师会得出不同的结论，难以达到对学生的美术学习成就进行科学合理评估的目标。

2016 年，教育部基础教育质量监测中心采用自主研发的标准化艺术（音乐和美术）教育监测工具，在全国范围内对 4 年级和 8 年级的教育质量进行监测。其目的在于了解基础教育阶段学生的美术学习状况，掌握影响学生发展的相关因素，准确报告基础教育美术学科教育质量的现状，为教育决策提供科学依据。标准化艺术监测工具中中小学生美术素养测评与美术学习评估有密切的相关性，这一工具的开发与使用存在不少问题，有待进一步改进与完善。

在此，特别需要指出的是，我国部分地区已出现了将学习评估（assessment）等同于测验（test）的现象，参与这项工作的学者和教师将美术学习评估工具等同于出题，出一些要求学生背诵记忆的题目或一些违背美术学习规律的题目，以考试的方式来评价学生的美术学习成就。其结果是将学校美术课程与教学引

入歧途，即教师只教那些测验的内容以应对各项测验，忽略了全面培养学生美术素养的正确道路。笔者认为造成这一误区的深层原因，一是对学校美术课程目标的认识仍然停留在狭隘的知识、技能的层面；二是由于我国目前对美术教育评价的研究开展得不够深入，缺乏有效的评价工具。

通过对各国视觉艺术教育评价新动向的综述，我们发现在英国、美国、澳大利亚、新西兰和日本各国中，无论是学校课程与教学中的视觉艺术教育评价（侧重对个体的学习评估），还是国家层面的视觉艺术教育评价（侧重对群体的学习评估），其目的都是衡量学生所具备的视觉素养（Visual literacy）的水平，通过评价发现问题，针对问题提出对策，改进教学，推进课程发展，促进学生的视觉艺术学习，真正达到使学生获得 21 世纪所需的视觉素养的目标。经归纳与提炼，国外值得我们借鉴的经验与获得的启示如下：

首先，随着各国中小学视觉艺术课程目标与内容，从以往强调知识和技能转向注重思维发展，与此相对应的学习评估也更为注重评估学生参与学习活动过程与成果中的创意。特别是英国保罗·卡尼艺术网站提出"学生创作过程的创意应该是评估模型的关键"的观点，对改变我国中小学美术教学忽视对学生学习过程中思维发展进行评估的认识具有启发意义。换言之，对学生创作视觉艺术作品与解读视觉艺术作品的智力技能进行评估，正是我们在开展评价活动中必须坚守的目标。

其次，重视视觉艺术课堂教学中的多元化学习评估。美国视觉艺术教育学会（NAEA）提出衡量学生视觉艺术学习表现和成就的几个成熟的评估工具，英国保罗·卡尼艺术网站提出的学生参与学习活动的数量和质量、进步和达到的能力水平的评估维度以及日本国立教育政策研究所提出的"发想与构想的能力""创造性技能"的评估维度，为我国制定多元化学习评估标准与方法提供了值得借鉴的经验。

最后，各国开展的全国范围的中小学生视觉艺术评估项目均注重基于绩效的评估，以练习与任务的方式，要求学生执行和演示任务，包括开放式或扩展性的反应练习，而不仅仅采取写或选择答案的考试形式。多项评估任务涉及多种材料和设备，如铅笔画、泥塑、木雕、设计、计算机绘画等，采取书面形式、视频形式或口头论证形式，答复被记录在录像带上，之后进行分析，并采取多人评估的方式对学生的练习或任务进行评估，以保证评估的信度与效度。这对我国开发中小学生美术学习评估工具，设计与实施国家或地方层面的中小学生美术素养评估项目具有启发意义与参照价值。

（二）视觉艺术教育评价研究的展望

过去，很多人认为视觉艺术是关于自由和个人的创造力，对它的评价倾向于主观反应，因此对中小学生的视觉艺术学习难以开展评估。如今，视觉艺术不仅被视为创造性表达的载体，同时被视为一种发展观察、传播、解释和理解文化多样性技能的学科，通过制定标准与开发工具是可以对学生的学习进行评估的，这已达成共识。但在制定怎样的视觉艺术学习评估标准（评什么）以及开发怎样的评估工具（怎么评）上，无论是国内还是国外仍然存在许多争议。传统的测试仅涉及学生视觉艺术知识与技能的展示，但现代的视觉艺术能力评估证明传统的测试并不可靠。

近年来，国际视觉艺术教育领域越来越重视如何评估学生视觉素养（Visual literacy）的研究。这是因为，我们需要知道更多有关视觉艺术的教与学及其影响的信息（例如，每个学生通过学习是否真正获得了视觉素养？他们又是如何获得视觉素养的？等等），以进一步改进视觉艺术课程与教学实践，并为决策者提供有利于决策的信息。虽然有关视觉艺术教育评价的研究已经进行了多年，但至今为止累积的评价证据仍然不确定，即不足以证明视觉艺术教育究竟是如何有效地发展学生的智慧并使他们获得与年龄相应的视觉素养的。

第三章　美术教科书中中国画教学评价研究

第一节　美术课程标准中中国画内容及评价分析[①]

美术课程标准是美术教科书及美术课程教学的纲领性文件，对美术教科书中中国画课例的编写具有重要的导向作用。

一、《义务教育美术课程标准（2011 年版）》

《义务教育美术课程标准（2011 年版）》（以下简称《标准（2011 版）》）的基本理念中明确提出："美术是人类文化的一个重要组成部分，与社会生活的方方面面有着千丝万缕的联系。通过美术课程，学生了解人类文化的丰富性，在广泛的文化情境中认识美术的特征、美术表现的多样性以及美术对社会生活的独特贡献，并逐步形成热爱祖国优秀文化传统和尊重世界文化多样性的价值观。"[②]

《标准（2011 版）》根据美术学习活动方式划分学习领域，分为"造型·表现""欣赏·评述""设计·应用""综合·探索"四个学习领域，其中与中国画相关的内容标准见下表（表 3-1）：

表 3-1　《义务教育美术课程标准（2011 年版）》与"中国画"内容相关的条例

学习领域	学段	第一学段（1—2 年级）	第二学段（3—4 年级）	第三学段（5—6 年级）	第四学段（7—9 年级）
造型·表现	活动建议		尝试用毛笔、水性颜料、墨和宣纸等工具、材料，开展趣味性造型活动。	尝试中国画的表现方法，体验笔墨趣味。	学习中国画表现方法，进行绘画练习。

---

① 本节由上海市七宝中学附属鑫都实验中学美术教师唐利撰写。

② 中华人民共和国教育部.义务教育美术课程标准（2011 年版）[M].北京：北京师范大学出版社，2011：3.

续表

学习领域	学段	第一学段（1—2年级）	第二学段（3—4年级）	第三学段（5—6年级）	第四学段（7—9年级）
造型·表现	评价要点		对造型表现活动有比较浓厚的兴趣，并表现出想象力和创造力。 在作品中表现自己所观察到的事物的特征和感受。	尝试多种表现方法，有意识地运用造型元素和形式原理，积极参与造型表现活动。 根据不同媒材的特点，结合自己的创作意图，灵活运用所学的方法创作美术作品。	运用中国画的基本笔法、墨法，进行表现。
欣赏·评述	活动建议		尝试对美术作品，特别是具有我国民族特色的美术作品，用语言或文字进行描述，用多种方式表达自己的感受与认识。	以讨论、比较等方式，欣赏不同种类的绘画作品（中国画），了解有代表性的画家。 尝试以查阅或搜集资料的方式，了解中国画家及代表作品。 运用常用的美术术语，通过讨论和写作，表达对美术作品的感受与理解。	对不同时代和文化的美术作品，尝试运用描述、分析、解释、评价等美术欣赏方法进行学习和研究。 通过查阅或搜集资料的方式，了解中外著名美术家及流派。

续表

学习领域	学段	第一学段 （1—2 年级）	第二学段 （3—4 年级）	第三学段 （5—6 年级）	第四学段 （7—9 年级）
欣赏·评述	评价要点		积极参加美术欣赏活动，主动搜集美术作品或图片。 用恰当的词语、短句等表达自己对美术作品的感受和认识。	积极参与美术欣赏活动，主动搜集、了解中国画作品及重要画家的信息。 运用简单的美术术语，通过口头描述或写作等多种方式，表达对美术作品的感受与理解。 利用互联网、辞书或美术专业书籍等查阅中国画方面的资料。 能说出至少3位中国画家及代表作品。	运用描述、分析、解释、评价等方法对美术作品进行欣赏与评述。 了解和认识美术与生活的关系及美术的文化价值，珍视和保护人类文化遗产。 知道中国美术史上5位以上代表性画家及其作品。 描述和分析中国画作品的意义和审美特征，写出300字以上的评论文章，并有兴趣与同学讨论、分析现实生活中发生的美术现象或事件。 利用互联网、辞书或美术专业书籍等，了解中国美术史中的重要画家及流派。

  通过对《标准（2011 版）》中与中国画相关的条例的梳理，可以总结出以下特点：中国画内容集中在"造型·表现"和"欣赏·评述"学习领域，尚未涉及"设计·应用"和"综合·探索"学习领域；中国画内容分布在第二至第四学段，呈现出递进的层次；注重学生对中国画的基础知识、基本技能的学习，以及对中国画鉴赏能力的提高，较少涉及帮助中小学生树立传承和创新中国画的意识；重视开展趣味性的笔墨活动，强调学生在中国画学习过程中的体验。

在评价建议方面，《标准（2011 年版）》提出"美术课程评价应以学生在美术学习中的客观事实作为评价的基础，注重评价与教学的协调统一，尤其要加强形成性评价和自我评价。既要关注学生掌握美术知识、技能的情况，更要重视对学生美术学习能力、学习态度、情感与价值观等方面的评价"①。对评价方式，《标准（2011 版）》提出如下建议：

（一）重视学生的自我评价

在重视教师与他人对学生学习状况进行评价的同时，更应重视学生的自我评价。学生自我评价可以采用问卷形式，也可以采用建立学生学习档案的方式。

（二）重视美术过程性评价方法

《标准（2011 版）》中明确提出："鼓励运用美术学习档案袋、展示和课堂讨论等质性评价方法。"② 重视学生在学习档案中收集美术学习全过程的重要资料，包括研习记录、构想草图、设计方案、美术作业、相关美术信息（文字或图像资料等）、自我反思（如对自己的学习历程与作品特征的描述、评价、改进的设想）及他人评价等。

（三）注重对学生美术活动表现的评价

美术教学评价既要通过美术作业评价学生美术学习的结果，更需要通过学生在美术学习过程中的表现对其在美术学习能力、学习态度、情感和价值观等方面的发展予以评价，突出评价的整体性和综合性。

美术活动表现评价要求通过观察、记录和分析学生在美术学习中的客观行为，对学生的参与意识、合作精神、操作技能、探究能力、认知水平以及交流表达能力等进行全方位的综合评价。活动表现评价可以采用个人、小组或团体的方式，既可以在学习过程中进行，也可以在学习结束后进行。评价结果以简单的形式加以记录，并给予学生恰当的反馈，以鼓励多样化的学习方式。

（四）采用多种评价方式评价学生的美术作业

对学生美术作业应采用多样的评价方法。学生美术作业评价呈现方式可以是分数或等级，可以是评语，也可以采用评语与等级相结合的方式，还可以采用互评或座谈等方式，要充分肯定学生的进步和发展，并使学生明确需要克服

---

① 中华人民共和国教育部.义务教育美术课程标准（2011 年版）[M].北京：北京师范大学出版社，2011：30.

② 同上。

的弱点与发展方向。

（五）建立促进美术教师不断提高的评价体系

强调美术教师对自己教学行为的分析与反思。建议美术教师在每一单元教学结束后，记录教学体会、教学成果以及需要改进之处。建立以美术教师自评为主，校长、教师、学生、家长共同参与的评价制度，使美术教师从多种渠道获得反馈信息，不断改进教学，提高教学水平。

二、《高中阶段美术课程标准（2017 年版）》

在《高中阶段美术课程标准（2017 年版）》的基本理念中明确提出"培养美术学科核心素养，促进全面发展"的观点，并认为："以美术学科核心素养的培养统整课程内容、学习方法、评价方式、教科书编写和教学资源开发等。帮助学生在现实中通过图像识读获得美术知识和有益信息，联系生活进行美术表现，形成良好的审美判断能力，发展创新意识和创造能力，认识丰富的文化现象，坚定文化自信，主动适应丰富而复杂的现代生活，更好地全面发展。"[1]

在课程结构中，在综合考量美术通行的分类方式、教师的专业背景以及普通高中美术课程实施效果的基础上，按照美术门类将学习内容划分为美术鉴赏、绘画、中国书画、雕塑、设计、工艺和现代媒体艺术七个学习模块。依据当代课程发展趋势和普通高中美术课程方案中课程内容确定的关联性原则，将"中国画""书法""篆刻"整合为"中国书画"，凸显内容之间的关联性，引导学生在综合的状态中进行学习。

在评价方面，明确提出："运用表现性评价、档案袋评价和展示交流等适应美术学科教学特征的评价方式，帮助学生学会检验自己的学习态度、方法与成果，逐渐养成不断自我反思和评价的习惯和能力，并在教师的指导下，合理确定自己的发展方向。在评价过程中不仅重视评价学生美术知识与技能的掌握程度，而且重视引导学生在解决问题的过程中，关注和评价自己在美术学科核心素养上的发展水平。"[2]

---

[1] 中华人民共和国教育部.普通高中美术课程标准（2017 年版）[M].北京：人民教育出版社，2017.
[2] 同上。

第二节 义务教育阶段美术教科书中中国画课例及评价研究 ①

一、义务教育阶段美术教科书的概况

依据义务教育美术课程标准，国内有12家出版社编写出版了中小学美术教科书。为体现研究的有效性，本研究选取依据美术课程标准编写，在中小学美术课堂教学中使用范围较大，具有代表性和认可度高的美术教科书，即人民教育出版社（以下简称"人教版"）出版的美术教科书和人民美术出版社（以下简称"人美版"）出版的美术教科书进行分析，两套教科书的基本概况如下（表3-2）。

表 3-2　美术教科书概况

书名	发行年度	出版社	册数	页数	尺寸	装订方式
美术（小学）	2012 年（1—2 册）2013 年（3—12 册）	人民教育出版社	12	42 页/册	16 开（184cm×260cm）	彩色胶版印刷
美术（初中）	2012 年（13—14 册）2013 年（15—18 册）	人民教育出版社	6	28—34 页	16 开（184cm×260cm）	彩色胶版印刷
美术（小学）	2012 年（1—2 册）2013 年（3—12 册）	人民美术出版社	12	54 页/册	16 开（184cm×260cm）	彩色胶版印刷和骑马钉
美术（初中）	2012 年（13—18 册）	人民美术出版社	6	54 页/册	16 开（184cm×260cm）	彩色胶版印刷和骑马钉

二、中国画课例及评价分析

（一）人教版美术教科书中中国画课例及评价分析

1. 呈现方式

整套教科书共18册，小学1—12册，初中13—18册。1—12册以单个课例的形式呈现。其中，1—8册，每册20课，共42页/册；第9—10册，每册16课，共42页/册；第11—12课，每册12课，共42页/册。每课由课文、图例、学

---

① 本节由上海市七宝中学附属鑫都实验中学美术教师唐利撰写。

习要求、拓展四个部分组
成。具体包括课题、相关
作品图示、相关文字信息、
学生作品、知识窗、拓展
等组成。13—18 册以单元
课的方式呈现，每册 5 个
单元，页数在 28—34 页之
间。每单元由系列活动进
行衔接，具体包括课文、
相关图例、相关图例信息、
活动、提示、讨论问题和
学生作业等（图 3-1）。

2. 内容和评价分析

本套教科书中中国画
课例共 18 课，其中第 6 册
2 课，第 8 册 3 课，第 10
册 3 课，第 11 册 2 课，第
12 册 2 课，第 14 册 2 课，
第 15 册 3 课，第 17 册 1 课。

笔者选取第 10 册的

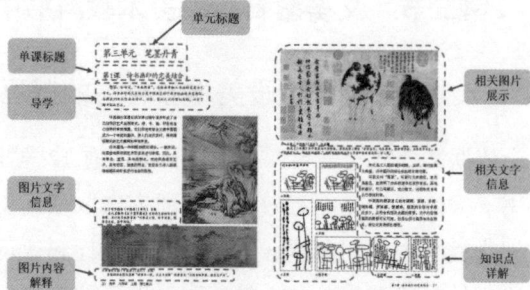

图 3-1　人教版教科书中中国画课例呈现方式

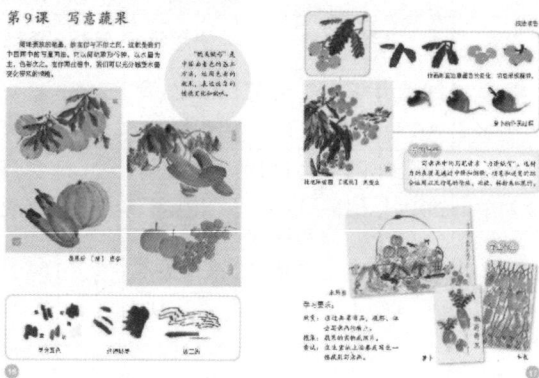

图 3-2　第 10 册第 9 课

中国画单元课例进行分析。该本美术教科书共 20 课，中国画课例有 3 个，占比
15%。全书共 42 页，中国画内容有 6 页，占比 14.3%，全书图例总数有 113 幅，
中国画图例有 10 幅，占比 8.9%。

第 9 课《写意蔬果》（2 个页面，图 3-2），课例结合 4 幅清代画家虚谷的
写意蔬果作品，展示用墨的技法，表达蔬果画的笔墨趣味。课例要求学生欣赏
写意蔬果作品，观察其特点，试着在宣纸上创作一幅蔬果写意画；在"学习要求"
环节呈现写意蔬果画的知识和绘画技能，展示 3 幅学生作品。

第 10 课《写意动物》（2 个页面，图 3-3），课例展示了 3 幅现代画家徐悲鸿、
齐白石、李燕的动物画作品，并对动物画表现技法进行展示；在"学习要求"

环节要求学生欣赏写意动物画，感受运用笔墨描绘动物的方法，思考水墨动物画的绘画技巧，尝试创作写意动物画作品并对其进行展示。

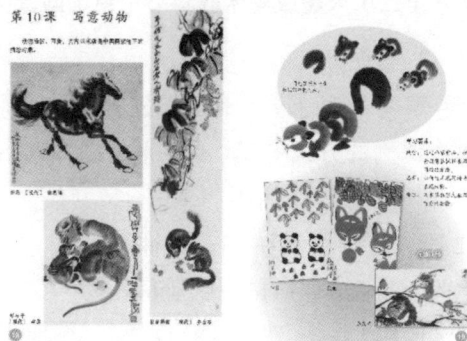

图 3-3　第 10 册第 10 课

　　第 11 课"学画松树"（2 个页面，图 3-4）的课文说明了松树的外貌特征和象征意义。课例选取了 2 幅以松树为主题的水墨画作品，1 幅松树实景图，展示表现松树的水墨技法；在"学习要求"环节让学生通过收集照片，观察松树的特征，并尝试对松树进行创作，添加画题。纵观第 10 册中的 3 个中国画课例，可以发现山水画主要以主题的方式呈现，展示作品主要以现代画家的山水画作品为主；3 个中国画课例都集中在"造型·表现"学习领域，

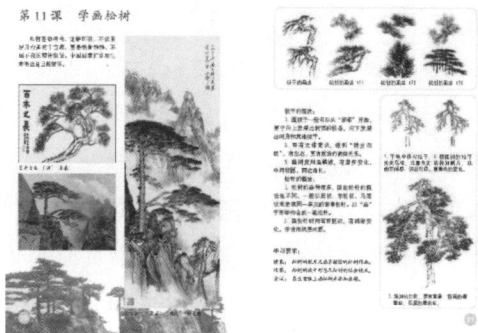

图 3-4　第 10 册第 11 课

引导学生学习中国画绘画技法，但整体对于小学五年级学生来说难度偏大。绘画技法涉及笔墨的干湿、运笔的技巧等方面；学生通过笔墨描绘的方式，欣赏中国画作品，创作蔬果画、动物画和山水画。整体来看，在第 10 册中，学生在学习中国画时，主要学习中国画的绘画技法。

　　通过对中国画课例的仔细梳理发现，该套教科书的中国画课例部分没有专门设置评价板块，有关学生学习评价内容涉及较少，即使有也多贯穿于课程的启发和思考中，如用"想一想""试一试""说一说""议一议"等方式来试图引发学生的兴趣和注意，其中也涉及学生的自我评价。

（二）人美版美术教科书中中国画课例及评价分析

1.呈现方式

整套教科书共 18 册，以单个课例的方式呈现，共 308 个课例。每册课例不等，1—12 册，每册课例在 18—20 课之间，共 226 课；13—18 册每册课例在 13—15 课，共 82 课。各课例由课文、图例、相关图例信息、学生作业、作业提示组成。

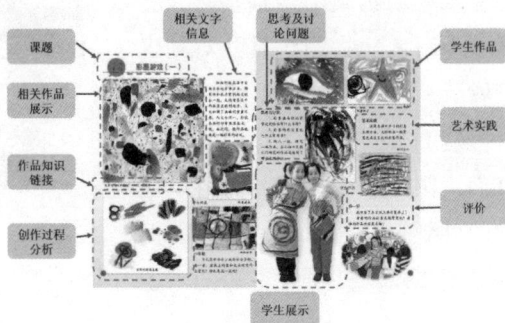

图 3-5　人美版教科书中中国画课例呈现方式

2.内容及评价分析

本套教科书中的中国画课例共 18 课，其中第 6 册 3 课，第 8 册 4 课，第 10 册 5 课，第 14 册 2 课，第 15 册 4 课。笔者选取第 10 册的中国画系列课例进行研究，该册共 23 个课例，中国画课例共 5 个，占该册课例的 21.7%；该册书共 54 个页面，中国画占 13 个页面，占全书页面的 24.1%；该册书共有 258 个图例，中国画图例有 52 个，占全书图例的 20.2%。

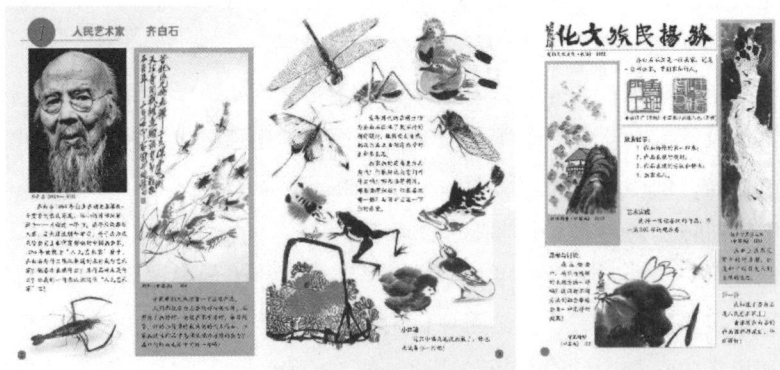

图 3-6　第 10 册第 1 课

第 1 课《人民艺术家——齐白石》（3 个页面，图 3-6），课例介绍了近现代画家齐白石，展示艺术家的绘画作品、书法篆刻作品，鼓励学生对齐白石的艺术作品进行欣赏、观察和思考，了解画家艺术作品的特征。提取了齐白石艺术作品中的水墨元素进行表现，鼓励学生进行水墨作品体验。在"欣赏提示"环节，引导学生感受艺术作品，了解作品表现题材、方法、特点和画家本人的经历；在"思考与讨论"环节鼓励学生欣赏艺术家绘画作品水墨表现方法，理解水墨变化带来的画面效果；在"评一评"环节学生对是否知道齐白石是人民艺术家进行评价，对周围同学是否理解齐白石的作品进行评价。第13课

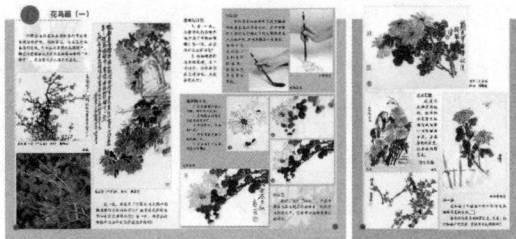

图 3-7　第 10 册第 13 课

图 3-8　第 10 册第 14 课

《花鸟画（一）》（3 个页面，图 3-7）的课文陈述了花鸟画具有象征意义，并通过梅兰竹菊的例子对此进行解释。课例对水墨花鸟和现实中的花鸟进行比较，让学生在比较中理解中国画中的梅花与自然界中的梅花的异同，以及画家是如何通过中国画作品借物抒情的。课例在"思考与讨论"环节鼓励学生观察本课作品的哪些地方用了中锋和侧缝，观察花鸟画作品中花的特点，分析画家对花鸟画的表现技法；在"小知识"环节解释"中锋"和"侧缝"，展示菊花画法步骤图；在"艺术实践"环节鼓励学生使用水墨创作或临摹一幅画面构图完美的花鸟画，对学生作品进行展示；在"评一评"环节鼓励学生对中国画的用笔、构图、疏密关系等进行评价。第14课《花鸟画（二）》（3 个页面，图 3-8）的课文陈述了"鸟"进入花鸟画的重要作用。课例结合课文、花鸟画图例、鸟的外形动态示例展示花鸟画的创作技法、猫头鹰的水墨创作技法。在"思考与讨论"环节，引导学生讨论自然花鸟和写意花鸟的异同、写意花鸟的笔墨技法、写意花鸟的画面情趣；在"艺术实践"环节，让学生使用中国画技法创作花鸟类小品画，并进行展示；在"评一评"环节鼓励学生自评，评价自己是否理解

中国画中的墨破色、浓破淡技法，评价周围同学作品中的色彩浓淡和干湿变化以及鸟的神态特点。第15课《山水画》（2个页面，图3-9）的课文描述中国山水画的描绘对象，山水画中蕴含的情感。课例结合课文和图例分析画面"近景、中景和远景"的示意图，在"思考与讨论"环节，学生从构图、用色和用墨等角度分析山水画；在"小体验"环节，学生运用水墨表现空间，对山水画的技法进行展示；在"艺术实践"环节，学生构思具有空间感的风景画，并用水墨的画法画一幅山水画；在"评一评"环节让学生自评，评价自己是否理解山水画蕴含的情感，从墨色、空间、情感表达等角度评价同学的作品。第16课《有特点的

图 3-9　第 10 册第 15 课

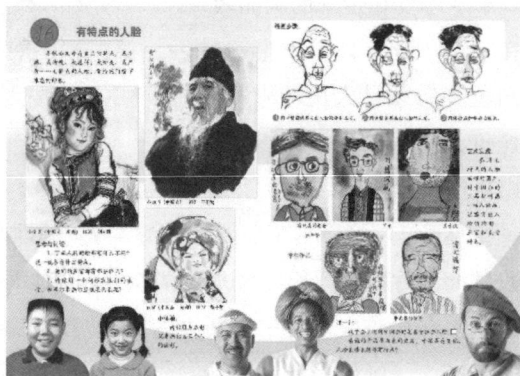

图 3-10　第 10 册第 16 课

人脸》（2个页面，图3-10）展现了人物脸部表情的丰富性。课例展示了有特点的人脸作品以及中国画人物图例，在"思考与讨论"环节，引导学生观察图例中人物脸形的特点、五官的特点，讨论如何使用中国人物画的方法对人脸进行表现；在"艺术实践"环节，鼓励学生借助有人物面部特点的图片，使用中国画材料进行描绘，并进行展示；在"评一评"环节，让学生对自己是否学会运用中国画的笔墨方法画人脸进行自评，评价同学创作的人物画作品。　从第 10 册中的中国画课例的分析来看，有这样几个特点：第一，中国画课例占比大，图例丰富。第二，中国画内容丰富，涉及内容广泛。第三，对中国画的学习主要集中在"造型·表现"

学习领域，发展学生美术基础知识和基本技能，较少提及中国画所蕴含的自然主义生态观和人与自然和谐发展的观点。

人美版教科书在学生学习评价方面具有这些特点：第一，每个课程都设置了评价环节；第二，评价问题大多采用开放式问题；第三，评价方式上注重自评、互评；第四，评价内容多注重中国画的基本知识和技能，对中国画文化理解方面尚有欠缺。

三、人教版和人美版美术教科书中中国画课例及评价的比较

依据《义务教育美术课程标准（2011年版）》编写出版的美术教科书，中国画内容是其中表现中华优秀传统文化的重要组成部分，充分显示了中国画在我国传统美术中的重要地位。但各出版社对中国画具体的呈现方式有所不同，下面笔者对人教版和人美版美术教科书中的中国画课例进行比较，分析其异同（表3-3）。

表3-3　美术教科书中中国画课例的比较分析

出版社	人民教育出版社	人民美术出版社
册数	第6册	第6册
课题名称	第1课《水墨游戏》	第13课《彩墨游戏（一）》
课例展示		
页数	1页	2页
学习领域	无指定学习领域	造型·表现
教学目标	1.学习水墨画是如何表现画意的。 2.体会水墨的干湿浓淡变化。 3.学会创作一幅具有浓淡干湿变化的水墨画作品。	1.思考彩墨画与其他绘画的不同点。 2.探究彩墨画浓淡变化的特点。 3.结合本课展示水墨画的表现方法，创作一幅具有浓淡变化的水墨画作品。

续表

内容分析	文字分析	1. 文字讲述水墨画的特征，引发学生兴趣。 2. 提出问题引导学生思考水墨画的意境表达、墨色变化产生的效果，体会墨色干湿浓淡变化的趣味。	1. 水墨画主题以游戏的方式展开。 2. 引导学生思考水分的不同所产生的丰富画面效果。
内容分析	图片分析	1. 以现代画家崔子范和张大千的水墨作品进行示范。 2. 展示学生的水墨画作品。	1. 以现代水墨画艺术家吴冠中的作品为图例示范。 2. 提供了不同彩墨技法的简单示范。 3. 课例中所有水墨作品皆是彩色的。 4. 对学生水墨画作品进行展示。
鉴赏部分		1. 通过观看山水画作品，思考画家如何用水墨表现画意。	1. 思考并讨论彩墨画与其他绘画的区别。 2. 思考彩墨画中墨色的浓淡变化与什么因素有关。 3. 以两人为一小组的方式汇报研究的作品运用了哪些表现方法。
技法示范		无	1. 不同色系之间的墨色碰撞产生的彩墨变化。
内涵表达		1. 通过干湿浓淡的水墨变化感受趣味。	1. 用彩墨游戏的方法表现自然、人和周围世界等自己感兴趣的主题。
创意表达		1. 用水墨画进行简单的创作，表现趣味。 2. 感受不同墨色变化产生的效果。	1. 用吴冠中的作品引导学生理解如何利用点、线、面表现水墨画。 2. 通过不同的水墨作品体现形式要素中的节奏感、形状、色彩等。 3. 用水墨游戏的方式提供学生们自由创作的空间。
作业建议		1. 看一看画家是怎样用水墨表现画意的。 2. 画出浓淡干湿的墨色变化，体会墨色变化的趣味。	1. 运用本课中学习的彩墨表现方法，大胆地画一幅有墨色浓淡变化的彩墨作品。
学习评价		无	1. 自我评价：我是否学会了在宣纸上画彩墨画？ 2. 评价其他同学的水墨作品中的变化，比一比谁的作品最有趣。

通过对两版美术教科书的比较分析，可以总结出以下四点不同：

第一，学习目标不同。人教版美术教科书让学生认识水墨画，了解用水墨表现画意、水墨变化的效果、水墨创作的趣味，旨在提高学生学习水墨的兴趣。对学生水墨学习的技法方面较少强调。人美版美术教科书主要通过彩墨游戏让学生理解水墨变化的技法，更加注重学生在技法方面的学习，同时在创作的过程中感受水墨的乐趣。

第二，内容呈现不同。人教版美术教科书主要通过文字进行引导，意在激发学生的学习兴趣，课例中图片主要展示现代画家的水墨作品和学生作品，较少展示水墨画创作技法。人美版美术教科书中的水墨画以游戏的方式展开，注重激发学生的学习兴趣，文字的主要内容讲述彩墨的形成过程以及通过各种提问对学生进行引导。图片主要展示现代水墨画家、水墨技法创作过程、学生创作作品展示，更加注重创作技法和学生作品方面的展示。

第三，主题拓展不同。人教版美术教科书中对水墨介绍较少，仅以主题的方式呈现，给教师的教学和学生学习留下更大的表现空间。人美版美术教科书中主要偏向水墨技法表现，教师教学灵活度小，不利于拓展教学。

第四，课例体例不同。人教版美术教科书中主要由相关文字介绍、学习要求、相关图片、学生作品组成，没有提出课题目标、评价等活动。人美版美术教科书主要由相关文字介绍、学习要求、相关图片、学生作品、艺术实践和"评一评"板块组成，体例比较完备。

四、小结

通过对义务教育阶段美术教科书中中国画课例的分析和比较，呈现出如下特点：

第一，学生对中国画的学习集中表现在学习中国画基础知识和基本技法，有部分课例提及提高学生对中国画学习的兴趣，却较少提及帮助中小学生逐步树立继承和发展中国画的情感价值观层面内容。

第二，中国画内容集中于"造型·表现"活动学习领域，较少涉及"设计·应用"学习领域和"综合·探索"学习领域。

第三，中国画课例丰富，内容范围广，如山水画、花鸟画、人物画等，同时也展示中国画的不同表现方法，如写意画、工笔画等。

第四，中国画课例中对于评价的关注度不够，即使设置了评价环节，评价方法也比较单一，且未提供相应的评价标准。

中国画是中华优秀传统文化的重要组成部分，美术教科书中的中国画课例是学生接触中华优秀传统文化的重要媒介。因此，中国画课例的编写者应重视评价的作用，注重以递进的方式设计与中国画主题相关的课例，坚持守正创新的理念，提取与日常生活相结合的中国画元素，设计与学生生活相关的物品，拉近学生与中国画的距离，有利于学生逐步树立继承和发展中国画的志向。

第三节 普通高中阶段美术教科书中中国画内容及评价研究 [①]

近年来我国愈发重视中华优秀传统文化的教育，中国画教学实施状况虽不断好转，但整体质量仍不容乐观。当前困境主要集中于学生对中国画的兴趣和认识不够；教师自身中国画理论和实践能力不足，教学多局限于知识技能层面，对文化理解和创新层面的引导不够。美术教科书是学生理解和认同中国画的关键路径，是教师开展中国画教学的主要资源和依据。没有客观中立的知识，也没有价值中立的教科书，教科书是意识形态的竞技场，是各方博弈的结果。中国画的价值取向通过教科书内容脉络和内容选择呈现，决定着学生对中国画的理解和认同，对进一步继承和发扬中华优秀传统文化具有重要意义。

2017 年教育部颁布《普通高中美术课程标准（2017 年版）》（以下简称"新课标"），一大特色是"中国书画"模块的设立，其内容包含了中国画、书法、篆刻，作为高中阶段主要教学内容的中国画首次以较完整的面貌被编入教科书。本研究采用普查的方式，选取全国中小学教材审定委员会已审定通过的普通高中美术《中国书画》（选择性必修），即人民美术出版社、人民教育出版社、湖南美术出版社、广东教育出版社、上海书画出版社、山东美术出版社，共计 6 本教科书，编号教科书 1–6。"价值取向"指影响个人或团体对事物所作判断及行为选择的组织化、内在化的、稳定的理念，作为艺术学重要学科的美术最突出的特点是以"视觉形象"作为立身之本，美术教科书的编写也有别于音乐、体育、语文、数学等科目，图片是串联和传达教科书内容的重要载体。故此，本研究采用频度差异量化分析法与内容分析法，对 6 个版本的教科书中出现的中国画作品的研究，拟从以下三个维度展开：首先从作品基本、外在的价值取向，包括朝代、题材、表现手法进行分析；其次分析中国画作品所呈现的内在、隐性的价值取向；最后通过教科书编写体例比较分析。

----

① 本节由首都师范大学美术学院博士研究生王颖洁撰写。

一、外在价值取向的比较分析

（一）朝代取向比较研究

表 3-4　各版本朝代统计（单位：频次）

	隋唐前	隋唐	五代	宋	元	明	清	近现代	总计
教科书 1	1	2	4	25	9	13	4	36	94
教科书 2	0	6	2	14	7	5	15	36	85
教科书 3	3	7	9	20	14	20	29	20	122
教科书 4	2	5	4	17	6	10	14	34	92
教科书 5	4	3	5	16	9	2	5	7	51
教科书 6	1	4	4	13	6	6	8	5	47

中国画的发展历经几个重要节点，本研究以这些重要节点断代，并将这些重要历史节点分为 8 段。隋唐前作品仅有 5 幅：《赤壁图》（1 次）、《人物龙凤图》（2 次）、《洛神赋图》（3 次）、《女史箴图》（5 次）。隋唐时期名家辈出，中国画各个种类发展均趋于成熟，各版本教科书共有 13 幅隋唐时期作品，共计 27 频次，其中包含《游春图》（1 次）、《虢国夫人游春图》（2 次）、《五牛图》（2 次）、《送子天王图》（3 次）、《八十七神仙图卷》（3 次）、《簪花仕女图》（3 次）、《捣练图》（4 次）等传世名作。五代共有 16 幅作品，共计 28 频次，其中以《潇湘图》（6 次）、《韩熙载夜宴图》（4 次）、《写生珍禽图》（4 次）分列前三，其余 14 幅作品均仅出现一次。可看出各教科书对隋唐及隋唐前作品选择有较强的同质性。而到了五代，各教科书除了选择公认的传世名作之外，对该时期不同作品的选择开始出现区别。

宋代作为美术史上公认的绘画巅峰时期，不同画派、画种、题材均繁荣发展，并留下了众多传世佳作。各版教科书均对宋代作品予以较高关注，其中教科书 5 以 31.37%（占全书经典图片数量比重，下同）比例成为各版本中出现比例最高教科书，教科书 6 则为 27.66% 排名第二；而从作品数量角度，教科书 1、教科书 3 中宋代作品分别为 25、20 幅，频次分别排前二，且均为该教科书占比第二高的朝代。中国画经过宋代的蓬勃发展，其体系已趋于完善，至元、明、清三朝进入平稳发展时期。各教科书对这一时期作品关注度相对较低，其中教科书 3

对清代作品关注度最高，达 29 频次（23.77%），主要关注石涛（2 次）、郑燮（2 次）、任伯年（3 次）、吴昌硕（3 次）、朱耷（7 次）。自晚清以后，社会发生了较大的变化、动荡，传统文化受到一定的冲击、影响，中国画也经历了从摒弃到弘扬的变化过程，近现代作品从绘画技法形式到作品蕴含的精神都有较大变化、发展。这也是各教科书不约而同关注的重点，其中教科书 1、2、4 的中国画作品数量远高于其他时期，这充分显示出 1、2、4 教科书对时代性的关注。

纵观 6 个版本教科书，各版本教科书对各不同历史时期作品都予以关注，但由于受中国画发展历程、作品保存以及作品内容等因素影响导致宋代以前作品较少入选。与此同时，不同朝代的分布也体现不同教科书的不同价值取向：教科书 1、2、4 侧重中国画在当下的继承与发展；教科书 3 的作品朝代分布最均衡，体现出该教科书对不同朝代中国画作品的关注度较为全面；而教科书 5、6 整体内容选择偏向传统价值取向，近现代作品占比小，且与当下的关联度较低。

（二）题材取向比较研究

表 3-5　各版本绘画种类统计（单位：频次与占比）

	山水	花鸟	人物
教科书 1	43（45.74%）	28（29.79%）	23（24.47%）
教科书 2	33（38.82%）	32（37.65%）	20（23.53%）
教科书 3	42（34.43%）	52（42.62%）	28（22.95%）
教科书 4	31（33.70%）	28（30.43%）	33（35.87%）
教科书 5	20（39.22%）	18（35.29%）	13（25.49%）
教科书 6	20（42.55%）	16（34.04%）	11（23.40%）
总计	189	174	128

众所周知，中国画分为"人物、山水、花鸟"三个方向，表面上是以题材分类，实质上是用艺术表现不同的观念、思想，分别代表人与人、人与自然、人与万物的关系，从而构成了整个中国画的哲学范畴。

山水画主要以"山、水"为题材，以其特有的造型原理与程式内涵，在世界艺术之林中具有独特而无可比拟的地位、影响。分析数据显示，有 4 个版本的教科书山水画作品数量最多，其中教科书 1 以 45.74% 的占比居于首位；其次是教科书 6，总数虽然仅有 20 幅，但以 42.55% 的占比占据该教科书的首位，充分显示该教科书对山水画的重视。6个版本教科书中出现频次前5的山水画作品有：《早春图》（4次）、《六君子图》（4次）、《水图卷》（4次）、《秀石疏林图》（5次）、《溪山行旅图》（5次）、《潇湘图》（6次）、《富春山居图》（9次）。此外，还有9幅作品出现3次，11幅作品出现2次，103（54.5%）幅作品出现1次。

教科书3以花鸟画作品占据其全书作品首位。6本教科书中共有4幅花鸟画作品分别出现4次：《墨梅图》《写生珍禽图》《出水芙蓉图》《瑞鹤图》，7幅作品出现3次，12幅作品出现2次，113（64.9%）幅作品出现1次。

人物画在三者中出现频次最低，这与自文人画兴起，山水画与花鸟画逐渐成为画坛主流，而人物画相对受到忽视的现状一致。人物画作品在教科书4中占其全书作品首位，不过与山水画、花鸟画的数量差别不大。综观6本教科书，出现频率最高的人物画作品为：《泼墨仙人图》（4次）、《捣练图》（4次）、《韩熙载夜宴图》（4次）、《女史箴图》（5次）。此外，还有6幅作品出现3次，13幅作品出现2次，67（52.3%）幅作品出现1次。

从数据分析可知，6个版本教科书中山水画、花鸟画、人物画的频数分布总体较为平均，大部分教科书均以山水画作品为主，这与自宋、元以来中国画"山水居首"的传统相一致。从作品表现的丰富性来看，山水画作品的选择最具一致性，花鸟画作品内容最丰富，而人物画作品在选择经典内容时具有高度一致性却同时具有一定的丰富性。

（三）表现手法比较研究

表3-6　各版本表现手法比较（单位：频次）

	工笔	写意	比例
教科书1	26	68	1：2.6
教科书2	17	68	1：4.0
教科书3	31	91	1：2.9
教科书4	29	63	1：2.2
教科书5	16	35	1：2.2
教科书6	17	30	1：1.8
总计	136	355	1：2.6

　　工笔和写意，是中国画的两种主要表现技法。工笔画的主要特点是造型严谨、刻画细致、笔墨工整。写意画的主要特征是简练、概括，更强调笔墨趣味。具有典型特征的写意画是经唐代、宋代广大画家反复尝试，并最后由元代画家确定下来的、以形式逻辑为主的表现技法与话语系统。就写意画与工笔画的比较而言，专家学者普遍认为写意画更能体现中国画"物我交融"的绘画内容，从而形成"天人合一"的哲学思想。从分析数据可以看出，各版本教科书均表现出对写意画作品的重视，写意画与工笔画的数量平均比例为 2.6:1，既相对合理又能体现教科书的倾向性。但教科书 2 中这一比例高达 4.0:1，比例严重失衡，可见该教科书在作品选择时没有做好合理规划。

二、内在价值取向比较研究

　　教育部颁布的《中华优秀传统文化进中小学课程教材指南》（以下简称《指南》）明确指出，中小学课程教材应围绕核心思想理念、中华人文精神、中华传统美德三大主题，遴选中华优秀传统文化教育内容。因此，本研究在分析内在价值取向时将依据《指南》提出的相关细目内容作为内涵取向的划分依据（见表 3-7）。以每一幅中国画作品为分析单位，如果一幅作品有多于一个价值取向的，则根据其实际价值取向数量予以统计。所用编码由三位研究人员同时各自独立完成，并经三位研究人员讨论且达到相互认同，以保证编码的信度和效度。

表 3-7　中华优秀传统文化内容主题类目表

内涵取向	编码	细目内容
核心思想理念	A1	革故鼎新、与时俱进的思想
	A2	脚踏实地、实事求是的思想
	A3	惠民利民、安民富民的思想
	A4	道法自然、天人合一的思想
中华人文精神	B1	求同存异、和而不同的处世方法
	B2	文以载道、以文化人的教化思想
	B3	形神兼备、情景交融的美学追求
	B4	俭约自守、中和泰和的生活理念

内涵取向	编码	细目内容
中华传统美德	C1	天下兴亡、匹夫有责的担当意识
	C2	精忠报国、振兴中华的爱国情怀
	C3	崇德向善、见贤思齐的社会风尚
	C4	孝悌忠信、礼义廉耻的荣辱观念

经过统计，6个版本教科书中的中国画作品体现中华优秀传统文化内涵价值取向的结果如表3-8、表3-9。

表3-8　中华优秀传统文化内涵取向统计表

版本 内涵取向	教科书1		教科书2		教科书3		教科书4		教科书5		教科书6	
	频数	占比（%）	频数	占比（%）	频数	占比（%）	频数	占比（%）	频数	占比（%）	频数	占比（%）
核心思想理念	21	10.88	18	9.84	20	7.97	27	13.71	11	10.00	10	10.99
中华人文精神	148	76.68	139	75.96	203	80.88	142	72.08	87	79.09	75	82.42
中华传统美德	24	12.44	26	14.21	28	11.16	28	14.21	12	10.91	6	6.59
总计	193		183		251		197		110		91	

我们从表3-8的统计结果可以看出，就内在价值取向的核心思想理念、中华人文精神、中华传统美德三个维度而言，6个版本教科书都将中华人文精神放在突出的位置上，而对于含有中华传统美德和核心思想理念内涵取向的中国画作品则选择相对较少。

在对中华人文精神内涵取向的分析中可以看出，各个细目的占比程度也大不相同。"形神兼备、情境交融的美学追求"（B3）在所有细目中占比最大。中国传统美学注重意象、意境、气韵等核心范畴，超越"形"而追求更高境界的"神"是中国传统美学最为鲜明的特征，这也是作为中国传统美学主要载体的中国画应有的"天然属性"。所以，在所有细目中B3的占比最大，6个版本教科书占比分别都在50%左右。其次，"文以载道、以文化人的教化思想"（B2），在6个版本教科书占比细目排在第二的位置，平均约30%。分析其原因，"成教化，助人伦"传播主流意识形态是中国画早期重要功用之一，到后来成为文人抒发个人立场和宣扬个人价值观的主要载体。而体现"求同存异、和而不同的处世方法"（B1）以及"俭约自守、中和泰和的生活理念"（B4）的中国画作品则相对较少。B1仅仅有2个版本的教科书有所体现，且仅分别体现一次；B4也仅有4个版本教科书共计体现6次。由此可以看出，就中华人文精神这一内涵取向来看，不同细目之间受重视程度有显著差异，但6个版本教科书之间也有较大的共性。

6个版本教科书对于含有中华核心思想理念的中国画作品选择总体较少，平均占总量不到10%。在相关细目内容的选择上主要表现出以下两个特点：第一，6个版本教科书均将作为传统核心思想理念以及中国画的艺术追求的"道法自然、天人合一的思想"（A4）当作最重要的部分；第二，将"惠民利民、安民富民的思想"（A3）摆在第二的位置。该细目（思想）是千百年来中华民族的处世之道和生存理念，也得到6个版本教科书的重视。不过在"革故鼎新、与时俱进的思想"（A1）细目上6个版本教科书却出现了较大差异。在教科书5的作品中没有体现A1，不过教科书4却出现了7次，占总体权重3.55%。由此可见教科书5的作品选择整体较为传统，而教科书4所选择的作品内容则更加多元、包容。

在中华传统美德这个维度，6个版本教科书也主要体现了以下两个方面的共性。第一，在中华传统美德内涵重视程度取向方面大多处于三个内涵取向第二的位置，不过分析显示各版本教科书差异较大，教科书2、4中体现该内涵取向的作品占比高达14.21%，而教科书6却仅占6.59%。第二，在4个细目的内容中，6个版本教科书均将"崇德向善、见贤思齐的社会风尚"（C3）作为对学生开展思想教育的主要内容。在6个版本教科书中，对含有"精忠报国、振兴中华的爱国情怀"（C2）、"天下兴亡、匹夫有责的担当意识"（C1），以及"孝悌忠信、礼义廉耻的荣辱观念"内涵的中国画作品重视不够，作品数量比重非常之小，甚至C1、C2两个细目在教科书中都没有涉及。

综上所述，6个版本教科书所选中国画作品在内在价值取向的挖掘方面尚不够丰富，而B2、B3细目在总数和占比中都占据了绝对优势，占比数量直逼90%。当然，这两个细目固然是中国画的基本属性，但其余各细目的数量都远在平均数之下，从而可以看出在中国画作品选择上，6个版本教科书都没有对相关价值取向细目进行合理的规划。

表3-9 中华优秀传统文化内涵取向细目内容统计表

版本\细目内容	教科书1		教科书2		教科书3		教科书4		教科书5		教科书6	
	频数	百分比（%）	频数	百分比（%）	频数	百分比（%）	频数	百分比（%）	频数	百分比（%）	频数	百分比（%）
A1	7	3.63	6	3.28	2	0.80	7	3.55	0	0	3	3.30
A2	3	1.55	2	1.09	1	0.40	3	1.52	1	0.91	0	0
A3	5	2.59	5	2.73	3	1.20	8	4.06	3	2.73	1	1.10
A4	6	3.11	5	2.73	14	5.58	9	4.57	7	6.36	6	6.59
B1	0	0	0	0	1	0.40	0	0	0	0	1	1.10
B2	57	29.53	54	29.51	80	31.87	48	24.37	35	31.82	27	29.67
B3	91	47.15	84	45.90	121	48.21	91	46.19	51	46.36	47	51.65
B4	0	0	1	0.55	1	0.40	3	1.52	1	0.91	0	0
C1	3	1.55	5	2.73	2	0.80	3	1.52	1	0.91	0	0
C2	3	1.55	5	2.73	0	0	1	0.51	2	1.82	1	1.10
C3	12	6.22	10	5.46	17	6.77	17	8.63	7	6.36	4	4.40
C4	6	3.11	6	3.28	9	3.59	7	3.55	2	1.82	1	1.10

三、编写体例比较研究

核心素养时代下的教育改革倡导单元主题式的教学方式，主题思想是美术课程的核心和灵魂，是美术知识和技法学习的牵引力和推动力。6本教科书中有5本以此方式来进行课程编写，通过单元概述和单元情境等综述性质的环节设置，引出各单元的具体内容，并在每章结束后通过小结、单元测评等形式引导学生总结单元知识。部分教科书中还设有"拓展阅读"，包括中外美术史年表、名词解释、网站、书目等为学生提供的辅助学习资料。

从单课程的维度来看，各版本教科书中均设有学习任务、思考讨论、拓展知识环节。"学习任务"即在本课程或单元学习过程中学生需要完成的若干课堂活动，其组织方式各有不同，有些在课程开始就列出，有的则内隐于学习过程中逐步提出，有的是在课程结束前提出。"互动探究"包含在课堂上的学生之间的学习互动，也包含课后学习活动建议。"拓展知识"主要以相关知识、名家名作介绍等内容为主，辅助学生加强课程学习。导入环节的设置则不太统一，"新课标"明确指出建议创设问题情境，倡导探究式美术学习，但仅有部分教科书通过设置"问题情境"的方式进行导入，还有少数教科书依旧偏向传统的知识性导入。

大观念是一个概念、主题或问题，能够使离散的事实和技能相互联系并有一定意义，对于大观念的理解与运用体现出核心素养的本质要求。通过统计发现，仅有教科书 3 明确给出了单元大观念，其余 5 本教科书均未明确给出。基本问题不仅能够促进对某一特定主题单元的内容理解，也能激发知识间的联系和迁移。通过分析内容发现，在 6 本教科书中设置大观念与基本问题的比例超过 50% 的虽有 4 本，但明确列出课程的"基本问题"一栏的只有教科书 2，其余出版社的教科书中虽有"基本问题"，但都是衔接在问题情境之后，并未单独列出，且时有时无。大观念与基本问题的组合是一种新的核心素养时代下倡导的教学模式，即通过对基本问题的学习和回答，达到对大观念的理解。而大观念与基本问题设置的缺失和不匹配是这 6 本教科书的共性。此外，部分教科书通过关键词的设置，提示该单元或课程的重点。

四、评价环节的比较研究

评价是所有学科教学活动的必要环节，核心素养时代的美术教学应重视评价导向，通过可检测的指标以评价的方式回馈目标，通过评价促进学生的学习和教师的教学。[①] 综观 6 个版本教科书，均重视多样化的评价方法，注重形成性评价和表现性评价，通过学习单、档案袋等评价方式帮助学生对所学内容进行反思。此外，结合"新课标"所提供的学业质量标准，两本教科书提供以单课程为单位的三级学业质量水平指标，一本分别提供以单元、单课程为单位的三级学业质量水平指标，一本提供单课程评价建议，一本无任何评价指标或建议。

---

① 尹少淳.基于核心素养的美术教学 [J]// 尹少淳 . 美术核心素养大家谈 [M]. 长沙：湖南美术出版社，2018:25−26.

表 3-10　各版本教科书编写体例比较

比较维度		教科书 1	教科书 2	教科书 3	教科书 4	教科书 5	教科书 6
单元首页	单元情境	√			√		
	单元概述	√	√		√	√	
	单元大观念			√			
单元首页	关键词				√		
课程	学习任务	√	√	√	√	√	√
	关键词					√	
	基本问题		√	√		√	√
	问题情境	√	√				
	互动探究	√	√	√	√	√	√
	拓展知识	√	√	√	√	√	√
	评价建议	√			√	√	√
单元结语	单元测评	√					
	单元小结	√					
	拓展阅读			√			

注：√表示有；维度出现在超过 50% 的课程或单元则给予统计，如教科书 1 中共 4 个课程中含有基本问题，占 44%，则不予以统计。

五、总结与建议

综合以上研究显示，各版本教科书中中国画作品的价值取向在统一中又有区别，这充分显示出高中美术教科书的丰富性。因此，普通高中美术教科书作为非统编教材，"一标准多版本"的高中美术教科书编写制度不仅有利于美术教科书的开发，在竞争中提高美术教科书的编写质量、水平和特色，又维护了"形异而神一"的教科书编写制度诉求，坚持了主流意识形态的主导性，对丰富、完善中国画教学体系，编写科学、合理、实用的高中美术教科书具有重要意义。不过笔者在研究、分析过程中也发现了各版本教科书尚需完善的内容和需改进的问题，并且针对这些不足及存在的问题提出了以下建议：

（一）各层面、细目的价值取向选择要有规划

从以上中华优秀传统文化内涵取向方面的分析、研究可以得知，6 个版本高

中美术教科书在中国画作品的选择上，对所选中国画作品内在价值取向的丰富性缺乏合理规划，导致6个版本教科书都把重点放在了B2、B3上，从而对其他层面（细目）的价值取向重视不够。且由于中国画作品的价值取向具有丰富性、多样性等特点，鉴赏者对价值取向的理解又可能有不同的个体性特征。当然，本文价值取向编码与分析可能存在一定的误差，不过就总体趋势及整体的高度一致性而言，在一定程度上足以看出，高中美术教科书在编写时没有对各维度价值取向进行合理的规划。鉴于以上情况，建议各级教育行政部门、学者应就高中美术教科书价值取向提出科学、完善且实用的建构框架、标准，并对高中美术教科书编写的各维度提出明确的量化意见，为各出版社编写高中美术教科书提供依据。

（二）注重经典作品的"活化"

中华优秀传统文化的学习需要长期坚持，需要学习众多经典作品，在学习中"取其精华去其糟粕"。我们学习经典作品，绝对不能仅仅为了"看图识事"，而要通过学习、鉴赏使学生真正感悟中国画、理解中国画，并且能够进行独立的主观价值判断。在编写高中美术教科书中国画内容时应注重以下两个方面的内容：一要注重历史性的活化，即在美术教科书编写时要注意不能孤立地就作品谈作品，而要注重通过画论、画跋的有机结合，使学生逐渐形成对作品更为整体、上位的理解；二要注重时代性的活化，即注重对经典作品在不同时代内涵的阐释以及与学生学习、生活等情境的衔接。只有将经典中国画作品、知识活化，促进学生内化于心，才能使学生不断体悟到中国画的价值，对中国画产生兴趣、情感，最后才能使学生对中国画产生真正的喜好。而喜好本身是能够被人认同的重要方式，只有这样，才能不断提升青少年的审美能力，并对青少年价值观形成起到潜移默化的作用，从而达到中国传统文化被广大青少年理解、认同与践行的目的。

（三）规范核心素养时代下美术教科书编写体例

6个版本教科书在编写体例上取得了一定进展，选图基本能够体现典型性、多样性，版式新颖活泼、美观明了且能够以单元统整的方式整合课程，与"新课标"的相关教材编写建议基本符合，能为发展学生美术学科核心素养发挥一定的载体作用。但就核心素养本位教学方式，如大观念、基本问题、联系真实生活情境等环节，各版本教科书未能有很好的呈现。整体而言，6个版本教科书对核心素养时代下的课程环节应用得不够深刻，编写体例不够完善，在今后的教科书修订中，应规范教材编写体例，明确各部分内涵，减轻教师使用负担。

第四章 基于可视化大数据分析的中小学中国画教学评价调查研究①

自国家大力倡导传统文化、提出"文化自信"等一系列文化举措以来,中国画教学被认为是提升学生民族身份认同感、感受传统文化的重要手段之一。为深入了解中国画教学及教学评价的实际情况,本研究采用问卷方式进行调研,调查对象为中小学美术教师及中小学生,研究团队对回收问卷进行整理分析,并运用定性、定量研究方法对问卷进行整合,采用可视化数据分析方式进行呈现,旨在发现我国中小学中国画教学存在的问题,找出作用于提高我国中小学中国画教学质量的现状问题及解决方法,以期对中国画教学及教学评价等方面研究提供基础性指导意义。

第一节 问卷调查的设计与实施

一、设计目的与思路

为了全面把握中小学生对中国画的认知程度及中国画教学评价的实际现状,经课题组研究决定采用问卷调查的方式,获取更为全面的资料,调查覆盖26个省、市、自治区,以华中、东北、华东及华南几个代表性地区为主,也有部分少数民族地区参与,为调查研究的全面性提供参考。

为全面了解中小学中国画教学实际情况,本调查研究从学生与教师两个角度进行问卷设计,问卷类型分别为《中小学中国画教学——学生问卷》《中小学中国画教学状况——教师问卷》,其中由于学生各年龄层次对美术认知程度及使用的美术教材不同,故《中小学中国画教学——学生问卷》按学龄层次分为小学、初中、高中三个板块。

二、问卷调查内容

《中小学中国画教学状况——教师问卷》中设计了客观题17题、主观题8题。

---

① 本章由上海济光职业技术学院讲师李欣芸撰写。

为全面了解目前在职教师在中国画教学方面的实际情况，问题主要围绕以下四个方面展开：1.教师个人技能水平及中国画教学实施情况；2.有关中国画教学教法问题；3.教材中有关中国画教学内容的反馈；4.关于中国画教学中的评价。

基于学生不同的中国画学习程度，学生问卷分为小学篇、初中篇和高中篇三份：

表 4-1

问卷形式	客观题（题）	主观题（题）
《中国画学习情况调查问卷——小学篇》	12	0
《中国画学习情况调查问卷——初中篇》	15	1
《中国画学习情况调查问卷——高中篇》	13	1

设计的调查内容主要有以下四个方面：

1.学生个人学习基本情况；2.课外美术学习情况；3.对中国画知识的基础认知；4.中国画作品鉴赏能力测试（除小学卷外）。

三、问卷调查实施情况

本次调查时间为 2018 年 1 月至 5 月，共发放问卷 2100 份，收到有效问卷 2012 份，回收率为 95.8%：其中教师问卷 426 份（小学教师 192 人、中学教师 234 人）；学生问卷 1586 份（小学生 539 人、初中学生 618 人、高中学生 429 人）。调查覆盖 26 个省、市、自治区，以华中、华北、华东及华南地区为主，也有部分少数民族地区参与，为调查研究的全面性提供了参考。

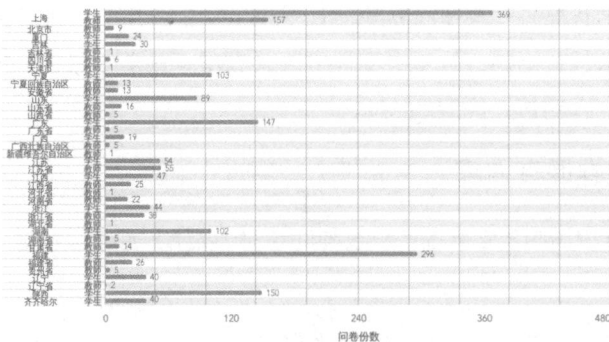

图 4-1　调查对象人群分布图

第二节　教师问卷调查结果分析

本研究教师部分调查对象为中小学在职美术教师群体，于 2018 年 1 月至 3 月期间在线上进行问卷调查，主要针对华中华北华东及华南地区，就中国画教学的课堂实施情况以及教师本身对于中国画教学的认知度进行调研。

一、基本数据

本次调查回收教师问卷共 426 份，教师男女比例及教师学历分布如下图所示。教师全部采用网上答题的形式作答。

图 4-2　参与教师男女比例　　　图 4-3　参与教师学历分布

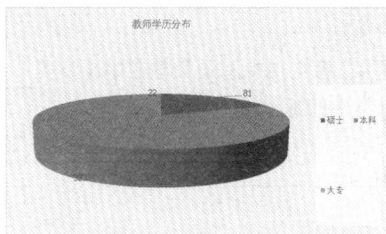

在此次教师问卷调查中，美术教师所教授学生的年级分布如图 4-4 所示。由于参与教师教龄也一定程度会影响其教学实施及教学认知，故在问卷设计时我们对教龄进行统计，如图 4-5，从中可以看到，36% 的教师是工作 10 年以上的老教师，他们对于教学实施情况及教学理念的反馈可以代表我国绝大多数教师的现状水平。因此从参与教师问卷调查的基本数据来看，本次调查覆盖省份较广，师资的教龄分布也具有较好的代表性，排除无效问卷后其余有效问卷中的答题及反馈具有一定可借鉴性。

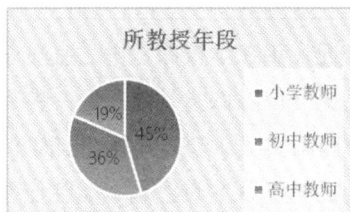

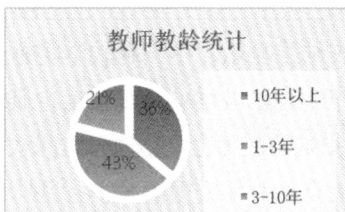

图 4-4　参与教师教授年级分布比例　　图 4-5　参与教师教龄分布

二、教师问卷分析

（一）有关教师个人技能水平及中国画教学实施情况

表 4-2

问题	选项	小计	回答项比例
问题 3：您认为中小学有必要进行中国画教学吗？	有必要	408	95.77%
	没有必要	6	1.41%
	无所谓	12	2.82%
问题 4：您觉得中国画教学在中小学美术教学中的地位。	受重视	54	12.68%
	一般	195	45.77%
	不受重视	157	36.86%
	不好说	20	4.69%
问题 5：您觉得大学所学的中国画专业知识能胜任现在中国画的教学吗？	完全能胜任	78	18.31%
	基本能胜任，但还需要继续学习	320	75.12%
	不能胜任	28	6.57%
问题 6：在您的美术课堂教学中会进行中国画内容的教学吗？	没有	100	23.47%
	有	326	76.53%
问题 14：您平时会利用课余时间从事中国画实践吗？	经常	128	30.05%
	偶尔	227	53.29%
	不会	56	13.15%
	不好说	15	3.51%

　　调查结果显示，中国画教学实施情况近几年在学校课堂中已有显著改善，教师对于中国画教学的重视程度也有明显提升。除课堂教学之外，参与教师中有将近 80% 的教师会利用课余时间从事中国画实践活动，并且有 18% 的教师认为自己完全能胜任中国画教学；另外 75% 的教师认为自己基本能胜任中国画教学，但还需要继续学习，仅有约 6% 的教师认为自身不能胜任中国画教学工作。不难发现，近几年在国家大力倡导传统文化教育的大环境下，虽在师资方面及

中国画教学的课堂实施情况有明显改善，但总体而言，由于各方面因素，中国画教学在学校教育教学的地位还未达到理想的高度，在一定程度上影响到教师教学的实施。

（二）有关中国画教学教法问题情况

表 4-3

问题	选项	小计	回答项比例
问题 10：在进行中国画教学时您有没有给学生作示范？	有	365	85.68%
	没有	57	13.38%
	无所谓	4	0.94%
问题 11：您在教学中会自己设计中国画教学内容吗？	经常	152	35.68%
	没有	68	15.96%
	偶尔	206	48.36%
问题 12：您的中国画教学会重视哪些方面的培养？（多选题）	技法表现	319	74.88%
	鉴赏能力	336	78.87%
	审美判断	335	78.64%
	创新思维	268	62.91%
	文化理解	336	78.87%
问题 13：您会选择下列哪些中国画学习方法进行教学？（多选题）	临摹	383	89.91%
	写生	212	49.77%
	创作	277	65.02%
	鉴赏	334	78.4%

如表 4-3 调查结果显示，在进行中国画教学时大部分教师选择给学生进行示范；并且有部分教师在中国画教学中自己设计教学活动，较为频繁，另外一部分教师也曾尝试自己设计中国画教学内容，只有 16% 的教师未曾自己设计中国画教学内容。问题 12 关于在中国画教学中会注重哪些方面素养问题调查结果显示，教师们普遍认为：鉴赏能力、文化理解 > 审美判断 > 技法表现 > 创新思维；在选用中国画学习方法进行教学时，他们会选择临摹 > 鉴赏 > 创作 > 写生的学

习方式进行教学。

（三）教材中有关中国画教学内容的反馈

表 4-4

问题	选项	小计	回答项比例
问题 8：您觉得现行教材设计的中国画教学内容合理吗？	合理	40	9.39%
	比较合理	187	43.9%
	不太合理	137	32.16%
	不好说	62	14.55%
问题 9：您完全按照教材进行中国画教学吗？	是	47	11.03%
	否	90	21.13%
	参照部分	289	67.84%

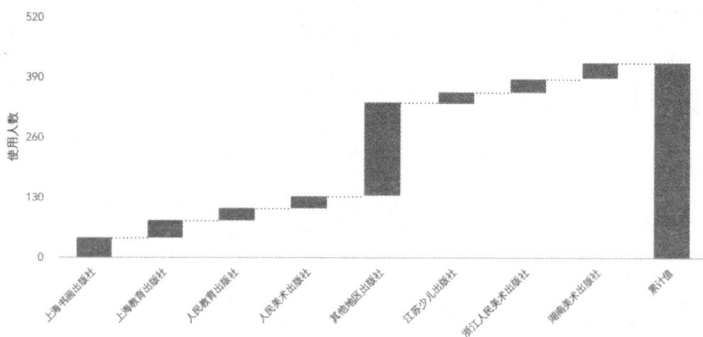

图 4-6　教材使用情况

根据表 4-4 调查结果显示，对于现在发行使用的教材反馈中，有将近一半的教师认为教材中有关中国画的教学内容设计得比较合理，极少数教师认为教学内容设计合理，但也有部分教师认为教材中有关中国画的教学内容设计得不太合理或不知如何评价。在关于教师是否完全根据教材进行中国画教学活动的调查中，结果显示绝大多数教师在教材内容选用方面是参照部分进行教学，同时也有占比 21% 的教师并未完全按照教材进行教学。另外，在本调查问题 16 中我们对参与教师现所使用教材情况进行了统计，由图 4-6 可见在参与调查的教师中，绝大多数学校使用的是各地区学校自主研发的校本教材，或者如火星出版社、中央美院出版社、神墨出版社等出版的其他教材。教材使用相对集中的出版社是：上海书画出版社、上海教育出版社、人民教育出版社、人民美术出版社和湖南美术出版社，经调研，这几个出版社出版的教材是目前使用得最多的。

（四）关于中国画教学中的评价

表 4-5

问题	选项	小计	回答项比例
问题 16：在中国画教学过程中您通常会采用哪些评价方法？（多选题）	口头点评	284	66.67%
	打分等级	195	45.83%
	自评互评师评	298	70.83%
	档案袋评定	53	12.5%
	评价量表	53	12.5%
问题 17：在中国画教学中，您通常依据什么评价标准对学生进行学习评价？（多选题）	国家课程标准	141	33.33%
	自定标准	195	45.83%
	教科书标准	90	20.83%

"问题 7：您认为下面哪些方面对评价学生中国画作品是重要的？"

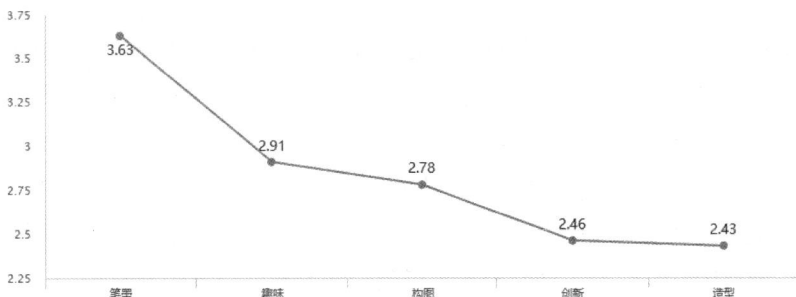

图 4-7

调查结果显示，选择作品的趣味性与构图这两选项的频率差别不大，创新与造型能力这两个选项系数明显小于笔墨的选择项。可见学生教学成果作品中的笔墨语言表现是教师们普遍认为较为重要的首要衡量标准，其次是作品的趣味性，再者才是表现物象的造型及作品创新意识。

如图4-7，目前教师在对学生教学成果评价方面的认知更多停留在笔墨语言层面，这一观念对其教学方法和教学理念也会产生一定影响，与此同时学生在学习中国画过程中必然也会更加关注笔墨语言使用的效果这一方面。另外在此题的教师回答中我们可以得出另一个重要信息，在中国画教学及评价学生中国画作品时，"创新"因素似乎没有被绝大部分教师所认同，抑或相对来说并不是特别注重，相比笔墨，中国画作品中的"创新"的价值尚未被教师们所关注。

（五）主观题部分词频解析

"问题18：您觉得目前中小学中国画教学存在哪些困难或问题？"

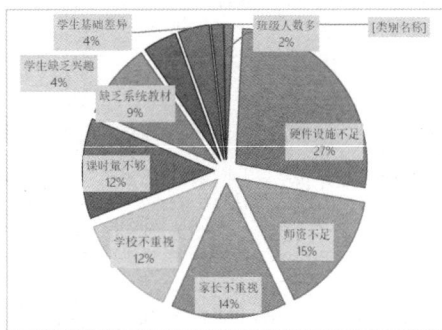

图 4-8

根据调查结果显示，本题排除无效答案并将有效回答项进行定性分析后得出有效词汇共466个。其中主要关键词共计10个，分别为：硬件设施不足（126次）、师资不足（69次）、家长不重视（66次）、学校不重视（58次）、课时量不够（56次）、缺乏系统教材（42次）、学生缺乏兴趣（19次）、学生基础差异（18次）、班级人数多（7次）、缺乏创新（5次）。可见在教学中，教师们认为对于中国画教学材料的配备及学校所提供的教室场地，一定程度上影响了中国画教学的实施；绝大多数教师认为在中国画教学问题上因自身并非中国画专业方向并且单位没有统一的培训等，因此并不能很好地完成中国画教学；除此之外很多教师提及由于中国画教学活动需要笔墨纸砚等工具，但家长不重视导致学生学习材料并不能配齐，因此中国画实践课教学在实施上产生困难；学校方面不重视体现在不能对美术课中国画教学提供支持，同样使得中国画教学在实施上遇到困难；同时 12% 教师认为课时量不够，在中国画教学上一节课中并不能很好地完成中国画教学活动；9% 教师认为没有系统的中国画教学教材，并且现行的教科书中并不能很好地为中国画教学课堂所使用，因此，在中国画教学实施上也产生困难；最后学生对中国画课程缺乏兴趣，学生中国画基础差异较大，班级人数多等因素也一定程度影响了中国画教学质量。

　　"问题 19：根据您的教授对象，您觉得在中国画教学中还应让学生学习哪些知识？"

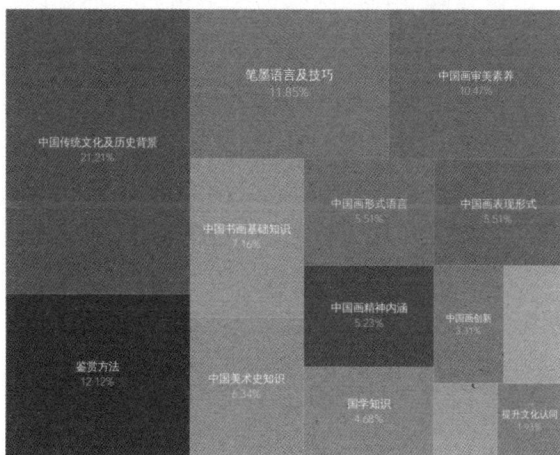

图 4-9

　　根据词频分析结果显示有效回答项共计 363 条，对全部选项进行关键词梳理分析后获得 14 条关键词，分别为：中国画传统文化及历史背景（21.21%）、鉴赏方法（12.12%）、笔墨语言及技巧（11.85%）、中国画审美素养（10.4%）、中国书画基础知识（7.16%）、中国美术史知识（6.34%）、中国画形式语言（5.51%）、中国画表现形式（5.51%）、中国画精神内涵（5.23%）、国学知识（4.68%）、中国画创新（3.31%）、增加中国画实践课程（3%）、提升文化认同（1.93%）、增加中国画课程趣味性（2%）。从图 4-10 中可以看出，教师们认为在中国画教学中还应该让学生了解中国传统文化及历史背景知识，这样有利于中国画教学的实施和让学生更好地理解中国传统文化。

其中教师提到在中国画教学时还应让学生学习中国传统文化知识及其历史背景；约12%（共44条）教师提到中国画鉴赏方法也是在中国画教学中应该让学生学习的知识；约11.85%教师认为中国画笔墨语言及技巧应该让学生学习；约10%教师认为中国画审美素养的提升也是中国画教学应当重视的一环；中国画形式语言、表现形式及精神内涵这三块比重近乎相似，约为5%；还有4%教师认为学生应当增加国学知识的了解，这样能让学生更懂中国画；最后，还有教师认为应当加强中国画创作技能的培训以及提升文化认同，如此能让中国画教学更为全面，让学生更为立体地构建中国画认知系统。

"问题20：您认为高等师范院校的中国画教学中存在哪些问题？有何建议？"

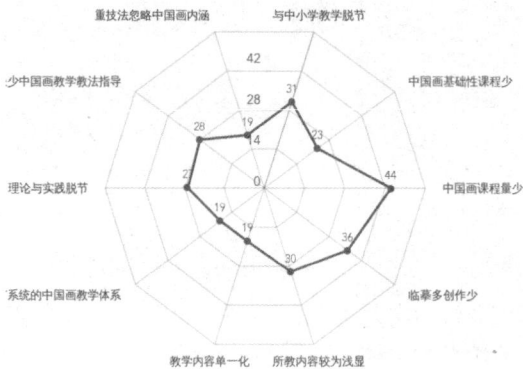

图 4-10　回答项关键词汇梳理

由于教师自身教学技能和教学风格深受高师院校在校时期影响，因此本题调查就职后教师就目前中小学实际教学情况而产生的对于高师院校的中国画教学中存在问题的思考，也能侧面反映现在中国画教学实施情况的根本问题。根据词频分析结果，剔除无效答案，有效词汇共计276条，对所有有关键词进行归类后得出以下10条词汇占全部词汇的占比为：中国画课程量偏少（44次）、临摹多创作少（36次）、与中小学教学脱节（31次）、所教授内容较为浅显（30次）、缺少中国画教学教法指导（28次）、理论与实践脱节（27次）、中国画基础性课程少（23次）、注重技法忽略中国画精神内涵（19次）、教学内容单一化（19

次）、未有系统的中国画教学体系（19次）。

"问题21：您有尝试运用一些电子、网络设备进行评价吗？如果有，您是如何做的？效果如何？"

绝大多数教师未曾使用电子、网络等设备进行评价的相关扶持，少部分教师使用钉钉、投影设备、问卷星等，也只是停留在对作品的展示阶段，几乎没有教师尝试用电子、网络设备等对中国画教学及成果进行评价，可见目前教师对于中国画教学评价相关手段的重视度还不够。

"问题22：在中国画教学中，您认为教学评价对教学有何作用？为什么？"

图 4-11

如图4-11所示，教师普遍认同教学评价对教学的积极作用，并认为一定的教学评价手段可以"促进课堂教学质量""明确学生作品的优缺点""有效进行教学反思"，虽然已认识到评价的反馈作用，但在对学生学习和对教学的导向作用的认识上还比较狭隘。

"问题23：您如何评价学生的中国画作品？从哪些方面？有哪些标准？"

图 4-12

从高词频出现的结果中可以看出，"构图""笔墨""用笔""技法""创意"等词汇出现在前几位，"色彩""章法""画面完整"等词汇次之。可见，教师多从画面的语言形式、感受层面等角度评价学生的学习成果，对情感态度、价值观层面的评价较少。说明教师的授课内容和评价标准比较重视中国画的相关知识与技能，缺乏从文化理解和认同层面对学生进行人文内涵的引导，缺乏新旧知识联系与整合建构的能力培养。

"问题24：您认为当前中国画教学评价存在哪些问题？"

图 4-13

如图 4-13 所示，参与调查的教师基本都认为"没有可参照标准""标准不明确""评价偏主观"等，普遍教师反映缺少可参照、可借鉴、利于学生发展的中国画评价标准。

三、教师问卷分析

基于《中小学中国画教学状况——教师问卷》的调查结果分析，总结如下：

（一）就中国画教学实施情况而言，中国画教学在课堂上的实施率较高，但学生学习的积极性不高。大部分教师感到自身对于中国画知识技能方面还有待提高，在教学过程中也因为学校不重视或硬件设施不足等困难在一定程度上影响了中国画教学的实施，因此许多教师认为这些都阻碍了中国画教学的长期性实施。

（二）就中国画教学教法问题而言，尚未形成系统的中国画教学指导，很多教师由于自身并非中国画专业出身，并且在高师院校教育中由于中国画课时量少、教学内容浅显及单一化，更重要的是高校教育缺乏中国画教学教法的学习指导，因此这些学生成为教师之后，在课堂上进行中国画教学时就遭遇困难。

（三）对教材中中国画教学内容存在质疑，很多教师感到教材并不能有效地辅助教学，并且没有一个完整的中国画教学参考，因此这也在一定程度上影响了中国画课堂教学实施的全面性。

（四）在中国画作品鉴赏认知能力方面，教师自身在中国画作品鉴赏认知能力方面存在差距，学生在学的过程中缺少对中国画作品系统的鉴赏训练。

（五）在中国画教学成果评价方面，目前教师多关注中国画教育教法问题，尚未重视中国画教学后课程评价的实施。但教师普遍认同教学评价的重要性，认为目前中国画学习的评价单一，有待进一步丰富和深化。其中对于学生作品的评价局限于中国画形式语言层面，"创新"意识较为淡薄，同时对中国画人文内涵的理解和建构也比较欠缺，这对传承和发展中国传统文化艺术是十分不利的。

第三节　学生问卷调查结果分析

学生问卷对象为中小学在校学生，为真实有效地了解中国画教与学的实际情况，本研究采用抽样调查方式对江浙沪以及华南、华北、华中地区小学、初中、高中进行调查，为避免地域性及学校特性的差异，我们选取具有代表性省、市、地区重点学校和一般学校中的某个班级作为调查目标，进行问卷测试。在问卷设计部分，结合目前主要发行的美术教材中有关中国画的教学内容，根据不同年级的知识点难易程度进行问卷设计，以便了解学生对中国画认知的普遍状况。

一、基本数据

参与本次学生问卷调查的学生人数共计 1586 人（如图），问卷调查地区覆盖 15 个省、市、区县及乡镇地区。其中上海作为长三角地区的代表，我们为了确保数据真实及普遍性，特别选择上海市区（静安区、黄浦区、杨浦区等）及上海郊区（奉贤区、金山区等）进行调研。在华东及华南地区，选择了福建和广东为代表，考虑到数据普遍性及特殊性问题，在东北、西北及华中地区选择了黑龙江、陕西、湖南等地，为调查研究的全面性和普遍性提供更多的参考。

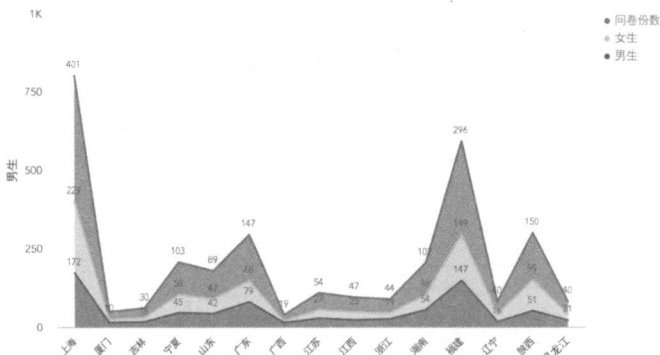

图 4-14　学生问卷各地区问卷份数及男女生人数分布

调查问卷的设计考虑到不同年龄的学生接触中国画教学内容及难易程度会有所差异，因此特别设计了小学卷、初中卷以及高中卷。参与本次调查问卷《中小学中国画教学学生问卷——小学篇》学生人数共计 539 人，《中小学中国画教学学生问卷——初中篇》学生人数共计 618 人，《中小学中国画教学学生问卷——高中篇》学生人数共计 429 人（如图 4-14）。根据国家课标要求小学美术教材中中国画教学内容基本在小学三年级以上的教材中，因此小学卷部分选择了以小学四年级以上的学生进行测试。在问卷设计上，小学卷以中国画基础性问题为主，初中卷偏重实践类问题，高中卷以基础性问题及主观鉴赏为主要测试方向，这与高中中国画教学以鉴赏为主有关。

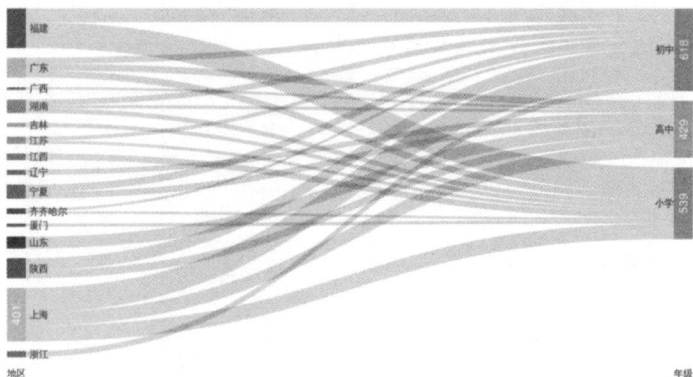

图 4-15　参与学生调查的小学、初中、高中学生地区分布

二、小学卷学生问卷分析

（一）学生个人学习基本情况

表 4-6

问题	选项	小计	回答项比例
问题 1：请问你是男孩还是女孩？	男孩	299	55%
	女孩	240	45%
问题 2：请问你所在的年级？	四年级	268	50%
	五年级	177	33%
	六年级	94	17%
问题 3：请问你学过中国画吗？	学过	243	45%
	没学过	296	55%
问题 4：请问你在哪里学习过中国画？	学校	372	69%
	校外培训机构	167	31%

根据调查结果显示，参与本次《中国画学习情况调查问卷——小学篇》学生人数共计 539 人。其中学习中国画的经验来自于学校的学生占 69%，另有 31% 学生曾在校外培训机构中有中国画学习经验。

（二）课外美术学习情况

表 4-7

问题	选项	小计	回答项比例
问题 7：请问你去过博物馆吗？	1—2 次	177	33%
	3 次以上	218	40%
	从没去过	144	27%
问题 8：请问你去过美术馆吗？	1—2 次	182	34%
	3 次以上	99	18%
	从没去过	258	48%
问题 9：请问你在哪里见过中国画作品？（多选题）	美术馆、博物馆	278	52%
	手机	160	30%
	教科书	234	43%
	旅游	96	18%
	电视或网络	270	50%
	课外书籍	221	41%

根据表 4-7 调查结果显示，去过博物馆参观且次数为 1—2 次的学生有 177 人（33%），3 次以上 218 人（40%），从未去过博物馆的学生人数共 144 人（27%）；问题 8 中 34% 的学生去过 1—2 次美术馆进行参观，18% 学生去过 3 次以上，有 48% 学生从没去过美术馆；问题 9 中，学生在美术馆、博物馆和电视或网络中见到中国画作品的概率居多，分别为 52% 和 50%，教科书 43%，课外书籍 41%，手机 30%，旅游 18%。

（三）中国画基础认知

表 4-8

问题	选项	小计	回答项比例
问题 5：请问以下哪些属于中国画工具材料？（多选题）	毛笔	473	88%
	铅画纸	55	10%
	宣纸	418	78%
	墨汁	431	80%
	砚台	359	67%
	水	281	52%
	水彩笔	49	9%
问题6：请问哪幅图是侧锋用笔？		404	75%
		135	25%
问题 10：请问以下哪些是中国画大师？（多选题）	毕加索	29	5%
	齐白石	478	89%
	凡·高	47	9%
	张大千	232	43%
	吴冠中	218	40%
	马蒂斯	33	6%
问题 11："墨分五色"通常是指？（多选题）	焦墨	262	49%
	淡墨	349	65%
	浓墨	335	66%
	重墨	227	51%
	清墨	301	56%
	中墨	199	37%

续表

问题 12：请问以下哪些图是中国画？（多选题）			
		417	77%
		91	17%
		4	1%
		411	76%

　　问题 5 考查中学生对于中国画所使用工具的认知，笔墨纸砚选择项比例分别是毛笔 88%、墨汁 80%、宣纸 78%、砚台 67%，同时也有 9% 的学生选择水彩笔；问题 6 中考查学生对于中国画用笔基础知识的了解情况，有 75% 学生正确地回答出了侧锋用笔的图示，还有 25% 的学生将中锋用笔图示看成侧锋用笔；问题 10 考查学生对于中国画大师的了解，结果显示有 89% 的学生选齐白石为中国画大师，其次是张大千、吴冠中，剩下毕加索、凡·高、马蒂斯；问题 11 考查学生对于墨分五色知识点的理解，根据学生选项比例排序：浓墨 > 淡墨 > 清墨 > 重墨 > 焦墨 > 中墨。问题 12 中考查学生对于中国画作品的辨析程度，许多学生都正确地选择了选项 1、4，只有 18% 学生错选了选项 2 和选项 3。

三、初中卷学生问卷分析

（一）学生个人学习基本情况

表 4-9

问题	选项	小计	回答项比例
问题1：你的性别？	男	253	40.94%
	女	365	59.06%
问题2：请问你所在的年级？	六年级	43	6.96%
	七年级	135	21.84%
	八年级	316	51.13%
	九年级	124	20.07%
问题3：你是否在美术课堂中学习过有关中国画的内容？	是	507	82.04%
	否	111	17.96%
问题4：你学过中国画的哪些内容？（多选题）	山水画	402	65.05%
	花鸟画	255	41.26%
	人物画	213	34.47%
问题5：你是否喜欢中国画？	喜欢	252	40.78%
	比较喜欢	184	29.77%
	一般	149	24.11%
	不喜欢	33	5.34%
问题6：你认为现在的中国画课堂怎么样？	生动有趣	237	38.35%
	一般	328	53.07%
	枯燥	53	8.58%
问题10：以下中国画题材作品中你更喜欢哪一种？	花鸟画	160	25.89%
	山水画	340	55.02%
	人物画	118	19.09%

参与此次《中国画学习情况调查问卷——初中篇》的学生在性别比例上相

111

对均衡，由于上海地区六年级属于初中教育中的预备班阶段，因此在此次初中卷调查中各年级学生占比如表4-9。问题3的结果显示有82.04%的学生在美术课堂中学习过有关中国画的内容，另外有17.96%的学生在美术课堂中并未学习过相关内容；问题4中学生学习中国画题材的比例排序情况：山水画 > 花鸟画 > 人物画；问题5调查学生对于中国画的喜好情况：喜欢 > 比较喜欢 > 一般 > 不喜欢，70%以上学生对于中国画还是比较喜欢的；问题6调查学生对于现在中国画课堂的评价，学生认为一般 > 生动有趣 > 枯燥；问题10调查学生对于中国画各类型题材作品的喜好，其中山水画 > 花鸟画 > 人物画。

（二）课外美术学习情况

表 4-10

问题	选项	小计	回答项比例
问题7：是否参加过校外的中国画培训?	两年以上	17	2.75%
	两年	10	1.62%
	一年	20	3.24%
	半年	39	6.31%
	从未	532	86.08%
问题8：参观美术馆展览的频率?	1个月1次以上	9	1.46%
	一年几次	94	15.21%
	一年一次	136	22.01%
	从未去过	379	61.32%
问题9：前往博物馆参观的频率?	1个月1次以上	14	2.27%
	一年几次	141	22.82%
	一年一次	163	26.38%
	从未去过	300	48.53%

　　根据调查结果显示，调查学生课外美术学习情况的问题7中，大部分学生从未参加过校外的中国画培训，曾经有过校外中国画培训经历的且时长为半年到两年之间的学生总共有11.17%，两年以上的学生有2.75%；问题8、9调查学生参观美术馆及博物馆的频率，其中从未去过美术馆参观的学生占总人数的

61.32%，远大于其他频次的学生占比；从未去过博物馆参观的学生占比将近一半。

（三）中国画基础认知

表 4–11

问题	选项	小计	回答项比例
问题 11：以下属于中国画表现手法的是?（多选题）	重彩	112	18.12%
	写意	439	71.04%
	工笔	456	73.79%
	泼墨	353	57.12%
	水彩	109	17.64%
问题 12：以下作品属于工笔画作品的是?		256	41.42%
		130	21.04%
		139	22.49%
		93	15.05%
问题 13：请将以下作品与它相对应的中国画表现手法进行连线：（连线题） 写意画　工笔画　　白描	全部正确	365	59.06%
	全部错误	85	13.75%
	存在 1—2 处错误	168	27.19%

续表

问题14：请判断以下这幅中国画作品属于哪个朝代。	宋代	59	9.55%
	唐代	485	78.47%
	五代	37	5.99%
	元代	37	5.99%
问题15：以下哪一项是对中国画作品的要求？	物象逼真	74	11.94%
	气韵生动	479	77.54%
	色彩鲜艳	40	6.47%
	比例准确	25	4.05%

　　根据调查结果显示，问题11考查学生对于中国画表现手法的认知，结果如表4-11所示，仍有少部分学生将水彩与中国画表现手法混淆；问题12考查学生对于中国工笔画作品的辨析，正确率达41.42%；问题13考查学生对中国画作品表现手法的辨析，正确率为59.06%，全部错误的学生占13.75%；问题14考查学生对中国著名绘画作品《捣练图》背景知识的了解，本题除去无效和未填写作答外选择正确的学生人数共计485人（78.47%），选择错误的学生人数为133人（21.53%）；问题15调查学生对于中国画作品品评要求的了解程度，选择"气韵生动"的学生人数为479人（77.54%），选"物象逼真"的人数为74人（11.94%），选"色彩鲜艳"的人数为40人（6.47%），选"比例准确"的有25人（4.05%）。

（四）中国画作品鉴赏能力测试

　　问题16：请对以下作品进行赏析（可以从你对这幅作品的感受以及作品的内容、色彩、造型、表现手法等方面进行鉴赏）

图4-16　初中卷　主观题《出水芙蓉图》

本题主要考查学生对于中国画作品的鉴赏能力，根据学生问卷答题情况剔除无效词汇后本题有效词汇共计 914 个，经过定性及定量分析后统计出主要关键词共计 16 个，分别为：清新典雅（63 次）、大方脱俗（30 次）、精致（37 次）、栩栩如生（79 次）、自然（5 次）、色彩鲜艳（159 次）、造型独特（9 次）、好看美丽（160 次）、气韵生动（172 次）、物象逼真（71 次）、纯洁（11 次）、工笔画（95 次）、比例准确（12 次）、线条细致（6 次）、意境（5 次）、造型优美（1 次）。

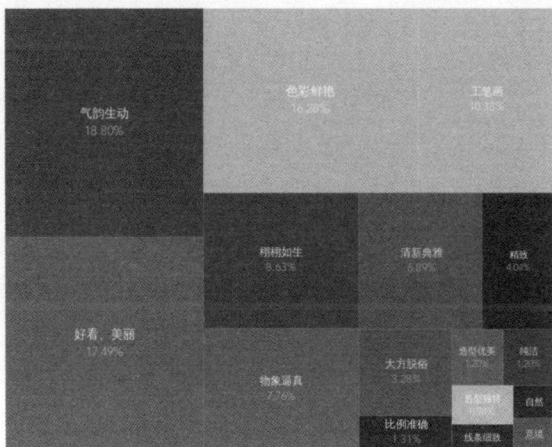

图 4-17　问题 16 回答项关键词梳理

将这 16 个有效关键词进行归类，依据《审美心理描述》中有关审美过程的四个阶段与作品鉴赏评价的心理步骤将这些关键词进行归类，得到感知、想象、情感、理解四个层次。感知即学生对作品的浅表感受多在视知觉层面；想象即为学生通过画面所发生的有关情景联想的心理活动；情感就是学生对于作品的移情活动；理解即学生对于作品的理性分析，包括作品意义、作品题材、作品技法等方面。若将提取出的 16 个关键词按照这四个层次进行归类，那么如图 4-19 所示，属于感知层次的词汇分别是：清新典雅、大方脱俗、精致、栩栩如生、色彩鲜艳、造型独特、好看美丽、物象逼真、纯洁；属于想象层次的词汇为自然、意境；属于理解层面的主要关键词汇为气韵生动、工笔画、造型优美、线条细致、比例准确。

　　不难发现，填写此次《调查问卷——初中卷》的中学生对于中国画作品评价的表述词汇大多还停留在审美层次的前两个层次即感知、想象阶段，在所有评价性关键词汇中只有 32.35% 的词汇属于理解层面词汇。因此在此次初中卷主观题作答部分，学生几乎对于中国画作品的欣赏都是用片段式欣赏方式，对于中国画作品并没有展现出系统的欣赏过程和更深层次的欣赏。

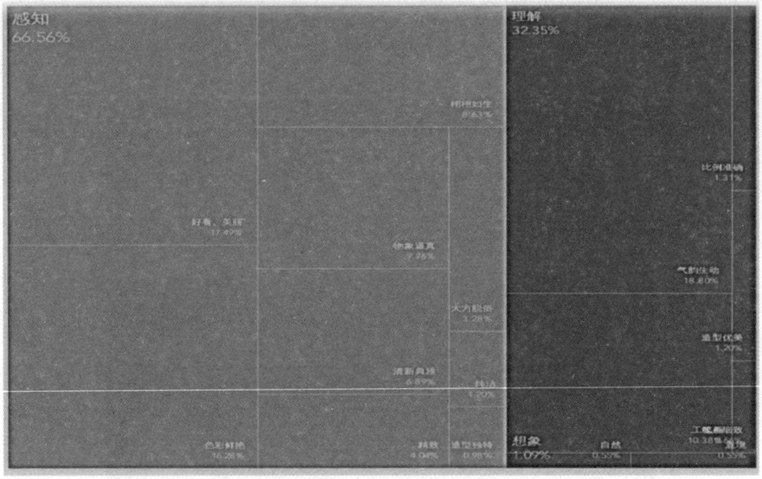

图 4-18　问题 16 回答项关键词归类

四、高中卷学生问卷分析

（一）学生个人学习基本情况

表 4-12

问题	选项	小计	回答项比例
问题 1：你的性别？	男	192	44.8%
	女	237	55.2%
问题 2：请问你所在的年级？	高一年级	196	45.7%
	高二年级	161	37.5%
	高三年级	72	16.8%

续表

问题	选项	小计	回答项比例
问题3：你是否在美术课堂中学习过有关中国画的内容？	是	300	69.9%
	否	129	30.1%
问题5：你是否喜欢中国画？	喜欢	183	42.7%
	比较喜欢	144	33.6%
	一般	95	22.1%
	不喜欢	7	1.6%
问题8：以下中国画题材作品中你更喜欢哪一种？	花鸟画	73	17%
	山水画	296	69%
	人物画	60	14%
问题9：你学习过的中国山水画有？（多选题）	水墨山水	324	75.52%
	青绿山水	208	48.48%
	浅绛山水	79	18.41%
	金碧山水	36	8.39%

参与此次高中问卷的学生中男生人数192人（44.8%），女生人数为237人（55.2%）；其中高一学生共计196人（45.7%），高二学生人数共计161人（37.5%），高三人数为72人（16.8%）。问题3的结果显示学生在美术课堂中曾经学习过有关中国画内容的人数为300人（69.9%），从未学习过有关内容的人数为129（30.1%）。在参与调查的高中学生中对中国画持比较喜欢和喜欢态度的学生人数共计327人（76.3%），对中国画喜爱程度为一般的人数为95人（22.1%），不喜欢中国画的人数为7人（1.6%）。问题8调查学生对于中国画题材的喜爱程度，选择山水画的人数为296人（69%），花鸟画73人（17%），人物画60人（14%）。问题9调查学生曾经学习过的中国山水画的表现形式有哪些，其中水墨山水画 > 青绿山水 > 浅绛山水 > 金碧山水。

（二）中国画基础知识

表 4-13

问题	选项	小计	回答项比例
问题 5：中国画很多都是长卷，欣赏的方式是怎样的呢？	左开右收	157	36.5%
	右开左收	199	46.4%
	从中间往两边的欣赏方式	73	17.1%
问题 6：中国山水画中的"三远法"包含哪些取景法？（多选题）	高远	334	77.86%
	平远	286	66.67%
	迷远	88	20.51%
	幽远	178	41.49%
	深远	323	75.29%
问题 7：传统的中国画颜料一般分成哪两大类？（多选题）	矿物颜料	243	56.64%
	丙烯颜料	72	16.78%
	水性颜料	216	50.35%
	植物颜料	220	51.28%
问题 10：现存最早的中国纸本绘画作品是？	《照夜白》	70	16.3%
	《八骏图》	151	35.2%
	《五牛图》	160	37.3%
	《百骏图》	48	11.2%
问题 11：这张图选自哪张作品？	《韩熙载夜宴图》	326	76%
	《汉宫春晓》	84	19.6%
	《步辇图》	19	4.4%

续表

问题	选项	小计	回答项比例
问题12：这张图片节选自清代郎世宁（意大利人）所绘的《百骏图》，它的表现技法是？	西方写实技法	60	14%
	中国重彩技法	49	11.4%
	中西合璧的绘画技法	320	74.6%
问题13：《步辇图》是唐朝画家阎立本的名作之一，为唐代绘画的代表性作品。它记录了唐代的哪一个大事件？	吐蕃（今西藏）王松赞干布迎娶文成公主入藏的事	321	74.8%
	玄宗即位，开元盛世	58	13.5%
	张骞出使西域，开辟丝绸之路	50	11.7%

　　问题5考查学生对于中国画作品样式的了解情况，根据调查结果显示，回答项中选择右开左收人数为199人（46.4%），选择左开右收人数为157人（36.5%），从中间往两边的欣赏方式人数为73人（17.1%）。问题6考查学生对于中国山水画"三远法"知识点的了解，选择高远、平远、深远的人数分别为286人（77.86%）、286人（66.67%）、323人（75.29%），选择幽远的人数为178人（41.49%），选择迷远的人数为88人（20.51%）。问题7考查学生对于中国画颜料分类的知识，矿物颜料56%>植物颜料51%>水性颜料50%>丙烯颜料16%。问题10回答项中，选择正确选项《五牛图》的人数占37%，《照夜白》16%，《八骏图》35%，《百骏图》11.2%。问题11考查学生对于著名中国绘画作品《韩熙载夜宴图》的了解，选择正确选项的学生人数占76%，选《汉宫春晓》的人数占19%，选《步辇图》的人数占4%。问题12考查学生对于中国画作品表现手法的辨析能力，选择正确的学生人数占74%，选西方写实技法的学生人数占14%，选中国重彩技法的人数占11.4%。问题13考查学生对于中国画作品《步辇图》创作背景知识的了解情况，

选择正确的学生人数占 74.8%，选择错误的学生人数占总人数的 25.2%。

（三）中国画作品鉴赏能力测试

问题 14：请对以下作品进行赏析（可以从你对这幅作品的感受以及作品的内容、色彩、章法布局、表现手法等方面进行鉴赏）

图 4-19 北宋 《千里江山图》

本题考查学生对于中国画作品的赏析能力，学生可以从自身对作品的感受及作品表现形式和构图技法等方面进行鉴赏。我们对所有问卷问题 14 的回答中的关键词进行梳理，剔除无效和无关答题部分及词汇后，得到有效词汇共计 568 个，主要词汇共计 24 个，分别为：疏密有致（2 次）、层次分明（21 次）、近实远虚（8 次）、构图合理（27 次）、留白得当（3 次）、散点透视（5 次）、生动（71 次）、色彩鲜艳（94 次）、淡雅（12 次）、物象逼真（7 次）、线条细致（40 次）、用笔得当（1 次）、构思巧妙（41 次）、美（55 次）、大气（53 次）、宁静（14 次）、和谐（3 次）、深远（19 次）、虚无（1 次）、意境（44 次）、愉悦（17 次）、辽阔（26 次）、身临其境（2 次）、文人气息（2 次）。

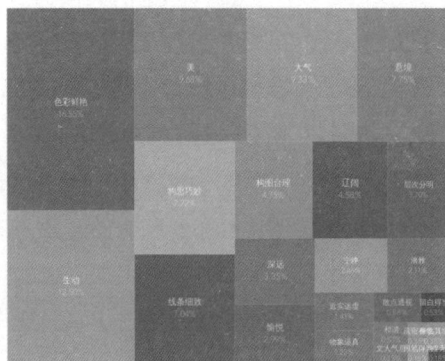

图 4-20 问题 14 回答项关键词梳理

　　将这24个词汇按照审美心理过程的四个层次归类，结果如图4-21，其中感知阶段词汇占61.44%（"生动""色彩鲜艳""淡雅""物象逼真""线条细致""美""大气""宁静""和谐"），想象阶段词汇占13.20%（"虚无""意境""辽阔""身临其境"），情感阶段占2.99%（"愉悦"），理解阶段词汇占22.36%。可见，高中学生对于中国画作品的鉴赏的角度比初中学生更为丰富，在四个阶段都有相关词汇，但总的来说，大部分学生在赏析过程中尚停留在前三个阶段，对于作品理解层面的欣赏还比较欠缺。值得注意的是由于高中美术教学注重欣赏，学生在欣赏中国画作品时理解层面的词汇相较于初中阶段学生而言更加丰富且具有分析性。

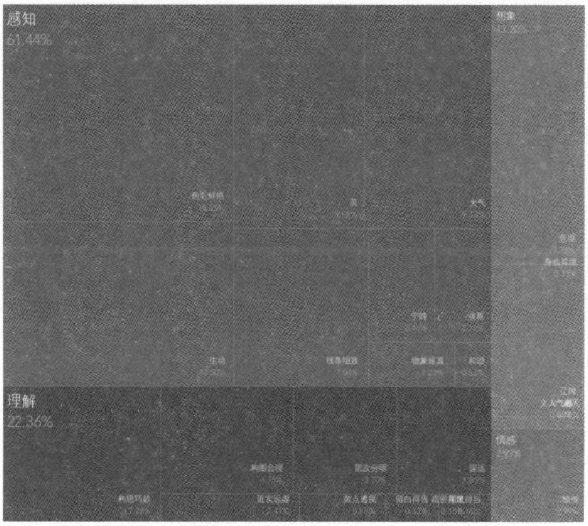

图 4-21　问题 14 回答项关键词归类分布图

五、学生问卷结果分析

　　从《中小学中国画教学学生问卷——小学篇》《中小学中国画教学学生问卷——初中篇》《中小学中国画教学学生问卷——高中篇》三类问卷的调查结果分析，可以从中获得以下结论：

　　1.从中国画教学和学生学习情况来看，学生对中国画认同度较高，他们主要从课堂获取相关中国画知识，但对于中国画课堂教学的认同度相对较低。

　　2.关于课外美术学习情况，学生参观博物馆、美术馆的频率较低，尚未关注到美术馆及博物馆的知识摄入。

3. 在中国画基础认知方面，学生对中国画有一定的了解但较为浅显。

4. 中国画鉴赏能力是目前中小学学生较为薄弱的部分，学生大多停留在"感知"层面，关注审美阶段的"感知""想象""情感"阶段的作品描述，对于作品技巧、背景等"理解"层面的认知较为浅薄。

第四节　结论与建议

一、调查结论

综合《中国画学习情况调查问卷——学生问卷》《中小学中国画教学状况——教师问卷》的调查结果，可以得出以下结论：

（1）就中国画教学实施情况而言。教师在课堂上实施中国画教学的比率较高，但学生学习的积极性不高。

（2）就中国画教学教法问题而言。尚未形成系统的中国画教学指导，教师在教学教法上存在疑问，使得学生在学的过程中知识点掌握得不扎实。

（3）就教材中中国画教学内容而言。教师对目前教材中的中国画教学内容存在质疑，教师在教的过程中遇到困难。

（4）就中国画作品鉴赏认知能力而言。教师自身在中国画作品鉴赏认知能力方面存在差距，学生在学的过程中缺少对中国画作品系统的鉴赏训练，鉴赏层次结果有待提高。

（5）就中国画教学评价方面而言。缺少可参照的中国画教学和中国画学习的评价指标，缺乏辅助教师教学、作为教学反思的手段，缺乏促进高品质中国画课堂教学的评价工具。

二、建议及启示

大力倡导美育教育中中国画教学的重要性。中国画教学是美育教育的重要内容之一，建议各级教育行政部门重视中小学中国画教学的实施，重视引进或培养中国画专业师资和提供有力的硬件设施支持，以保障中国画教学的顺利开展及推进。

中国画教学实施困难中有很大一部分来源于教育行政部门的支持力度不够，除长三角地区等美术教育及教育资源较优渥地区外，其他省市中小学对于美术教育的重视程度有待提高，并且中国画教学材料的特殊性使得学校在此问题上占据十分重要的影响因素，只有提高学校对美育中国画教学的重视度，才能为中小学中国画教学的实施提供有力的硬件及软件等多方面的保障。

建立中国画教学评价体系，为教师在中国画教学实施过程中提供教学参考，以及课后教学质量的评价标准，为后期课堂教学质量的提升和改进提供依据。同时开发中国画教学评价支持体系，保障中国画教学评价体系的实施。

建立中国画教学评价体系，提高对中国画教学评价体系的认知，合理使用并作用于高品质中国画教学课堂的开发及反思；提高教师对中国画教学评价的认同，鼓励使用多种信息化手段对教学进行评价；同时开发中国画教学评价服务支持体系，保障中国画教学评价体系的全面实施。

促进多元化中国画教学模式，激发学生学习兴趣及提升学生对于传统文化学习多维度认知。

积极开展多元化中国画教学形式，探索线上线下结合的教学新形式；开展馆校结合的中国画教学互动活动，促进多元化、浸入式教学体验，增加学习者的体验性课程和实践性课程。

三、调查的局限

调查问卷虽然已兼顾全国范围，但本次调研还是存在一定的局限性，包括地域性受限，不能覆盖全面，只能采用抽样调查方法进行调研，因此也会产生一定的误差。由于时间、地域、经费的限制，不能让每位教师更充分地表达中国画教学评价中的问题。但本次调研还是挑选了一些极具代表性的区域及教师和学生进行了比较深入的访谈。因此，本次调查所获得的结果还是具有较好的借鉴意义。

总之，此次调研为课题组展现了多维度视角下的中小学中国画教学现状，为基于可视化大数据分析的中小学中国画教学评价体系建构提供了较为客观的数据及研究的切入点。

第五章　"以学习者为中心"的中小学中国画教学评价体系建构研究

第一节　中小学中国画教学评价体系建构的原则 [①]

一、建构中小学中国画教学评价体系的背景

在全球化、网络化、智能化三大趋势下，通过分析和处理庞大的数据来提高效率的大数据时代，对人们生活的方方面面都产生极大的影响。那么，大数据时代对我国教育事业会带来怎样的新机遇与新挑战？中小学中国画教学能否借助大数据时代的巨浪跃入一个新的天地？当前中小学中国画课堂教学又能有哪些突破？是故步自封还是借助信息技术完成化茧成蝶的蜕变？

在当前的国际形势下，我们迫切需要在全球化背景下建立起文化精神的支点，中国传统文化的价值恰恰需要重新提炼和重视，中国画作为一种文化符号和文化资源，它凝聚着中国传统文化精神，是中国文化保持自身文化独特性的重要视觉载体。学习中国画能培养学生正确看待中国文化的眼光和理解中华文明价值的创新，从而获得文化身份的认同感，并形成相应的价值观，因此建构与之相应的中国画教学评价体系就显得尤为重要。

为了破解中国画教学评价中存在的问题，中小学中国画教学评价体系的建构势在必行。中小学中国画教学评价体系建构的立足点只有一个——构建一个适宜中小学中国画教学评价的自足、自主、自如发展的社会生长环境与现实生存空间。其核心思想就是评价即学习、评价即教学，它是中国画教学评价者与评价对象之间相互学习、彼此促进、共同建构、共同发展的过程，评价的根本目的是促进师生与中国画课程的共同成长。

本课题建构的中国画教学评价体系依据《义务教育美术课程标准（2011 年版）》和《普通高中美术课程标准（2017 年版）》，借鉴教育评价的最新理论和方法，结合学校美术教学评价的研究成果，借助可视化大数据分析方法，立

[①]　本节由华东师范大学美术学院教授郑文撰写。

125

足于当前中国画教学的实证案例，在此基础上对中国画教学现象进行价值判断，并建构符合学生身心发展特点和中国画教学发展规律的中小学中国画教学评价体系。

二、构建中小学中国画教学评价体系的原则

（一）教学理念：以学习者为中心

2015年11月，联合国教科文组织发表了《反思教育：向"全球共同利益"的理念转变？》，其中对学习进行了重新定义："学习可以理解为获得这种知识的过程。学习既是过程，也是这个过程的结果；既是手段，也是目的；既是个人行为，也是集体努力。"[①] 这个新定义凸显了学习的过程与结果。对于中国画教学的启示是我们应该转向为学生营造融洽的教学环境和建立学习的文化氛围，与之相匹配的教学评价，也应从对教师教学的重视转向以学生中国画学习为重点的评估。近年来召开的国内外重要的美术教育会议，以及我国的相关政策法规也都开始关注"提升学生艺术学习质量"的重要性，保障和提升学生艺术学习质量已成为时代发展的重要需求。在此背景下，"以学习者为中心"的教学理念应该成为中小学中国画教学评价的重要转向。

在对近年来课程及课堂教学理论研究的梳理过程中发现，教学过程本质研究中教与学的关系发生由静到动的转变，研究价值取向逐渐转向人本主义。"以学习者为中心"的教学理念逐渐成为一种平衡课堂教学的评估范式。从教育发展的整体目标和取向看，"以学习者为中心"将学习者的发展作为教育目的选择的重要考量，强调人的全面发展、人的自由发展或者人的个性化发展。从教育的实践途径看，"以学习者为中心"是从学习者学习与发展内在规律出发组织教育活动，特别是将学习者作为具有能动性的主体来看待。[②] 当代建构主义教育思想是"以学习者为中心"理念的主要理论来源，它将学习看成是学习者主动建构知识的活动，强调学习者在知识获取过程中的主动性、独特性和社会

---

① UNESCO. Rethinking Education: Towards a global common good? [R]. UNESCO Publishing，2015.

② 郑太年. 以学习者为中心的课堂对话：理论框架与案例分析 [J]. 开放教育研究，2019.25（4）：59-65.

性。近年来，世界各国对核心素养的大讨论大大深化了对学生全面发展的认识。2016 年林崇德教授为首的专家团队立足我国国情，在基于国际经验的基础上提出了中国学生发展的核心素养，指出学校的任务不是一味灌输而是给学生未来发展提供核心能力。这些理念和观点都以学生的能力和素养发展为教育目的，为我们建构"以学习者为中心"的中小学中国画教学质量评价指标体系和中小学生中国画学习能力评价指标体系提供了理论支持。

（二）评价本质：改进师生的表现

中国画教学评价是为了教学而精心设计的，其目的是改进学生和教师的表现。它通过真实性任务，向学生揭示这一学习内容的价值；同时，它应该向所有学生及教师提供有意义和有用的反馈，而且确实能评价学生和教师对反馈的使用程度。中国画教学评价应以学生的中国画学习效果为导向和依据，以促进教师中国画教学理念和教学方式的创新发展。所以评价不只是教学中的一个环节，也不是一个教学环节的结束，而可以视为一个开始，它是在不断地评价、调整、再评价、再调整中，实现"评"与"教"、"教"与"学"的良性互动和持续发展，在此过程中才得以促进师生在中国画教和学的过程中的共同进步和成长。

（三）评价功能：由甄别转向发展

长久以来，教学评价的功能是为了控制学生。在传统的中国画教学评价中，教学评价成为教师考核学生获取中国画知识技能的工具，教学评价只限于教师对学生的评价，学生处于被动地位；同时教学评价也与教师的奖惩晋升相关。在这种教学评价背景下，评价无形中变为一种甄别过程，失去了评价的发展性功能。

在《义务教育美术课程标准（2011 年版）》中的教学评价条例指出："美术课程评价应以学生在美术学习中的客观事实为基础，注重评价与教学的协调统一，尤其要加强形成性评价和自我评价。既要关注学生掌握美术知识、技能的情况，更要重视美术学习能力、学习态度、情感和价值观等方面的评价。"[1]在《普通高中美术课程标准（2017 年版）》中的"教学与评价建议"也指出：

---

[1]　中华人民共和国教育部制定 . 义务教育美术课程标准（2011 年版）[M]. 北京：北京师范大学出版社，2011.

"其评价不仅针对学生对美术知识与技能的掌握程度，而且关注学生在探究和解决问题中所体现出的美术学科核心素养的发展水平，以反馈和调控的方式确保教学目标的适宜性、教学策略与方法的有效性，并逐渐使学生形成反思、评价、调整与改进的能力。"①

由此可见，评价功能转向导向、激励与调控，评价的功能由侧重甄别转向侧重发展。新的教学评价理念不是为了设定学生在群体中的位置，而是为了让学生在现有能力基础上得到真正的发展，通过教学评价形成学生的自我认识、自我教育和自我进步的能力，充分发挥评价的激励与反馈功能。同时，通过教学评价获得信息反馈也能有效帮助美术教师不断改进中国画教学工作。视觉艺术不仅被视为创造性表达的载体，也被视为一种发展观察、传播、解释和理解文化多样性技能的学科，通过制定标准与开发评价工具可以对学生的中国画学习进行评估，这已达成共识。

（四）评价内容：关注结果转向关注过程

在传统的教学评价中，过于强调教学结果，对学生如何获得结果的思考过程却并不关注，这些对学生成长发展至关重要的东西被摒弃在教学评价视野之外，导致了学生对思维过程的轻视，也有可能养成学生在知识探究过程中似是而非的认识和习惯，不利于学生良好思维品质的养成，而且还会限制学生对思维探索的深刻体验，进而抑制学生解决问题的灵活性和创造性。因此，有效的中国画教学评价，既要关注学生最后创作作品的总结性评价，同时要转向过程性、伴随性的评价，重视包括认知过程，知识、能力和素养的养成过程，如撰写自己对创作的感想、创作思路；或对中国画的评论、调研报告等，具体包括创作、分析、赏析、评价、展示等过程，以体现学生在鉴赏和创作中国画过程中所进行的资料搜集、理解、分析、判断等思维过程，锻炼学生的思维能力。

（五）评价主体：从单一评价到多元评价

在传统的中国画教学模式下，学生作为被评价对象，评价主体是教师，师

---

① 中华人民共和国教育部制定.普通高中美术课程标准（2017 年版）[M].北京：人民教育出版社.2017.

生之间是一种单向的评价。随着美术教学改革和教学评价的不断深入，"学"比"教"更为重要，"教"的目的正是为了"学"，这种理念撼动了传统以"教"为主体的中国画教学评价模式。教学评价不仅是师生之间，还包括生生之间，共同建构知识的互动过程，教师与学生既是评价者，又是被评价者。因此，中国画教学评价包括师生之间、生生之间、学生自评等多元评价主体。同时，中国画教学评价主体转向多向性和交互性，注重评价学生中国画学习的综合素养和关键能力，既强调学生的个性发展，又注重合作精神。评价主体转向过程性和发展性，既重视学生最后的成果，也关注学生完成中国画作品的过程。

（六）评价方法：从量化评价转向质性评价

随着大数据信息技术的不断发展，各种测量工具、数据统计技术都被教育学家、心理学家运用于教育评价领域，这也带来了教育评价领域研究方法的发展。而这种变化并未对美术教学评价产生真正影响，本研究则希望将这些领域的研究成果和方法引入中国画教学评价体系的建构中，以此来促进中小学中国画教学评价的发展，并带来学校美术教学评价的变革。

对教育而言，量化评价是把复杂的教育现象加以简化或只评价简单的教育现象，传统的中国画教学评价多以量化标准为主，虽然客观，但无法真实反映和解释评价对象的行为和特定环境的逻辑关系，而且统一的中国画评价指标难以反映出美术教师教学的独特性，也难以体现中国画教学的价值内涵。当然，质性评价的出现，并不是对量化评定的简单否定，作为研究的一种新范式，质性评价是对量化评价的一种反思评判和革新。从根本上说，质性评价中也包含了量化评价，质性评价更能反映中国画的教学现象。本研究中基于扎根理论、实证案例建构的学生中国画学习评价指标体系，就是一种新的中国画评价范式，其中涉及的一些评价指标就是采用质性评价的方式。

三、构建中小学中国画教学评价体系的评价指标选取原则

评价指标选取是否科学合理，将直接影响中小学中国画教学评价体系的建构。本研究遵循以下原则：

1.独立性原则。指同一层级选取的指标之间要相互独立，不能互为解释，

也不能有外延上的交叉，以保证评价指标体系的科学性与逻辑完整性。

2.操作性原则。指选取的指标必须是可以被观察、记录和分析的。本研究建构的中国画课堂教学评价指标体系，选取的指标都是在课堂教学内发生的师生行为，且都是外显的教学行为；本研究的中小学生中国画学习能力评价指标体系，所建构的学生中国画学习能力和素养指标也具有外显和可操作的特点。

3.系统性原则。系统具有目的性、相关性、层次性和整体性的特性，指标体系是一个含有丰富信息且全面涵盖研究对象各方面的综合体①。本研究建构的中国画课堂教学评价指标体系，所选取的指标立足于中国画课堂教学的本质内涵，能够比较全面地反映中国画课堂教学质量的各个方面，为中国画课堂教学质量评价目标服务；本研究的中小学生中国画学习能力评价指标体系所建构的指标立足于学生中国画学习，能充分体现学生通过中国画学习所获得的能力和素养，为学生的中国画学习能力评价服务。

4.指导性原则。指选取的指标可以科学反映中国画教学模式的结构与内涵。构建中小学中国画课堂教学评价指标体系和中小学生中国画学习评价指标体系的目的，在于评价中小学中国画教学质量和中小学生的中国画学习能力，可以对相关政府部门制定中小学中国画教学的相关政策提供理论依据和参考，并且对中小学中国画教学起到指导作用。

四、基于可视化大数据分析的中小学中国画教学评价体系框架

作为中华优秀传统文化一部分的中国画具有独特的视觉艺术语言体系，中国画学习方面的求知是透过对外在物象的观察与对学习者内在心性的想象来达成的。因此，中国画教学评价有别于其他学科的评价。同时，从以学生发展为本的教育理念出发，每位学生都是独一无二的，没有所谓标准的学生。由此，一个完整的中小学中国画教学评价体系应该包括教师的教和学生的学两部分，即需要建构中小学中国画课堂教学质量评价指标体系和中小学生中国画学习能力评价指标体系。

---

① 王爽英.中小型煤矿生产安全水平评价方法研究及其应用 [D].长沙：中南大学博士学位论文，2012：43.

建构中国画教学评价指标体系的前提是我们认为中国画学习不是一种学生个体成长的自然结果。事实上，中国画艺术中有可教和可学习的部分。创作中国画作品所需的技能和敏锐的感受能力，以及认识鉴赏中国画在人文经验中的功能，这些都是需要通过学习获得的。虽然我们不认为所有的中国画学习能力都可以加以评价并进行量化，但其中的大部分是可以的，通过教学评价能有效地帮助教师和学生了解他们的教学和学习进展并提升教学质量，这是中国画教学评价的目的所在。

为此，本课题在教育评价理论的指引下，采用了数据分析法、文献研究法、实例研究法、调查问卷法、层次分析法、扎根理论等研究方法，使用 SPSS、NVIVO、EXPERT CHOICE 等大数据信息分析软件，立足于真实情境和具体案例，来建构以"学习者为中心"的中小学中国画课堂教学质量评价指标体系和中小学生中国画学习能力评价指标体系，为中小学美术教师提供中国画教学评价指标、方法和策略，指导中小学美术教师更好地对学生中国画学习进行评价，并帮助教师通过评价指标体系来不断反思自身的中国画教学，提升中国画教学方法和质量，同时，这一研究也填补了中小学中国画教学评价体系的空白，助推了中小学美术教学评价体系的发展。

第二节　中小学中国画课堂教学质量评价指标体系构建 [①]

一、引言

　　课堂教学是课程实施的重要途径。自上世纪末以来，随着世界性教育变革浪潮的兴起，课堂教学越来越受到教育研究者的关注。伴随着我国新课程改革向纵深推进，教学理念发生改变，课堂教学也随之发生着变化，当前的课堂教学已逐渐成为教师不断评估学生的需求，和学生共同调整、建构课程的过程。

　　中华优秀传统文化是中华民族的根脉，中国画课堂教学承载着弘扬和发展中华优秀传统艺术的重要任务。通过中国画学习，可以使学生了解、认识中国传统绘画中独特的图式符号系统、审美趣味和隐喻意义，获得对中华优秀传统文化的认同和理解，培植学生的民族审美观，激发民族自豪感，增强文化自信。由此中国画课堂教学质量将直接关系到中小学生对中国画的理解。因此，建构具有可操作性和有效的中小学中国画课堂教学评价指标体系显得尤为重要。

　　通过相关研究文献梳理发现，中小学中国画课堂教学研究较为滞后，只有中国画课例实施方面的研究，尚未见到有关中国画教学评价方面的研究。纵观中小学美术课堂教学评价的研究也十分薄弱，目前尚处于初步的理论与课堂案例探讨阶段，极少数研究开始关注到美术课堂学习评价标准框架建构 [②]、课堂评价工具开发 [③]；大部分研究则集中于课例评析等方面 [④]。当前中小学美术课堂教学质量的评价主要采用专家打分、书面点评、口头点评等传统方式，这种对于美术课堂教学质量的评价方式大多基于经验和印象而做出判断和建议，缺乏定量分析和足够的证据支撑。基于相关理论和方法，科学建构美术课堂教学评价

---

①　本节由华东师范大学美术学院教授郑文撰写。

②　彭俐.初中学生美术学习评价标准的依据、原则与框架 [J].江苏教育研究，2018（5）:43-46；刘琢.小学美术课堂教学评价思考 [J].现代教育科学，2014（6）:143-144.

③　张曦，曹建林.小学美术"欣赏·评述"课评价工具开发与运用探析 [J].上海教育科研，2016（8）:70-72.

④　郑文、王颖洁.学校美术教学评价研究热点和发展趋势研究 [J].中国美术研究，2019（4）:165-170.

指标体系的研究几乎没有。因此，中国画课堂教学评价指标体系建构不仅完善
了中小学中国画课堂教学质量的评价体系，而且也有助于推动中小学美术课堂
教学质量评价领域的发展。

本研究依据《义务教育美术课程标准（2011版）》《普通高中美术课程标
准（2017版）》，主要采用德尔菲法、层次分析法，以期构建一套科学合理、
具操作性，且适合美术课堂教学实际状况的中小学中国画课堂教学评价指标体
系，并通过确定各指标权重，实现对中国画课堂教学质量的初步量化评价，为
综合评价中小学中国画课堂教学质量，促进美术教师的中国画专业能力发展，
改善学生的中国画课堂学习，促进学生身心全面发展，提供重要的评价载体和
指导工具。

二、中小学中国画课堂教学的概念和特点

课堂教学作为一个复杂系统，是教师和学生知识、思维以及教学情境综合
作用的产物。近年来课堂行为观测成为教学质量评价的一个突破口，课堂教学
行为是教师教学行为和学生学习行为的外化，是获取教学质量的主要途径。课
堂观察作为收集课堂教学信息反馈的有效评估手段，包括教师教学行为的观察、
学生学习表现的观察，以及对"教"与"学"之间相互作用机制的课堂呈现的
记录[①]。

中国画是重视个体体验和审美表达的艺术。中国画学习为学生的心智发展
提供了另一种可能，使学生对外在物象和自我情感的体验变得更为丰富，能提
升学生的想象力和创新意识，更重要的是使学生具有建构作品意义和文化理解，
进而体悟中国文化智慧的能力。因此，中国画课堂教学理应以学生学习为主要
脉络，以提升学生的审美能力、激发潜能、陶冶情操、促进全面发展和个性化
发展为根本目标。基于此，本研究将"以学习者为中心"的中小学中国画课堂
教学界定为：在具体的中小学中国画课堂教学情境中，教师在"以学习者为中心"
的教育理念指导下，为完成一定的中国画课程教学目标，运用一定的教学方法

---

① 杨向东，崔允漷.课堂评价：促进学生的学习和发展 [M].上海：华东师范大学出版社，
2016：204.

和教学策略，充分激发学生学习的内在动力；学生在教师指导下主动参与中国画学习并自主探究；师生协同互动的教学活动。我们将"教—学—互动"视为相互交替影响的教学整体，从课堂教学行为和学生的中国画能力表现角度来全面考察中小学中国画课堂教学质量。

"以学习者为中心"的中小学中国画课堂教学应具有以下特点：

1. 教师教学方面：（1）善于将精讲示范与启发相结合，注重学生中国画学习能力和核心素养的达成；（2）善于创设真实的任务情境和学习氛围，调动学生的已有知识和视觉经验，激发学生的中国画学习欲望和探究能力；（3）充分利用现代信息技术手段，将多媒体、微视频、学习平台等信息技术手段融入中国画教学，以支持学生的中国画学习。

2. 学生学习方面：（1）学生通过创作实践或作品鉴赏的学习活动，主动将自己对中国文化的理解和生活经验融入作品，来诠释中国画作品，体现出知识迁移能力和创造能力；（2）学生通过自主学习和探究，能够综合中国画相关领域的不同知识来实现对中国画中文化理解的建构；（3）学生通过中国画创作和鉴赏的学习活动，能够丰富自身的情感体验、提升视觉审美能力。

3. 教学互动方面：（1）倡导合作探究的学习模式，营造师生和谐互动、积极向上的课堂教学氛围；（2）充分重视教学评价的激励、反馈、导向、发展等功能，通过自评、互评、师评等方式使学生的学习成果得到充分呈现和反馈。

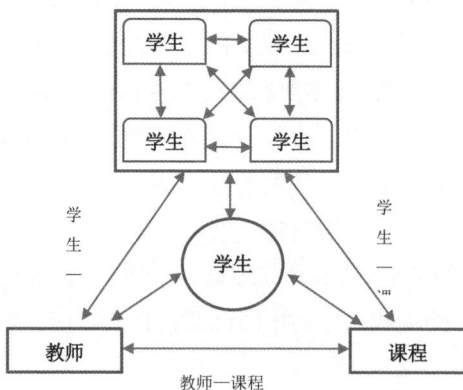

图 5-1　"以学生为中心"的中小学中国画课堂教学结构模型

三、中小学中国画课堂教学评价指标体系的设计与修订

（一）初步确定评价指标框架

根据国内崔允漷[1]、郑太年[2]、郝志军[3]，国外 W.James Popham[4] 等学者关于课堂教学理论的研究，结合中小学中国画课堂教学特点，分析学生达成全面发展的美术学科核心素养与中国学生核心素养所具备的能力，以及在与一线教师访谈获取一手资料的基础上，通过与专家的分析讨论，将课堂教学主体活动作为评价指标建构的基础，将教师授课、学生学习的外显表现行为作为可操作的评价指标，从教师、学生、互动三方面对中国画课堂教学质量进行全面评价，初步提炼了包括 3 个一级指标、6 个二级指标、23 个三级指标的中小学中国画课堂教学评价指标体系框架。在此基础上形成调查问卷进行专家征询。

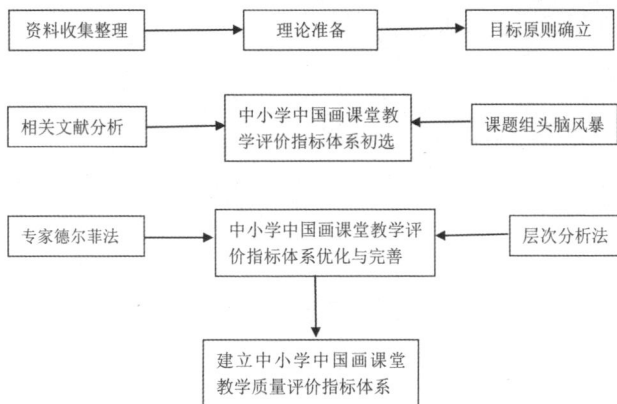

图 5-2 中小学中国画课堂教学质量评价指标体系建构步骤

① 崔允漷.学校课程实施过程质量评估 [M].上海：华东师范大学出版社，2017：155-180.

② 郑太年.以学习者为中心的课堂对话：理论框架与案例分析 [J].开放教育研究，2019.（25）4：59-65.

③ 郝志军.中小学课堂教学评价的反思与建构 [J].教育研究，2015，（421）2：110-116.

④ 詹姆斯·波帕姆（W.James Popham）.教师课堂教学评价指南 [M].王本陆，赵婧，译.重庆：重庆大学出版社，2010：99-117.

（二）专家意见征询

为验证评价指标的科学性、可行性，采用德尔菲法，编制了专家意见征询表，邀请 10 位专家，通过微信和电子邮件发放问卷的形式对专家进行 2 轮咨询，共发放 10 份问卷，回收率 100%，说明专家参与度高。受邀咨询专家分为三类：第一类是美术教育领域专家，从美术教育教学视角修订评价指标体系；第二类是中国画教学领域专家，从专业学科视角修订评价指标体系；第三类是中小学中国画教学实践专家，从中国画课堂教学应用视角修订评价指标体系。这 10 位提供意见的研究专家，来自高校的教师 6 人（包括教授 2 人、副教授 2 人、讲师 2 人），来自教学一线有经验的教师和教研员 4 人（美术教研员 1 人，具有30 年中国画教学经验的美术教师 3 人）。这些专家长期从事美术教育教学相关的理论和实践研究，具有丰富的中国画课堂教学实践经验，因此，他们能够为该指标体系提供多角度的参考意见。

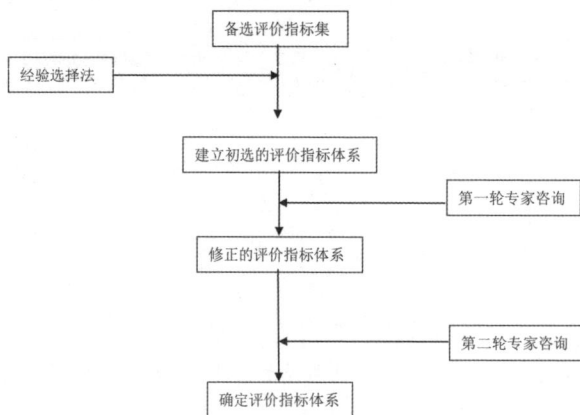

图 5-3　中小学中国画课堂教学质量评价指标体系选取方式流程[①]

1. 第一轮征询意见

第一轮德尔菲法专家咨询的目的主要是征求对评价指标划分、归属以及指标点表述的意见，并对各个评价指标的重要性、可行性进行评分。指标的可行

---

① 万宇.上海市初中生体育素质评价指标体系研究 [D].上海：上海师范大学.博士学位论文.2015.

性和重要程度按照李克特量表法 5 分量表法赋值。考虑到专家在不同领域的权威性不同，为确保专家咨询结果的可靠性，还编制了专家对评价指标的熟悉程度和判断依据的问卷。

表 5-1　专家咨询问卷判断依据及影响程度量化情况

判断依据	对专家判断的影响程度		
	大	中	小
实践经验	0.5	0.4	0.3
理论分析	0.3	0.2	0.1
同行了解	0.1	0.1	0.1
个人直觉	0.1	0.1	0.1

表 5-2　专家对问题熟悉程度系数表

熟悉程度（Cs）	数值
非常熟悉	1.0
较熟悉	0.8
一般熟悉	0.6
不太熟悉	0.4
非常不熟悉	0.2

研究首先对专家权威程度系数 Cr 进行分析，Cr 是判断系数和熟悉程度系数的算术平均值，即 Cr=（Ca+Cs）/2。一般认为专家权威程度 Cr>0.70 时即可以接受[①]。本研究二轮问卷专家的权威系数分别为 0.89 和 0.91，权威系数为 0.89，说明专家预测是建立在丰富的实践经验和理论基础上，具有较高的可信度。

表 5-3　专家权威程度结果

调查轮次	熟悉系数	判断系数	权威系数
第一轮	0.83	0.94	0.89
第二轮	0.88	0.93	0.91

---

① 苏建军，钱卫国，彭伟，等.Delph 法在医学重点学科绩效评价指标体系构建中的应用 [J]. 中国卫生经济，2009.28（5）：73-74.

统计第一轮专家咨询意见，从重要性、可行性两个维度对评价指标进行评价的结果显示，重要性的均数赋值最大值5.0，最小值3.8，变异系数最大值0.31，最小值0；可行性的均数赋值最大值4.8，最小值3.5，变异系数最大值0.30，最小值0.03。通过排名筛选出排序后5位的指标。"重要性"后5位指标：合作、课堂常规管理、导入课程、教学环节过渡、课堂管理；"可行性"后5位指标：灵活性和反应能力、合作、意境营造、生生互动、课堂管理。其次，针对"重要性""可行性"变异系数大于等于0.25的指标进行排序。"重要性"变异系数大于等于0.25的指标只有"合作"；"可行性"变异系数大于等于0.25的指标有灵活性和反应能力、合作2个指标。

第一轮专家的反馈意见主要表现在"修改指标名称""增加或删除指标""修改指标说明"，具体的修改意见表现在：对于一级指标，专家全部认同。对于二级指标，有专家认为中国画课程内容主要包括创作、鉴赏两类，在"学生学习"下的二级指标单列"创作实践"不妥当，建议增加"作品赏析"与之并列。对于三级指标，有专家认为"师生互动"下的三级指标中应增加"师评"。有专家提"灵活性和反应能力"指标与"提问与应答"指标不在一个层面上，"提问与应答"指标中包含了对"灵活性和反应能力"的评价，建议删去此指标。有专家指出"表达"指标指向不清晰，建议删去此指标。有专家认为"指导"强调的是师生之间的互动，不应从属于"课堂传授"，而应该放在"师生互动"下的三级指标中。针对上述意见，结合"重要性""可行性"筛选的指标，经慎重考虑，我们赞同专家以上建议，同时也听取了专家对某些指标说明的修改意见，对指标体系进行了修订，使各指标的具体表述更加清晰，并形成了新的包含了3个一级指标、6个二级指标、22个三级指标的中小学中国画课堂教学评价指标体系，进入第二轮的专家意见征询。

2. 第二轮征询意见

第二轮咨询主要是将第一轮咨询的情况和修订意见反馈给专家，并请专家对评价指标重要性和可行性再次进行判断，进一步确定各级指标及其内涵。从第二轮专家征询情况来看，专家意见明显减少，只有2位专家提出修改意见，意见主要集中在指标说明的阐释上。我们根据专家意见对一些指标说明进行了修订，使指标说明更为专业、准确。从统计数据来看，第二轮（表5-4）比第一轮均数更大，标准差更小，变异系数 CV 值全部小于 0.25，一般认为 CV ≤ 0.25 该指标协调程度可以满足，CV 数值越小说明协调程度越高。由此说明经过两轮调整和修订，专家意见已达成一致，指标结构、维度项已趋于合理，指标说明也更加专业准确，便于操作，不再需要第三轮专家征询。至此，本研究构建了包括 3 个一级指标、6 个二级指标、22 个三级指标的中小学中国画课堂教学评价指标体系。

表 5–4 第二轮专家咨询统计结果

指标代码	评价指标	重要性			可行性		
		X	S	CV	X	S	CV
A1	教师教授	5.0	0.00	0.00	5.0	0.00	0.00
A2	学生学习	5.0	0.00	0.00	4.9	0.09	0.02
A3	教学互动	4.9	0.09	0.02	4.9	0.09	0.02
B1	课堂传授	5.0	0.00	0.00	5.0	0.00	0.00
B2	课堂管理	4.4	0.44	0.10	4.5	0.25	0.06
B3	认知学习	5.0	0.00	0.00	4.8	0.16	0.03
B4	创作或鉴赏	5.0	0.00	0.00	4.7	0.21	0.04
B5	师生互动	4.5	0.25	0.06	4.4	0.44	0.10
B6	生生互动	4.4	0.44	0.10	4.4	0.44	0.10
C1	导入课程	4.0	0.40	0.10	4.2	0.36	0.09
C2	讲解	5.0	0.00	0.00	4.9	0.09	0.02
C3	笔墨示范	5.0	0.00	0.00	4.8	0.16	0.03
C4	情境创设	4.6	0.24	0.05	4.5	0.25	0.06
C5	教学资源运用	4.4	0.24	0.05	4.6	0.24	0.05
C6	提供学习支架	4.7	0.21	0.04	4.4	0.44	0.10
C7	总结	4.4	0.44	0.10	4.4	0.64	0.15
C8	课堂常规管理	3.7	0.61	0.16	4.0	0.60	0.15
C9	教学环节过渡	3.7	0.61	0.16	4.2	0.36	0.09
C10	听讲	4.9	0.09	0.02	4.6	0.24	0.05

续表

指标代码	评价指标	重要性			可行性		
		X	S	CV	X	S	CV
C11	观察	4.9	0.09	0.02	4.6	0.24	0.05
C12	笔墨表现	5.0	0.00	0.00	4.8	0.16	0.03
C13	意境营造	5.0	0.00	0.00	4.5	0.25	0.06
C14	创新表达	5.0	0.00	0.00	4.7	0.21	0.04
C15	提问与应答	4.3	0.41	0.10	4.3	0.41	0.10
C16	师评	4.7	0.41	0.09	4.3	0.41	0.10
C17	展示	5.0	0.00	0.00	4.6	0.44	0.10
C18	指导	4.5	0.25	0.06	4.5	0.25	0.06
C19	讨论	4.3	0.41	0.10	4.2	0.36	0.09
C20	合作	4.0	0.60	0.15	3.9	0.49	0.13
C21	自评	4.7	0.21	0.04	4.5	0.45	0.10
C22	互评	4.6	0.24	0.05	4.7	0.21	0.04

（三）中小学中国画课堂教学评价指标体系各级指标内涵解读

本研究建构的中小学中国画课堂教学评价工具直接聚焦于课堂行为，涵盖教师教授、学生学习、教学互动三个方面，为了更好地使用本评价工具，下面对指标体系进行解读：

1. 教师教授

教师教授包括课堂传授和课堂管理两个二级指标。教师教授指在课堂上教师采用一定手段，在实现中国画课程教学目标过程中所发生的各种教学活动。

（1）课堂传授指教师在课堂上为实现某一中国画教学目标和教学内容的传授所表现出来的教学行为。可以细化为课堂导入、讲解、笔墨示范、情境创设、教学资源运用、提供学习支架、总结7项课堂教学行为。

（2）课堂管理指教师在课堂上为保证课堂教学秩序，创设融洽的教学环境，协调人与事、时间与空间等各种因素及关系的教学管理行为。可以细化为课堂常规管理和教学环节过渡 2 项课堂教学行为。

2. 学生学习

学生学习包括认知学习、创作或鉴赏两个二级指标。学生学习指在课堂上学生在教师指导下，采取一定手段，在实现中国画课程教学目标过程中所发生的各种学习活动。它以学生在学习过程中表现出的行为和学习能力为依据。

（1）认知学习指学生在课堂上获取中国画知识与技能的认知能力的学习行为。可以细化为听讲、观察 2 项课堂学习行为。

（2）创作或鉴赏指学生在课堂上运用中国画的工具和材料，通过创作或鉴赏的学习活动，将自己对中国文化的理解和生活经验融入作品的过程，表达自己对中国画作品的诠释的学习行为。可以细化为笔墨表现、意境营造、创新表达 3 项中国画学习能力。这是中国画课堂教学评价中最重要的部分，也是评价难点，为了便于区分，三个指标涉及中国画学习能力的三个层面，分别是笔墨层面（强调从中国画的知识技能角度）、意境层面（偏重于情感和文化理解角度）、创新层面（强调从创新性角度）。

3. 教学互动

教学互动包括师生互动和生生互动两个二级指标。教学互动指课堂上师生之间及学生之间采取一定手段，在实现中国画课程教学目标的过程中，发生的相互作用和相互影响的各种活动。

（1）师生互动指课堂上师生之间采取一定手段，在实现中国画课程教学的目标过程中，发生的相互作用和相互影响的各种行动。可以细化为提问与应答、师评、指导、展示 4 项课堂教学行为。其中"提问与应答"是最易产生歧义的指标，此指标强调从师生提问和解答的相互行为中判断师生的灵活性和反应能力，师生彼此的提问和解答行为是否有助于推进学生的学习。而提问和解答中涉及学生对中国画作品的理解和阐释则以"创作或鉴赏"下的三级指标为评价标准。

（2）生生互动指课堂上学生之间采取一定手段，在实现中国画课程教学目标过程中，发生的相互作用和相互影响的各种行为。可以细化为讨论、合作、自评、互评 4 项课堂教学行为。

表5-5　中小学中国画课堂教学评价指标体系

一级指标	二级指标	三级指标	指标项说明
A1 教师教授	B1 课堂传授	C1 课堂导入	教师在传授中国画教学内容前，为激发学生学习兴趣，采用富有启发性的导入语或其他行为。
		C2 讲解	教师讲授相关的中国画教学内容的行为。
		C3 笔墨示范	教师为了使学生更好地理解中国画的笔墨语言及状物特点，有针对性地进行笔墨示范的行为。
		C4 情境创设	教师创设真实的任务情境，引导学生运用中国画的笔墨语言完成任务的行为。
		C5 教学资源运用	教师选择易于引发学生中国画学习和思维拓展的教学资源（包括图像、微视频、PPT、实物资料、学习平台等）的行为。
		C6 提供学习支架	当学生遇到学习困难时，教师通过某种教学策略提供学习支持的行为。
		C7 总结	课程结束时，教师总结学生的课堂表现与学习成果的行为。
	B2 课堂管理	C8 课堂常规管理	教师对教学秩序、教学时间安排进行管理的行为。
		C9 教学环节过渡	教师在不同教学环节之间进行转换的行为。
A2 学生学习	B3 认知学习	C10 听讲	学生认真倾听教师与同学观点的行为。
		C11 观察	学生观看教师示范及教学资料等行为。
	B4 创作或鉴赏	C12 笔墨表现	学生在欣赏作品或创作作品时，表现出对中国画笔墨语言（包括用笔、用墨、造型、章法等）的审美能力和表现能力。
		C13 意境营造	学生在欣赏作品或创作作品时，表现出对画面主题人文内涵（包括立意、意境、情感）的审美能力和表现能力。
		C14 创新表达	学生在欣赏他人作品时，能从不同角度揭示与理解作品独特性的探究和反思能力；学生创作的作品与所参照范本或实物间的表现差异中所体现的创新能力。

续表

一级指标	二级指标	三级指标	指标项说明
A3 教学互动	B5 师生互动	C15 提问与应答	结合教学内容，师生间相互提问和解答的行为
		C16 师评	教师针对学生创作或鉴赏的中国画作品及相关表现进行评价的行为
		C17 指导	教师针对学生的中国画作品中出现的共性问题，或针对学生个体的中国画作品进行分析、指导的行为
		C18 展示	师生将创作的中国画作品通过展示的方式进行教学的行为
	B6 生生互动	C19 讨论	针对某一学习内容或问题，学生间相互讨论的行为
		C20 合作	教师采用适当的合作方式引导学生间共同进行中国画学习的行为，如小组合作创作中国画手卷等
		C21 自评	学生自我评价作品的行为
		C22 互评	学生之间相互评价作品的行为

四、中小学中国画课堂教学指标体系权重确定

为了增加评价指标体系的可操作性，合理设置指标权重就显得非常重要。本研究在两轮专家咨询构建的评价指标体系基础上，利用层次分析法（简称AHP）设计咨询问卷，为了避免指标权重的局限性与片面性，采用群体决策方式判断指标权重。通过第三轮专家咨询来确定各指标的权重，共回收问卷 8 份，回收率 80%。

确定权重主要通过以下步骤：1. 建立一个递阶层次结构模型；2. 按照两两比较原则，通过构建两两比较判断矩阵及矩阵运算的数学方法，用每个指标评价其下一个层次中各个元素的优劣并计算其重要程度；3. 对判断矩阵进行一致性检验；4. 层次总排序及一致性检验。[①]

---

① 张炳江. 层次分析法及其应用案例 [M]. 北京：电子工业出版社，2014：15-16.

（一）指标权重值和一致性检验

回收问卷后整理专家群体决策，首先将专家群体的偏好加以整合，采用几何平均数整理专家群体决策意见，建立成对比较的判断矩阵。采用层次分析法软件 Expert Choice 11.5 进行运算，计算各层指标的权重。然后对各评价维度下的各指标进行归一化处理，计算出各评价指标相对评价维度的综合权重，结果见表5-6。

表 5-6　中小学中国画课堂教学评价指标体系及权重分配

一级指标	权重	二级指标	相对权重	组合权重	三级指标	相对权重	组合权重
A1 教师教授	0.307	B1 课堂传授	0.795	0.244	C1 导入课程	0.062	0.0151
					C2 讲解	0.170	0.0415
					C3 笔墨示范	0.302	0.0737
					C4 情境创设	0.119	0.0290
					C5 教学资源运用	0.125	0.0305
					C6 提供学习支架	0.124	0.0303
					C7 总结	0.098	0.0239
		B2 课堂管理	0.205	0.063	C8 课堂常规管理	0.481	0.0303
					C9 教学环节过渡	0.519	0.0327
A2 学生学习	0.517	B3 认知学习	0.304	0.157	C10 听讲	0.417	0.0655
					C11 观察	0.583	0.0916
		B4 创作或鉴赏	0.696	0.360	C12 笔墨表现	0.198	0.0712
					C13 意境营造	0.469	0.1688
					C14 创新表达	0.333	0.1198
A3 教学互动	0.176	B5 师生互动	0.649	0.114	C15 提问与应答	0.147	0.0168
					C16 师评	0.227	0.0259
					C17 指导	0.374	0.0427
					C18 展示	0.252	0.0288
		B6 生生互动	0.351	0.062	C19 讨论	0.172	0.0106
					C20 合作	0.345	0.0213
					C21 自评	0.280	0.0173
					C22 互评	0.203	0.0125

（二）指标权重

根据数据显示，中小学中国画课堂教学体系一级指标权重排序依次为：A2学生学习（0.517）＞A1教师教授（0.307）＞A3教学互动（0.176），这个权重顺序很好地反映了"学生学习"维度的重要程度，与"以学习者为中心"的理念非常匹配。二级指标权重排序依次为：B4创作或鉴赏（0.360）＞B1课堂传授（0.244）＞B3认知学习（0.157）＞B5师生互动（0.114）＞B2课堂管理（0.063）＞B6生生互动（0.062），"创作或鉴赏"权重最高，这正是学生学习中国画的主要活动内容。其次是"课堂传授"指标，这是学生获得中国画知识技能的主要途径，也是有效引导学生进行自主探究和创新表现的重要教学活动。在三级分类指标中，意境营造、创新表达、观察、笔墨示范、笔墨表现排在指标项前5位，这5项指标是中国画课堂教学中的关键要素，也体现出中国画课堂实践教学的特质。其中意境营造、创新表达、笔墨表现既可以用来衡量学生创作和鉴赏中国画的能力，也是美术教师应具备的中国画专业素养。笔墨示范能让学生更好地感受到笔墨特点，充分体现了中国画课堂教学的特点。观察则是学生感知和理解中国画最为重要的课堂行为。

五、中小学中国画课堂教学评价指标体系试评

为了验证本评价指标体系的有效性和可信性，我们从2018年中国教育学会举办的第八届中小学美术课现场观摩活动得奖课例中选择小学、初中、高中三堂课进行试评。在正式评课前，对参与评课的课题组三位成员进行培训，让他们了解本指标体系的特点，熟悉评价指标框架、指标具体内涵、评分标准、评价注意点。具体操作采用等级量表方式将评价指标划分为A、B、C、D、E 5个等级，为统计便利分别赋值5、4、3、2、1。A等级表示完全符合；B等级表示符合；C等级表示较为符合；D等级为不太符合；E等级表示完全不符合。评课者进行评价时，只需根据指标项符合程度给予赋分，之后根据等级值折合分数，实现两次量化。

三位课题组成员在了解了评价要求和评分标准后分别对3堂课进行试评。根据观察结果对课堂教学行为所对应的指标加以评分，并与建构的评价指标体

系进行核查。经计算，获得 A、B、C 三堂课的 Cronabach α 系数值分别为 0.63、0.87、0.79，通常认为 α 系数超过 0.6 说明信度可以接受。经检验，本研究建构评价指标体系各指标内部一致性较好，评价结果具有较好的有效性和可信度。下面针对本体系对所评的三堂课进行简要分析。

小学课例是 Z 老师执教的四年级《学画大熊猫》，属"造型·表现"学习领域的课程。教师主要从墨色、动态、情趣三方面进行教学设计，引导学生学画大熊猫。在教学过程中，教师采用视频、大熊猫纸板模型、学习单等教学资源，通过情境创设、笔墨示范、展示、讨论等教学方法使学生了解如何调墨、表现墨色，关注大熊猫的动态，来表现大熊猫的情趣；在展示评价环节，教师提供了评价标准。授课教师语言生动，各教学环节转换和时间把控恰当，课堂气氛活跃，但学生作品的创新性不够。从三位评课成员的评分来看，此课例缺少"互评"行为。此外，三级指标中分值最低的 3 项分别是：合作、讨论、创新表达，这 4 项中的 3 项归属二级指标的"生生互动"，创新表达归属二级指标的"创作或鉴赏"。由此可见，此课例以教为主，对学生"学"的关注还不够，虽然关注到了师生互动，但未关注到学生之间交流互动对学生"学"的重要性。

初中课例是 L 老师执教的初二《托物寄情——中国画之写意画》，也是"造型·表现"学习领域的课程，教师采用微视频，通过笔墨示范、展示、讨论等方法展开教学。教学过程分为作品鉴赏和学生创作两部分，通过作品赏析让学生感受写意画的形式美和品格美，通过画兰花和小鸡让学生体会写意花鸟画的笔墨。此课例在内容设置上前后不够连贯，技法传授较为机械，学生虽掌握了一些笔墨技法，但作品缺乏生动的意趣。从三位评课成员的评分来看，此课例缺乏合作、自评、互评 3 项教学活动，这 3 项都归属二级指标的"生生互动"，同时，在二级指标"师生互动"下的"提问与解答""师评"指标得分较低，表现在学生回答问题不踊跃，回答质量不高，教师在此环节中也没有进行有效引导，对学生作品的评价只是简单地赞赏，未给予具体的指引。可见，授课教师尚未意识到教学互动和评价对学生"学"的重要性。

高中课例是 L 老师执教的高一《中国古代绘画撷英——〈清明上河图〉》，属美术鉴赏课程。教师主要从作品的取材、内容、表现三方面展开教学，采用费德曼的鉴赏方法，借助视频、虹桥模型、放大镜等教学资源，通过情境创设、提问、讨论、展示等方法引导学生进行鉴赏。授课教师具有较好的专业素养，语言生动达意，教学环节转换自然紧凑，教学中还引入了专家意见，有效地拓展学生视野，课堂教学效果较好。从三位评课成员的评分来看，此课例缺乏笔墨示范、互评 2 项，从分值来看，"笔墨语言"一项指标的分值较低。虽然"笔墨示范"不是鉴赏类课程中重要的教学环节，但如果能增加笔墨示范无疑有助于学生理解"笔墨语言"。

从三位评课成员的评分统计结果来看，高中课例分数最高为 89 分（满分为 100）、小学课例得分为 83 分、初中课例最差为 63 分。使用本评价指标体系来评测，研究者发现虽然 3 堂课的特点各有不同，但存在一些相似的问题，这 3 堂课在一级指标三个维度的分值表现为"教师教授"最高、"学生学习"其次、"教学互动"最低。其中"教学互动"中的"生生互动"最容易被忽视，3 堂课都缺乏"互评"指标。事实上，"互评"可以培养学生关注他人的成果，并通过品评他人作品来反思自我，教师也能在学生互评中转换角度发现学生的闪光点，更好地了解学生的所思所想。

通过对上述 3 堂课的测评，发现当前的中国画教学仍以教师"教"为主导，虽然也关注到了学生的"学"，但对学生间的互动则缺乏重视。事实上，学生间的互动恰恰更能有效激发学生的"学"，虽然在本指标体系中"生生互动"的权重较低，但在教师由"教"为主向以"学"为主的课堂模式转换的过程中，"教学互动"无疑是其枢纽。

根据试评中出现的一些问题，提出使用本评价体系时需要注意以下问题：

1. 当前中国画课程除了单课外，还有项目式或单元式课程，在针对这类课程使用本体系进行评价时，不应局限于一堂课的范畴，可以根据实际情况以一个完整主题 / 单元的课堂教学作为观察单位，或以其中一个完整的教学任务为观察单位进行评价，这样才能获得比较全面的评价结果。

2. 有些指标在课堂教学中会出现多次，比如提问与应答，可以根据教学成效给予总体的评价，也可以按次赋分后取平均值。

六、小结

基于"以学习者为中心"的中小学中国画课堂教学质量评价指标体系摒弃

了从教学目标、教学内容、教学策略、教学成果等教学要素为设计依据的传统评价范式，此类评价的缺陷在于难以量化，评价指标标准也不容易统一，难以彰显"评鉴"和"促发展"的教学评价功能。本指标体系以课堂教学行为和学生中国画学习能力为依据，充分关注到课堂教学中教师的教和学生的学，及其互动关系，并且能对当前中小学中国画课堂教学实践具有较好的引导作用，能够成为激励美术教师开展专业对话与实践反思的工具。

本研究经过三轮专家征询与修订，建构了一套具有创新性、可操作性的中小学中国画课堂教学评价指标体系，通过确定指标权重，使之更具实用性，经过具体的中国画课堂案例的验证，说明本体系具有较好的效度和信度。本评价工具能够较为全面地评价中小学中国画课堂教学中的各方面要素，填补了我国中小学中国画教学在评价方面的研究缺失。

第三节　中小学生中国画学习能力评价指标体系构建 [①]

一、问题的提出

中华优秀传统文化凝聚着中华民族自强不息的精神追求和历久弥新的精神财富，是我们在世界文化激荡中站稳脚跟的根基。我们要大力开展中华优秀传统文化教育，引导学生增强文化理解，发挥中华优秀传统文化的重要育人作用 [②]。中国画作为一种文化符号和资源，彰显了中国传统文化精神，是保持中国文化独特性的重要视觉载体。在基础教育阶段加强中国画学习，不仅能使学生正确审视中国传统文化、理解中华文明的璀璨历史，而且可以获得文化身份认同，逐渐形成正确的价值观，从而坚定文化自信。

通过调研发现，近年来学校中国画课堂教学实施情况虽有所好转，但教学质量仍不容乐观。究其原因，主要表现在：1.教师自身中国画的理论和实践能力不够扎实，对实施中国画教学有畏难情绪；2.中国画教学效果不好，教师缺乏有效的中国画教学方法，导致学生学习中国画的动力不足；3.中国画教学多局限于知识技能层面，对文化理解和创新层面的引导不够；4.教师没有评价学生中国画学习能力的有效工具 [③]。通过文献研究也可发现，迄今为止有关学校中国画教学评价的研究几乎是空白，我们未能掌握中国画教学是否真实有效的确凿信息，难以把握学生通过中国画学习是否真正获得了传统文化素养，这也是当今学校中国画教学问题的关键所在 [④]。

近年来随着全球范围教育改革的不断推进，各国都不约而同地确立了"提升学生艺术学习质量"的任务和目标，保障与提升学生艺术学习质量已成为时

[①]　本节由华东师范大学美术学院教授郑文和首都师范大学美术学院博士生王颖洁合作撰写。

[②]　国务院办公厅.关于深化教育教学改革全面提高义务教育质量的意见[DB/OL].http://www.gov.cn/zhengce/2019-07/08/content_5407361.htm（20190623）.

[③]　本课题组在2018年1月至6月进行了学校中国画教学情况的调查研究，调查覆盖26个省、市、自治区，共收集教师问卷420份（小学教师190人，中学教师230人），学生问卷1586份（小学生539人，中学生1047人），此部分的结论出自这份调查结果。

[④]　郑文，王颖洁.学校美术教学评价研究热点和发展趋势研究[J].中国美术研究，2019（3）:165-170.

代发展的重要需求[①]。我国已于 2016、2019 年实施两轮国家义务教育艺术学习质量检测，涵盖美术和音乐两个学科。美术监测依托课程标准，突出素质教育导向，并强调中国传统美术文化，中国画中的山水、人物、花鸟均有涉及考察。[②]2019 年监测延续 2016 年设计思路，并着重考查学生对中华优秀传统文化的喜爱程度、了解程度、掌握程度等方面[③]。但这一评价框架着重于学生艺术学习的总体评测，有关中国画的内容极少，也不够全面。

中小学中国画学习评价指标虽缺失，但传统中国画品评体系自周秦学者著书为始，顾恺之、宗炳、王微等大家各抒己见，至南齐谢赫集前人之大成于《古画品录》中提出"六法"，为后世画家所宗，经千载而不易[④]。"六法"即"气韵生动、骨法用笔、应物象形、随类赋彩、经营位置、传移模写"六个方面。"六法"提供了一套衡量画作的尺度和法制，从审美、笔墨、章法、临摹、表现等方面对作品进行评价；它不仅关注形的表达，也强调神的表现，同时亦关注画家对传统的学习和创造。但传统中国画学习理念和当前中小学教学理念大有不同，传统中国画品评体系不能简单挪用。因此，建构继承传统中国画品评体系精髓、符合当前教学理念、适用于中小学美术课堂教学的中国画学习能力评价指标体系显得尤为重要。

二、研究方法和设计

（一）研究方法

作为质性研究工具之一的扎根理论，由 Glaser 和 Strauss 于 1967 年提出。研究者在研究开始之前没有理论假设，而是直接从实际观察入手，从原始资料中

---

① 张旭东. 基于 21 世纪视觉艺术素养的中小学美术学习评价研究 [D]. 华东师范大学，2019.

② 李燕芳，李红菊，陈福美，等. 我国美术基础教育质量监测工具研制的探索与思考 [J]. 教育参考，2017（6）：14–18.

③ 教育部基础教育质量监测中心. 2019 年国家义务教育质量监测——艺术学习质量监测结果报告 [DB/OL]. www.eachina.org.cn/upload_dir/editor/20200826093600235.pdf （20200824）.

④ 刘海粟. 中国绘画上的六法论 [J]. 南京艺术学院学报（美术与设计版），2006 （02）：24–43.

归纳出经验概括，然后上升到理论，是一种从下往上建立实质理论的方法[①]，具有探索性特征而适用于缺乏理论解释或现有理论解释不足的研究[②]。现有涉及中国画学习评价指标的研究不多，主要基于经验和印象做出判断，采用专家打分、书面及口头点评等方式，缺乏定量分析和足够的证据支撑[③]，但中国画实践教学资料相对丰富。因此，运用扎根理论方法建构中国画学习能力评价指标体系较为合适。本研究选取 5 个典型案例，遵循扎根理论的研究范式和研究路径，并通过多案例迭代分析的方式使多个案例间反复验证，在保证研究信度与效度的前提下构建一个科学、合理、可行的中国画学习能力评价指标体系。

（二）样本选取

为了使研究成果具有广泛的推广意义和借鉴价值，所选的案例在目的性抽样时具有以下特点：

其一，选择的案例是在真实的课堂教学中实施。教学对象选择了小学五年级，这个年龄段的儿童在心智发展上已开始趋于成熟且具有极强的表现欲望。学生在学习此课程前只有极少的学生接触过中国画，选择该类学生的目的，是为了便于考查学生通过学习所获得的中国画学习能力。案例集中于教育水平全国领先的上海市和江苏省，并选择该区域教学质量处于中等程度的学校，因为这类学校的教学和学生学习能力更具普适性，也更有借鉴意义；

其二，授课教师均为入职 1—3 年的新教师，教师学历背景具有典型性，因为这部分教师将成为中国画教学改革的重要实践者和推动者。课程案例涵盖中国画的三个主要题材：山水画、花鸟画和人物画；课程案例均采用核心素养时代下提倡的教学方法与评价原则。5 个案例在教学设计中均融入具有中国文化特色的跨学科内容、创作与鉴赏相结合的教学手段、单元式课程的组织方式、注重过程性与表现性的评价原则。

---

① 陈向明．扎根理论的思路和方法 [J]．教育研究与实验，1999（4）：58–63.

② GLASER B G.STRAUSS A L. The discovery of grounded theory：strategies for qualitative research［M］.Chicago：Aldine Publishing Company，1967.

③ 郑文．中小学中国画课堂教学评价指标体系建构——基于"以学习者为中心"的理念 [J].课程·教材·教法，2022（1）:117–123.

表 5-7　教学案例基本情况表

课程内容	课时	授课教师情况	案例实施时间	学生人数	授课年级	跨学科资源	参考教材
人物题材：昆曲人物	2	任教2年，学历：本科（美术教育专业方向）	2019年12月	28	五年级	昆曲	六年级下第十课《戏曲人物》（人民美术出版社）
人物题材：戏剧人物	2	任教3年，学历：本科（中国画专业方向）	2020年10月	32	五年级	京剧	六年级下第十课《戏曲人物》（人民美术出版社）
山水题材：园林水墨	3	任教1年；学历：硕士（本科是美术教育方向，研究生是中国画方向）	2020年6月	48	五年级	江南园林	六年级上第八课《水墨园林》（江苏少年儿童出版社）
花鸟题材：本草水墨	3	任教3年，学历：硕士（本科和研究生都是美术教育方向）	2020年11月	34	五年级	中草药	没有参考教材，课程自行设计
花鸟题材：重阳菊花	2	任教1年；学历：硕士（本科、研究生都是中国画专业方向）	2020年5月	40	五年级	重阳节	没有参考教材，课程自行设计

三、研究过程和研究结果

（一）数据分析

1. 开放式编码

本研究的两位作者均有多年中国画专业学习背景，对中国画传统品评标准有较深刻的理解与敏感性。在原始数据编码时，作者将传统中国画品评语境带入其中，即概念化时尽量采用传统品评标准与语言。当出现不同意见时，双方会进行深入讨论，并向案例设计教师寻求帮助，最终达成一致意见。具体而言，首先将学生在中国画学习过程中产生的学习反馈资料，包括学生的学习单、自评、互评、学习感想、问卷、创作作品等资料整理成可操作的片段，学生、教师访谈录音整理成文字稿，通过反复阅读数据，对学生学习反馈及感受形成大致轮廓。本着尽量保有原始资料含义，特别是重视学生个性化语言捕捉的原则，利用 NVIVO 软件针对原始资料进行定义现象（即贴标签），共得到 1157 条标签，用 fn（n=1，2，3……）标注。其次，尝试站在评价理论视角去建构概念，将这些定义现象（标签）聚合整理为符合中国画教学评价特点和学生能力发展的初始概念，用 An（n=1，2，3……）标注。共得到 16 个初始概念，编码为 A1–A16：图像感知、骨法用笔、应物象形、随类赋彩、经营位置、气韵生动、意境美感、笔墨表现、意境营造、创新表达、交流、合作、探究、反思、迁移。最后，根据初始概念间的相互关系和相关程度，将这些概念进一步范畴化，用 AAn（n=1，2，3……）标注。最终共得到 4 个范畴，编码为 AA1–AA4，分别为鉴赏能力、创作能力、沟通能力、拓展能力（见表 5–8）。

表 5–8　学生评价内容开放性编码示例

编号	原始语句	编码过程		
		定义现象	概念化	范畴化
1	水墨最容易画出本草的外形，布局应有高有低，有浓有淡，带有神韵感，有破墨法、泼墨法、勾勒法……不同本草应该用不同笔法描绘它的外形。	f1：不同草本应用不同笔法描绘它的外形，如勾勒法。	A2：骨法用笔	AA1：鉴赏能力（A1–A8）；AA2：创作能力（A9–A11）；AA3：沟通能力（A12–A13）；AA4：拓展能力（A14–A16）
		f2：墨色有浓有淡，有破墨法、泼墨法。	A4：随类赋彩	
		f3：布局应有高有低。	A5：经营位置	
		f4：水墨作品要带有神韵感。	A6：气韵生动	

续表

编号	原始语句	编码过程		
		定义现象	概念化	范畴化
2	在这之前，我一直认为画得好就算美，通过这次学习，明白了原来画得有韵味才叫美。	f6：在这之前，我一直认为画得好就算美，通过这次学习，原来画得有韵味才叫美。	A7：意境	AA1：鉴赏能力（A1-A8）；AA2：创作能力（A9-A11）；AA3：沟通能力（A12、A13）；AA4：拓展能力（A14-A16）
			A15：反思	
3	以水墨来表现本草有两种画法，一种是写意画，是比较简练的，笔墨神韵；另一种是工笔画，是工整细致的。	f7：学生知道用水墨来表现本草的两种技法，一种是简练的写意画，能表现笔墨神韵；另一种是工整细致的工笔画。	A1：图像感知	
			A2：骨法用笔	
			A4：随类赋彩	
4	回家后，我上网查了本草的作用，发现这些长相好看的本草还可以入药！不过，需要提前加工，比如晒干、煮制等工序。我不禁想到我们要好好保护这种文化。	f8：回家后，我上网查了本草的作用，发现这些长相好看的本草还可以入药。	A14：探究	
		f9：我不禁想到我们要好好保护这种文化。	A16：迁移	
5	通过这次学习，我明白了绘画并非表面那么容易，而要不断练习、写生，在一次次写生中使画技得到提升。	f10：第二次画完，学生明白了要不断练习、写生，在一次次写生中使画技得到提升。	A15：反思	
6	我最喜欢杨晟睿的作品，因为他的局部很好地体现出了远处的东西和近处的东西，假山石画得也很好。	f11：学生发表对他人作品的评价，认为同学的作品中布局和造型表现得不错。	A12：交流	

2. 主轴式编码

为了在开放式编码的基础上更好地建立各个范畴之间的联系和类属关系，

研究采用质性和定量相结合的方法进行主轴式编码。首先计算每个初始概念占总样本数量的百分比，将比重低于 5% 的初始概念进行剔除或整合。共发现有 4 个初始概念占比低于 5%（见表 5-9）。通过回到原始资料再理解、讨论，研究者发现 A1 属于课程学习内容的基本鉴赏分析，应予以保留；A6 "气韵生动" 指艺术作品本身体现出来的一种气质、风韵，是中国画品评标准中最为重要的指标，可与 A7、A8 合并为 "意境诠释" 范畴。鉴于 A6 与其他范畴合并，反思同为谢赫 "六法" 品评方式的 A2-A5，可理解为是从各个角度对中国画进行的形式分析，故统整为 "形式分析"。

表 5-9　初始概念占总样本数量的百分比

概念编号	测评维度	数量	占比	概念编号	测评维度	数量	占比
A1	图像感知	49	4.23%	A9	笔墨表现	123	10.63%
A2	骨法用笔	76	6.57%	A10	意境营造	107	9.25%
A3	应物象形	79	6.83%	A11	创新表达	58	5.01%
A4	随类赋彩	86	7.43%	A12	交流	67	5.79%
A5	经营位置	93	8.04%	A13	合作	64	5.53%
A6	气韵生动	24	2.07%	A14	探究	79	6.83%
A7	意境	42	3.63%	A15	反思	83	7.17%
A8	美感	36	3.11%	A16	迁移	91	7.87%

3. 选择式编码

选择式编码是在前两个阶段基础上寻找范畴之间的关系，挖掘出具有可理解性和高度概括性的核心范畴。并通过梳理范畴之间的逻辑关系，找到一条能够清晰阐释各个范畴内部概念及关系的故事线，并形成一个体系翔实、成熟完善的理论。经过对原始资料、初始概念和范畴进行分析、梳理，基于中国画学习一般过程及能力的习得逻辑得出故事线如下：中国画作为一个体系严谨、内涵广博的美术门类，不仅能在传授知识、技能的同时培养学生鉴赏、创作等能力，而且还可以通过中国画的学习，提高沟通、拓展等通识能力。

至此，最终建构了包含 2 个一级指标、4 个二级指标、11 个三级指标在内的中国画学习能力评价指标体系。（见表 5-10）

表 5-10　中国画学习能力评价指标体系

一级指标	二级指标	三级指标
专业能力	鉴赏能力	图像感知
		形式分析
		意境诠释
	创作能力	笔墨表现
		意境营造
		创新表达
通识能力	沟通能力	交流
		合作
	拓展能力	探究
		反思
		迁移

（二）数据检验

1. 理论饱和度检验

在 5 个案例编码完成后，通过采用 5 个案例教师的其他中国画课程案例重新迭代分析的方式开展饱和度检验，结果显示当前能力指标体系中的相关概念和范畴的发展已较为丰富，未发现新的概念和范畴，因此认为上述指标体系已达到理论饱和。

2. 信度检验

基于中国画实践教学特性，将学生中国画创作作品作为本研究的信度检验重点，采用终结性评价和图像分析的方式，三角验证学生中国画学习能力评价指标体系的可信度。从 5 个案例中抽取山水、花鸟、人物各 1 个案例，从"创作能力"范畴中抽取笔墨表现、意境营造、创新表达 3 项评价指标进行评测。为了客观评测这 3 个案例的教学质量及学生的中国画创作能力，邀请 3 位未参与教学的美术教师在充分理解本评价指标体系后，采用 5 分制打分方式对学生作品进行匿名评分。在数据分析环节，采用配对 T 检验法对 3 个案例的学生在同一单元内前后两次作品成绩进行统计分析。数据表明，3 个案例共 15 组综合均值之间均存在显著统计差异（p<0.05），说明学生的中国画创作水平随着单元课程的推进有明显进步（表 5-11、表 5-12、表 5-13）。

表 5-11　"昆曲人物"案例前后两次成绩比较

	变量	M	SD	t	df	p
笔墨表现	同组学生综合均值比较分析			−7.18	28	.00***
	第一次成绩均值	2.25	.53			
	第二次成绩均值	3.02	.47			
意境营造	同组学生综合均值比较分析			−5.34	28	.00***
	第一次成绩均值	2.60	.46			
	第二次成绩均值	3.40	.80			
创新表达	同组学生综合均值比较分析			−5.76	28	.00***
	第一次成绩均值	2.58	.62			
	第二次成绩均值	3.34	.57			

注：*p<0.05，**p<0.01，***p<0.001（下同）

表 5-12　"园林水墨"案例前后两次成绩比较

	变量	M	SD	t	df	p
笔墨表现	同组学生综合均值比较分析			−3.03	46	.00**
	第一次成绩均值	2.57	.46			
	第二次成绩均值	2.80	.48			
意境营造	同组学生综合均值比较分析			−2.24	46	.03*
	第一次成绩均值	2.76	.54			
	第二次成绩均值	2.97	.66			
创新表达	同组学生综合均值比较分析			−14.56	46	.00***
	第一次成绩均值	2.04	.42			
	第二次成绩均值	3.16	.50			

表5-13　"草本水墨"案例前后两次成绩比较

变量		M	SD	t	df	p
笔墨表现	同组学生综合均值比较分析			−6.21	33	.00***
	第一次成绩均值	2.87	.40			
	第二次成绩均值	3.48	.41			
意境营造	同组学生综合均值比较分析			−7.19	33	.00***
	第一次成绩均值	2.94	.39			
	第二次成绩均值	3.67	.44			
创新表达	同组学生综合均值比较分析			−9.26	33	.00***
	第一次成绩均值	2.73	.39			
	第二次成绩均值	3.74	.46			

　　接着，采用图像分析的方式比对学生前后两次创作作品，一致认为学生的中国画创作能力有显著提高。如图5-5中左边一组"昆曲人物"作品，学生从人物单体转向组合搭配，人物动态由呆板僵硬变为富有动感，对墨法、笔法的掌控力也明显提升，落款从随意题写到结合图像进行位置、大小合理布局。再如"草本水墨"案例，学生合作的手卷（图5-4）表现出浓淡丰富的墨色和疏密有致的章法变化，诗书画印结合的意境营造，图式再构的创新表达等，均体现出学生已具有一定的创作能力。分析时还发现一个共同点，即3个案例作品均在"创新表达"能力方面的提升度最为显著，从学生第二次作品中能清晰管窥其完整度、创意表达等状况。尤其是"本草水墨"案例的第二次作业，学生能将自己理解的本草功用价值题写在作品中，文字与图像相得益彰，增添了作品的意趣，体现了学生对中国画章法的认知及对传统文化的理解。学生创作作品的分析结果与评价指标体系试用打分结果相一致，故认为本评价指标体系的建构具有一定的信度。

图5-4　"本草水墨"案例中学生合作的手卷作品

图 5-5　3个案例各取一位学生前后作品比较示意图

四、对评价指标体系的讨论

基于学生真实反馈基础上建构的中国画学习能力评价指标体系，主要用于评测学生在中国画学习过程中所获得的能力和素养，包括专业能力和通识能力。为了更好地使用该评价工具，下面对各维度进行解读。

（一）专业能力

专业能力即中国画专业能力。依据中国画学习方式可分为鉴赏能力、创作能力两个二级指标。

鉴赏能力指学生运用视觉感知、生活经验和文化知识对中国画作品进行感受、体验、联想、分析和判断，获得审美享受，并具有理解和诠释中国画作品与现象的能力。其中：1.图像感知指学生通过观看中国画作品，具有感知并描述作品的题材、主题和内容的能力。2.形式分析指学生运用中国画传统"六法"的品评标准与所学知识对中国画作品中的笔法、墨法、造型、章法等表现形式进行分析的能力。3.意境诠释指学生能够感受到中国画作品中"情""境"交融的意象或意趣，使之产生共鸣，并具有诠释作品中人文内涵（包括立意、意境、情感）的审美能力。

创作能力指学生通过观察、体验、分析、选择、提炼，运用中国画材料和技法，把特定的内容、形式创造性转化为中国画作品的表现能力。其中：1. 笔墨表现指学生采用笔、墨、颜料、宣纸等传统中国画材料进行中国画创作；具有运用笔法、墨法表现出变化丰富的线条和墨色的能力。2. 意境营造指学生通过用笔、用墨、造型、章法创作出具有美感的作品，具有一定的立意、意境、情感表现的能力。3. 创新表达指学生在中国画作品创作过程中展现出不拘泥于固定表现形式、媒材的个人创造性的表现能力。

（二）通识能力

通识能力即在不同学科领域能够通用、促进学生终身发展的能力。依据中国画的学习特点可分为沟通能力和拓展能力两个二级指标。

沟通能力指学生在沟通交流中，拓展、丰富与中国画、中华优秀传统文化相关的认知能力。其中：1. 交流指学生在学习过程中与他人交流，具备欣赏他人、善于倾听他人意见、取长补短的能力。2. 合作指学生通过与他人的合作，能够转换思维，从以我为主转向兼顾他人，理解合作交流的价值及重要性的能力。

拓展能力指学生通过学习，提升个体思考、分析现象、判断问题的能力。其中：1. 探究指学生具备开放的心态、探究的倾向和严谨求真的态度，能够思考分析现象或判断问题的能力。2. 反思指学生具备自我探究的倾向和严谨求实的态度，对所学的知识能够进行概括、总结，并具有一定的批判性思考能力。3. 迁移指学生通过中国画的学习能够对其他学科、门类、知识产生积极影响的能力。

五、小结

中国画学习既是一种智性活动，又是一种德性培养。中国画蕴含着丰富的人文内涵，需要挖掘滋养学生心灵、培育文化创造力等方面的价值，以促进教学的深化，在教学中要立足过去、现在和未来之间的联系，培育学生面向未来的中国画创新能力，为构建中华优秀传统文化传承发展体系贡献自己的力量。

我国已进入核心素养时代，相关政策法规也都开始关注到"提升学生艺术学习质量"的重要性，保障和提升学生艺术学习质量已成为时代发展的重要需求。作为中小学美术课程的一环，中国画教学必须符合国家教育方针与课程标准。为此，本研究建构的评价指标体系不仅旨在监测学生中国画学习质量、帮助改进教师的教学表现，同时还与高中阶段的美术学科核心素养 ① 和义务教育阶段艺术课程核心素养 ② 相匹配，同时也与国内外形成的素养共识相契合。（图5-6）

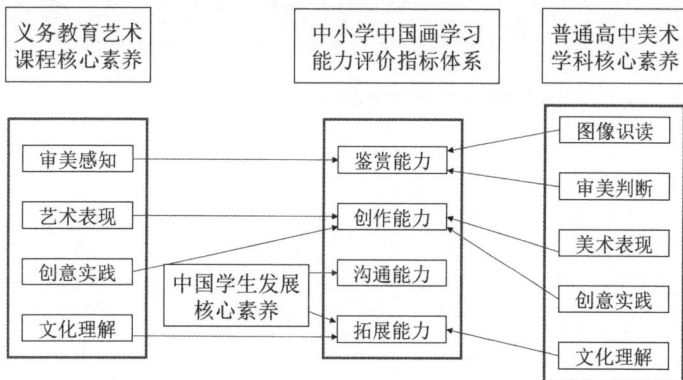

图5-6　本评价指标体系与课程标准中核心素养之间的关系示意图

在充分考虑学生学习感受和真实反馈的基础上，获得的中国画学习能力评价指标体系不是终结性和标准化的评价指标，它阐释了中国画学习过程中学生可能获得的能力、素养，为教师的教学和学生的学习提供参照。由于该体系中的指标主要是通过编码方式获得，指标明确、针对性强，具有较高的可操作性；体系建构的资料虽然来源于五年级的小学生，但根据儿童心理学研究成果支持，该体系也适用于初中学生 ③。考虑到评价指标无法完全量化，故没有给出指标的具体权重，教师在使用时可根据教学目标自行分配，但要注意避免教条和僵化，因为中国画学习能力并非简单量化就能评测。教育评价应揭示其背景的丰富性，否则对学生中国画学习的理解和评价则是生硬且乏味的，不仅不能有效提升学生中国画学习能力，甚至还会挫伤学生学习积极性。

---

① 中华人民共和国教育部. 普通高中美术课程标准（2017年版，2020年修订）[M]. 北京：人民教育出版社，2020.

② 中华人民共和国教育部. 义务教育艺术课程核心标准（2022年版）[M]. 北京：人民教育出版社，2022.

③ 本研究案例中的教学对象是小学五年级的学生，这一年龄段（11—12岁）的儿童开始进入形式运算阶段，他们能够进行包括抽象和逻辑推理在内的内在智力活动，也就是说此年龄段学生的认知能力已达到儿童认知的最高阶段。

综上所述，本研究建构的中小学中国画学习能力评价指标体系旨在以评价促进学习变革，使之成为学生中国画学习的有力支撑，以期促进学生中国画学习能力、美术核心素养、艺术课程核心素养及相关素养的达成，提高教学质量。同时，也希望以此助力美术教师成为培养学生传承中华优秀传统文化艺术、汲取中国智慧、弘扬中国精神、传播中国价值的主力军。

第六章　基于可视化大数据分析的中国山水画学习能力评测新方法

第一节　基于馆校结合的中小学生中国山水画学习力提升研究 [①]

一、研究缘起

从文化复兴的角度来阐述，弘扬中华人文精神，对塑造中国现代文明秩序，凝聚民族情感，汇入世界文明的主流以及为人类文明的进步注入中国智慧具有不可替代的历史价值。著名学者费孝通指出："文化自觉是一个艰难的过程。只有在认识自己的文化，理解并接触到多种文化的基础上，才有条件在这个正在形成的多元文化的世界里面确立自己的位置，然后经过自主的适应，和其他文化一起取长补短。"[②] 开展中华优秀传统文化教育，可以培养中小学生认识自己的文化，逐步达到文化自觉的境界。

随着我国政府与教育部对中华优秀传统文化教育的日益重视，越来越多的中小学美术教师教授中国画课程，中国画教学已成为现今中小学美术课程的重要组成部分。多项研究指出，中国画学习能增加学生对中华优秀传统文化的认同，特别是学生通过对蕴涵着中华民族自然观和哲学观的中国山水画（以下简称"山水画"）进行学习，能够有效提高对中华民族优秀传统文化的认识和理解。但迄今为止，很少有聚焦于中小学生中国画学习力的研究成果，尤其是有关山水画学习力的研究几乎处于空白状态。针对目前山水画教学效率不高、中小学生缺乏山水画学习力的问题，聚焦于提高中小学生山水画学习力的研究迫在眉睫。

本研究针对上述问题，首先对"山水画学习力"的概念进行界定，在此基础上，采用参与式个案与扎根理论相结合的研究方法揭示由大学、美术馆和中小学校三方联合开展的山水画教学在培养中小学生山水画学习力方面的可行性与有效

[①]　本节由华东师范大学美术学院教授钱初熹撰写，此部分以论文《中小学生中国山水画学习力提升研究》发表于《教育参考》杂志 2020 年第四期。

[②]　李耐儒. 探索国学教学和传播的路径 [N]. 社会科学报，2019-4-4（05）.

性。本研究对我国有关中小学生山水画学习力研究的不足进行补充，同时为中小学中国画课程与教学的改革以及馆校结合美术教育提供有效策略与值得借鉴与推广的经验。

二、学习力与山水画学习力

（一）学习力

学习力（Learning ability），亦称"学习能力"，是人们在学习、工作、日常生活中必须具备、广泛使用的能力。有关学习力的概念有多种说法，广义的学习力，是指人的行为水平提高的能力。狭义的学习力，是指与学生学业相关的能力。本研究中的学习力是指个体通过一定的学习和实践形成和发展的，能够引起行为或思维方面比较持久变化的内在素养。在智能化时代，学习力成为个人成长和发展的核心素养。

学习力最早是学习型组织管理理论中的核心概念，后经历从管理学向教育学的变迁。20世纪60年代，美国麻省理工学院的福瑞斯特（Jay Forreste）首先提出学习力构想，成为管理学领域学习型组织的核心话语。80年代前后，有关学习力的研究在教育领域兴起。

1997年，由徐启天博士发起，来自美国麻省理工学院、哈佛大学和普林斯顿大学的学者们在美国麻省波士顿共同创办了爱迪乐教育研究院（IDIIL Educational Institute），其宗旨是成为全球教育改革事业的主流贡献者。爱迪乐教育研究院提出六大基本学习力，分别为专注力、独立性、思考力、积极性、自识力和自信心。[1]

2006年，英国布里斯托尔大学认知学教授盖伊·克拉克顿斯与本校教授帕特里夏·布罗德福发起"有效的终身学习编目"项目（Effective Lifelong Learning Inventory，简称"ELLI"），开展关于学习力理论的开拓性研究。[2] 学习力是指性格、生活经历、社会关系、价值观、态度和信仰的复杂组合，共同塑造了个人对任何特定学习机会的参与本质。ELLI是一个问卷调查，旨在找出学习者如

---

[1] 爱迪乐教育研究院 [EB/OL].http://www.idiil.com.cn/__idiil.html，2019-12-28.

[2] [EB/OL]https://www.ellionline.co.uk/introduction/ html，2019-12-28.

何看待自己的学习能力。ELLI 档案提供关于学习者或一组学习者在学习能力的七个维度上的表现信息。这些维度是变化和学习（Changing and Learning）、意义创造（Meaning Making）、关键好奇心（Critical Curiosity）、创造力（Creativity）、学习关系（Learning Relationships）、策略意识（Strategic Awareness）和顺应力（Resilience）。[①]该项目认为七个维度是相互依赖、相互促进的关系，属于同一事物的不同方面，其中一个或者两个要素获得发展，其他要素及个体的学习力水平亦能获得一定程度的提升。ELLI 项目丰富了学习力的构建要素，是理解如何解释数据和潜在影响的教学策略，也是帮助学生学习的一个宝贵的工具。

我国有关英国 ELLI 项目的研究有郭亚婷发表的《英国 ELLI 项目学习力理论要素、提升策略及启示》[②]一文，她认为："在我国，对学习力的研究大都是基于其内涵与构成要素的探讨，停留在理论层面上，无法应用到实践当中去。"吕启松、庞佳、贺小光发表的《英国 ELLI 项目中学习力的评估方式及启示》[③]一文，从英国 ELLI 项目所提出的学习力的核心内涵出发，着重进行学习力评估研究，以期为国内学习力发展研究提供帮助。李宝敏、宫玲玲、祝智庭发表的《在线学习力测评工具的开发与验证》[④]一文聚焦于研究网络学习者的学习力，结合理论研究、专家论证以及实证检验的多轮迭代，构建了网络学习者在线学习力模型，并通过项目分析、探究性因子分析及信效度验证，研制了网络学习者在线学习力测评量表。这一研究为我国网络学习者在线学习力发展与测评提供了有力的依据。但迄今为止，学校美术教育领域有关英国 ELLI 项目的研究以及学习力的研究，特别是中小学生山水画学习力的研究几乎处于空白状态，缺乏对中小学生山水画学习力的评估与把握，这对如何开展有效教学以切实提升中小学生山水画的学习水平，增强他们对中国优秀传统文化的认同与理解显然是不利的。

————————

① [EB/OL]https://www.ellionline.co.uk/ html，2019-12-28.

② 郭亚婷 . 英国 ELLI 项目学习力理论要素、提升策略及启示 [J]. 教学与管理，2015（21）:118-120.

③ 吕启松，庞佳，贺小光 . 英国 ELLI 项目中学习力的评估方式及启示 [J]. 长春师范大学学报，2018（12）.131-133.

④ 李宝敏，宫玲玲，祝智庭 . 在线学习力测评工具的开发与验证 [J]. 开放教育研究，2018（3）:77-84，120.

（二）山水画学习力

本研究的学习力是指中小学生通过山水画学习所引起的行为或思维方面持久变化的内在素质。

在评价中小学生山水画学习力方面，以英国 ELLI 项目提出 7 个维度为依据，即变化和学习、意义创造、关键好奇心、创造力、学习关系、策略意识和顺应力，形成评价学生山水画学习力的 4 个维度：

第一个维度，认知提高：1. 对于山水画内在意涵的认知提高；2. 对于山水画创作技法的认知提高，对应"变化和学习"的维度。

第二个维度，情感、态度转变：1. 对于山水画感兴趣程度的转变，对应"关键好奇心"的维度；2. 创作时心态的转变，对应"学习关系""策略意识"的维度。

第三个维度，价值观形成：对中华优秀传统文化认同的价值观形成，对应"顺应力""意义创造"的维度。

第四个维度，创造力发挥：发挥想象力和创造力，对应"创造力""意义创造"的维度。

三、研究方法、参与者和学习活动设计

（一）参与式个案与扎根理论相结合的研究方法

本研究以 2019 年 3 月 8 日在张家港美术馆举办的"画格文心——郑文山水画教育展"中所开展的中小学生山水画学习活动为研究范畴。本次山水画教育活动采取由艺术家导览的面对原作鉴赏、学习单填写以及进行山水画创作这三种方式。研究团队从课堂观察、实践作品、访谈、学习单、学习体会和个体背景资料等多方面的汇聚信息，采用参与式个案与扎根理论相结合的研究方法，并运用文本分析方法[①]，从原始资料中提炼关键词、主题和概念，并归纳经验，然后上升到理论，以检测与评估小学、初中和高中三个学段学生的山水画学习力。

（二）不同校外美术学习经历的参与者

参与本次活动的张家港市的 2 所学校，分别是张家港外国语实验学校（小

---

① 文本分析研究方法是指通过提取学生填写的学习单中的关键词，把握学生掌握的山水画主题和概念，科学计量方法使分析与判断更具客观性和准确性。

学部、初中部）和常青藤实验中学。12 名小学生、15 名初中生和 14 名高中生，共计 41 名中小学生参与三方联合开展的山水画教学活动。41 名学生的美术学习背景是多元的，24 名学生有校外学习经历，学习时间最长的 1 名学生有 9 年中国画学习的经历，一般多为 1 年左右的短期学习经历（如学习素描、水粉、儿童画、中国画等），约占 58.54% 的比例；17 名学生没有校外美术学习经历，约占 41.46% 的比例。

（三）全程优化的学习活动设计

本次学习活动设计采用构建学生学习全程优化机制的策略，包括目标、艺术家、场地、内容和时间、学习方式、教学方法、评价方法等各个环节的优化，于 2019 年 3 月 8 日在张家港美术馆实施。

首先，教育目标的优化。迄今为止，美术馆公共教育部门主要是配合展览部门的工作，根据展览部在策展时所选展品，策划并组织教育推广活动。"画格文心——郑文山水画教育展"是首届以教育推广为主旨的展览。艺术家的邀请、画作的精选、展品的布置、观展路线的设计、教育推广活动和学术研讨会的策划及组织等都聚焦于立德树人、弘扬中华优秀传统文化的教育目标。

其次，艺术家的优化。本届教育展邀请的艺术家郑文既是优秀的山水画家，也是杰出的山水画教育家和研究者。20 多年来，她在山水画创作道路上坚忍不拔、精益求精、扎根传统、勇于创新。如今，她的画作凸显"山静日长，宁静致远"的独特风格，呈现出画家的生活态度，表达了画家对人生境界的哲学思考。"画格"指"外师造化，中得心源"的创作旨趣。"文心"指"在师法自然中颐养心性，在传道授业中传承经典"的教育情怀。

第三，教育场地的优化。本届教育展的主办单位——张家港美术馆在我国美术馆公共教育领域中是地方美术馆的典范。（图 6-1）

第四，内容和时间的优化。本

图 6-1　在张家港美术馆重现郑文画室的情景

次活动展示的山水画作品是学生从未见过的。本次活动时间为 90 分钟，相当于 2 课时的美术课堂教学，实施了山水画鉴赏与山水画创作融为一体的单元课程。

第五，学习方式的优化。根据小学、初中和高中三个学段，我们分别设置了三个山水画工作坊，共同的学习任务是：（1）在聆听山水画家郑文的导览（图 6-2）之后，填写山水画展学习单（图 6-3）；（2）以郑文山水画册中的作品为基础，在圆形镜片生宣卡纸上作画（图 6-4）；（3）撰写学习体会（图 6-5）。不同的学习任务是：（1）三个学段的学习单内容不同；（2）小学生和初中生均以《郑文山水作品·拟山园图》中的作品为参考，但不同学段选取的山水画作品不同；高中生以《郑文山水画集·山静日长》中的作品为参考，在实体圆形镜片生宣卡纸上（10 名）或运用 iPad 图片编辑软件（4 名）进行拼贴画创作。

第六，教学方法的优化。由郑文中国画工作室研究生和钱初熹美术教育研究室的研究生布置学习任务，对小学生和初中生提出的要求为："请同学们在自主完成学习单后，仔细观察艺术家郑文老师的作品，通过对作品的解读，结合自己的想象，创作一幅园林水墨，在创作时要注意用笔、用墨、构图、设色等。"对高中生提出的要求为："第一小组（10 名）：请同学们在自主完

图 6-2　郑文进行"画格文心"展览现场导览的情景

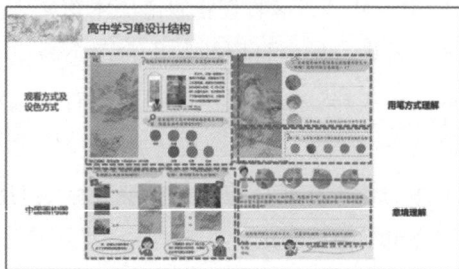

图 6-3　高中学习单设计

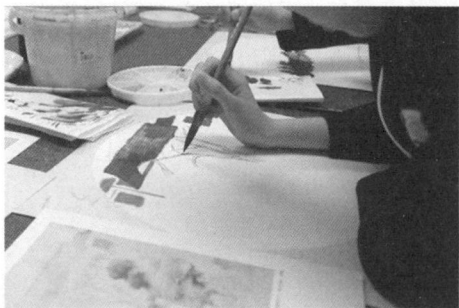

图 6-4　小学生创作山水画的情景

成学习单后，仔细观察画家郑文老师的作品，运用提供的材料（艺术家画作局部截图卡片），结合自己想要表现的主题，选择不同的卡片素材，试着通过不同的摆放方法，组合一幅园林水墨画。请为你的画作取一个题目，并用一首诗来表现画面的主题。第二小组（4名）：请同学们在自主完成学习单后，仔细观察画家郑文老师的作品，在 IPAD 的软件中，运用给出的材料（艺术家画作局部截图），结合自己想要表现的主题，选择不同的截图，组合一幅园林水墨画，你可以运用软件中的不同功能，进行二次创作。请为你的画作取一个题目，并用一首诗来表现画面的主题。"

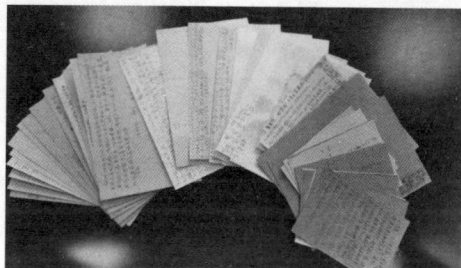

图 6-5　中小学生撰写的学习体会

图 6-6　展览现场小学生作画

　　第七，评价方法的优化。本研究通过课堂观察、实践作品、访谈、学习单、学习体会和个体背景资料等渠道汇聚多方面的信息，用以评估小学、初中和高中三个学段的学生的山水画学习能力。（图 6-7）

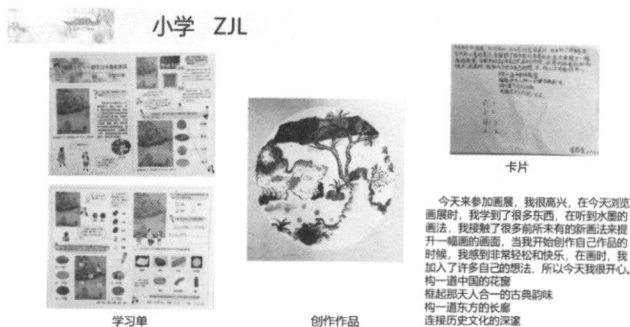

图 6-7　学生学习资料（小学个案）

169

表 6-1　"画格文心——郑文山水画教育展"活动程序

时间 / 活动方式	活动内容与形式		
8：30—9：00	艺术家郑文在展览现场进行"画格文心——郑文山水画教育展"导览，学生聆听讲解、观赏作品，并观看郑文在现场所进行的山水画示范。		
9：00—10：30	小学生工作坊	初中生工作坊	高中生工作坊
主题	以小见大的园林小景	情境交融的苏州园林	宁静致远的山水画
活动方式	填写鉴赏学习单	填写鉴赏学习单	填写鉴赏学习单
	体验笔墨	体验笔墨	体验笔墨
	中国画创作	中国画创作	创作（纸上拼贴或运用 IPAD 软件作画）
	撰写学习收获	撰写学习收获	撰写学习收获
参加者	张家港外国语学校 12 名小学生	张家港外国语学校 15 名初中生	常青藤实验中学 14 名高中生
指导者	中国画专业研究生 / 美术教育专业研究生	中国画专业研究生 / 美术教育专业研究生	美术教育专业研究生

四、研究发现与讨论

（一）发现：学生的山水画学习力

在本次采取由艺术家导览的面对原作鉴赏、学习单填写以及进行山水画创作这三种方式的山水画教育活动结束后，研究团队汇总了 41 名中小学生的课堂观察、实践作品、访谈、学习单、学习体会和个体背景资料等多方面的信息，采用参与式个案结合扎根理论三级编码（开放编码、轴心编码、选择编码）的定性研究方法[①]，并运用文本分析方法，从原始资料中提炼关键词、主题和概念并归纳经验，然后上升到理论，以检测与评估小学、初中和高中三个学段学生的山水画学习力。（表 6-2）

---

① 扎根理论的定性分析编码包括开放式编码、轴心式编码、选择式编码。开放式编码：应用于分析的最初阶段，研究人员对数据收集整理并找到反复出现的词语、主题或概念；轴心式编码：对最初的开放式编码进行编码，寻找开放式编码之间的关系；选择式编码：对建立在其他编码基础之上的编码进行检验。

表 6-2　扎根理论三级编码的案例①

原始材料		一级： 开放编码	二级： 轴心编码			三级： 选择编码
小学 LXR	今天，我很荣幸被选为小学生代表，来参加这场活动。享受了一场视觉盛宴，观赏了大师的画作，最激动人心的是，画家本人在为大家讲解。这是一次很好的机会，和大师近距离接触，之前一直觉得自己画得算不错，但今天长见识了，觉得自己是一只井底之蛙。学习到了平远、高远等一些构图方法，还细细品味了大师的画作，各幅作品都有独特的风格：有的宁静致远；有的大气宏伟；有的清雅秀气……我们还临笔体验了一番，和同学们一起临摹了一幅画作，每个人都是收获满满。为自己加油，继续进步！	心情激动；视觉盛宴；艺术家讲解；和大师近距离接触；对自己认知的变化；以前觉得自己画得不错；现在觉得自己是一只井底之蛙；掌握的知识构图方法：平远、高远；品味大师的作品；了解作品也有不同的风格：宁静致远、大气宏伟、清雅秀气；进行了创作体验；觉得此行收获满满	类属	属性	维度	核心类属：讲课对象的转变 支援类属：1. 对自己认知的变化；2. 情绪变化 结果：1. 学习态度转变；2. 理解知识的速度增加 初步假设：1. 艺术家亲身授课会增加学生的积极性和投入度，为后期学习在心态上做好充足的准备；2. 直接接触艺术家的作品，且通过艺术家亲身导览和亲自示范的方式，会加快学生对于知识理解和技能获取的速度，更好更快地与已有知识和经验进行连接，形成新的经验和知识，促发新的学习动力
			讲课对象转变	艺术家讲解	普通教师 VS 艺术家	
			讲课对象转变产生的影响	情绪变化对自己认知的变化	平常 VS 激动；画得不错 VS 井底之蛙	
			知识技能	构图欣赏风格创作体验		

---

① 41 名中小学生的三级编码均由华东师范大学美术学硕士研究生苟惠完成。

续表

	原始材料	一级： 开放编码	二级： 轴心编码			三级： 选择编码
			类属	属性	维度	
初中 DKM	最深刻的就是今天的创作了，我从一开始不敢动笔，慢慢鼓起勇气开始画。在画树的过程中，老师教了我用不同的墨色可以画出不同的效果，画石头的时候也要把笔躺下来才可以体现出石头的美妙。今天的收获非常大，很开心可以获得这次机会来体验和学习。	最深刻的就是今天的创作；不敢动笔→鼓起勇气开始画；不同墨色可以画出不同的效果；画石头时把笔躺下来更能表现石头的美妙	几项活动的对比	印象最深刻的是创作环节	创作VS观展VS填学习单	核心类属：创作体验与其他活动体验的区别 支援类属：1.创作活动过程中的心理变化 结果：1.学习体验和感受更为深刻 初步假设： 1.亲自动笔尝试的体验会加深人们对于理论知识点的理解，也会让学生更快地进入状态，由于动手尝试是一种输出的状态，不仅需要知识的支撑，也需要克服心理障碍，这使学生在学习过程不仅收获了知识和技能，也会变得更加自信和勇敢
			创作活动过程中的心理变化	情绪变化	不敢动笔VS鼓起勇气开始画	
			对老师所授内容的印象深浅	墨色用笔	墨色VS用水用笔VS勾线	

根据以上三级编码方法，在分析完初始概念后，我们得到89条原始语句、16个相应的初始概念和7个范畴。经过进一步的梳理、归纳、提炼，我们发现，在以英国ELLI项目提出七个维度为依据所形成的山水画学习力评价的四个维度方面，学生的具体表现如下：

第一个维度：认知提高——变化和学习

首先，学生对于山水画内在意涵的认知有了提高，由表层"美丽风景"的认知，转变为山水画是寄托情思的载体的新认知，他们用"画家的情怀""独特的思想境界""意境""博大精深"等语句加以表达。其次，学生对于山水画创作技法的认知也得到提高，由"不懂或懂一点"的认知，转变为对笔法、墨法、构图的新认知。他们纷纷表示"学会没骨的画法""知道焦墨、浓墨、淡墨、重墨、清墨的区别""学到了平远、高远、留白等构图方法"等。这两方面都表现出学生山水画学习的自识力和思考力。（图6-8）

图6-8　山水画学习单上中小学生填写的关键词词频云图

第二个维度：情感、态度转变——关键好奇心、学习关系、策略意识

首先，学生对于山水画兴趣度发生了转变，由"不感兴趣或兴趣度低"的情感、态度，转变为兴趣浓厚，表现出参与山水画学习的积极性和专注力。他们写道："感受到了中国画的乐趣和美术的乐趣""对山水画所描绘出来的意境十分向往和憧憬""心之所动，震撼无比""仿佛沉溺于笔墨图画之中""希望下次能再次创作，画出更好的水墨画"等。其次，学生在创作山水画时的心态也发生了变化，由"不敢画"，经小老师鼓励，转变为鼓起勇气作画，并产生了自信心。他们纷纷表示："刚开始比较紧张，不敢下笔，后来在老师的指导下，完成了创作""听了老师刚刚讲解的画法后我觉得心平静了一些，画起来也方便了很多""当我开始创作自己的作品的时候，我感到非常轻松和快乐""体会到中国画晕染的过程与乐趣""我觉得我终于画出了一幅我觉得挺好的作品"等。

第三个维度：价值观形成——顺应力、意义创造

学生学习山水画后认同中华优秀传统文化，产生了正确的价值观，并表达了传承的意愿。他们写道："我发现了国画的独特魅力，相较于西画，它更注

重用留白和写意的构图去营造一个令人舒适的氛围,让人浮想联翩,并且画中的景物也更加有韵味""中国画在方寸之间表现着万千世界以及画家独特的思想境界""我觉得要让中国画传承下去,让每个时代的人都能感受到中国画之美""这些都是中国的传统文化,希望能传承下去"。

第四个维度,创造力发挥——创造力、意义创造

学生在学习山水画的过程中发挥了想象力和创造力,并有意义创造的表现。(图6-9、图6-10、图6-11)

首先,技法方面的创造。学生写道:"我画的画中也发现了太湖石的其他画法";"在拼贴画环节中,我感受到这与平时用毛笔画有很大的不同,当自己用笔画时,可以随心所欲地构图,而这次因为贴纸的限制,要区分近景、远景、中景和构图排列,还要考虑每张小图片的颜色是否搭,但后来有个老师提醒我,山水画是很能表现画者主观意识的,自己觉得好看就行了,我便按照自己喜好随意排列

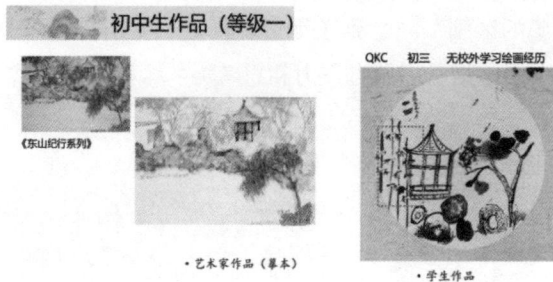

图6-9 原作与初中生作品的比对,呈现模仿和创造性表现

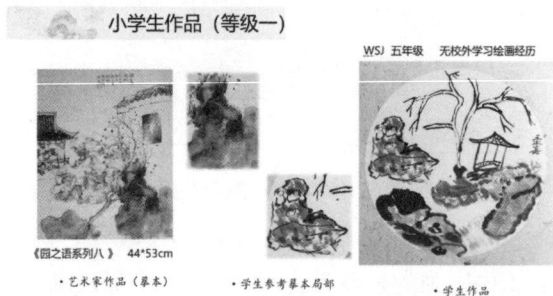

图6-10 原作与小学生作品的比对,呈现模仿和创造性表现

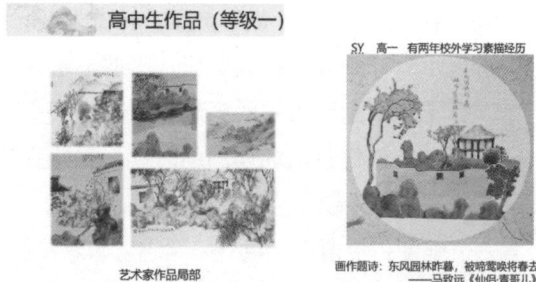

图6-11 原作与高中生作品的比对,呈现模仿和创造性表现

了"。其次,意义方面的创造。学生写道:"在画时,我加入了许多自己的想法。""《江南园》黑瓦微卷边,湖石为怪状,枯树又复生,待到春来此。园中若清静,不见鸟之声。闻声又寻觅,声在屋檐后。(原创)""竹林葱葱伴小径,青青桐树两边依。小船伴水缓缓行,窗外美景无言行。(原创)""初学国画提笔静,今画国画笔飞起。淡墨浓墨衔接速,一幅国画现出品。(原创)"。

综上所述,通过采用扎根理论三级编码的定性分析方法,我们发现中小学生的山水画学习力得到了显著提高。一方面,学生的山水画学习力表现在通过山水画学习所引起的行为上,即他们学习了山水画的鉴赏方法和表现技巧,具有了一定程度的运用中国画语言欣赏并评述山水画的能力,同时掌握了一定程度的运用笔墨创作山水画的能力。另一方面,学生的山水画学习力表现在思维方面,即思考力和意义方面形成的持久变化的内在素质,他们增强了对中华民族优秀传统文化认同和理解的能力,也提高了想象和创造能力。

(二)讨论与分析

本研究的关键问题是由大学、美术馆和中小学校三方联合开展的山水画教学活动在培养中小学生山水画学习力方面是否具有可行性与有效性。

我们进一步采用编码的方式对中小学生山水画学习力进行分析。选择编码的目的是进一步系统地处理范畴之间的关系,使其内在逻辑和关联具体化。这一阶段是从主范畴中提炼出核心范畴,分析核心范畴与其他范畴的逻辑关系,并以故事线的形式将各种相关联的变量归纳到理论框架中。通过对2个主范畴的主轴分析,并结合原始数据进行互动比较和深入反思,得出以下模型(图6-12):

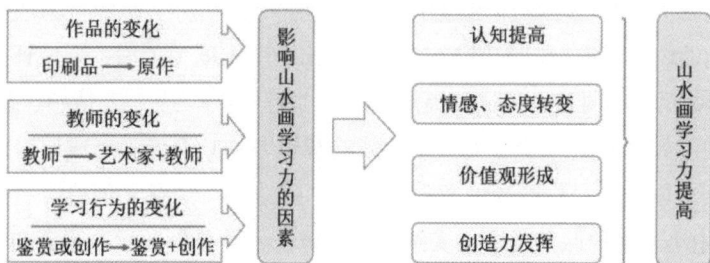

图6-12　学生山水画学习力的影响因素

在本次学习活动中，影响学生变化的主要因素为：第一，作品的变化。美术馆作为一个优化的山水画学习环境，作为学习主体的中小学生直接接触山水画原作，带给他们的是与在学校课堂上观看印刷品不一样的感受。第二，教师的变化。由艺术家郑文直接讲解自己的作品，并亲自进行示范，学生激发起学习欲望，增长了山水画知识，学到了表现手法，体会到作品的内涵。第三，学习行为的变化。本次活动时间为 90 分钟，相当于 2 课时的美术课堂教学，突破了 1 课时的局限，实施了山水画鉴赏与创作融为一体的单元课程，学生结识了艺术家，倾听艺术家讲解原作，观看艺术家示范，通过填写学习单学习山水画知识，在创作过程中体验山水画表现技能，并在卡片上撰写学习体会等，获得了丰富多彩的学习经历。

以上三方面的因素，即作品的变化、教师的变化和学习行为的变化，对学生山水画学习力的提高带来了积极影响。通过对蕴涵着中华民族自然观和哲学观的山水画学习，他们用文字或口头语言以及造型表现的方式，来表达自身对山水画的认识、情感和理解以及对中华优秀传统文化的认同。我们认为，在山水画学习力的四个维度方面：（1）认知提高（变化和学习）；（2）情感、态度转变（关键好奇心、学习关系、策略意识）；（3）价值观形成（顺应力、意义创造）；（4）创造力发挥（创造力、意义创造），学生都有积极的表现。

五、结论

经过为期一年的研究，针对本研究提出的主要问题，本研究团队得出以下结论：

第一，何谓"山水画学习力"？如何评价学生的山水画学习力？本研究的山水画学习力是指中小学生通过中国山水画学习活动所引起的行为或思维方面持久变化的内在素质。以英国 ELLI 项目提出七个维度为依据，形成评价学生山水画学习力的四个维度：1.认知提高，对应"变化与学习"；2.情感、态度转变，对应"关键好奇心""学习关系""策略意识"；3.价值观形成，对应"顺应力""意义创造"；4.创造力发挥，对应"创造力""意义创造"。我们汇集了 41 名中小学生的课堂观察、实践作品、访谈、学习单、学习体会和背景资料等多方面的信息，采用参与式个案结合扎根理论三级编码（开放编码、轴心编码、选择编码）的定性研究方法，并运用文本分析方法，从原始资料中提炼关键词、主题和概念，并归纳经验，然后上升到理论，以检测与评估小学、初中和高中三个学段学生的山水画学习力。

　　第二，由大学、美术馆和中小学校联合开展的山水画教学能带给中小学生怎样的学习经历？对提高中小学生的山水画学习力是否具有成效？研究结果发现，由大学（美术教育团队＋艺术家）、美术馆和中小学校联合开展的山水画教学，在 90 分钟时间里，给中小学生带来了结识艺术家，倾听艺术家讲解原作，观看艺术家示范，通过填写学习单学习知识，在创作表现过程中学习技能，并在卡片上撰写学习体会等丰富多彩的学习经历。与学校美术课堂教学相比，在美术馆场域中，由大学美术教育团队设计的课程方案和山水画家主导的教学活动对中小学生的山水画学习力的提高具有显著成效。

　　第三，这样的教学活动中蕴含怎样的成功经验？这种经验在学校美术课堂教学或社团活动中可以推广吗？这样的教学活动中蕴含的成功经验为：1.采用构建学生学习全程优化机制的学习活动设计的策略，包括教育目标、作品精选、教学策略、学习方法和评价方式的优化；2.开展多元化山水画工作坊活动的方式，实施美术鉴赏与美术创作融为一体的单元课程；3.采用学习档案袋的评价方法，中小学生通过学习单、作品和学习体会等呈现自身的山水画学习力。这些经验都可以推广至中小学中国画单元课程开发、课堂教学实践或社团活动之中。此外，创设类似美术馆的教学情境、运用 iPad 图片编辑软件等数字媒体手段进行创作的经验，也可以在中小学美术课堂教学或社团活动中进行推广。

六、本研究的发展方向

（一）成效与局限

　　本研究提出以英国 ELLI 项目提出的七个维度为依据评价学生山水画学习力的四个维度，经研究证实中小学生的山水画学习力在四个维度上均有显著提高。由此，我们证明由大学、美术馆和中小学校三方联合开展的山水画教学在培养中小学生山水画学习力方面具有可行性与有效性。本研究的成功经验，对解决目前我国中小学中国画课堂教学以及馆校结合的美术教育仍然注重向学生传递知识与技能，未能真正提高中小学生美术学习力的问题，可以起到借鉴或推广的作用。本研究所提供的实证数据，对我国有关中小学生山水画学习能力研究的不足进行补充，同时为中小学中国画课程与教学的改革提供有效策略以及值得借鉴与推广的经验。

从学习科学研究最新进展的视角来看，我们的研究仍然停留于关注日常教学活动中学生学习行为的变化、学生学习愿望的激发、学习环境与学生学习之间的关系等宏观层面的研究上，未能进入关注学生的脑机制在外部环境的刺激下神经联结的情况、脑功能区的变化以及功能联结等微观层面的研究。

（二）新视角与新方法

21世纪初创立的神经美学主要研究审美活动激活的脑区及其相互关系，探索视觉艺术领域中审美活动的神经机制，以定位大脑中和审美相关的特异性脑区并对其进行功能的细分。近年来，随着认知神经科学的不断发展和脑功能成像技术的日趋成熟，用神经科学的研究方法和技术来探究有关学习的认知和脑机制，成为学习科学研究的新趋势。今后，本研究团队将以神经美学、认知神经科学作为中国山水画学习力研究的新视角，采用神经美学和认知神经科学相结合的实证研究方法，更加深入、全面地探究"学生究竟是如何学习山水画的？怎样才能有效提高学生的山水画学习力以及中华优秀传统文化的学习力"等问题，取得更具有信度和效度的研究成果，更有力地推动中华优秀传统文化教育的发展。

第二节　基于眼动追踪技术的学生中国山水画审美能力提升研究[①]

一、研究意义

自十八届三中全会报告阐释"改进美育教育，提高学生审美与人文素养"到2020年国务院办公厅再次印发《关于全面加强和改进新时代学校美育工作的意见》，其间教育部接连发布了多份相关文件，加强学校美育工作已提到了国家文化战略的高度。学校美育的主要问题也从为什么要重视和开展美育，转变为如何开展学校美育，以及如何有效进行美育教学的问题[②]。由此可见，了解当下学生的审美认知现状，以及如何有效提升学生的审美鉴赏能力已成为当前学校美育建设的主要任务之一。

中国绘画艺术是融合中国人文智慧的视觉图像艺术，山水画则是其典型代表，它植根于中华民族的哲学理念和精神世界，具有独特的审视方式和审美境界。引导学生通过欣赏山水画进而提升美育，既有助于深化学生对中华优秀传统文化重要性的认识，增强文化自觉和文化自信；也有助于深入挖掘中华优秀传统文化的价值内涵，激发其生机与活力。

但是，当前学校中国画教学状况不容乐观，学生对中国画的认知和审美鉴赏能力堪忧。[③]作为一种意识活动的高级形式，审美鉴赏活动涉及感知、情感、想象、回忆、反思、判断等高级认知思维过程。为了探究学生观看艺术作品时的视觉认知特点，本研究尝试将眼动追踪技术引入对学生中国山水画审美能力的测试中，考察不同程度学习类型的大学生对经典山水画的审美认知特点和规律，进而提出提升审美能力的有效学习方案。

眼动追踪技术是研究认知心理学和基础神经科学的重要工具之一。眼动追

[①]　本节由华东师范大学美术学院教授郑文和华东师范大学美术学院硕士研究生林一函撰写。

[②]　汪宏，陈笑浪. 中小学美育教学评价智能化平台的建构与运用 [J]. 湖南师范大学教育科学学报，2021.20（3）：44–50.

[③]　本课题组在2018年1月至6月进行了中小学中国画教学及学习情况的调查研究，调查覆盖26个省、市、自治区，共收集教师问卷420份（小学教师190人，中学教师230人），学生问卷1586份（小学生539人，中学生1047人）。调查中发现，55%的小学生、17.96%的初中生及30.1%的高中生没有学过中国画。

踪技术始于 19 世纪末 20 世纪初，20 世纪中期后，随着摄像技术的引入，特别是计算机技术的快速发展推动了高精度眼动仪的研发，极大扩展了眼动追踪技术的应用。从 1980—2005 年有关国内眼动研究的文献计量分析数据来看，眼动追踪技术研究主要以阅读研究为主，并逐渐拓展到了消费、病理、思维、运动、工程等领域[①]。近年来国外研究者开始探索个体眼动特征与认知能力（尤其是智力和工作记忆）之间的关系，并试图将眼动追踪技术作为评估个体认知能力的新方法[②]。

20 世纪 90 年代末，Zeki、Solso 等西方神经学家开始意识到审美的神经机制对美学的重大意义，进而开始艺术审美神经机制的科学研究，Solso 首次对正处于创作状态的肖像画家与另一位无绘画经验的普通人进行脑成像对比实验，发现画家大脑的右侧前额叶皮层活动比普通人强烈，证明画家在创作时比普通人进行更多的表象思维活动[③]。李苗利等人从审美认知偏好角度来测试美术专业与普通专业学生对中西方绘画作品的反应，研究表明审美认知具有较强的可塑性[④]。

纵观当前最新研究成果，通过眼动追踪技术来探究具有不同中国画学习程度学生的审美鉴赏能力，揭示其认知加工的视觉审美特点和规律，并将研究结论用于改进学校中国画课程与教学的研究几乎是空白。本研究正是希望能提供这方面的实证资料和成果。

二、研究设计

（一）被试对象

本实验的被试者共 35 人，裸眼视力或矫正视力均达到 1.0 以上，无色弱色盲。通过问卷星测试招募本科一年级新生共 30 人，男女人数相等，文理工科均有，他们在中学阶段很少接触中国画，山水画认知水平接近。实验将他们平均分为 3 组：第一组接受了时长 2 小时的山水画笔墨体验活动和 1 次中国画鉴赏讲座，

① 郑成艳，王哲，严璘璘. 眼动追踪技术的研究述评 [J]. 分析仪器，2021（2）：141-143.
② 陆润豪，张兴利，施建农. 眼动技术在个体认知能力差异研究中的应用 [J]. 心理科学，2021，44（3）：552-558.
③ 丁晓君，周昌乐. 审美的神经机制研究及其美学意义 [J]. 心理科学，2006，29（5）：1247-1249.
④ 李苗利，陈晶，吴杨. 美术专业与普通专业学生对中西方绘画作品的审美认知差异 [J]. 心理科学，2015，38（2）：366-372.

以下简称体验组；第二组前期没有经过训练与学习，在眼动测试开始前20分钟，通过学习单完成预学习，以下简称学习组；第三组则完全没有接受过任何中国画训练与学习，以下简称未学组。为了进行比较，另选择了5名中国画专业学生，以下简称专业组。

（二）实验仪器

本实验采用Tobii TX300桌面式高精度眼动仪，以300Hz的高采样率记录被试者在实验过程中的注视时长、注视点和瞳孔尺寸等数据，并通过Tobii Studio软件自带的视觉轨迹图、热点图、AOI兴趣区数据分析等功能对实验数据进行可视化处理。

（三）被试内容

本实验选择了3幅经典的山水画作品：北宋郭熙《早春图》、元代倪瓒《六君子图》、明代文徵明《真赏斋图》。宋元明是中国山水画发展的重要时期，体现了中国山水画由"求真"转向"尚意""悟趣"的历程。郭熙《早春图》是极少几件北宋真迹之一，历来被认为是宋代山水画的基准作品，其全景式表现方式极具宋代山水的特质。倪瓒是元四家之一，《六君子图》是为其友卢山甫所作，此作以其独特的风格特征成为"逸品"的代表作。文徵明是明代山水画家的重要代表，他与沈周创立了"吴门画派"。文徵明有2幅《真赏斋图》作品，这里测试的《真赏斋图》是创作年代更晚的那幅，为其晚年的代表作品。这3幅作品在材料媒介、画面构成、表现语言等方面均有显著差异。选择这3幅作品是力求参与评测学生对不同时代和表现形式的视觉反映和接受程度。

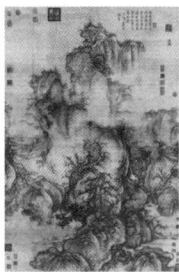

图6-13
郭熙《早春图》

图6-14
倪瓒《六君子图》

图6-15　文徵明《真赏斋图》

为了解何种学习内容对学生短时学习产生影响，本研究设计了学习单（图
6-16），提供了 3 幅作品的创作背景，学习单对于作品的表现内容、表现形式
等方面的引导，3 幅作品各有侧重，《早春图》关注于空间表现、皴法和点景
方面的引导；《六君子图》偏重用笔、用墨及留白方面；《真赏斋图》则强调 2
幅同名作品表现内容的异同。

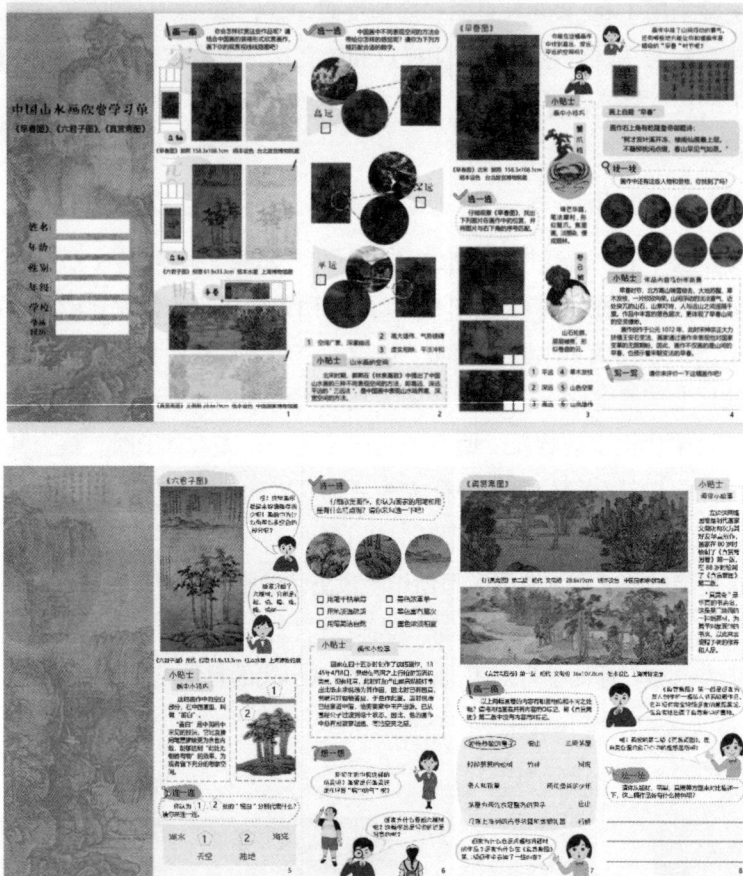

图 6-16　学习单（正反面）

（四）实验程序

开始实验前，先向被试对象介绍实验的过程与测试内容，在被试者充分了

解后，引导被试者坐在眼动仪前，被试者与屏幕保持大约 60—80 厘米的距离，通过"校准"测试，并在实验过程中尽可能保持头部的稳定，避免仪器捕捉丢失。实验过程中被试者需要欣赏《早春图》《六君子图》和《真赏斋图》3 幅山水画作品，欣赏时长通过预实验测试确定为 1 分钟。在材料的处理上，通过调整刺激材料的分辨率，使之尽可能接近，并在每幅作品后插入一页全灰的画面，持续 3 秒，以避免视觉残留，减少差异刺激。眼动实验结束后，被试者根据自身主观感受完成一份调查问卷，并接受访谈。

（五）眼动指标选取

针对山水画作品的眼动指标相对集中，主要采用注视时长、注视点、视觉轨迹图、热点图以及瞳孔直径变化等进行分析。

1. "视觉轨迹图"能直观呈现被试者对中国山水画的视觉注意力的空间动态分布，易于理解被试者视觉搜索中国山水画画面的过程。

2. "热点图"是大量注视点的聚合图，是以一种渐进的色带来表现被试者对刺激材料的注视情况，较为直观地展现被试者对中国山水画画面注视点的分布情况与注视频率。

3. "注视时长"代表眼睛从进入兴趣区到离开该区域的所有注视时间之和，是反映兴趣区对被试者吸引程度的重要指标。注视点数是测试过程中被试者在眼动过程中形成的中国山水画的注视点数量。注视点数越多，说明被试者对中国山水画信息加工的效率越高。

4. "瞳孔直径变化"是指注视过程中被试者瞳孔直径变化的大小。在控制统一光源情况下，瞳孔直径的变化与大脑的认知加工有密切的关系，瞳孔直径变化越大，代表被试者大脑皮层越活跃，中国山水画的信息量获取也更多。

三、眼动数据可视化分析

（一）注视轨迹图分析

"眼动轨迹"是个体在执行任务时认知活动最直观的体现，它反映被试者的浏览和注视情况以及视觉刺激在大脑中被处理的顺序[①]。通过4组学生注视轨迹图的梳理（图6-17、图6-18、图6-19、图6-20），发现未学组观看作品的轨迹没有规律，呈自由跳跃状，只在款识处有短时停留，说明他们缺乏观看作品的方法，试图通过款识内容来解读作品；专业组则有比较明确的观看轨迹，由近及远，与画中山脉走势相合，并在画面主体树石、点景区域停留，体现了由表及里、不断深化的信息处理过程。体验组的注视轨迹与未学组比较接近，但在近景松树及点景处有停留，说明近景松树的造型、笔墨与点景的内容吸引他们，这与他们曾有过树石笔墨的实践体验有关；学习组的注视轨迹沿物象边缘处行走，并在点景处停留，说明他们关注物象的外形，试图从中解读图像意义，这与学习单的引导关系密切。

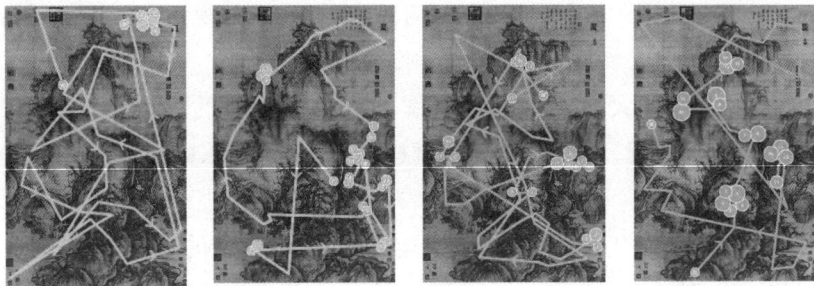

图6-17　未学组　　图6-18　学习组　　图6-19　体验组　　图6-20　专业组

（二）热点图的可视化分析

热点图能够直观地反映被试者对所测作品的注意力分配。通过对12张热点图的对比分析，可以看到随着对山水画学习程度的加深，不同组的被试者对于同一作品的热点变化明显：未学组的高注视度区域呈现为面积较小的点状，多集中于款识与点景区域，树石区域关注较少；专业组则多将注意力集中于前景的树石与其中的点景，热点面积覆盖较广，但对款识不甚关注；体验组和学习组的热点图介于前两者之间，呈现出一种过渡状态。作品中的款识和点景成为未学组关注的重点，可以说明未学组被试者试图通过画中题字和点景来获取有

---

① 黄龙，等.眼动轨迹匹配法：一种研究决策过程的新方法[J].心理科学进展，2020，28（9）：1454-1461

关作品的信息。对于专业组被试者而言，他们能从树石的造型、笔墨中获取更多的审美体验。体验组被试者由于有过一次笔墨实践经历，他们对树石的关注会比未学组和学习组高。对于学习组而言，学习单中提供的信息更为直接地影响了他们的观看方式。

表 6-3　4 组测试者的 3 幅作品热点图

	《早春图》热点图	《六君子图》热点图	《真赏斋图》热点图
未学组			
体验组			
学习组			
专业组			

（三）基于 AOI 眼动指标分析

AOI（Area of interesting）即兴趣区，用于反映被试者对所测作品特定内容持续性视觉吸引力的强弱。为了进一步探究不同学习程度被试者对山水画中树木、山石、款识与点景等内容的感兴趣度、效率及注意力分配，依据注视点聚类形成的兴趣区进行数据统计，考虑到图像中物象大小不同对数据产生的影响，研究依据图像中最大面积物象的兴趣区为样，进行同面积数据换算后进行分析。

表 6-4 《早春图》兴趣区同面积换算眼动数据表

类型	"树木" 兴趣区		"山石" 兴趣区		"点景" 兴趣区		"款识" 兴趣区	
	注视时长（秒）	注视点数（个）	注视时长（秒）	注视点数（个）	注视时长（秒）	注视点数（个）	注视时长（秒）	注视点数（个）
未学组	29.16	97.71	17.85	67.40	69.32	47.73	54.85	86.07
学习组	35.96	123.73	20.50	74.63	118.36	81.66	50.42	57.21
体验组	36.97	127.40	26.46	93.71	69.03	52.04	45.75	53.29
专业组	56.20	203.50	33.52	126.58	57.10	50.12	24.82	74.11

表 6-5 《六君子图》兴趣区同面积换算眼动数据表

类型	"树木" 兴趣区		"山石" 兴趣区		"款识" 兴趣区	
	注视时长（秒）	注视点数（个）	注视时长（秒）	注视点数（个）	注视时长（秒）	注视点数（个）
未学组	7.61	29.33	8.71	29.28	14.23	41.68
学习组	20.73	74.80	13.10	46.21	9.99	32.40
体验组	12.86	48.33	12.70	44.49	15.42	46.41
专业组	13.27	55.25	12.04	32.65	10.59	26.07

表 6-6 《真赏斋图》兴趣区同面积换算眼动数据表

类型	"树木" 兴趣区		"山石" 兴趣区		"点景" 兴趣区		"款识" 兴趣区	
	注视时长（秒）	注视点数（个）	注视时长（秒）	注视点数（个）	注视时长（秒）	注视点数（个）	注视时长（秒）	注视点数（个）
未学组	5.65	22.40	9.23	32.62	15.42	50.19	13.29	33.68

续表

类型	"树木" 兴趣区		"山石" 兴趣区		"点景" 兴趣区		"款识" 兴趣区	
	注视时长（秒）	注视点数（个）	注视时长（秒）	注视点数（个）	注视时长（秒）	注视点数（个）	注视时长（秒）	注视点数（个）
学习组	14.56	49.53	10.16	39.40	26.09	97.51	5.34	24.60
体验组	10.80	59.20	21.23	91.51	22.64	83.55	14.19	43.10
专业组	13.87	57.25	21.80	93.29	16.43	56.86	5.34	22.64

通过比较可以发现 4 组被试数据间存在显著差异。从注视时长与注视点数，结合热点图来看，未学组被试者的兴趣度表现为：款识＞点景＞山石＞树木；而专业组被试者往往能迅速关注到画的主体，如《早春图》和《六君子图》的近景树木、《真赏斋图》的假山石，且凝视时间远高于题字与点景区域。表现为：树木或山石＞点景＞题字；体验组与学习组介于两者之间，体验组接近专业组，学习组接近未学组。对于《六君子图》，学习组、体验组和专业组的数据比较接近，其中学习组对树木的关注度甚至高于专业组。已有研究表明，学习者在解决复杂问题或对该区域感兴趣时持续注视时间和次数都会增多。学习组在测试前刚经历了短暂学习，因此可以认为这是被试者正试图从作品解读中来理解学习单中提供的相关信息。

同时，注视点数量多与被试者对该区域感兴趣或重视有关。从测试数据来看，专业组被试者的注视时间均值远高于其他组的被试者，说明专业组被试者要经过更多的认知加工活动去体验审美过程。这与 Solso（2001）的研究结果"专业画家在绘画创作时要比普通人进行更多更高级的思维活动"是相符合的[①]。

（四）瞳孔直径变化分析

瞳孔的心理反射是指个体对进入视觉和听觉通道的刺激进行感觉登记后，大脑对刺激进行认知加工时伴随着瞳孔的扩张或收缩，此时瞳孔直径的变化可以反映出个体对输入刺激的认知加工过程。已有研究发现，注意、知觉加工、情绪、

---

① 丁晓君，周昌乐. 审美的神经机制研究及其美学意义 [J]. 心理科学，2006，29（5）：1247-1249.

记忆等诸多心理活动均会影响瞳孔直径的大小变化。同时，认知负荷理论认为瞳孔变化是认知负荷增减的接受反映[①]。

研究通过 spss 统计分析软件对被试瞳孔直径变化数据进行单因素 ANOVA 分析：

表 6-7　变异数同质性测试

	Levene 统计资料	df1	df2	显著性
《早春图》瞳孔直径变化（毫米）	0.721	3	31	0.547
《六君子图》瞳孔直径变化（毫米）	0.760	3	31	0.525
《真赏斋图》瞳孔直径变化（毫米）	0.573	3	31	0.637

表 6-8　多重比较

因变数	（I）类型	（J）类型	平均差异（I-J）	标准错误	显著性	95% 信赖区间	
						下限	上限
《早春图》瞳孔直径变化（毫米）	未学组	体验组	−.34600*	.06921	.000	−.4871	−.2049
		学习组	−.36800*	.06921	.000	−.5091	−.2269
		专业组	−.67600*	.08476	.000	−.8489	−.5031
	体验组	未学组	.34600*	.06921	.000	.2049	.4871
		学习组	−.02200	.06921	.753	−.1631	.1191
		专业组	−.33000*	.08476	.000	−.5029	−.1571
	学习组	未学组	.36800*	.06921	.000	.2269	.5091
		体验组	.02200	.06921	.753	−.1191	.1631
		专业组	−.30800*	.08476	.001	−.4809	−.1351
	专业组	未学组	.67600*	.08476	.000	.5031	.8489
		体验组	.33000*	.08476	.000	.1571	.5029
		学习组	.30800*	.08476	.001	.1351	.4809

---

① 于洋，等.瞳孔变化在记忆加工中的生物标记作用[J].心理科学进展，2020，28（3）：416‑425.

续表

因变数	（I）类型	（J）类型	平均差异（I-J）	标准错误	显著性	95% 信赖区间	
						下限	上限
《六君子图》瞳孔直径变化（毫米）	未学组	体验组	−.19400*	.06331	.004	−.3231	−.0649
		学习组	−.27100*	.06331	.000	−.4001	−.1419
		专业组	−.25400*	.07754	.003	−.4121	−.0959
	体验组	未学组	.19400*	.06331	.004	.0649	.3231
		学习组	−.07700	.06331	.233	−.2061	.0521
		专业组	−.06000	.07754	.445	−.2181	.0981
	学习组	未学组	.27100*	.06331	.000	.1419	.4001
		体验组	.07700	.06331	.233	−.0521	.2061
		专业组	.01700	.07754	.828	−.1411	.1751
	专业组	未学组	.25400*	.07754	.003	.0959	.4121
		体验组	.06000	.07754	.445	−.0981	.2181
		学习组	−.01700	.07754	.828	−.1751	.1411
《真赏斋图》（第二版）瞳孔直径变化(毫米)	未学组	体验组	−.20100*	.06810	.006	−.3399	−.0621
		学习组	−.28400*	.06810	.000	−.4229	−.1451
		专业组	−.47400*	.08341	.000	−.6441	−.3039
	体验组	未学组	.20100*	.06810	.006	.0621	.3399
		学习组	−.08300	.06810	.232	−.2219	.0559
		专业组	−.27300*	.08341	.003	−.4431	−.1029
	学习组	未学组	.28400*	.06810	.000	.1451	.4229
		体验组	.08300	.06810	.232	−.0559	.2219
		专业组	−.19000*	.08341	.030	−.3601	−.0199
	专业组	未学组	.47400*	.08341	.000	.3039	.6441
		体验组	.27300*	.08341	.003	.1029	.4431
		学习组	.19000*	.08341	.030	.0199	.3601

根据表 6-7，显著性 P 值分别为 0.547、0.525 以及 0.637，均大于 0.05，说

明瞳孔直径变化数据方差呈齐性，可以使用单因素 ANOVA 进行分析，接着进行了组群间的比较，从中可以发现以下特点：

1. 未学组与其他三组在观看 3 幅作品时瞳孔直径变化均存在显著差异。

2. 对于《早春图》和《真赏斋图》这 2 幅作品，专业组与体验组、学习组的瞳孔直径变化存在显著差异。

3. 对于《六君子图》，专业组、体验组、学习组之间的瞳孔直径变化不存在显著差异。

4. 学习组与体验组在欣赏 3 幅作品时瞳孔直径变化均不存在显著差异。

根据瞳孔直径变化的特点，结合视觉轨迹图、热点图、注视点等眼动实验数据，可以得出以下结论：

第一，被试者瞳孔直径变化大小与其山水画学习程度高低相关，与被试者自身的性别、专业无关。无论是体验组、学习组，还是专业组被试者，在观看山水画过程中都与未学组被试者瞳孔直径变化存在显著差异，表明他们都较未学组在鉴赏山水画过程中有更多的审美加工过程。由此也可证明，审美鉴赏能力是需要通过学习获得的。

第二，体验组与学习组在欣赏 3 幅作品过程中瞳孔直径变化不存在显著差异，但与未学组存在显著差异，表明笔墨体验和学习单学习是两种帮助学生理解中国画的途径，但它们对于被试者的影响深度还有待进一步的研究加以验证。

第三，面对《六君子图》，专业组、体验组、学习组之间的瞳孔直径变化不存在显著差异。结合注视点等相关信息，根据认知负荷理论可以认为体验组、学习组、专业组在欣赏《六君子图》时被试者大脑的认知负荷比较接近。与其他 2 幅作品相比，《六君子图》画面简洁、形象凝练、平远构图、笔墨丰富、意境寥廓，极易打动人。结合热点图和视觉轨迹图，可以发现短期笔墨体验的被试者除关注近景树木之外，还在远景处有所停留，其观画视线在近景与远景处反复，说明他们对画面章法、造型、笔墨均有关注；学习组则将关注点较长时间集中于近景树木和款识，结合学习单中关于"六株树"是写实还是写意，及是表现自然还是抒发"胸中逸气"等问题，可以发现他们试图通过感受、分析、整合，评价这些信息。结合访谈，学习组和体验组的被试者都认为 3 幅作品中《六君子图》最易让人感动。对于专业组而言，《六君子图》则是 3 幅作品中最易解读的一幅作品，也是认知负荷最低的一幅作品。

第四，对于《早春图》《真赏斋图》这 2 幅作品，可以发现形成了未学组、体验组和学习组、专业组三个层次，表明未学习、短期学习与长期学习的被试者面对这 2 幅作品时都能产生不同程度的认知体验。虽然《真赏斋图》中表现的物象不如《早春图》丰富，但画面造型、笔墨以及意境都更具抽象性和意象化，专业组被试者能够捕捉到其中的信息，但短期学习的被试者虽然有了一些观画经验，但他们很难理解画中假山石的笔墨和树木的意象，而只被画中建筑及斋中人物吸引。《早春图》描绘内容繁多、空间关系复杂、隐喻意义丰富的特点，对于没有中国画体验的观者来说是很难理解的，因此不同学习阶段被试者的感受各不相同，学习程度越高，从《早春图》中获取的信息越多，对其的理解也越深刻。

四、问卷调研分析

进行问卷调研是为了更好地辅助眼动研究，问卷涉及作品的表现形式和表现内容两方面，表现形式涉及用笔、用墨、章法等；表现内容涉及形象、主题、意境、情感、价值观等，由客观题和主观题两部分组成。

表 6-9　问卷调研信度检验结果

项目	对《早春图》形式语言的感受	对《六君子图》形式语言的感受	对《真赏斋图》形式语言的感受
Cronbach 系数	0.855	0.949	0.965
项目个数	5	5	5

表 6-10　问卷调研效度检验结果

项目	KMO 值	df	显著性
对《早春图》形式语言的感受	0.712	10	0.001
对《六君子图》形式语言的感受	0.832	10	0.000
对《真赏斋图》形式语言的感受	0.824	10	0.000

采用 SPSS 软件处理量表数据，对调查问卷进行信度分析，得知调研结果呈

正态分布，Cronbach 系数均大于 0.7，内在信度良好，表明问卷测试结果稳定可靠；对问卷调研结果进行效度分析，其中各项变化的 KMO 值均大于 0.7，说明问卷调研结果有效。

从统计数据可以看出，在对笔墨的感受上，线条的干湿变化最不易被感知。同时，体验组对笔墨的感知能力明显高于未学组和学习组，表明中国画的笔墨实践有助于学生对山水画形式语言的认识，尤其是对笔墨变化的感知，这对于理解中国画是非常重要的。

| 图 6-21　未学组词云 | 图 6-22　学习组词云 | 图 6-23　体验组词云 |

根据调查问卷中开放题学生的主观回答以及访谈文本，采用高频词提炼形成 3 幅词云图。通过比较分析，可以发现未学组习惯从画面物象入手进行描述，紧接着就转向对画面意境感受的表达，其表达仅涉及感知层面，缺乏对画面形式语言的分析，被试者谈及画面构图的频率极少，且极为简单。他们能感受并表达出画面的意境，但由于缺乏美术学科相关知识，对作品无法进行分析。学习组和体验组在鉴赏山水画时有了多种角度，学习组的词云中主要提及作品物象、作品背景以及自身感受等多个方面，显然是受到学习单的影响，但对于画面形式语言的解读不多。通过学习单，被试者了解到作品的创作背景，尤其是《六君子图》，在了解了倪瓒的生平与创作经历之后，被试者更能将自己代入作品表达的意境中，生发出新的感受；而体验组则更多从笔墨体验角度进行欣赏，涉及画面的物象、背景、章法、笔墨以及意象等多个方面，囊括了画面内容、形式语言、自身感受乃至情感、态度和价值观这 4 个层面。他们对用笔、用墨变化的感受也更为真切，能注意到物象的空间表达、用笔的灵活圆转，理解线条疏密、粗细变化，墨的干湿、浓淡等，对于山水画的理解显然更为立体与深入。

后期访谈中有一个典型的案例，有位学生谈到学习单对她的影响。她说第一次看《真赏斋图》，觉得画中的怪石较为扭曲和密集，有些恐怖。阅读了有关画家在不同年龄所作 2 幅画的创作目的后，从原先直觉上觉得石头有些诡异阴森，到后来再看就觉得比较苍劲有力，观赏体验有了很大的转变。她说："在这次赏画经历中，我感受到感性与理性的结合，对转化体验的效果提升感兴趣。我们看到作品后第一时间是出于直觉的情感产生的对美的最初体验，但通过一些客观知识的介入，我们能对作品有更全面和理性的判断，让欣赏提升一个高度。"

在访谈中，我们了解到笔墨体验不仅增进了学生对画面表现语言形式的理解，而且在情感、态度和价值观上也有了新的提升。譬如，有位学生谈道："我知道中国画并不是轻易就能学成的，我们看到的熟练背后是十年如一日的不断练习，同样也激励我不要轻易放弃，不管以后有多少困难，都要保持着一颗坚韧的心去迎接它们。"也有学生在中国画的实践体验中感受到书法的笔势；体会到中国画中抽象的点线之美；体悟到画面空白表现出意味无穷的虚实感，等等。

五、结论与建议

迄今为止，在美术鉴赏研究中，学习者的鉴赏水平是通过他们的口头或书面评论来评估的。然而仅依赖口头或书面描述，很难确定学习者是否在他们的观看方式上发生了实际变化。本研究结果表明，眼动追踪技术可以作为评估学生深度学习的有效工具，它能够真实而客观地呈现不同学习程度的学生鉴赏中国山水画的视觉感知加工特点。实验获取了学生中国山水画学习质量的客观数据，解决了以往中国画教学完全依赖于教师个人经验和主观判断的问题，也为探究提升学生中国山水画审美鉴赏能力的方法提供了依据。在此，综合分析了眼动实验和问卷访谈资料，得出 4 个方面研究结论和改进教学与教材的相关建议：

（一）关注学生对中国山水画审美认知能力的渐进过程

从所测 3 幅作品的反应来看，《早春图》最不易为学生所理解，其次是《真赏斋图》和《六君子图》。《早春图》以包罗万象的全景式呈现了艺术家对于自然及人生的理解，画面内容繁复且具象征意味，空间表达和表现形式独具特色，对于对中国山水画缺乏了解的学生而言是很难理解的。《真赏斋图》和《六君子图》虽然笔墨语言更加抽象，也具物象隐喻意义，但构图相对简洁，物象也更为集中，有过短期学习体验的学生都能找到一种进入的角度，较之《早春图》更能被理解。

由此建议，在中国画鉴赏教学和教材编写中要关注学生的审美认知能力的提升是一个渐进过程，尤其是对于孕育着深厚人文内涵的中国山水画学习，可以先由元代入手，下探明清，再上溯唐宋，精选具有鲜明时代风格特质的作品，通过同时代多幅代表作品的比较，引导学生自主探寻作品的风格特征，以此建立学生对中国山水画的感知和理解能力。

（二）帮助学生提高对笔墨的认知能力与理解能力

从注视轨迹图可以看出，未学组被试者不知如何来观看作品，可见中国画的审美鉴赏能力不是与生俱来的，而是需要通过后天学习获得的。偏重于作品背景和形式语言介绍的教学，在一定程度上能让学生获得一种观看中国山水画作品的方式，但从调查问卷中可以看到他们对于笔墨的感知是有限的。而实践体验活动无疑能加深学生对中国山水画形式语言，尤其是笔墨的理解。作为视觉艺术的中国画，学生对笔墨认知能力的提升是理解中国画非常重要的路径。

由此建议，除了课堂教学之外，可以通过工作坊、拓展课、兴趣小组或社团活动等第二课堂的方式提供学生更多的中国画实践体验以及创作的机会，以激发他们的学习兴趣，提高他们的审美鉴赏能力。

（三）设计有助于提升各学段学生中国画鉴赏能力的学习单

本研究发现，学习单是一种有效提升学生审美鉴赏能力的方式。它的好处是便捷，可以随时学习。但如何设计能有效提升学生中国画鉴赏能力的学习单十分重要。

由此建议，学习单的设计首先要明确阅读人群的特点，再进行有针对性的设计。供大学生使用的学习单可以提供有关中国画作品及艺术家的多重信息，包括创作背景、时代特点、相关艺术思潮及表现形式等，并提供相关资讯链接，鼓励学生自主探索，加深理解。供中小学生使用的学习单则需注意知识性和趣味性的协调，创设问题情境，注重情感体验。

（四）鼓励学生观看中国画真迹以经历生动而真切的视觉体验

中国画真迹能给予观者更为生动而真切的视觉体验，印刷品或电脑显示屏呈现的作品图片很难真实还原原作风采。

　　由此建议，推荐或组织学生参观高品质的展览；在条件允许的情况下，可以在美术馆、博物馆展厅进行现场教学和笔墨实践，这种沉浸式教学更能提升学生的审美能力，引发创新思维，激发创作表现的欲望。

　　总之，本研究提供了学习单和实践体验的教育干预与学生眼动变化的新发现，提示眼动可能是检查教育干预引起的中国画鉴赏观看策略变化的合适手段，突破了迄今为止缺乏教育干预是否能改善学生在中国山水画欣赏过程中观看策略的研究瓶颈。基于眼动追踪技术测评学生审美鉴赏能力的研究，使我们对于学生在中国山水画的视觉审美认知特点和理解方式上有了更为客观、全面而深入的认识，为我们提出中国山水画教学与教材改革建议提供实证支撑。

　　今后，我们将借鉴审美心理学、认知神经科学等方面的最新研究成果，从更细微的生理机制角度出发，分析和解释审美认知、审美判断和审美理解等过程及其内部的关系，进一步细化学生对中国画审美体验的不同形式，对学生的审美鉴赏能力进行更深层次的研究和探索。

第七章　以创作为核心的中小学中国画教学评价实践研究

第一节　基于形成性评价和终结性评价的小学中国画教学实践

在视觉文化时代，如何更好地凸显美术学科的育人功能，如何让学生更好地理解最具民族文化视觉特色的中国画，如何来判断教师的教学成果与学生的学习成效，这些都离不开教学评价。

基于 21 世纪视觉艺术素养要求，当前美术课程评价的核心是促进学生的美术学习，突出评价的过程性和个体差异性，重视对学生学习动态的过程评价，以充分展示学生的创造性。形成性评价、终结性评价和表现性评价组成了一个完整的学生学习评价体系。形成性评价以学习内容及具体行为目标为参照，体现诊断功能；终结性评价以课程目标为参照，体现鉴定功能；表现性评价以个人发展为参照，主要体现诊断和促进功能。终结性评价是课程教学中使用最频繁和普及的一种评价方法，而形成性评价和表现性评价在中国画教学中则尚未得到重视，本章将基于这几种评价方法来探讨在小学中国画课程教学中实施的可能性和成效。

一、形成性评价和终结性评价

（一）形成性评价

形成性评价（formative assessment）是指对学生日常学习过程中的表现、所取得的成绩，以及所反映出的情感、态度、策略等方面发展做出评价；也是基于对学生学习全过程的持续观察、记录、反思而做出的发展性评价；其结果能够指导以后的教学和学习的评价。形成性评价不仅可以帮助学生巩固强化已知的知识，而且有助于学生辨别还不清楚的知识点。[1] 其目的是激励学生学习，帮助学生有效调控自己的学习过程，使之获得成就感，增强自信心，培养合作精神。

---

[1]　Ellen Weber. 怎样评价学生才有效——促进学习的多元化评价策略 [M]. 陶志琼. 译. 北京：中国轻工业出版社，2017：38-39.

形成性评价能使学生由被动接受评价转变为评价的主体和积极参与者。它强调的是一种探究和合作的精神，侧重于衡量学习者个体怎样探究学习知识技能以及如何与他人合作的能力。学生心智的培养无法量化，只能通过教师日常的耐心观察、捕捉，用心发现学生的点滴变化，而形成性评价则是一种非常好的方式，它可以通过观察来确定学生应用知识和技能的能力如何，能够记录学生的成长和进步。

（二）终结性评价

终结性评价重视结果，是对课堂教学或教学活动的达成结果进行的价值判断。它可以是一个单元、一个模块、一个项目或一个学期的教学活动结束后对最终结果所进行的评价，其目的是对学生阶段性学习质量做出的结论性评价，评价的目的是给学生下结论或者分等第。这种评价缺少信息反馈过程，对于改进教学、鼓励和督促学生学习均缺乏动力，也忽略了对学生的情感、态度、能力等非智力因素的积极评价，具有一定的局限性。因此，在教学评价中不能单一使用，而是要与形成性评价、表现性评价等相结合，这样才能更好地体现其鉴定的功能。

二、中国画学习能力评价的建议

学习能力指学生通过日常学习培养的能力，可分为一般学习能力与学科学习能力。美术学习能力指学生通过美术学习所培养的能力。学科核心素养有着学科性、科学性、教育性与人本性的特点，是教学目标的整合与升级。2022 年即将颁布的《义务教育艺术课程标准》明确课程核心素养包括审美感知、艺术表现、创意实践、文化理解，因此中国画课程教学评价也将围绕这四方面能力展开。

基于 21 世纪视觉艺术素养的小学中国画教学评价，要更为关注学生学习能力的形成过程，因为评价具有动态化的特点，仅仅局限在课堂中对于学生的中国画学习能力进行评估是远远不够的。学生能否在中国画学习过程中获得身心的滋养，能否将学习的中国画知识技能应用于实际生活，能否在学习过程中感悟和理解传统文化和传承的价值等等，这些都将纳入评价范畴。采用形成性评价、终结性评价及展示性评价相结合的方法，能更好地评价学生的中国画学习能力。形成性评价可以用于观察学生在中国画学习过程中的行为习惯。此评价可以穿插于课堂教学过程中，对于学生的上课情况以及作业完成过程都能够很好地进行评价。终结性评价体现在对学生中国画笔墨创作实践或对作品鉴赏的评价，通过评价，使学生看到自己学习过程中存在的问题、取得的进步。展示性评价适合于学生将中国画创作作品进行展示交流，也是学生喜爱的评价方式，不仅可以安排在每节课或一个单元课程结束时进行，教师也可以在日常教学过程中收集学生的优秀作品，定期利用学校公共空间进行展示，在展示交流过程中学生也会由此激发出创作灵感，从而提升学生中国画学习的积极性。

基于视觉艺术素养的小学中国画课程教学评价追求真实性，学生在学习过程中的表现及取得的成果都应该进行评价。教学评价也要从单纯评估学生掌握中国画知识技能方面转向通过中国画学习而获得的艺术课程核心素养方面，其中也包括学生能否将课堂所学灵活地运用于现实生活，具有解决实际生活问题的能力，这些也应该成为教学评价的重要维度。

三、教学案例

案例一：《画说昆曲——水墨人物画》[①]

本教学案例在小学四年级实施，为期 2 课时。在开展此课程前，学生对中国画基础知识了解尚少，大多数学生没有接触过中国画。教学案例设计参考了人民美术出版社六年级下的第 10 课《戏曲人物》，结合学生学情，围绕昆曲和昆曲水墨人物画展开教学。

（一）教学目标

1. 知识与技能

目标 1：了解从唱腔、唱词、角色、表演等角度欣赏昆曲的方法。

目标 2：了解昆曲行当形象的特点。

目标 3：掌握用水墨表现昆曲角色的方法，学会通过中国画笔墨干湿浓淡的表现技法来表现昆曲人物的方法。

目标 4：能够依托昆曲表演的剧目，创作一幅昆曲人物小品。

---

① 此案例由苏州市苏州工业园区斜塘学校美术教师徐丹设计并实施，由华东师范大学美术学院硕士研究生林一函梳理。

2.过程与方法

通过观看昆曲表演，探究昆曲的唱腔、唱词、表演和角色，感受昆曲唱腔的魅力。以学习单为线索，通过欣赏、分析、探究的方式了解昆曲行当的形象特点。欣赏画家笔下的昆曲人物，通过自主与合作的方式探究大师作品中用笔的方法，了解用笔方法及墨与色的深浅变化产生的对比效果，抓住昆曲行当的特点表现出墨韵水痕的意韵。

3.情感、态度和价值观

目标5：能感受水墨昆曲的艺术魅力，认同并热爱昆曲与水墨画中所蕴含的中华优秀传统文化。

表7-1 布卢姆目标分类表中的课程教学目标

知识维度	认知过程维度					
	1.记忆	2.理解	3.运用	4.分析	5.评价	6.创造
事实性知识	目标2	目标2				
概念性知识	目标1	目标1				
程序性知识			目标3			目标4
元认知知识		目标5			目标5	

（二）教学活动

第一课时：

1.初赏昆曲 导入课题

活动1：学生闭眼感受，身随曲动，初听昆曲《游园惊梦》中"不到园林，怎知春色如许"的经典片段，为引出课题——画说昆曲营造学习情景。

2.观察体验 探究发现

活动2：听唱腔。

通过对比欣赏昆曲和京剧片段，了解昆曲唱腔的发展及其委婉细腻、婉转悠扬的特点。

图7-1

活动3：读唱词。

通过对昆曲唱词的诵读，理解其中的词意，了解昆曲曲文中的文学传统，感受其所蕴含的意境之美。

活动4：看表演。

通过观看昆曲表演的动画《牡丹亭·春香闹学》，感受蕴藏在唱腔、唱词与表演中的昆曲之美。

活动5：品角色。

结合视频，通过学习单欣赏昆曲角色图片，以小组合作的形式深入探究昆曲行当在动作、表情、服装、头饰等方面的特征。

评价1：说说你对昆曲五大行当的感受。

活动6：赏画作。

通过对比欣赏昆曲人物的现实图片和关良等画家笔下的昆曲人物，感受昆曲人物的造型美。

3. 艺术实践　感受笔墨

实践1：临摹画家笔下的水墨昆曲人物，能抓住作品中昆曲人物的特征，体现简笔之法、夸张之法，能感受作品中的笔墨韵味。

图 7-2

4. 展示评价

评价2：以自评、互评和师评的方式对学生作品进行评价。

自评：谈谈自己临摹作品的感受。

互评：你最喜欢哪个同学临摹的作品？说明理由（造型、用笔等方面）。你觉得哪个同学临摹的作品抓住了昆曲人物的特点？

师评：结合简笔之法、夸张之法进行重点评价。

5. 课后拓展

拓展1：展示生活中广泛应用昆曲元素创作的艺术品：昆曲面塑艺术、昆曲装置艺术、昆曲人物书签、昆曲剪纸、昆曲邮票等。

第二课时

1. 对比观察　探究发现

评价3：通过提问巩固学生对昆曲行当的了解。

活动7：通过欣赏作品中的笔墨与实践的方式，体会水墨画中干笔与湿笔的特点。

活动8：通过欣赏关良的戏曲人物作品，尝试画出不同浓淡的墨色，感受墨色差异及用笔方法带来的变化。

活动9：通过对比分析作品中的头部刻画与现实中人物头部的差异，掌握用不同笔墨方式来表现五官与髯口。

活动10：通过观看水墨画示范视频，加强学习作画步骤及用笔方法。

活动11：通过对比分析3幅作品的对比关系，探究昆曲人物小品的创作原则。

2. 艺术实践　自主创作

实践2：根据昆曲剧照，以水墨的形式，创作一幅水墨昆曲人物画。要求是能抓住行当的特点，笔法富于变化且能体现墨韵水痕的意韵。

3. 展示评价　拓展延伸

评价4：根据创作要求，以自评互评的方式评出最佳墨韵奖、最佳形态奖、最佳情节奖。

评价5：以书签的形式写下课后感想。

（三）教学评价

本案例的教学评价包含课堂教学评价和学生反馈评价两个部分。

1. 课堂教学评价

（1）教学

表 7-2　布卢姆目标分类表中的教学活动

知识维度	认知过程维度					
	1. 记忆	2. 理解	3. 运用	4. 分析	5. 评价	6. 创造
事实性知识	活动 5—7 实践 1	活动 5—6 实践 1 评价 3	实践 1	活动 6		
概念性知识	活动 1—4					
程序性知识	活动 7—10	活动 7—10		活动 11		
元认知知识					评价 5	

在对教学目标的安排上，本案例以对昆曲美感概念的学习为前期铺垫，并在此基础上注重对水墨表现技法的学习，采用了跨学科融合的形式。目标 1、目标 2 都是针对昆曲知识的学习，其中目标 1 注重学习感受昆曲之美的概念性知识，目标 2 则落实到对昆曲中人物特点的事实性知识的学习，目标间呈现出由大到小的关系。从目标 3 开始，课程通过对昆曲人物形象的分析转入对本课程教学的核心知识即对水墨表现形式（程序性知识）的学习，可以说目标 2、3 都是为实现目标 4 服务的。目标 5 则是对课程知识的内化，属于元认知知识。考虑到本课程采用学科融合的方式，可以说本案例在教学目标的设置上较为全面，也自有一套内在逻辑。但学科融合同样对教学活动的安排提出了更高要求，本案例中设置的跨学科多个知识点，涉及昆曲与水墨画艺术中唱词、唱腔、水墨技法表现等多个内容，在仅有的 2 个课时中，如何让学生在短时间内接受知识成为本案例中需要解决的问题，从课程最终的成效来看较好地实现了课程目标。

（2）评价

在评价方式上，本案例中采用了形成性评价与总结性评价相结合的方式，通过提问、书面的方式评价学生对昆曲事实性知识的掌握和水墨画创作实践过

程中所达成的元认知知识；通过作品来评价学生对水墨画程序性知识的掌握程
度和表现能力。从整体上看，通过对教师评价方式的梳理，可以发现教师有意
识地调整了昆曲与水墨画中的评价比重，并将评价活动设置在教学目标希望达
成的认知过程维度上以评价学生的达成度，以此反推出了目标3、目标4是本案
例的核心教学目标。

2.学生学习的反馈评价

（1）基于学生反馈的词频评价

对学生写下的课后感想进行高频词提取并整理汇总，发现学生的反馈主要
集中于三个方向，分别是"对昆曲的理解""对水墨昆曲作品的鉴赏"以及"对
自身作品的评价"。让人感到惊喜的是，这些认识与教学活动和教学目标存在
较高的一致性，说明本案例的教学活动安排得相对合理，便于学生学习。同时，
可以看出词频在一定程度上反馈出学生对教学目标的认知程度，能理解昆曲中
的"唱腔""非物质文化遗产""角色"；对水墨作品表现形式的"对比""夸张"
有所认知；自评中的"浓淡""水分"等成为高频词，说明绝大部分的学生对
于课程中强调的知识点大多达到"理解"层面，乃至于更进一步。在对自身作
品的评价中，"水分""水量"等词汇的出现意味着学生已经意识到了水分是
影响水墨画中干湿浓淡的重要因素，并尝试"控制"与"掌握"，达到了程序
性知识"理解"与"运用"的维度。此外，还有不少学生在课后感想中为昆曲
的传承与发展出谋划策，希望昆曲能永续发展，用行动表达了对传统文化的喜爱。
因此，我们认为《画说昆曲》在引导学生树立正确的价值观上同样有着出色的
表现。

图 7-3　对昆曲的理解 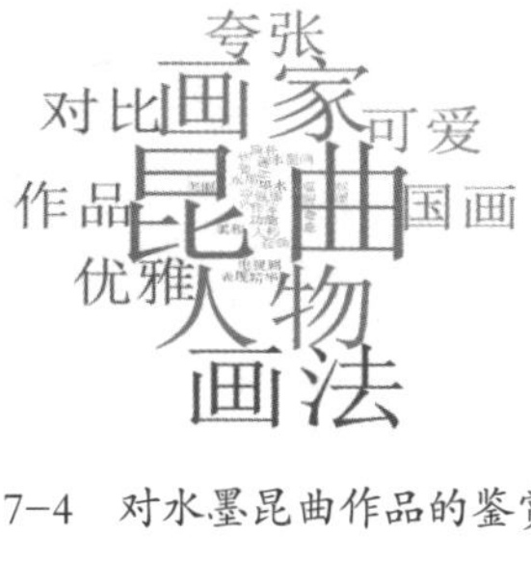　　图 7-4　对水墨昆曲作品的鉴赏 　图 7-5　对创作作品的评价

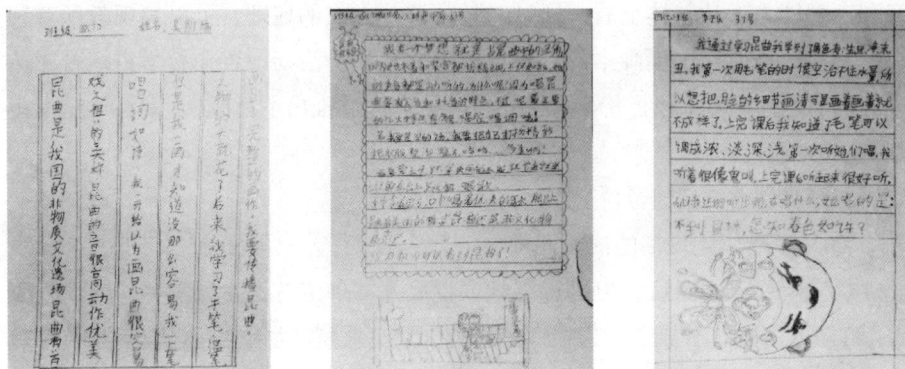

图 7-6　学生课后感想

（2）基于标准的学生作品水平评价

通过对学生作品的归档整理，依据中国画创作评价的 5 项指标将学生水平分为 3 档，选出具有典型性的作品，由此能获得对学生中国画创作能力的基本了解。

表 7-3　中国画创作评量表

水平 指标	水平一 （有待提高）		水平二 （掌握）		水平三 （优秀）	
用笔	用笔犹豫，线条缺乏美感		用笔简单，线条变化单一		造型生动，笔法丰富，有中锋、偏锋等变化	
用墨	墨色变化单一		有一些墨色变化(有枯湿浓淡的变化)		墨色有变化，丰富且和谐	

续表

水平 指标	水平一 （有待提高）	水平二 （掌握）	水平三 （优秀）
造型	能简单地表现出物象造型，造型能力差，物象之间没有结构关系。	有一定的造型能力，能表现出物象的细节变化，以及物象之间的结构。	物象造型丰富，物象结构之间关系密切，并能表现出物象造型的趣味。
章法	画面比较混乱，组合画面能力较差。	具有一定的画面组合能力，但构成关系还比较简单。	具有组合画面的能力，构图丰满而有变化。
创新	在模仿范本的基础上，无意识地改变范本。	重组范本内容，有一些自己的表达，但表现不生动。	与范本有很大的不同，画面表现完整和谐，生动而有意趣。

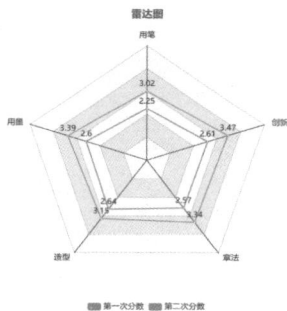

图 7-7　第一次作业分数雷达图

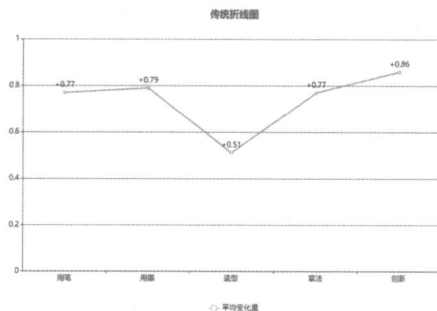

图 7-8　第一次作业分数折线图

从第一次作业分数雷达图中可以看出，学生在"用笔""用墨"等 5 个维度的分值较为接近。从雷达图来看，经过 1 课时的教学，学生作品在 5 个维度的掌握上有了明显的提高，证明了教师教学活动的有效性。从折线图（图 7-8）

来看，学生作品在"造型"维度的增长量是最低的，"用笔""用墨"及"章法"三个维度较为接近，"创新"维度的增长量最高，说明教师比较关注学生的个性发展，鼓励学生大胆表现，这在学生自己的感想中也有所体现。"造型"维度的分数相较于其他4个维度较低，这也符合儿童发展的特点，四五年级学生在生理和心理方面正处于发展期，他们开始对造型有所要求，但眼与手的协调能力尚需提升，因此在小学中国画教学中，对于造型不必过分苛求，拓展学生的兴趣和想象力是最为重要的。

案例二：《水墨·本草》[①]

本教学案例在小学五年级实施，为期2课时。在开展此课程前，学生对中国画基础知识了解尚少，大多数学生没有画过中国画。教学案例为教师自己设计的校本课程。

（一）教学目标

1.知识与技能

目标1：了解本草的植物形态、性味功效、生活应用等相关知识。

目标2：识别并画出一味本草的植物形态特征，能够抓住本草的外形特征，运用笔墨进行表现。

目标3：感受写意画的笔墨特征，掌握水墨画的"写意"方法，理解勾勒、没骨等不同笔墨造型方法，学习"取舍"与"提炼"技巧。

目标4：感受徐渭写意水墨画的笔墨表现和风格特征，学习写意水墨画的笔墨运用和经营布局的方法，学习画面布局，设定画面主题。

目标5：以小组合作的形式创作"水墨·本草"长卷。

2.过程与方法

根据教师提供的资料，自主学习、合作探究本草的植物形态、性味功效、炮制方法和民俗文化，并完成学习单。在欣赏、体验、临摹、探究的过程中，学生感受笔墨变化产生的对比效果，学习用笔、用墨的方法，抓住本草植物的特点表现作品的意韵。欣赏、分析徐渭作品中的笔墨神韵，及"干湿""浓淡"

---

① 此案例由苏州市苏州工业园区斜塘学校美术教师徐丹设计并实施，由华东师范大学美术学院硕士研究生陈吟爽梳理。

等墨色变化，学习"泼墨""破墨"等水墨技法。小组合作探究《杂花图卷》中"呼应""疏密"等长卷画面布局之法；小组合作创作"水墨·本草"长卷。

3.情感、态度与价值观

目标6：认识到中草药与健康生活息息相关，激发学生对中国画与中医药的热爱，增强民族自豪感。

目标7：培养学生小组合作和自主探究的能力。

目标8：激发学生用图像传递文化的创作激情以及对中国传统文化产生浓厚兴趣。

表7-4 布卢姆目标分类表中的课程教学目标

知识维度	认知过程维度					
	1.记忆	2.理解	3.运用	4.分析	5.评价	6.创造
事实性知识		目标1				
概念性知识				目标4		
程序性知识			目标2 目标3			目标5
元认知知识		目标6		目标7	目标8	

（二）教学活动

第一课时：

1.闻味辨物 游戏导入

活动1：教师提前在各小组桌子上放置中草药实物，并用藏青色布遮挡起来。一组一味中草药。学生通过看一看、摸一摸、闻一闻，猜一猜桌子上的中草药。

2.观察体验 探究发现

活动2：讨论本草在现实生活中的地位和作用。引导学生通过查找资料，了解一株本草的植物形态、性味功效、炮制方法和民俗文化。

3.介绍本草

活动3：讲解本草的起源与发展、价值以及

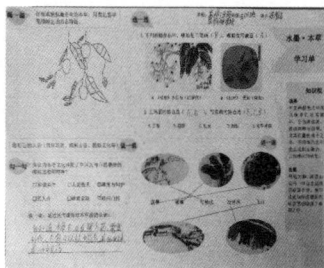

图7-9

207

民俗文化

活动 4：实物展示炮制工具，请学生上来体验。

活动 5：根据电子版学习资料，观察桌上炮制前后的本草形态特征，探究它的造型、功效和文化，认真探究并填写学习单，包括画出植物形态；说一说性味功效、民俗文化；思考人与自然的关系，在体验和观察中感受中国智慧。

活动 6：观看课件，了解中医本草古籍中的图像特征、分类和作用。小组讨论古籍中图像的优缺点。

活动 7：展示齐白石、吴昌硕等名家的作品，小组讨论、分析作品的表现形式、构图方式、用笔用墨的方法。

活动 8：播放微课视频，学生自主学习水墨技法。以多种植物为例，展示写意荷花作品，欣赏、分析泼墨之法并进行用笔示范。

4. 艺术实践　感受笔墨

实践 1：选择自己喜欢的本草，绘制"水墨·本草"小品。

要求：抓住本草的特征，用水墨的方式表现它，在作品中能够体现墨韵水痕的魅力。

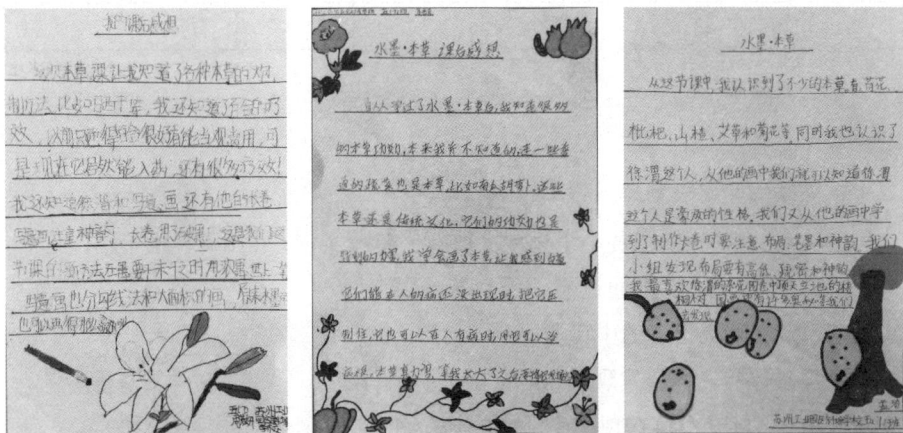

图 7-10　学生课后感想

5. 展示评价

自评：谈一谈这节课的感受，学习到了什么？

他评：你最喜欢哪幅作品？说一说理由。

师评：结合水分的控制、笔墨的运用以及虚实疏密的关系进行重点评价。

6. 课后拓展

观看视频，了解"本草"源远流长的文化以及中草药所蕴含的中国观念和精神："人与自然""药食同源""本草智慧"。

7. 教师小结

本草包含了中国人对生命意义的探寻，对天地变化的哲思，更具有对个体生命规律的诠释。在对本课的学习中，我们感受到了本草的文化魅力，并通过生动的水墨重新焕发本草的光彩，希望课后大家可以继续探寻更多本草的秘密。

第二课时

1. 名作鉴赏　导入

活动 9：教师展示徐渭的《杂花图卷》并引导学生从内容、笔墨等方面欣赏徐渭的《杂花图卷》。

2. 观察体验　探究发现

活动 10：教师对画家徐渭进行介绍。

活动 11：体会笔墨神韵。

（1）选取长卷中的葡萄一段，通过与现实中的葡萄的对比，感受徐渭笔下的写意花卉在似与不似之间，更加追求神韵的特点。

（2）通过提问的方式进一步引导学生感受画家是怎样运用笔墨表现葡萄的神韵的。

（3）对比徐渭、陈淳同一时期的水墨花卉作品在用笔用墨上的区别，体会"画如其人"。徐渭用豪放大气的笔墨讲述自己的心境，重在表达情绪，开创了"泼墨大写意"的先河。

活动 12：理解长卷布局：疏密关系、大小对比、呼应关系。

3. 艺术实践

实践 2：以小组为单位，构思并创作小组合作的本草长卷。

4. 展示评价

自评：介绍本组想法，表达创作感受。

他评：学生从笔墨、画面布局等角度自由评价他人的作品。

表 7-5　布卢姆目标分类表中的教学活动

知识维度	认知过程维度					
	1. 记忆	2. 理解	3. 运用	4. 分析	5. 评价	6. 创造
事实性知识	活动 1 活动 3 活动 10			活动 5		
概念性知识	活动 9			活动 7 活动 12	活动 6	
程序性知识		活动 8	活动 4			实践 1 实践 2
元认知知识				活动 2 活动 11		

5. 教师总结

今天，我们共绘水墨本草图卷。千百年来，本草一直守护着我们的健康，在今年抗击新冠疫情的战斗中，中医药发挥着至关重要的作用。为了让更多的人认识、关注中国本草，希望同学们能够运用更多美术的形式去弘扬、创新我们的本草文化。

（三）教学评价

本案例的教学评价活动是贯穿于整个教学活动之中的，教师能根据课程内容的进展情况及时做出调整和应答，采用的评价方法多样，有口头评价和文本评价。口头评价有学生的问题回答，学生作品自评、他评、师评，同时还有小组间的探究和品评。文本评价包括学习单、创作作品、课后感想等。下面对课堂教学评价和学生作业反馈评价两部分进行重点分析。

1. 课堂教学评价

（1）教学

在对教学目标的安排上，本案例以对本草的植物形态的学习为前期铺垫，并在此基础上注重对水墨表现技法的学习，采用了跨学科融合的方式。目标 1 是针对本草植物知识的学习，学生根据教师提供的资料，自主学习、合作探究一味本草的植物形态、性味功效、炮制方法和民俗文化，属于事实性知识，目标 2 是运用笔墨表现本草的外形特征的程序性知识的学习。目标 3 则是在绘画中感受笔墨特征，掌握水墨画的"写意"方法，理解勾勒、没骨等不同笔墨造型方法，学习"取舍"与"提炼"技巧，依然属于程序性知识。目标 4 是欣赏、分析徐渭作品中的笔墨神韵，学习长卷布局，属于概念性知识。目标 5 是小组合作，完成本草长卷作品，学生要在作品上进行创新，并且也要注重笔墨的运用和画面的布局，属于程序性知识。目标 6、7、8 是从情感态度和价值观角度设定的教学目标，学生通过以上的学习，认识到中草药与健康生活息息相关，激发学生对中国画与中医药的热爱，增强民族自豪感；通过长卷绘画培养学生小组合作和自主探究的能力，激发学生用图像传递文化的创作激情以及对中国传统文化产生浓厚兴趣，所以目标 6、7、8 属于元认知知识。

本课程采用了学科融合的方式，在教学目标设置上较为全面，也自有一套内在逻辑。但学科融合同样对教学活动的安排提出了更高的要求，本案例中设置的跨学科多个知识点，涉及本草与水墨画艺术中植物特征、用途、美术表现等多个角度，知识结构和作业设置层层递进，让学生在快乐中学习，在学习中收获快乐。

（2）评价

在评价方式上，本案例采用了形成性评价与终结性评价相结合的方式，通过提问或书面的方式评价学生对本草事实性知识的掌握和水墨画实践过程中所达成的元认知知识；通过作品来评价学生对水墨画程序性知识的掌握程度。从整体上看，通过对教师评价方式的梳理，可以发现教师有意识地调整了本草与水墨画中的评价比重，并将评价活动放置在教学目标希望能达成的认知过程维度上以评价学生的达成度，可以反推出目标 2、3、5 是本案例的核心教学目标。

2. 学生学习反馈评价

（1）基于标准的学生作品水平评价

通过对学生作品的归档整理，依据水墨画评价的 5 项指标将学生作品水平分为三档，选出相对比较有典型性的作品，从中也能看到学生的差异和达成的水平。

表 7-6　中国画创作评量表

水平 指标	水平一 （有待提高）		水平二 （掌握）		水平三 （优秀）	
用笔	用笔犹豫、线条缺乏美感。		用笔简单，线条变化单一。		能认识中锋、偏锋、侧锋等用笔方式，能感受到各种用笔的变化。	
用墨	墨色变化单一。		有一些墨色变化（有枯湿浓淡的变化）。		能认识干湿浓淡的墨色变化，了解破墨、泼墨等用墨技法。	
造型	能简单地表现出物象造型，造型能力差，物象之间没有结构关系。		有一定的造型能力，能表现出物象的细节变化以及物象之间的结构。		能描绘物象造型的表现特点，造型优美，生动形象。	
章法	画面比较混乱，组合画面能力较差。		具有一定的画面组合能力，但构成关系还比较简单。		能阐释画面章法的特点、画面空间表现的层次变化。	
创新	在模仿范本的基础上，无意识地改变范本。		重组范本内容，有一些自己的表达，但表现不生动。		能够创新性地进行创作表达；能够感受和阐释作品中的创新之处。	

（2）基于学生个体成长的评估

　　为了更直观地反映在本案例进程中学生的个人成长情况（纵向对比），我

们对每位学生前后两次在 5 个维度上所达成的成绩进行比较。选择雷达图来直观
呈现，因为雷达图兼具维度和度量，适用于表达多维度的数据组，能直观地描述
单个对象不同维度的能力，适用于对多属性体系结构描述的对象作出全局性、整
体性评价。出于以上考量，采用雷达图实现数据可视化，可以让每位学生通过与
全班平均值的比较看见自己的长处和短处，有助于在今后的学习中加以改进。

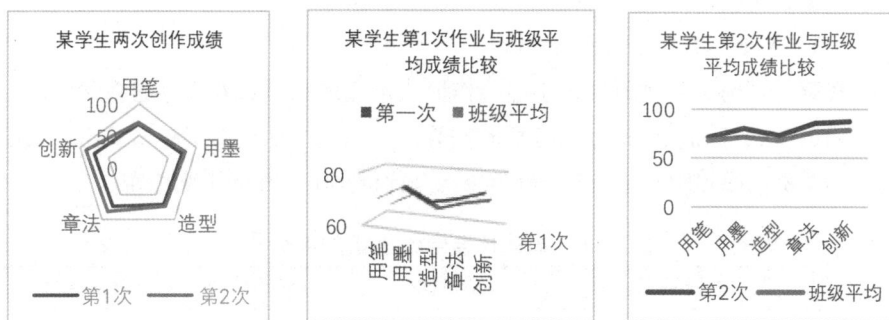

图 7-11　学生个人成长情况雷达图

　　这里选择了用图表呈现某同学的两次作业情况及与全班平均成绩之间的比
较情况。通过图表比较，我们能清晰直观地看到某学生第 2 次作品在 5 个维度
上均有不同程度的提升。从班级两次平均成绩的比较中也清晰呈现出学生在本
草水墨创作实践层面上的提升，其中有44%的学生获得了5个维度全方位的提升，
由此可见，教师较好地完成了本单元课程的教学任务。

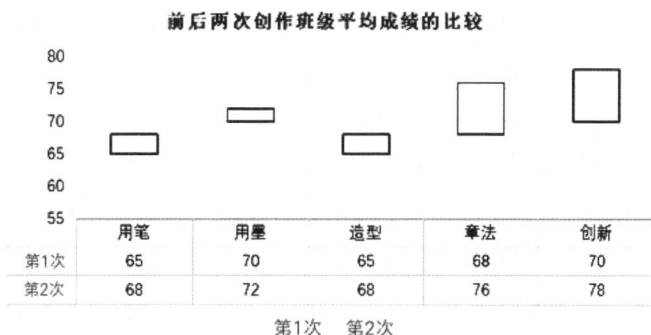

	用笔	用墨	造型	章法	创新
第1次	65	70	65	68	70
第2次	68	72	68	76	78

第1次　第2次

图 7-12　前后两次创作班级平均成绩比较

213

通过图表来分析全班平均值，也能发现学生的学习能力在创新和章法的维度上提升得最快，这与教师在课堂教学中引导学生重视章法与创新有关，也体现了教师教学的重点与教学成效间的关系。从课堂教学过程中可以看到，教师在让学生初涉水墨本草，掌握了基本的中国画表现技法之后，教师的教学重心不再过多关注在笔墨上，而是逐渐转移到包括章法在内的对画面整体呈现层面上，注重引导和激发学生的创造力。

（3）基于小组合作的反馈评价

在第二课时，教师设置了小组合作形式来完成本草长卷作品的教学活动，基于对教学目标和教学活动的分析和提炼，从构图层面设置了疏密关系、大小对比、节奏韵律和图文布局四个维度来综合评价小组合作的本草长卷。

表 7–7　本草长卷合作小组的评分表

	疏密关系	大小对比	节奏韵律	图文布局
第 1 组	4	3	3	3
第 2 组	4.5	5	4.5	5
第 3 组	3	3	3.5	4
第 4 组	3.5	4	3	5
第 5 组	3	3	4	3
第 6 组	3.5	4	4	3
第 7 组	3.5	3.5	3	4.5
第 8 组	5	4.5	5	4

手卷是中国绘画中独具特色的表现形式，由于它的观看方式是依次展开，在观赏时具有一定的时间性，非常适合于画家采用合作的方式，不同画家在手卷中的不同表达可以增加手卷观赏的趣味性。本案例选择以手卷作为小组合作作品的载体是非常合适的。小组合作的目的主要是考量学生之间的沟通合作能力，好的合作作品不是每位学生个体作品的堆砌，而是充分发挥小组成员的特点，有主次节奏且又有趣味的完整作品。通过对 8 组合作手卷的比较和分析，可以看到学生基本理解了手卷这一独特的绘画形式。手卷在表现时有两种方式，一种是图文交错并置，此案例中大部分的手卷（图 7–13、图 7–14）就是采用这种类型；一种是以图为主、文字为辅，第 8 组作品（图 7–15）属于这类。

具体分析，比如采用图文互置方式表现的第 2 组学生作品（图 7-13）就是比较好的一幅合作作品，作品中表现的 4 样本草在画面中安排得很有节奏，文字的排列各有变化，并与相关的物象之间形成呼应关系。相比较第七组的学生作品（图 7-14）则略有欠缺，画面中 5 样本草所占空间比较均等，且相互间不够有呼应，只在中间用文字进行分割，构图上对于疏密关系、大小对比、节奏韵律不够重视。仔细观看画面，每位学生都具有较好的表现能力，但整组学生并没有充分发挥小组协作性，缺乏充分的沟通讨论，以至于在作品的整体性和布局上有所欠缺。而第八组的作品（图 7-15）整体感很强，且很有激情，可以看出教师课上呈现的徐渭作品的影响，手卷中用植物的形态走势和藤枝进行有意无形的巧妙呼应，使画面形成高低俯仰的节奏韵律。该组作品对构图布局的教学目标达成度也更高。第八组学生对画面的统筹得益于交流讨论的环节，他们关注到了整合画面的重要性，使得画面疏密得当、大小相依、浓淡相宜，物象之间又彼此呼应。合作中强调在实现共同目标的前提下有必要的坚持和妥协，该组学生在小组合作中，不过分突出个人在画面中的作用，而使整幅长卷在气脉上更加贯通。由此可见，该组学生更加理解合作的价值，很好地达成了教师预设的合作教学目标。

图 7-13 第 2 组合作创作的本草长卷

图 7-14 第 7 组合作创作的本草长卷

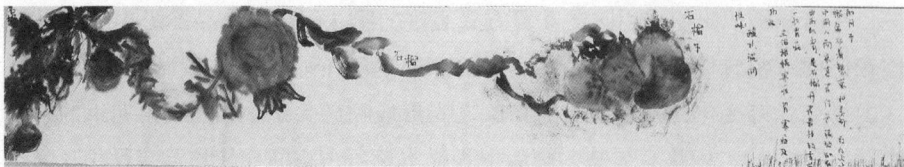

图 7-15　第 8 组合作创作的草本长卷

五、小结

分析上述两个教学案例，结合当前学校中国画课程教学中存在的一些问题，在此也提出相关的教学建议和对策：

第一，让学生在广泛的文化情境下更好地认识中国画，教学内容中融入中华优秀传统文化的跨学科内容更能引发学生学习的兴趣，促进课程的愉悦性、功用性。从上述的课程案例来看，教学内容都进行了跨学科融合，人物画与昆曲结合、花鸟画与中国中草药结合，这些跨学科内容本身就是中国传统文化，两者的结合更增进了学生对传统文化的理解和热爱，激发学生的文化自信，树立传承中国文化的志向。

第二，在教学过程中重视知情意行的合一，合理的情境设计能有效提升学生积极的情感体验，增强学生的文化认同。比如"昆曲人物"案例让学生听昆曲、念曲词；在"本草水墨"案例中教师将中草药实物带进课堂，通过闻一闻、摸一摸、看一看、猜一猜的方式让学生感受本草。这些情境的设计丰富了学生的观察路径，促进了对中国画学习的情感态度转变，通过学习学生表达出"我真正发觉了水墨画的美""我爱上了中国画，中国画和我以前画的不一样"，以及"我要好好学习水墨和昆曲，让更多人知道"等等的感受和愿望，表达了学生弘扬和传播中华优秀传统文化的志向。

第三，单元式教学使课程主题的探究更为深入和充分，这对以实践为主的中国画课程尤为重要。由于材料的特殊性，对于学生而言，第一次尝试用毛笔作画总是怯懦和不自信的，通过连续两次以上的中国画实践活动，学生从陌生、胆怯到有自信心而大胆创作，对学生中国画表现能力的提高有很大帮助。

第四，融鉴赏与实践为一体的教学模式能有效拓展学生的中国画视知觉范畴。鉴赏不仅使学生了解中国画的表现方法，也能推进对作品主题、意境、情感态度和价值观的转变，同时也能激发学生创作实践的积极性和表现力，提升学生的中国画表现能力和审美能力。

第五，培养学生的沟通合作能力。平等的对话有利于树立学生的自信心，激发学生更多的创意和灵感；设置学生平等交流和相互合作的教学环节，能培养学生的同理心，使学生学会考虑他人的感受，珍视他人的意见和帮助，发现和汲取他人的优点，以促成共同价值的实现。因此，平等的对话是建立优质美术课堂教学的必要条件。

第六，采用多样化的评价方法。形成性评价和终结性评价相结合，通过学习单、自评互评、问卷、观察、访谈、录音等多种方式，全面记录学生的中国画学习过程，要让学生体验到沉浸于中国画学习的探索过程和以此带来的收获，转化学生对最终成绩的关注，让评价融入教学中，形成一种合力，更好地促进学生中国画知识技能和素养的全面提升。

第二节　基于档案袋的中国画学习表现性评价教学实践

一、表现性评价和档案袋评定

表现性评价（performance assessment）是在 20 世纪 80 年代之后兴起的新型学习理论（情境学习理论、建构主义学习理论等）的基础上建立的评价理念，是指通过组织一定的教学任务和教学活动，在真实或接近真实的情境中按照一定的标准对学生完成任务的过程和表现进行的观察和判断。表现性评价的目的在于促进学生能力的发展。在要求学生灵活运用知识来迎接"真实性任务"挑战的同时，促使教师通过自己的感官直接并长期地把握学生各种丰富的学习表现，不断地创新其教学评价方法。美术教学中的表现性评价是指观察及评定学生在美术学习环境中所表现的行为，及对学习结果的评价。[①] 真实性评价应当满足多种教学需求，并能够将不同类型的知识和技能运用到相关的任务中去，这些任务对学生来说意义重大，它们发生在学生真实生活中，并包含在课程标准中。[②]

"成长记录"评定在目前教育评价领域一般称为"档案袋评定"。最初使用档案袋的是画家和摄影家，他们把自己最有代表性的作品汇集起来，向预期的委托人进行展示，其所选择或提交的作品是由出示档案袋的艺术家自己创作。之后，这种方法也被引入教育评价体系，这是一种从教学实践中涌现出来的评价方法。[③] 2011 年版义务教育美术课程标准中指出"鼓励运用美术学习档案袋的评价方法，汇集学生美术学习全过程的资料"[④]。艺术课程标准中也指出"艺术活动档案袋旨在帮助学生成为对自己艺术学习过程具有思考和评价能力的人"[⑤]。

档案袋评定具有反思性和形成性的功能，它为学生提供一种学习机会，使

---

① 钱初熹 . 美术教学理论与方法 [M]. 北京：高等教育出版社，2005：181.

② Ellen Weber.怎样评价学生才有效——促进学习的多元化评价策略[M].陶志琼.译.北京：中国轻工业出版社，2017：V-Vll.

③ 钱初熹 . 美术教学理论与方法 [M]. 北京：高等教育出版社，2005：189.

④ 中华人民共和国教育部制定 . 义务教育美术课程标准（2011 年版）[M]. 北京：北京师范大学出版社，2012：31.

⑤ 中华人民共和国教育部制定 . 义务教育艺术课程标准（2011 年版）[M]. 北京：北京师范大学出版社，2012：36.

学生学会自我判断进步的能力。由于考查的是学生运用知识所取得的成就，学生就成为档案袋内容选择的决策者，因而他们就拥有了判断自己学习质量和进步的机会。这需要转变评价观念，即对学生成就的评定是对其进步的考查，而不是对其所掌握学习内容的阶段性审核，其最终目的是为了展示学生的学习和进步状况。

二、表现性评价运用于学校中国画教学的可能性

新课程改革为表现性评价的引入提供了契机。《义务教育美术课程标准（2011年版）》提出的评价建议是：（1）加强形成性评价和自我评价；（2）注重美术学习表现的评价。[①]

中国画学习评价自身的特点为表现性评价提供了平台。（1）多元化的评价标准。中国画学习评价更加关注于学生个性化评价，加之中国画的人文性特征，评价标准相对灵活。（2）多样化的评价方式。中国画学习评价呈现方式多样，可以采用学生自评、互评、教师评价以及专家评价等多种方式对学生的中国画作业进行评价。（3）评价内容注重结果与过程的统一。表现性评价适用于评价学生中国画学习过程中所能达成的各方面素养和能力，适用于考查更高层次的思维与问题解决技能。它既能评估中国画任务完成的过程，也可评估任务完成的质量。

三、表现性评价运用于中小学中国画教学中的特点和方法

在中小学中国画教学中运用表现性评价需具备以下特征：

（一）设计贴近生活的真实情境，要求呈现有意义的基于中国画学习的真实性任务。

（二）强调高水平的思维能力和更复杂的学习方式。

（三）评价应该镶嵌在中国画课程内容之中，与中国画教学融为一体。

（四）评价应该兼顾学生的中国画学习过程与学习结果。

---

① 中华人民共和国教育部制定. 义务教育美术课程标准（2011年版）[S]. 北京：北京师范大学出版社，2012：31.

（五）制定较为规范明确的评价标准，使学生明晰从哪些方面评价自己的中国画学习成果。①

表现性评价中较为著名和常用的方法就是"档案袋评价"。"档案袋评价"主要用来收集学生创作的作品或各种评价记录，它能把中国画学习评价设计成为一项探究性的活动。

通过设计链式的中国画评价项目，能使师生在评价中学习。这种评价不仅展示了围绕中国画学习任务设计的有效选择，并将相关的项目组合成"主题集"，又称为"链"。我们不仅能够通过学生参与中国画的评价过程，把握学生通过学习知道了什么、能做什么的学习成果；同时对于学生自身而言，这本身也是一次有意义的、有效的中国画学习过程。通过相关任务的链式学习，学生能够灵活地将掌握的中国画知识与现实生活中的事件相联系，并进行知识的迁移。

四、表现性评价在中国画教学中的发展趋势

在中国画教育中表现性评价运用的未来发展趋势表现为：

（一）以建构主义的学习观为前提。建构主义学习观认为学习并不是知识量化的累加，而是学习者在与周围环境互动过程中不断构建出自我经验的内涵，从而获得新知识和新技艺的历程。在中国画教学表现性评价中，基于建构主义的学习观，首先需要确认学生已有的中国画学习经验和生活经验，进而了解学生已知事物和评价标准间的差距，并预想学生通过中国画学习所促发的思维"碰撞"，其中学生自我的判断是重要的评价维度。

（二）重视和强调"学以致用"的能力。通过对国际美术教育评价项目的梳理，同时受 PISA 测试中"素养"概念的启示，我们发现活学活用能力的重要性，它既体现出对美术基础内容的重视，又强调了学习迁移的教育理念。但至今为止，我国中小学中国画教学评价中最受重视的仍然是中国画知识和技能。今后，应该朝着评价学生中国画学习中主动发现问题、自主思考和判断、自主表现和解决问题的能力和素养方面转变。

---

① 张旭东、钱初熹. 表现性评价在国内外中小学美术教育中的应用研究 [J]. 中国美术研究，2018（4）:112-120.

　　（三）重视跨学科学习的评价方式。在中国画教学中需要不断提高对 STEAM 教育的重视程度，STEAM 教育的核心理念是跨学科融合。[①]跨学科学习评价既能够实现对学生综合能力和素质的全面考察，也能进一步深化中国画教学评价方式。

　　（四）拓展符合中国画教学的表现性评价工具。为了切实培养中小学生的美术素养以及创造能力等综合能力，促进中国画课程与教学的改革，我们应共同为我国学校美术教育开发既符合国际技术规范、又具有中国本土特色的表现性评价工具而努力。

五、教学案例一：水墨·小小建筑师[②]

（一）案例简介

　　本单元课程设置在一年级第二学期期末，课内课外共计 4 课时。在上海教育出版社一年级上册的美术教材中有点线的教学内容，笔者认为在点、线的教学中可以同步引入对绘画材料的思考，中国画材料本身具有较好的延展性，适合于一年级学生对"点线"主题的认知。上海教育出版社一年级下册的美术教材中有《小小建筑师》这一单元，作业要求是剪纸与拼贴。笔者在这两册教材的基础上研发了关于水墨建筑的项目式课程，拓宽学生对绘画材料认知的边界。

　　在本课程中，学生通过自主探究了解了中国画材料的特性，通过实践掌握了基础的中国画笔墨语言，并完成主题创作。通过电子档案袋，学生在学习过程中学会了记录学习单、心得体会，并参与展示交流，客观地评价自己和同学的作品，综合能力和素养得到进一步提升。

（二）课程核心问题与问题链

　　本课程的核心问题为："学生如何在本课程的学习中感受水墨的乐趣并开拓思维？"由此延伸出五条问题链：

　　1. 学生如何认识中国画材料并自主探究其性能？

――――――――――

① 魏晓东，于冰，于海波. 美国 STEAM 教育的框架、特点及启示 [J]. 华东师范大学学报（教育科学版），2017.35（04）：40–46.

② 此教学案例由上海市安亭师范附属小学美术教师王依曼设计并实施。

2. 学生如何将学习内容与已有知识衔接并进行比较?

3. 学生如何感受到水墨语言的独特性?

4. 学生如何从实践中发现新方法?

5. 学生如何客观评价自己和他人作品?

图 7-16　核心问题与问题链关系示意图

（三）学习结构图

1. 课程进度规划甘特图

时间	学习成果	第一周			第二周
		课外 1 学时	课内 1 学时	课内 1 学时	课内 1 学时
第一阶段	课前问卷与资料收集				
第二阶段	点线作品与学习单				
	建筑作品与学习心得				
第三阶段	展示交流与学习自评				

图 7-17　课程进度甘特图

2. 课程学习结构图

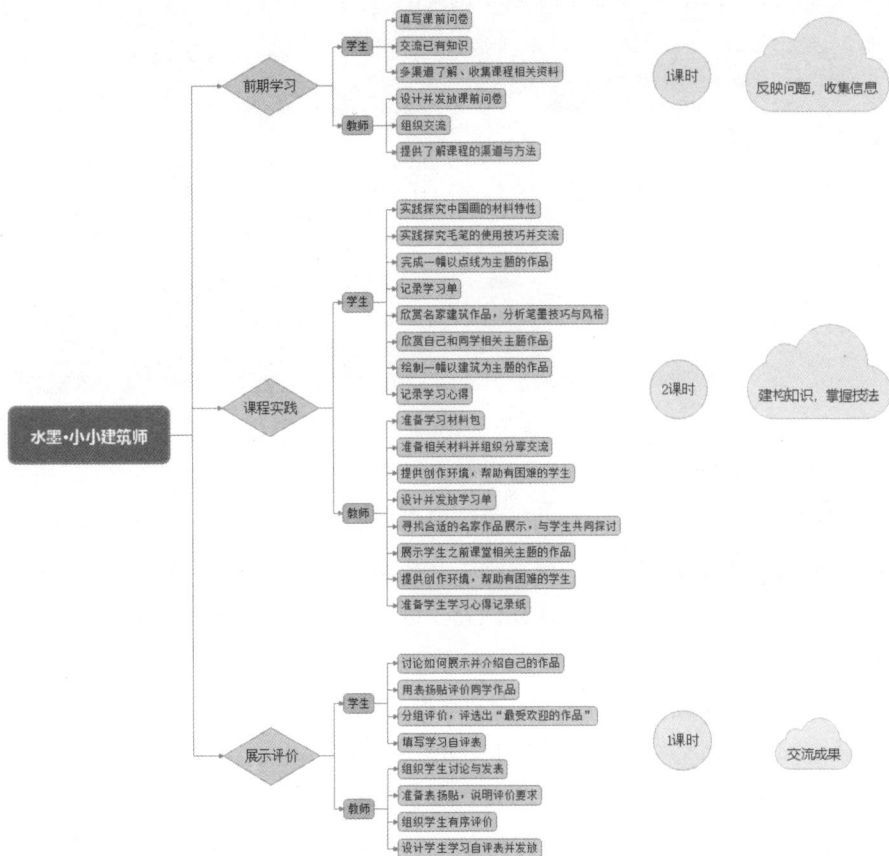

图 7-18 课程学习结构图

（四）关键过程与学生表现

第一阶段：前期学习——课前问卷与资料收集

1. 资源设计

输入：课前问卷、学习方法介绍（网络、展览、画册等）

输出：课前问卷记录、学生课堂分享

2. 实施过程

（1）发放课前问卷。

（2）口头交流对《水墨·小小建筑师》的认识。

（3）布置小组任务，介绍了解中国画的途径。

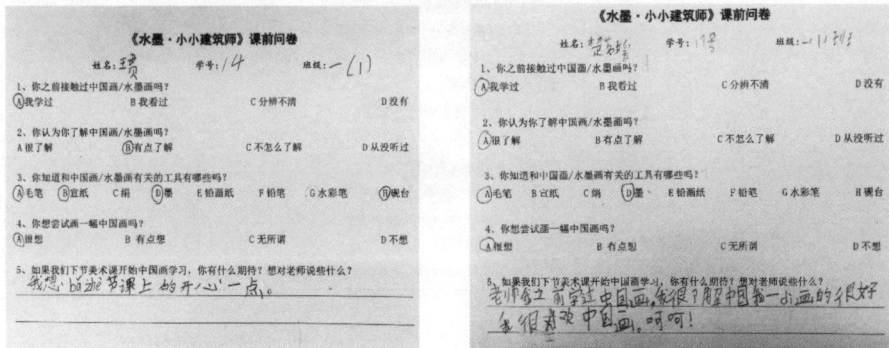

图7-19　《水墨·小小建筑师》课前问卷

3. 问题与策略

通过课前问卷的方式，有助于教师对学情的进一步了解，并及时调整教学内容；通过课前交流的环节，培养学生互相学习的意识；向学生介绍中国画的学习途径，便于学生自主开展课外探究。该环节的设置有助于激发学生的学习兴趣。

第二阶段：课程实践——《神奇的水墨》与《水墨建筑》

1.《神奇的水墨》——点线练习与学习单

（1）资源设计

输入：课件、《神奇的水墨》学习单、学习材料包（生宣、熟宣、绢、铅画纸、毛笔、毛毡、墨碟、水盂等）、姓名贴

输出：《神奇的水墨》学习单记录、学生点线作品

（2）实施过程

发放学习单和材料包，学生自主探究中国画材料的性能特点并记录。

播放学生在《大自然中的点线》单元的作品，让学生猜测用中国画材料画点线会有什么不同。

学生实践，继续探究毛笔和宣纸的性能，画一幅点线的练习。

分享交流，每组选出一些不同的笔触，上台分享小组探究得出的材料使用技巧。

记录学习单，课堂总结。

图 7-20　课堂场景

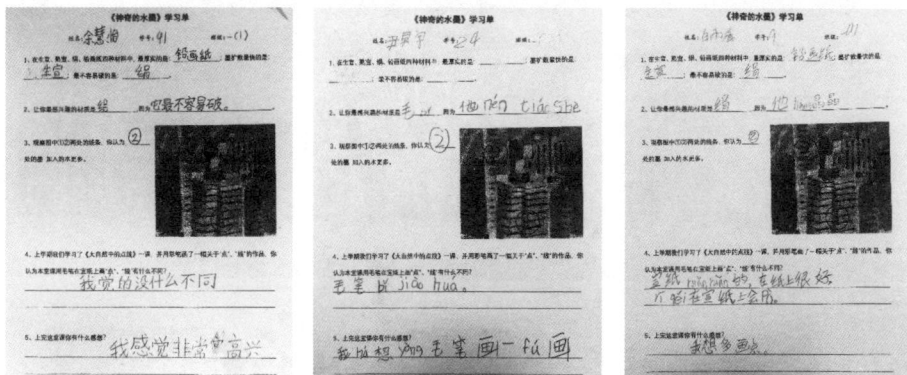

图 7-21　《神奇的水墨》学习单

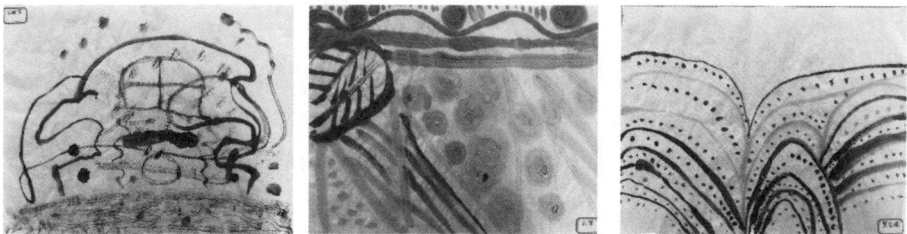

图 17-22　学生点线练习作品

（3）问题与策略

启发学生通过实验比较各种绘画材料的差异，总结出中国画材料的特征；通过作品回顾让学生拥有比较思维的能力，主动思考中国画的独特之处；通过学习单引导学生思考并记录感受。

2.《水墨建筑》——建筑主题作品与学习心得

（1）资源设计

输入：课件、范画、材料包、学习心得记录纸

输出：学习心得记录、学生建筑主题作品

（2）实施过程

欣赏名家作品，学生交流感受 ⟹ 欣赏学生的建筑主题作品 ⟹ 示范单体建筑 ⟹ 创作实践 ⟹ 分享交流，记录学习心得

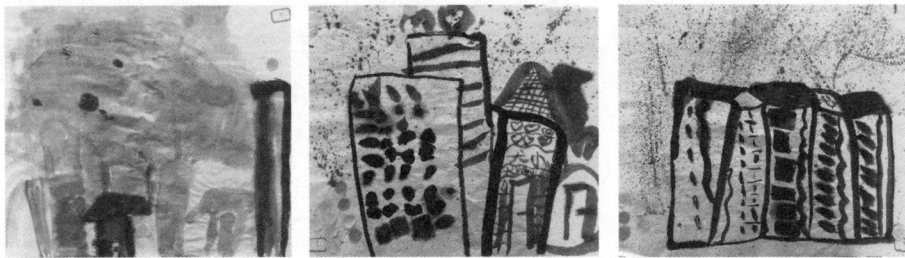

图 7-23　学生建筑主题作品

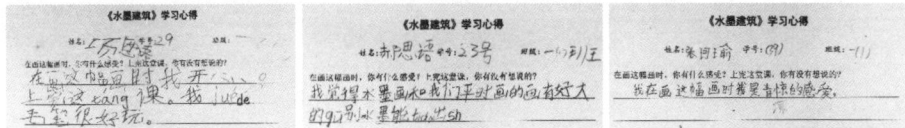

图 7-24　学生学习心得

（3）问题与策略

让学生在创作中保持热情、保留童趣，创作出具有个性化的、创造力的作品，不应在课堂中做过多的示范和技法分析，应以创作内容为导向，最大限度地激发学生的创意。

第三阶段：展示交流——自评、他评与学习总结

1. 资源设计

输入：学习自评表、表扬贴、学生作品

输出：学习自评表记录、作品记录

2. 实施过程

展示作品 ⟹ 发放表扬贴，说明评价要求 ⟹ 学生分组评价，评选"最受

欢迎的作品 ⟹ 填写学习自评表

图 7-25 学生评价过程

图 7-26 学生评价结果

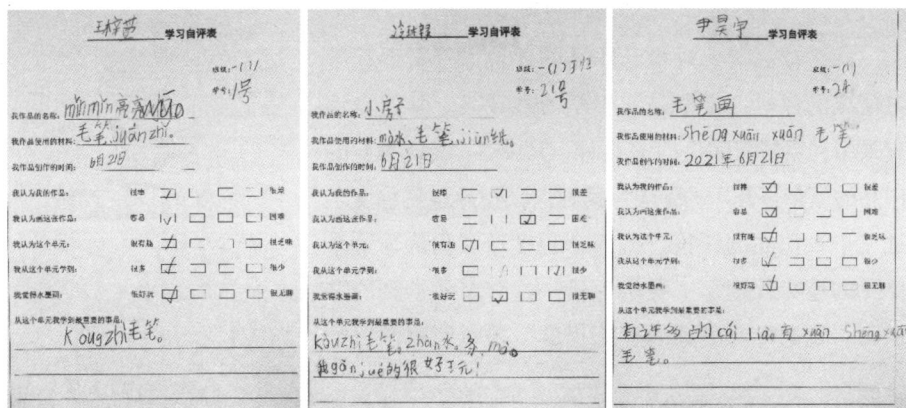

图 7-27 学生学习自评表

3. 问题与策略

教学成果展示与评价环节的设计有助于学生互相学习、学会客观地评价自己和他人作品，从而巩固知识、获得进步。本阶段通过表扬贴、学习自评表完成了作品互评、作品自评、学习总结、学习评价四个方面的内容。

（五）教学评价：

1. 评价方法

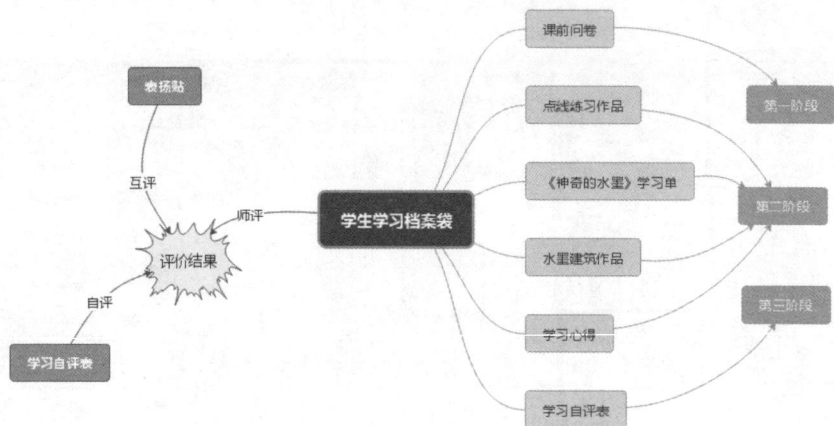

图 7-28　评价方法示意图

（1）自评

自评包括学生对自己作品的评价以及对课程学习情况的评价，依据是学生学习自评表。学习自评表采用利克特量表法[①]来设计。其中，"我认为我的作品的质量好坏""我认为我画这张作品难易程度"是对个人作品的评价，分四个程度；"我认为这个单元的趣味程度""我认为我从这个单元学到的多少""我觉得水墨画的趣味程度"是对课程学习情

图 7-29　学习自评表

――――――――――

① 利克特量表法是通过判断一些具体事实的发生频率、认同等程度，来评价学生对学习的当前情感、潜在的态度和价值观目标。

况的自我评价，分四个程度。

（2）互评

教师按照水墨画的一般评价标准设计了三种表扬贴，分别为"绿贴——墨色丰富、线条多样""蓝贴——构图合理""黄贴——有新意"。每位学生有两组即六个表扬贴，可以全部或分开贴在不同的作品上，最后得到表扬贴最多的作品会被评选为"最受欢迎的作品"。

（3）师评

评价量规指向学习全过程，针对本课程学习的三个阶段，依据是学生课堂表现和学习档案袋，设置了对应的量规。

表 7-8 课程评价量规表

评价要素	主要指标	A	B	C	D	等级
课前问卷；收集资料	课前问卷填写认真完整，资料收集充分得 A；课前问卷填写完整，收集资料得 B；课前问卷上交或收集资料得 C；课前问卷缺失且不收集资料得 D。					
课堂表现；学习单；点线作品；建筑作品；学习心得	认真听讲，四项材料全部上交且质量较高得 A；参与课程，全部上交且至少一项质量较高得 B；参与课程，全部上交或至少一项质量较高得 C；上课表现较差，四项材料大部分缺失且质量不高得 D。					
课堂表现；互评；学习自评表	积极参与课程，互评认真，自评表填写认真完整得 A；参与课程，互评较认真，自评表填写完整得 B；参与课程，参与互评，自评表上交得 C；课堂表现较差，互评不认真且自评表缺失得 D。					

2. 教学反思

课程取得了预期效果，较为完满地完成了教学目标。但上课过程中，出现了不少小插曲，基本上都是打翻墨水脏了衣物，或水加太多破坏了作品等等，虽然笔者备课时已做了多种应对准备，但这些"意外"仍较频繁地发生。所以，在公办学校每班 45 人的一年级常规课中教授水墨存在较大难度。笔者在梳理评价时发现，学生介绍自己作品内容的材料不够丰富，仅有学习自评表中的"作品名称"可以说明一些问题，所以在《水墨建筑》一课中，不应该只让学生写学习心得，应写一段对自己作品的介绍，学习心得可以选填，这样也可避免学生的回答和学习自评表中"我从这个单元学到最重要的事"重复。

六、教学案例二：畅游花鸟画 [①]

（一）课程基本情况

本课程是自主开发的校本课程，属于造型·表现领域课程。

1.学情分析：本课程实施对象为小学五年级学生。他们已经有过几次中国画课程学习，初步掌握了基本的中国画知识和技能，花鸟画的绘画形式对他们来说并不陌生，但是对大师作品欣赏涉猎较浅。五年级的学生大多有着丰富的想象力、创造力和绘画造型能力，能够概括事物的特征，喜欢尝试用绘画作品表现自己的所见、所闻和所感。

2.教学思路：本课程为学生营造了感受美、发现美、欣赏美、表现美和创造美的氛围。主要采用建构主义的教学模式，以学生为中心，教师充当组织者、指导者、帮助者和促进者的角色，利用情境、协作、会话等学习环境要素，充分发挥学生的主动性、积极性和创造力。

（二）课程核心问题与问题链

本课程的核心问题为"花鸟画如何传情达意"，由此延伸出六条问题链：

主题：为什么花鸟画可以传情达意？

欣赏：艺术家是如何通过花鸟画传情达意的？

技法：花鸟画的传情达意表现在哪些方面？

构思：我想通过花鸟画传达出什么情感？

创作：我如何通过花鸟画传情达意？

展评：如何评价我的花鸟画学习成果？

涉及学科领域：美术、语文、历史。

---

① 本教学案例由上海市松江区新闵学校美术教师杨慧设计及实施。

（三）课程目标

知识与技能：了解花鸟画的艺术语言和特点；感知花鸟画工具材料；掌握基本的笔墨技法；用毛笔、宣纸等中国画材料、以写意的绘画形式创作一幅能够传情达意的花鸟画作品。

过程与方法：设置情景，生成主题——名作欣赏，研究大师——收集素材，构思构图——借鉴经典，学习技法——寻找材料，构思创作——完成作品，展示反思。

情感态度与价值观：情感：感受花鸟画的独特韵味，体验花鸟画的乐趣，激发学习兴趣，欣赏大师作品中的笔墨之美；态度：养成大胆尝试、乐于表现的习惯，形成自觉、主动的学习态度；价值观：了解花鸟画的创作观、艺术价值，所体现的某种深层的人文价值或观念。

（四）评价依据

表 7–9　评价依据表

	主题	欣赏	技法	构思	创作	展评
主要环节	设定主题 理解意义 多个意向 互动改进	课前预习 学会鉴赏 运用鉴赏 个案研究 深化认知	学习技法 掌握步骤 思考临摹 学习风格	收集素材 参照范本 绘制草图 形成报告	优化草图 大胆创作 实施反思 不断完善	展示交流 梳理轨迹 撰写总结 真实评价
评价对象（作业）	学习单	欣赏报告	练习或临摹	学习单	创作作品	总结报告
权　重	10%	10%	15%	15%	20%	20%
学习档案袋	10%					

（五）教学活动

1. 主题（1 课时）

小问题：为什么花鸟画可以传情达意？

学习目标：明确“画为心声”这一主题的意义，联系个人最想表

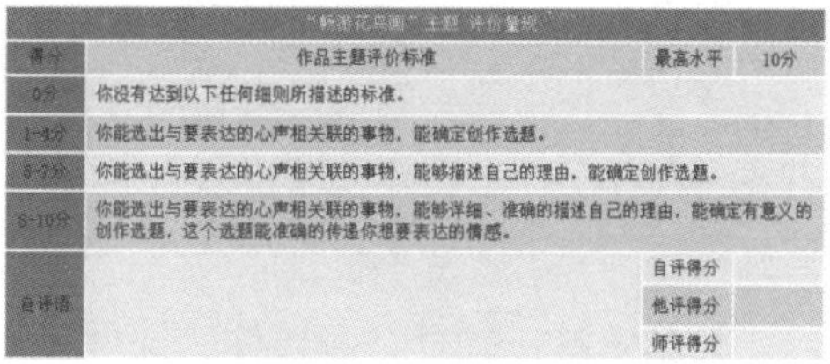

得分	作品主题评价标准	最高水平	10分
0分	你没有达到以下任何细则所描述的标准。		
1-4分	你能选出与要表达的心声相关联的事物，能确定创作选题。		
5-7分	你能选出与要表达的心声相关联的事物，能够描述自己的理由，能确定创作选题。		
8-10分	你能选出与要表达的心声相关联的事物，能够详细、准确的描述自己的理由，能确定有意义的创作选题，这个选题能准确的传递你想要表达的情感。		
自评语		自评得分	
		他评得分	
		师评得分	

图 7–30　主题评价量规

达的心声确定创作题目。

教学过程：

活动 1：忆往昔绘画时光。

1.情景导入：展示学生影集

2.引出主题："画为心声"

活动 2：畅聊花鸟传情。

1.讨论交流：为什么花鸟画可以传情达意？

2.布置任务：完成主题学习单 1-1。

活动 3：明确主题画为心声。

师：出示畅游花鸟画任务书，指导学生完成主题学习单 1-2、主题评价量规。

图 7-31　主题学习单 1-1

生：阅读任务书，明确学习任务，了解单元教学计划；完成主题学习单 1-2；完成主题评价量规。

设计意图：采用"中国画校园作品展"真实情景策略，激发学生学习兴趣与动力，出示具体任务书，明确单元学习任务。运用有效提问和支架式的教学策略，用讲授法，借助学习单，让学生明确创作主题的意义以及创作题目。

2.欣赏（1 课时）

小问题：艺术家是如何通过花鸟画传情达意的？

学习目标：选一幅自己喜爱的齐白石花鸟画作品，学会用四步法欣赏其花鸟画作品，写出欣赏小报告。

图 7-32　主题学习单 1-2

教具学具：教具：多媒体、课件、大师作品图片；学具：铅笔、橡皮、学习单

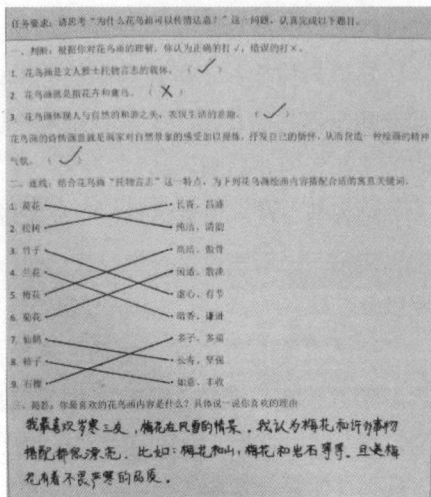

教学过程：

活动 1：课前预习齐白石花鸟画。

师：布置课前学习任务，发送“齐白石百度百科、齐白石花鸟画作品”链接、花鸟画审美特征参考资料单、大师及其名作资料单、欣赏学习单 2–2 与欣赏评价量规给学生。

生：课前预习老师发送到学习交流群里的内容，根据学习单上的要求，提前确定好自己需要欣赏的齐白石花鸟画作品，并查阅相关资料，完成欣赏学习单 2–2。

“畅游花鸟画”欣赏 评价量规			
得分	作品欣赏评价标准	最高水平	10分
0分	你没有达到以下任何细则所描述的标准。		
1~4分	你粗略的描述了这件花鸟画作品给你的感受，简单的说出画面中的形象和部分基本信息；你大致的了解了作品中的造型、笔墨、构图或者意境；你知道画家个人和社会因素会对其作品产生影响；仅仅表达对这幅作品的喜爱与否。		
5~7分	你基本描述了这件花鸟画作品给你的感受，说出画面中的形象，知道作品和作者的基本信息，你分析了作品中的造型、笔墨、构图和意境；你解释了画家个人和社会因素对其作品产生的影响；你思考了“艺术家是如何通过花鸟画传情达意的？”，简单的评价该作品，并说明自己的观点。		
8~10分	你详细描述了这件花鸟画作品给你的感受，完整的说出画面中的形象，清楚的知道作品和作者的基本信息，你合理的分析了作品中的造型、笔墨、构图和意境，你充分解释了画家个人和社会因素对其作品产生的影响，你能联系“艺术家是如何通过花鸟画传情达意的？”，从历史、文化、艺术等角度有见地的评价该作品，并说明自己的观点和理由。		
自评语		自评得分	
		他评得分	
		师评得分	

图 7–33　欣赏评价量规

活动 2：课堂讨论花鸟画传情达意。

师：提出问题：“艺术家是如何通过花鸟画传情达意的？”结合齐白石作品《寿酒》和小问题讲解美术欣赏方法（欣赏学习单 2–1）；布置作业并指导学

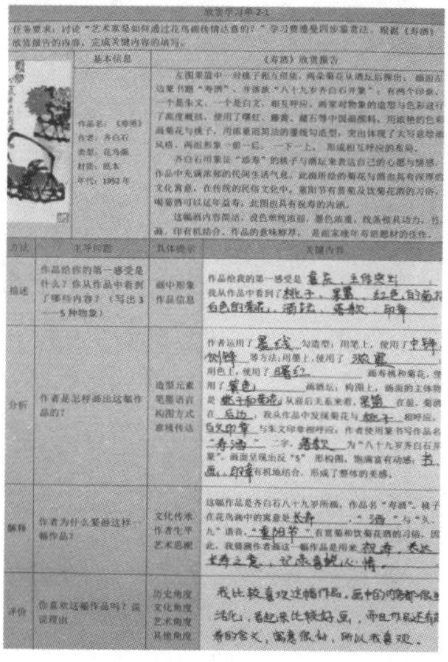

图 7–34　欣赏学习单 2–1

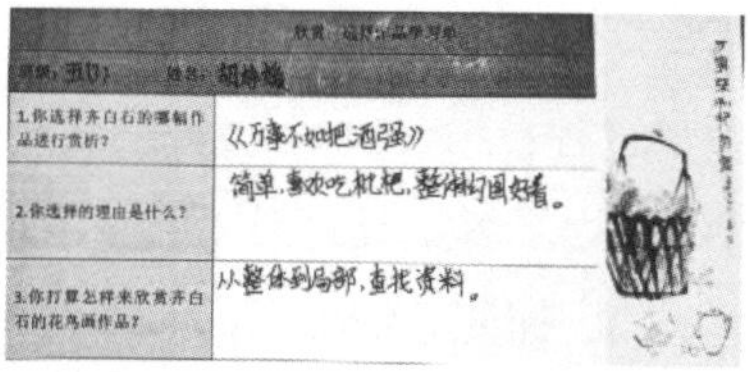

图 7–35　欣赏学习单 2–2

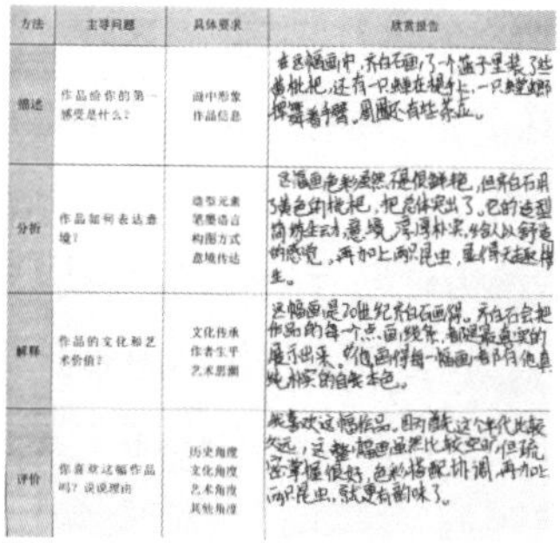

图 7–36　欣赏学习单 2–3

生完成欣赏学习单 2-1、2-2、2-3 和欣赏评价量规。

生：思考、讨论、交流"艺术家是如何通过花鸟画传情达意的？"，完成学习单 2-1、2-2、2-3 和评价量规。

设计意图：提前下发学习资料，既节省课堂教学时间，又能让每位学生都能选择到自己想欣赏的作品；通过欣赏齐白石的花鸟画作品，讲解齐白石个人生平经历，共同探讨"艺术家齐白石是如何通过花鸟画传情达意的？"并教授欣赏方法，再让学生完成齐白石花鸟画作品欣赏报告，降低了学生的学习难度。

3. 技法（2 课时）

小问题：花鸟画的传情达意表现在哪些方面？

学习目标：了解花鸟画工具材料的特点与性能，学习花鸟画的造型与题材，理解花鸟画的笔墨语言，运用花鸟画技法临摹你喜欢的大师作品。

图 7-37　技法学习单 3-1

教学过程：

活动 1：了解工具材料（第 1 课时）。

活动 2：探究笔情墨意。

师：讲解花鸟画的画幅形式、绘画形象、造型元素、笔墨技法、构图形式、画面意境与情感表达。指导学生练习花鸟画技法。提出技法学习任务，提供临摹大师作品选择学习单。

生：参与讨论与交流，完成技法学习单 3-1。

活动 3：临摹大师作品（第 2 课时）。

师：指导学生完成作品临摹与技法评价量规。

生：学生临摹大师作品；完成技法学习单

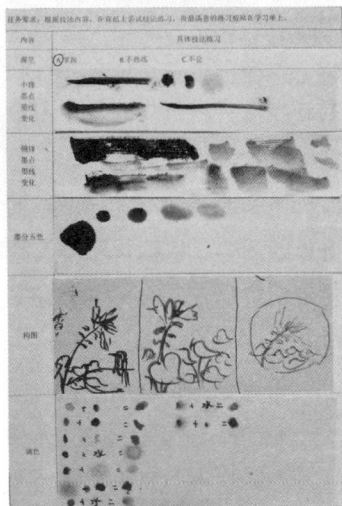

图 7-38　技法评价量规

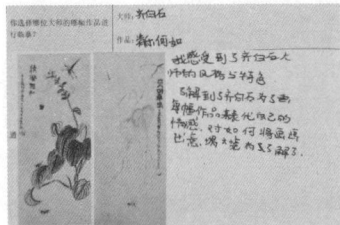

图 7-39　技法学习单 3-2

3-2 与技法评价量规。

活动 4：布置课后任务。

师：下发"构思学习单 4-1、4-2-1、4-2-2"，确定绘画形象并完成素材收集。

生：按照要求，课下完成学习单 4-1、4-2-1、4-2-2。

设计意图：采用教师演示法、辅导练习法等教学方法，通过作品欣赏、交流讨论、尝试探究、创意实践等多种学习活动，认识大师作品并进行临摹。布置课后任务，学生课下完成，节省时间。

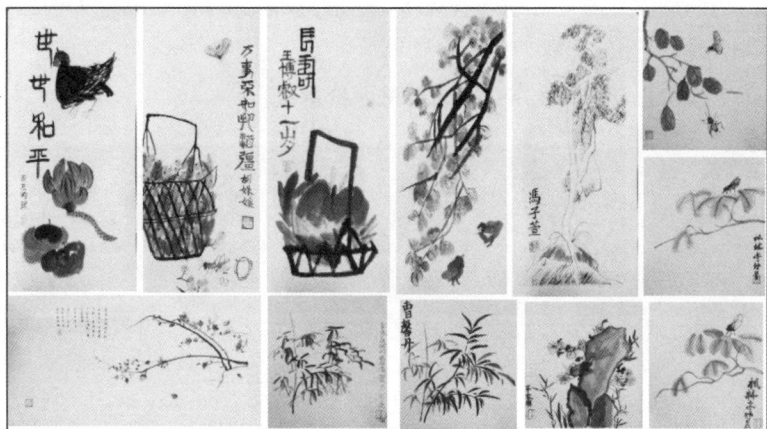

图 7-40　学生临摹作品

4. 构思（1 课时）

小问题：我想通过花鸟画传达出什么情感?

学习目标：收集形式和内容等素材，根据所学样式风格画出创作草图并改进。

教学过程：

活动 1：检查反馈。

师：检查、批阅收集形式和内容图片素材的完成情况；课上提出指导意见。

生：组长收集组员构思学习单 4-1、4-2-1、4-2-2，上课当天上午交给老师检查；在课堂上，记录下老师的指导意见，并在课下修正。

图 7-41　构思评价量规

活动2：头脑风暴。

师：组织讨论、交流"我想通过花鸟画传达出什么情感？"，指导学生完成思维导图（构思学习单4-3），以及根据所学样式画多个草图；写出"创作思路"并进行草图分析。（构思学习单4-4）。

生：分享交流"我想通过花鸟画传达出什么情感？"；完成构思学习单4-3、4-4。

活动3：反思改进。

师：组织课堂教学，指导学生对草图进行反思、讨论和改进（构思学习单4-5）；出示构思评价量规。

生：完成构思学习单4-5；完成构思评价量规。

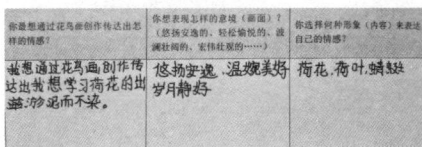

图7-42　构思学习单4-1　　图7-43　构思学习单4-2-1　　图7-44　构思学习单4-2-2

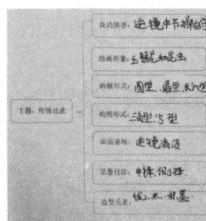

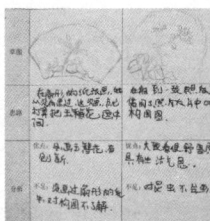

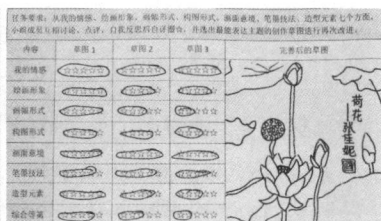

图7-45　构思学习单4-3　　图7-46　构思学习单4-4　　图7-47　构思学习单4-5

设计意图：通过检查课前任务，了解学生学习情况；进行"头脑风暴"，启发、引导学生拓展思路，打开思维方式。

5.创作（2课时）

小问题：我如何通过花鸟画传情达意？

学习目标：制订创作计划，在日志中说明做出的改变和理由，能创造性地运用所学样式风格的材料和技法创作花鸟画作品，表达自己的心声。

教学过程：

活动 1：检查反馈。

师：检查对照小问题，改进后的新草图，反馈指导意见。

生：根据指导意见，修改完善新草图。

活动 2：布置任务。

师：组织学生讨论交流“我如何通过花鸟画传情达意？”，布置创作阶段的各项任务，准备好各种材料和工具；指导学生制订创作计划（创作学习单 5–1）；提出创作要求；指导学生制订“创作日志”（创作学习单 5–2）；指导学生创作、反思和改进创作作品；出示创作评价量规。

生：学生分享、交流“我如何通过花鸟画传情达意”；完成创作学习单 5–1、5–2；根据新草图中的形象，从大师的作品中寻找参考素材；局部形象临摹练习；所有形象组合创作；完成创作评价量规。

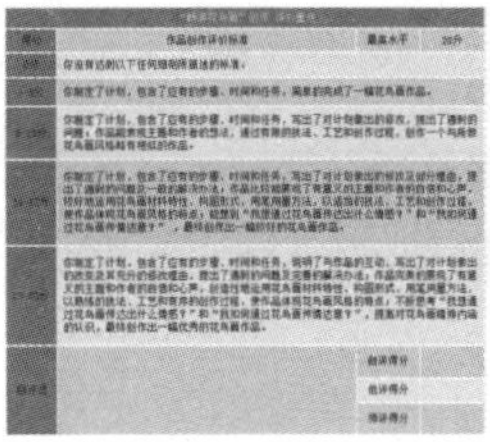

图 7–48　创作评价量规

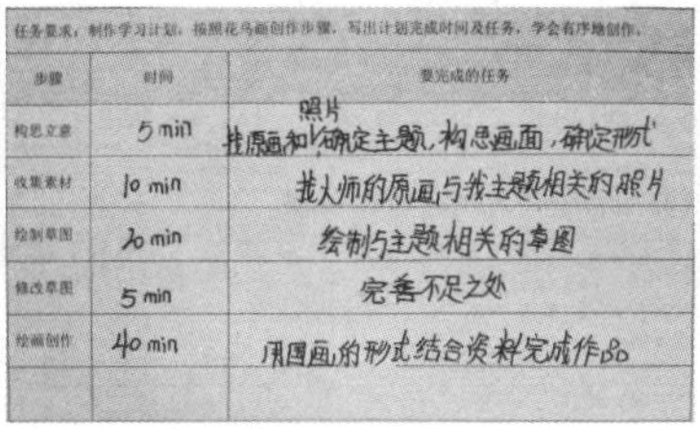

任务要求：制作学习计划，按照花鸟画创作步骤，写出计划完成时间及任务，学会有序地创作。

步骤	时间	要完成的任务
构思立意	5 min	找原画和照片，确定主题，构思画面，确定形式
收集素材	10 min	找大师的原画与我主题相关的照片
绘制草图	20 min	绘制与主题相关的草图
修改草图	5 min	完善不足之处
绘画创作	40 min	用国画的形式结合资料完成作品

图 7–49　创作学习单 5–1

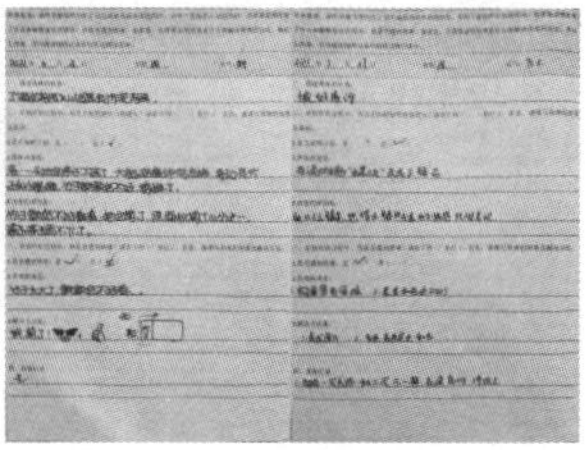

图 7–50　创作学习单 5–2

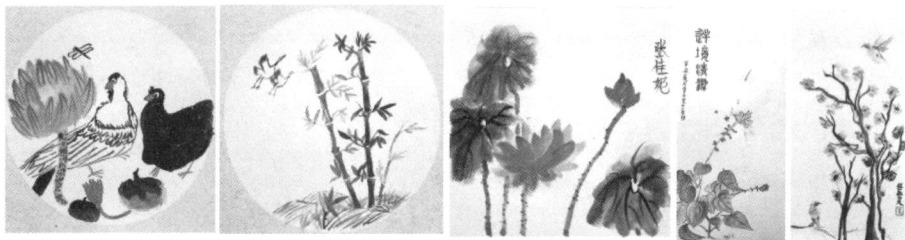

图 7–51　学生作品

设计意图：通过分步练习草图中的内容，简化创作的难度；对绘画有困难的学生提供大师作品，可以对其中的物象局部临摹，然后运用到自己的创作之中。

6. 展评（1 课时）

小问题：如何评价我的花鸟画学习成果？

学习目标：能客观地小结自己的创作活动，做好学习档案袋，积极参与布展和展览活动。

教学过程：

活动1：讨论交流。

师：组织学生思考"如何评价我的花鸟画学习成果？"；讲授作品装裱形式；讨论可展出成果、展示位置和可参加的展览形式；指导学生汇总学习档案袋所有材料。

生：交流、汇报、分享自己的学习成果，完成展评学习单6-1；完成"学习档案袋评价量规"和"个人作品成果展"评价量规。

活动2：策展计划。

师：指导学生根据"学习档案袋"和"个人作品成果展"评价量规，确定参展人员名单（展评学习单6-2）；课后带领各组组长进行布展活动。利用美术组公众号和学校公众号，编辑并推送线上作品展示。

生：完成展评学习单6-2；组长参与作品布展活动。

活动3：总结反思。

师：指导学生总结整个单元学习过程，写出学习小结（展评学习单6-3）；完成总评评价量规。

生：完成总结报告；完成展评评价量规。

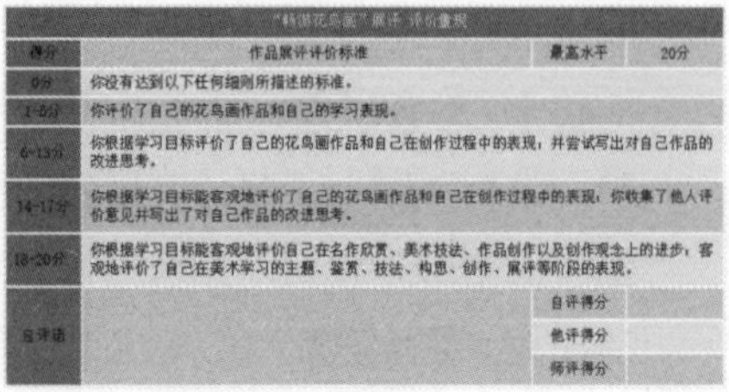

图7-52　展评评价量规

图7-53　单元作品展

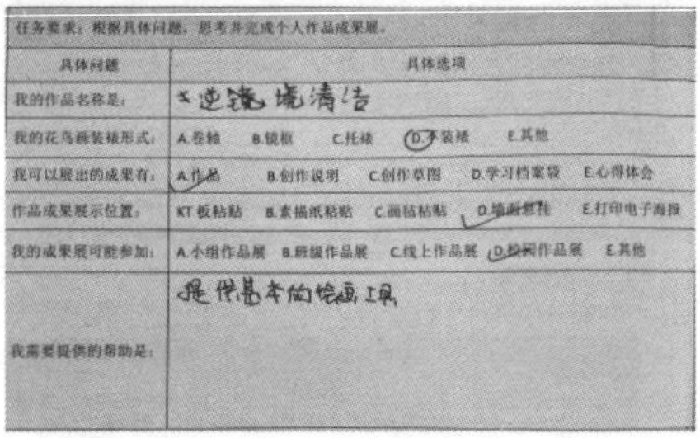

图7-54　展评学习单6-1

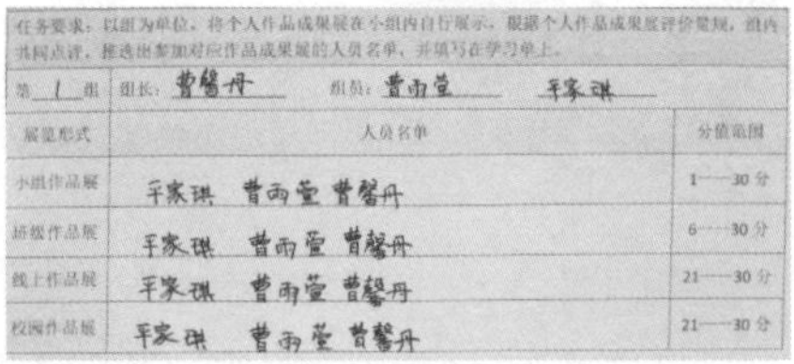

图7-55　展评学习单6-2

设计意图：对作品进行展示，提升学生的成就感；通过自评、互评，加深学生对知识的理解。

（六）教学反思

历时两个月，我完成了《畅游花鸟画》单元课程教学。"纸上得来终觉浅，绝知此事要躬行"，在实践的过程中，可谓百感交集。有苦恼，有气馁，有挫败感；当然也有欣喜，有收获，有成就感。最终完成展览，带着孩子们在画展前拍照，看着他们脸上露出的自信的笑容，那一刻，我觉得所有的付出、所有的坚持都是值得的。反思单元教学，总结出如下经验：

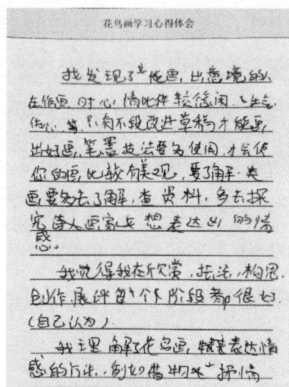

图 7-56　展评学习单 6-3

首先，从问题出发，深思熟虑，寻找解决之法。万事开头难，初次尝试单元教学，以前也没有听过其他老师上这样的课程，那么怎么给学生上好第一课呢？带着这个问题，我一遍遍地预设课堂，又一遍遍地修改教学设计，只为呈现给学生最好的教学效果。从问题出发，不仅仅是我个人遇到的问题，最主要的是学生会遇到什么问题。例如：该怎么选题？关于草图要画些什么呢？又该怎么去分析草图？这些都是学生会遇到的问题，老师作为课堂上的引导者、学习单的开发者，面对这些问题可以提前预设好，以便给学生更好地指导。

其次，从细处着手，精心设计，探究可行之处。学生在做学习单的过程中，刚开始兴趣浓厚。随着课程的推进，当学习单上需要书写大量的文字时，学生渐渐失去了信心和耐心，学习兴趣也有所下降。面对这样的情况，我开始重新审视自己设计的学习单。学习单是用来辅助学生更好地学习，而并非增添学生的负担。既要减少学习单上的文字书写，又要达到教学效果，是否有可行之法呢？私底下我访谈了个别书写较慢的学生："如果学习单上多用选择、填空、判断、连线等题型，你觉得怎么样？"学生表示："老师，如果是这样的学习单，那做起来会比较快又简洁，我们还是很愿意做的。"得知学生的意愿后，我更加坚定了修改学习单的想法。细节决定成败，每一个细小环节的实践程度，都会或多或少地影响最终结果。作为美术教师，不仅要在美术教学中教授学生创意思维、探究方法，而且教师自身更应该具备探索精神，力争做一个研究型的教师。探究各种可行的方法，才能更好地完成教学任务。

最后，从教学实践得到的启示是且行且思，追求课程之精。虽然《畅游花鸟画》大单元课程结束了，但是在教学中落实美术核心素养的任务才刚刚开始。经过这次实践，我收获了很多宝贵的教学经验。教学相长，每一次的磨砺，都是为了带给学生最精彩的课程，也为成就更好的自己。生而有涯学无涯，在教学之路上，且行且思，且思且行，不断前进。

第三节　智能化社会背景下的校外青少年中国画学习评价研究 [①]

智能化社会背景下的青少年中国画学习的关键是学习个体需建立正确的、多视角、高审美的评价方式与评价标准。在新型学习方式的促动下，学习评价更加立体，更加重视学生在学习活动中的参与度、积极性以及突破原有框架的创造力，为不同的学生提供不同的评价标准，让每一位学生都有出彩的机会。本研究提供了不同的案例，旨在探索有效的评价方式促进学生的自我成长。

校外中国画教学作为中小学校中国画教学的有益补充，对培养和提升学生的中国画素养和能力起到了非常重要的作用。相对于中小学校的中国画教学，校外中国画教学具有一些不同的特点，教学对象复合化，教学方法、教学形式更为灵活和多样。

一、智能化社会背景下校外青少年中国画教育的改革

在两次工业革命和信息革命之后，今天的我们正被大数据和人工智能的浪潮席卷，经历着一场新的、更深刻的变革——智能革命。这也预示着我们迎来了全新的智能时代。这个时代就像是潮流一样，滚滚向前，人类社会将会进入崭新的阶段。智能革命将对社会形成更大的冲击，在资源数字化的过程中，不仅会重塑大量的产业领域，对于人们的生活、学习和工作也会逐渐产生巨大的影响，校外教育也要跟上时代的步伐，准确地把握时代的脉搏，思考如何在智能时代的机遇中迎接挑战。

教育部在 2014 年发布《完善中华优秀传统文化教育指导纲要》时提出：增强青少年学生民族文化自信和价值观自信。在青少年中开展中国画教学则有利于优秀传统文化的传承和发扬。校外中国画教学作为学校中国画教学的有益补充，在学生中国画学习过程中也能起到一定作用。

2011 年 7 月，我国教育部颁布了《义务教育美术课程标准（2011 年版）》。从"知识与技能""方法与过程""情感、态度和价值观"三个维度为教学划定了总的目标，将"以往强调即成美术样式的继承，转变为注重视觉读解、表达、

[①]　本节由上海市静安区青少年活动中心高级教师杨一宾撰写。

思考与交流能力的养成"①，使美术学科成为一门没有标准答案的学科，由此，美术教学的评价也将随之改变。

五千多年的历史铸就了古老的中华文化，悠久的文明传承至今，已形成了她的内在规律。校外中国画的教与学有其自身的一套循环模式，当下在校外青少年中国画教学中沿用这套模式有其优势所在，但也无法回避其存在的不足。

由此，在校外青少年中开展中国画教学的同时，必须转变教学理念，对传统的教学模式采取扬弃式的改革，从重视技法传授转换成立足审美感悟，体验情感、意境的技术传达。

检验这一转变的关键在于评价，从重视对作品完成度的评价转变为对作品形成过程中各环节的评价，引导学生从美术本体的角度，运用美术语言分析自己、同伴及优秀作品，自评、互评，展示交流，有助于青少年在智能化社会背景下适应视觉文化浪潮的冲击，真正培育美术素养。

二、校外青少年中国画学习评价的变革

由于传统中国画从内容到方法，历经数百年，已形成了一套固定的程式，学习它也有一定的规律与方法。

以临摹为主的传统中国画教学方式，偏重于技术的传授，它首先是从"程式化"入手，这种程式化的语言会一下子把青少年自身的天真烂漫和独特个性给埋没了，他们完全有可能就成了程式的代言人。时间久了，就没有办法通过观察来感受，也没办法来表达感受了。所以这些规律和方法相对于绝大多数青少年来说是不适合的，也是比较枯燥和难学的。

在校外中国画教学中要因材施教，化繁为简，形成阶梯，滚动训练，在愉快的氛围中学习，让学生从内心接受并乐意学习，能长期保持学习中国画的兴趣，有助于中国画教学的深入与扩展，更有助于学生身心的健康发展。

而伴随学习内容与学习方式改变的一定是评价，把学习的重心从教什么、怎么教转向如何学、学得怎么样，立足审美感悟，重视体验情感、意境的技术

---

① 钱初熹，徐耘春.视觉文化背景下的中小学美术学习评价 [J].现代基础教育研究，2013（3）：72-80.

传达，明确学习目标，关注学习过程，掌握学习方法，建立有效评价机制，提高学习效能。

三、校外青少年中国画学习评价的现状

（一）单一重视中国画技能的学习评价

由于传统的中国画学习方式是以学习内容为线索，以技能训练为抓手，通过教师示范，学生观摩并反复临摹直至掌握。这样的学习模式导致教师、学生对于学习评价的标准自始至终是围绕能否掌握技能为目标，容易忽略学生的学习态度、学习方法、情感表达、意境营造以及创新表现等方面，评价标准相对比较单一，不利于促进学生的全面发展。

（二）多元化的中国画学习评价

以审美为入口，把主题内容与构图、造型、笔墨语言、工具材料、情感表达以及意境营造等整合起来，在教学内容里逐步铺陈，循序渐进，有机融合，以丰富审美层次和维度。因此，从最基本的认识、了解和使用笔墨纸砚开始，在教学内容、工具材料、表现技巧等方面作具体且相对统一的要求，而在情感表达和画面意境的营造上，则尽力引导学生各抒己见。通过多元化的评价让学生体会到美术学习，对于工具、材料、技能的掌握和应用不是唯一的，它们是为自我表达服务的。"像与不像"也不是衡量优劣的唯一标准。

（三）有效的学习评价

智能化社会背景下的教育已进入 4.0 版，它是将学习内容和学习经验转变到未来经济社会需求的全球框架。学习方式变革是未来学校的核心议题，随着学习方式的变革，未来学校将从"批量生产"模式走向"私人订制"模式。在新型学习方式的推动下，校外学习评价更加立体，更加重视学生在学习活动中的参与度、积极性以及突破原有框架的创造力，为不同的学生提供不同的评价标准，让每一位学生都有出彩的机会。

四、关注学习全过程的校外青少年中国画学习评价

（一）过程性评价与成果评价相结合的青少年中国画学习评价

评价活动是教学活动的有机组成部分，不应只是在教学活动结束时才出现评价，评价应与教学目标保持一致，与具体的教学环节相融合，贯穿教学活动的始终。

将教学目标转化为评价目标，再细化出三级或五级的评价指标，通过展示、交流、自我测评、生生互评、教师点评、艺术档案袋等方式，对应评价指标开展评价活动，有助于教学成效的及时反馈，助力教学目标的达成，为后续教学方案的推进及改进提供有力的证据，更好地提高教学效能。

以启蒙阶段为例：

		评价标准				
目标	工具	毛笔	兼毫，四支不同型号	握笔	行笔	整理
		颜料	书画墨汁、水彩颜料	色相	调配	整理
	媒材	白色生宣纸		基础图形	性能掌握	整理
	效果	渗化	湿	水+墨（色）		
		不渗化	干			
			枯			
	方法	画、涂、滴、洒、印……				
	情感	画题和自我感受相结合				
	立意	健康向上				
	造境	联系生活实际				

成就标准	年龄	作品内容	优秀	合格	待努力
认识并初步学会使用中国画的基础工具材料,学会基础的中国画表现方法,并能运用这些方法表现简单的物象,表达自己的内心感受。	4—6岁	《鸡冠花真美》			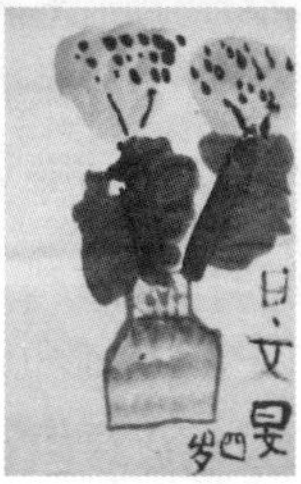
		评价	观察力、表现力很强,会运用使转笔法表现厚、皱的花头,丰富的墨色变化和点、线、面的处理,使画面充满张力。	造型简洁,墨色滋润,用笔肯定,姿态有变化。在营造画面疏密空间的同时会主动加入已学内容,增添情趣。	基本掌握笔墨表现方法,在造型、墨色和画面节奏上有待进一步提高。

图 7-58

将目标合理转化成评价标准,有助于多元化评价的实施,更有助于课程的推进。

(二)青少年中国画学习评价案例

1. 启蒙阶段(4—6岁学生)

以《鸡冠花真美》为例:这一内容是启蒙阶段的中期课程,根据预设的教学目标,学生应学会中国画工具、材料的基本使用方法,能正确地运用它们表现不同的线条、形状和块面,并能表现简单的物象,同时表现出简单的色彩变化。通过图片和实物感受鸡冠花花头饱满、丰厚的造型之美,连续使转用笔形成的曲线所组成的椭圆形与简单直线组成的梯形,组合成的鸡冠花花头造型与墨色叶子所蕴含的笔墨之美。

在教学内容实施过程中,围绕三维目标给予多元化的评价,有助于教学活动的良性进展,也为后续的学习提供了依据,为今后的发展打下坚实的基础。

2. 初级阶段(7—8岁学生)

初级阶段,是在启蒙教育的基础上,通过加强对中国画工具、材料运用的强化训练,鼓励儿童联系实际生活,大胆运用这些工具材料表达自己的情怀,真正体验到美就在身边。

　　此阶段的成就标准：通过加强对中国画工具材料运用的强化训练，鼓励儿童联系实际生活，大胆运用这些工具材料表达自己的情怀，真正体验到美就在身边。

　　以《一朵花的变奏》为例：本课为变临课，在学习临摹一朵写意花朵的基础上采用边角式构图装饰宫扇。在"艺术点亮生活"的理念下，寻找生活中的物品作为基底，探索不同材质上的表现效果。在生宣宫扇上画写意花朵与在普通生宣上画的感觉有所不同，材质的变化容易引起学生的学习兴趣，同时体会到水墨离我们并不遥远，它就在我们身边，可以装点我们的生活。

年龄	作品内容	优秀	合格	待努力（另类表现）
7—8岁	《一朵花的变奏》			
	评价	很好地掌握了花朵的造型与笔墨，并能在宫扇的造型上合理地安排位置，装饰扇面。	基本掌握了花朵的造型、用笔，颜色略厚，落款过大，有损画面美感。	基本掌握了花朵的造型，用笔单一，使转不足，颜色单一。对角式构图因面积大小太接近，落款位置不当，而缺乏美感。
	《热火朝天的建筑工地》			
	评价	大吊车的造型明确，建筑工人动态丰富，全包围式构图很好地突出了建筑工地热火朝天的景象。	大吊车的造型明确，建筑工人略少，不能体现出热火朝天的感觉。	大吊车的造型不够明确，人物动态虽丰富，但由于构图略松散，主题就不突出了。

图 7-59

　　评价以鼓励为主，适当指出不足与修改方向，有助于学生的进步。

3. 中级阶段（9—12 岁学生）

中级阶段，由于随着学生年龄的增长，对造型的要求趋向真实，对工具、材料的掌控能力、学习能力和感悟能力都有了明显的提高，教学中临摹、写生、创作循序渐进，从题材、内容到笔墨语言，旨在逐步走近传统，了解传统笔墨语言的效果和意义，明确它们在运用的过程中会产生的可能性和开放性，思考和尝试如何运用，在运用的过程中会不会产生其他的可能性与开放性等等。这一阶段非常重要，它承上启下，既是对原有的学习经验的巩固，也是对新的技能技巧和工具材料以及题材等的探索与开拓，更是为之后的个性化学习做准备。

此阶段的成就标准：初步掌握中国画的工具材料，比较自由地运用这些工具材料表现物象。学习运用中国画的构图造型笔墨语言表达主题，抒发情感。

以花鸟画创作《秋色》为例：要求学生以花鸟为主题，表达自己对秋天的感受。不限材料，不限技法，各自探索，给了学生更多的创作空间。绝大多数学生会围绕主题，作品中有花有鸟，也会出现一些另类的情况，但只要有秋意，就可以给予鼓励。

年龄	作品内容	优秀	合格	待努力（另类表现）
9—12岁	《秋色》			
	评价	运用荷叶的微黄与蓝灰这样的主观色彩搭配，表现秋意，既有水墨画的清新雅致，又具现代感。黄金点上的鸟左顾右盼，相互呼应，画面生趣盎然，一扫秋之萧索，美好而惬意。	满构图与环绕式构图相结合，浓淡相间、错落有致的木栅栏上，停歇着四五只姿态各异的不知名的鸟儿，丰富的橘色羽毛让人联想到秋色斑斓，栅栏后面的浅灰色茅草又暗示着秋的脚步。从用笔的爽利程度上可以看出作者的好心情。	夸张作为主体的向日葵形象，对比之下人物犹如置身巨人国，从这种略带奇幻色彩的画面中可以感受到作者的童心童趣。叶子的表现方式有装饰性，枝干的用笔还可以更连贯些。由于缺少鸟，于本次课的目标有差距，有待改进。

图 7-60

4. 高级阶段（12 岁以上的学生）

高级阶段，因为从年龄层上看基本都是初中生，但也有个别高中生。由于中国画项目本身对学生而言毫无功利性，所以这一阶段能继续参加学习的学生基本都是出于爱好，这也就使得教学有了更多的灵活性、开放性和包容性。学生根据自己的喜好，可以按照题材、画法，也可以按照材料，自由组织成一个个灵活的学习小组，进行自主学习。教师采取的是个别指导的方式，在很大程度上给了学生自由探索与发展的空间，很好地保护了他们对中国画学习的浓厚兴趣，将被动学习转化成主动学习，促进了其身心的发展。

此阶段的成就标准：进一步掌握工具材料的使用方法，探索新材料和新方法，寻求个性化语言的发展。

以创作《我的家乡》为例：这是以城市和建筑为学习内容的小组学生所创作的主题作品，从讨论—收集资料—交流构思—画出小稿—师生、生生讨论—修改—完成，期间，随时随地通过评价的方式给予意见和建议，最终呈现出面貌各异的作品。

年龄	作品内容	优秀	合格	待努力（另类表现）
12岁以上	《我的家乡》（通过家乡的建筑，表现家乡的特色）	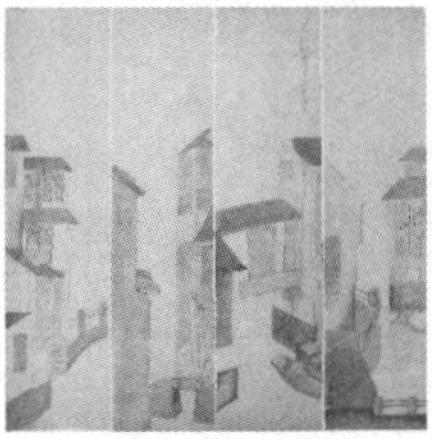		
	评价	水乡建筑的特色明显。	建筑特点比较明显，画面疏密节奏的安排有所欠缺。	墨色氤氲变化丰富，建筑结构特色不明确。

图 7-61

5. 评价引导学生成长

小王同学对画建筑产生了兴趣，在经历了大量欣赏的阶段后，他创作出第一幅作品（图 1），城市建筑学习小组中的老师和同学都给了他一些意见和建议，之后不断地深入，在之后三年（11 至 14 岁）里，他所创作的作品从内容到形式、从材料到技巧、从语言到心性，在一个脉络上不断地发展，成效显著，可见其心智的成长。

图 7-62

中国画的学习不是对技能技巧简单的掌握，而是一个人审美能力的提升，从同学们对小潘同学《墨骨荷花》所作的评价中，可见学生能从美术本体出发分析作品，并提出自己的观点。

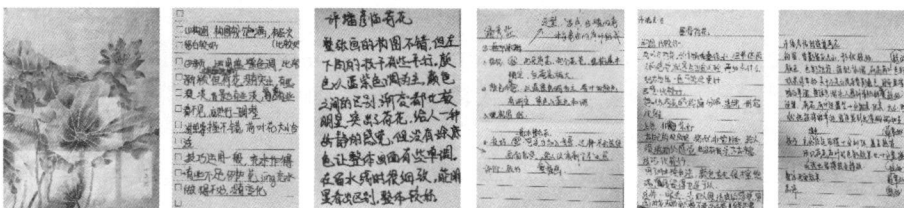

图 7-63

五、今后的展望

（一）本研究的成效

本研究从审美入手，以评价为抓手，不断引导学生提高认识，拓宽视野，形成标准，提升美术素养，为学生良好的发展，成为更好的自己提供了可操作且有效的途径和方法。

（二）本研究的局限

本研究因是在青少年活动中心的中国画班中开展的，学生人数较少，对中国画的学习相对比较感兴趣，为本研究提供了便利。对于普通学校的中国画教学并未涉及。

（三）**改进措施**

在后续的研究中，将进一步扩大样本，在学校社团中开展此项研究。同时，加强临摹、写生与创作的联系，增加山水、人物的学习内容，探寻更多的评价方式，促进学生的自我成长。

第八章 基于鉴赏为主的中小学中国画教学评价实践研究

第一节 互动展评式的中国画学习评价 [①]

一、研究背景

（一）提出问题

在《美术课程标准》中，对评价方式提出了建议：1.重视学生的自我评价；2.注重对学生美术活动表现的评价；3.采用多种评价方式评价学生的美术作业；4.建立促进美术教师不断提高的评价体系。

笔者通过中国画课堂实践与相关研究资料的搜集，发现现阶段的课堂评价虽然有很大的改观，在时间安排和评价语言上都有所提高，但由于课程时间受限，学生人数过多，对于中国画学习评价仍很难得到质的改观。

如何在实践中开拓支持学生个性化发展的评价？学生如何在评价中获得自我价值？如何扩大评价的受众？教师是否可以通过评价及时调整教学环节以达到更好的教学效果？课程可否在评价改进中取得发展，形成教学相长的评价模式？笔者以上海市黄浦区初中学生水墨画展为契机与切入点，开展了以观展的形式来促进师生评价，以此探索课堂教学评价的深化与扩展。

（二）研究基础

1.创设美育空间

笔者所在的上海市黄浦区教育学院附属中山学校（以下简称"中山学校"）自 2017 年起，建设了多功能校园美育空间，该空间除了满足日常美术课程教学功能外，还可以通过展板的不同摆放转变为校园美术馆。学生不仅可以在优秀艺术作品的熏陶下创作自己的艺术作品，学校还会在每个学期末定期举办各类学生画展，这就为"以展促评、以评促学"的开展提供了实施环境。

[①] 本节由上海市黄浦区教育学院附属中山学校美术教师李燕南撰写。

图 8-1　多功能校园美育空间

2. 确立研究课题

为了拓宽中国画教学的路径与范畴，笔者确立了《学校现当代中国画展示方式的实践研究》的课题，组员们立志于不仅拓宽中国画作品的展示方式，更是通过项目的实践，运用现代化的展示方式，提升了团队教师在教学方式和教学展示上的研究能力。在课题研究中，组员们共同利用多媒体以及 VR 技术对中国画的展示与评价进行深入研究。

本课题旨在尝试打破原美术教材的单元结构，选择联系学生生活与时代的教学内容，建构"模块互融"的主题性综合单元，以真实的任务情景为驱动，引领学生体验艺术创作之旅，探索"模块互融"突破中国画教学瓶颈的多项教学实施策略，凸显美术学科教学的视觉性、实践性与审美性，在中国画教学中传承优秀传统文化，落实学科核心素养。结合校内美术馆，确立了深化与扩展课堂评价的以展促评的教学策略。

3. 学校课程支持

学校从 2018 年起开始重视中国画的教学，逐渐形成了三阶段的中国画进阶课程，把学生的中国画教学提升到了开展美育的重要环节，让学生体会民族文化的艺术内涵和人文精神，使学生逐渐形成了审美意识和传统文化的保护意识，同时学生中国画艺术作品的创作数量也大大增加，为画展的开展提供了质量的保证。

除此之外，结合多功能美育空间，笔者在中山学校开展了"校园美术馆课程"，将美术课程直接放在校园美术馆内，对学生来说非常亲切。在这里，学生可以交流互动，老师也能进行场景化教学，还可以最大范围地让全校甚至全区学生、家长、老师等都参与进来。该课程分为"美展策划""畅游画展""观展导览""艺术评鉴"四个模块，通过课程的不断实施与改进，为"以展促评、以评促学"

的持续开展，提供了丰富的经验。

二、研究意义

为了解决现阶段教学评价中所存在的问题，结合已有的研究基础，笔者尝试通过展示学生作品的方式，深化与扩展评价的质与量，从而达到学生与教师的教学双赢，其研究意义表现在以下三方面：

（一）扩大评价受众，营建沉浸式的美术作品评价氛围

以往课堂教师或者学生的评价，形式比较严肃，气氛不够活泼与轻松，学生可以阐述自己作品的人数与时间都比较短。而通过"以展促评"的形式，即增加了学生画作的参与量以及学生画作被评价的时长。由学生作品共同展示所形成的画展氛围，也使评价更具有现场性与沉浸感。学生可以站在自己作品面前，在灯光的照射下，在师生的共同关注下，敞开心扉，阐述作品的最初创作想法和最终完成的效果。

这些既满足了学生需要作品被展示的愿望，提升了学生的成就感，增强了学生学习兴趣的持续性，在公共空间和时间内看到自己的作品，也让学生对自己作品有了新的认识，更珍爱自己的创作结果，也让评价的数量和内容都更为丰满，让评价变得有仪式感。

（二）扩大评价主体，增加美术作品评价的角度

在我们以往的课堂中，我们的评价主体为学生和老师，但通过"以展促评"的形式，我们的评价主体可以是学生、教师、学校、家长、社区等，在扩大评价主体的基础上，也同时扩大了作品被评价的角度。

（三）有利于学生加强中国画的识图能力

通过画展开展中国画的评价，有助于在语境下让学生感受学科之美，学生从对画展的整体感知到细节分析再深入解读，通过"以展促评"让学生感受到了评价的多样性、先进性、愉悦性，在创造良好的学习氛围，激发学生的学习兴趣的同时，又有利于学生了解画作的背景、表现手法和作者的思想情感，让学生深入体会中国画的艺术魅力，加深对中国传统文化的了解并产生情感上的共鸣，树立起中国传统文化保护的意识。

三、实践与探索

（一）以导览为主的评价模式

在我们通常的认知中，有人工引领或利用电脑、影片的电子导览介绍画展中各个展品或者展项。在"以展促评"的评价模式中，我们以学生或者老师为导览主体，在对展品介绍的过程中，既保留了对作品创作背景等的基础阐述，同时也加强了运用美学知识点对作品进行自评、师评与互评。

1.以学生导览为主的评价模式

（1）学生介绍自己的作品

让作者本人给同学们介绍自己的创作经历与作品的特色，并与观众互动评价，这样的形式密切了作者与观者的交流，有利于读者更深入地解读作品，有利于作者进一步地完善创作，体现出评价的深化。如作品《水墨卢浦》在展厅里吸引了许多观众的视线，作者婷婷也被观众团团围住，她本来是个害羞腼腆的小姑娘，但在展厅里却兴奋地向大家介绍起自己构思创作卢浦大桥的过程："我的这幅画画的是现代建筑，描绘的是卢浦大桥以及周边的城市风光，因此，我参考了吴冠中先生的画风。画面中卢浦大桥作为主体物，墨色最重，远处的高楼墨色比较浅，与大桥形成鲜明对比。画面中色彩明快，用到了藤黄、三绿等鲜艳的颜色，使画面更加生动。"在展厅射灯的照耀下，她站在自己的画作前，脸上挂满了幸福和自豪，而周围一圈听她介绍的同学既对她充满了羡慕，同时也为她感到骄傲。此情此景，笔者深深感受到每个人的内心都是渴望被认可、被赞许的，每位学生的创作作品都渴望被展示、被理解与被肯定。

（2）学生导览展厅作品

让学生作为导览员介绍展厅作品时，就对该位学生的美术素养与表达能力提出了更高的要求。他既要对整个画展的主旨了如指掌，又要能对每一主题甚至每一幅展品都能对答如流，这种导览模式，既包含了师评，又有他评与互评。

图8-2　学生导览

图 8-3 中的主角是八年级的小王
同学，她在准备做导览员之前，做足
了功课。在带领学弟、学妹进入展厅
时，她充满了紧张与兴奋。她首先从
画展的"水墨申情"的主题开始讲起，
随后介绍了每一幅作品的创作背景和
画面的创作构思，另外她还介绍了画
面中各类上海建筑物的故事，让笔者
大为惊讶。可以看出小王同学还特地

图 8-3　八年级小王同学导览

对画展做了自己个性化的评价，这不仅加强了小王同学自身的学习能力，更扩
大了画作传递给学生的信息。

对画作的评价即是对"活用"美术知识和技能的有效方式，通过导览的形
式，架起了观众与作者之间的桥梁，传递了作品的动感与震撼。学生利用实践，
将自己所具备的美术知识和技能融会贯通，同时也加深了学生对中国传统文化
的理解与尊重。

2. 以老师导览为主的评价模式

（1）巩固与延续教学的知识点的评价模式

在美术课堂中，教师经常会引导学生从构图、线条、色彩、笔墨等方面去
赏析一幅中国画作品，同样，在对作品评价时，我们也会引导学生运用这些教
学的知识点进行评价。

例如：大同初级中学的学生创作的《冬日小景》这幅作品，就是戈韫玉老
师在《水墨江南》的课程中，给学生介绍了吴冠中先生构图的形式美，并重点
教授了学生运用侧锋及毛笔的提按塑造形状、大小不同的面，学生在创作时能
记得这些笔墨语言的特点及方法从而让学生创作出了这幅作品。但笔者发现，
当学生自由观展，评价作品，写下直观感受——"冬至树已枯，园内行人稀。
古屋犹健在，仍缅吴冠中"，从押韵到描述再到点题，一样不差，但诗中唯独
缺少了对作品图像识读审美性的表达。

笔者发现大部分学生在评述中都存在相同的问题，就开始尝试用导览方式，
通过教师与学生一起重温中国画笔墨语言的特点及形式美的原理与法则，再让学

生仔细观察作品，修改后的诗句这样写道："冬至树枯江南好，园内行人少又少。画中房屋有繁简，仍缅冠中墨江南。"学生的打油诗既透着浓浓的文学意味，又运用了美术的术语。由此可见，观展评价中通过教师导览，既发挥了评价者的主体作用，尊重学生的直观感受，又要向学生提出更深入的评述要求，提供基本的美术评价术语，提示学生运用学过的术语开展评述，让学生学会从感性的欣赏进入理性的分析层面，大幅度提高了学生的评价能力，也加强了课程的教学效果。

冬至树已枯，	冬至树枯江南好，	冬至树枯江南好，
园内行人稀，	园内行人少又少，	园内行人少又少。
古屋犹健在，	画中房屋有繁简，	画中房屋有繁简，
仍缅吴冠中。	仍缅冠中墨江南	仍缅冠中墨江南。

图 8-4　学生以打油诗的形式对画作进行评价

（2）融合学科，加强主题理解的评价模式

学生自主地以打油诗的形式对画作进行了评价，这让笔者大为惊喜，同时也看到了学科融合的可能性和必然性。为此笔者特约了语文老师，共同研讨完善利用打油诗的形式开展观展评价。

在修改打油诗时，从诗的内容、形式、修饰、用字精准等方面对学生进行了辅导。其中诗的内容与用字精准正是与美术学科相重叠的部分。在观展前，语文老师重点向学生讲解了打油诗的句式要求、比喻和对偶的修辞手法，笔者则侧重在观展过程中引导学生了解画展的主旨与不同主题下

图 8-5　语文老师进行重点讲解

四时霓虹
摩肩接踵高楼立，
细雨朦胧灯牌挂。
点块合成南京路，
线面织成繁华街。

清风拂旧港，
两岸起新房。
彩点满都市，
墨线洒江上。

图 8-6　学生对画作进行评价作诗

各画作的背景与美学知识点，随后学生通过短短的 15 分钟的创作时间，为画展留下了一首首精彩绝伦的评价诗作。

通过跨学科融合的形式对画展进行评价，不仅让学生能学以致用，更是经过双学科叠加的效果，让学生了解了如何评价，又让学生渐渐地接触到美术作品背后的知识和艺术处理手法，加深了学生对画展主题的认知，也深化了课堂评价的形式。

（二）以多媒体技术运用为主的评价模式

互联网 3.0 时代的到来，让世界迭代得越来越快，学生的认知能力也迅速提升，他们对文化的需求也随之增加。校园内的美术馆，侧重于线下的实践体验，但从展览的推广来说，所能做到的就十分有限，伴随着对疫情的控制，让很多家长、外校学生都难以踏入展厅参与评价与欣赏。为此，配合"水墨申情"画展，笔者尝试运用更加顺畅、高端的线上观展评价模式来丰富观者的精神文化生活。将多媒体技术运用到评价模式中，使网上美术馆的展览资源集成化、共享化，扩大了评价的范围，也使学生作品的形象更具有直观性、画面更具有选择性，时空更灵活可变，从而激活了观者的评价兴趣。

1. 以 VR 云展厅为评价媒介的展评活动

为了配合"水墨申情"画展的举办与推广，笔者一比一在线还原了此次画展，为线上观众提供了全方位、多角度、立体式的全景在线观赏与评价。模拟了真实场景，为观者带来身临其境的观展体验和交互，通过对不同场景的选择以及切换，足不出户就可以轻松参观展厅全貌。VR 云展厅还为大部分画作配备了作者的语言介绍，轻击画作，既能局部放大，超细节欣赏画作，又能听到由作者本人带来的画作自评，这种体验感增加了观者的参与度，激发了观者的好奇心。

"水墨申情"线上画展运营首日，线上观众数就达到了 2000+，画展的评价主体也从单一的同一个学校的师生扩大到了不同学校的师生，更是增加了家长、社区、社会，观众的评价角度也从对单一画作的评价，转变为对整个画展的评价、对整个事件的评价。从收集的评价留言反馈中归纳出：

（1）学生层面：上次美术课上画的作业居然被展出了，太开心了；我居然看到了我小学同学的作品，好久没见她了，没想到她现在画画那么棒了；没想到立达学校的学生文化课好，画画也画得那么棒，学霸们厉害了！

（2）家长层面：这个画展很有意义，既纪念了吴冠中先生，又学到了中国画的知识点，希望学校以后能多搞一些类似的活动；画展中的都市随景使写意水墨的空间变得更为广阔，天地有大美，欣赏画展的同时也让人在喧嚣的都市中找到了一份独特的宁静；从画展中看到了上海，看到了世博，看到了上海的点滴。

（3）教师层面：给予学生一个展示交流的舞台，让学生发掘自身作品的价值，感受身为创作者的完整历程；观看网上展厅，笔者以为学生画作称得上缩万物于尺素，而网上展厅则是集众美于云端，都是非常美好的创意，值得传扬；观者可伴随着音乐，惬意地观展，不受打扰，慢慢地、细细地品读学生作品，点开每一幅作品，还能清晰了解到作品信息及创作者的创作理念和想法，等等。

（4）其他层面：我看到了美术界的元宇宙；墨点晕开孩子们内心的诗画，将自己的想法染上了色彩的铅华，古朴、淡雅、怡然的诗意水墨画，感叹原来色彩在孩子的世界里是如此神奇而有活力；展厅布置主题鲜明、错落有致，既构建了空间的纵深感，又留出了让人思考的留白，使置于其中的作品平添了生动洒脱，使人赏心悦目、富有韵味；水墨申情，别具深情。

通过这样 VR 云展厅的展示与评价，让笔者看到多层次、多视角所带来的不同观展感受，既感受到了学生本人通过云评价所表现出的自豪，不同学校的学生通过云评价也得到了跨时空的沟通与了解；也看到了家长的评价，更关注到了画展的本体，多数会从画展的主题出发，会对整个活动给出自己的感想与评价；老师群体，从评价中体现出更注重于画展带给了孩子什么，孩子从中获得了什么，有什么点是值得借鉴与推广的；来自其他层面的评价的视角也更为广阔。这些评价视角与内容是以往传统课程评价中笔者所不能获得的。通过以展促评的形式，把更多的观者聚到了一起，从评价中获得交流与探讨，也必将通过评价得到进一步的提升。

2. 以 H5 页面展示为评价媒介的展评活动

VR 云展厅注重观展的现场感，观者也更侧重于展览的整体主题性与各板块的主题；而 H5 页面的微画展，由于打开的方式不同，更注重于每一幅画的呈现，因此观者也更注重于对单幅画作的观赏与评价。

H 页面的微画展，不仅仅是线上展览，更是与线下美术馆的一个互动导览平台，观者可以在展厅的姓名贴中扫码了解作者的创作构思及学习大师的创作感想，也可以参与作品的网络评价。线上与线下的互动拉近了师生之间、生生之间的距离，拉近了作者与观者之间的距离，也拉近了校园与社会之间的距离。

图 8-7　VR 云展厅

图 8-8　H5 页面微画展与评价

图 8-9　微画展展示与评价

通过微画展的展示，我们能根据点击率很快地看到最受欢迎的作品和最受欢迎的评价，这也就让老师们更直观地得到了更多的教学反馈，促进了基地成员教师间的沟通与交流，有利于团队教师的共同发展。

观展评价形式延长了日常美术课教学评价环节匆忙的五分钟，让来不及仔细欣赏学生作品，倾听学生内心想法，或者帮助学生更好地用笔墨表达自己独特想法的观者，有时间、有机会、有能力参与到评价环节中。让学生的普通作业成为射灯下、展板上、互联网上陈列的作品，展示的环境与氛围也再次激起学生自我表达的愿望，体验分享艺术成果的快乐，促进师生、生生间的情感交流，深化与扩展美术课堂评价的环节，达成"以展促评、互动双赢"的教学目标。

第二节　基于美术馆教育活动的中国画学习评价 [①]

一、研究背景

随着社会经济文化水平的不断提高，美术馆逐渐成为人们文化生活的重要组成部分。近年来，中国的博物馆、美术馆的数量快速增长，据《2017 年度上海市美术馆事业发展报告》，截至 2017 年 12 月底，上海地区共有美术馆 82 家，其中国有美术馆 18 家、民营美术馆 64 家，上海市平均每 29.5 万人就有一座美术馆，美术馆参观人数为 617 万人次，较上年度的 500 万增加了 117 万，涨幅超过五分之一。[②]

美术馆具备独特丰富的艺术资源和教育资源，其教育活动的开展对提升学生的视觉艺术素养起到了积极的推动作用。反观当下我国美术馆、博物馆教育的开展情况，虽然教育活动形式多样，但很多活动缺少教育的深度性和延伸性，没有真正起到提高公民视觉艺术审美的作用。因此，本研究旨在探索大数据时代背景下馆校结合的美术馆教育评价应如何促进学生的中国画素养的提高，培养具备良好美术修养的学生，以推动社会文明进步的发展。

进入 21 世纪的大数据和人工智能时代，人类面对大数据和文化之间的冲撞，世界文化、科技、艺术都面临着新的挑战，美国芝加哥大学教授 W.J.T 米歇尔就提出我们的时代正转入"图像转向（pictorial turn）"时代，图像无处不在，充斥着我们的生活。但是，私自拆除文化历史遗存修建豪宅、盗版经典建筑样式、不雅的公共雕塑等，这些文化丑象都反映出人们的审美水平、文化尊重和创新意识的匮乏，这已成为文明发展的绊脚石。社会的文明发展不能沦为科学技术的牺牲品，人类自身的审美素养和文化信仰是时代发展的重要力量，视觉艺术素养的提升是真正推动社会文明更快更好发展的基础。

二、研究意义

虽然中国画教学的重要性已得到大部分教师的认同，但在中小学美术课程

---

① 本节由上海市光明初级中学美术教师龚祺星撰写。
② 资料来源：2017 年上海美术馆事业发展报告：去年新开 9 家 —— 书画 —— 人民网 (people.com.cn)。

中，在"欣赏·评述"学习领域的中国画内容并没有受到重视，中小学美术教师普遍反映"欣赏·评述"学习领域的中国画教学较难开展。这是因为，首先，中国画作品的欣赏涉及的知识领域较广，对教师的知识储备和教学能力有较高的要求。其次，中小学美术教科书中关于"欣赏·评述"学习领域的中国画内容以作品和美术基础知识讲解为主，教科书中的大部分内容学生通过网络平台、文献书籍等渠道可以很容易获得，教师对中国画作品的欣赏方法也缺乏有效的指导。再次，中小学美术课堂中的中国画作品欣赏，只能提供图片、视频等间接视觉图像，缺少直接观看中国画作品真迹的视觉感受，由于这些图片与真实作品差距较大，不易打动学生。美术馆、博物馆独特丰富的中国画藏品资源可以弥补中小学中国画课程"欣赏·评述"学习领域教学资源的不足，拓展中国画的教学活动形式，优化学校中国画学习领域的教学质量。总之，优质的美术馆教育活动可以更好地提升学生的中国画审美素养，提高中小学中国画教学质量，实现学校和美术馆之间的教育合作和教育互补。

三、我国美术馆的教育活动特色

（一）展览"质"和"量"的共同发展

随着多元文化的发展和交融，国内的美术馆逐渐重视对展览的策划和引进，展览质量与作品质量、展陈、策划等活动安排息息相关，展览的主题立意、作品选择安排、观展逻辑等都会对观者理解作品产生重要的影响，优秀的展览能激发观者的情感共鸣和拓展观者的审美体验。近年来，国内美术馆除了在展览本身下功夫外，也注意到场馆美术教育、美育建设的重要性，许多场馆结合国际先进的策展布展理念和教育活动，促进美术馆的专业性和先进性，着力打造具有中国文化特色的美术馆的运营模式和展览特色。

如上海博物馆除常设展之外，在 2019 年又举办了八场高质量的艺术特展，包括"莱溪华宝：翁氏家族旧藏绘画展""金石筼筜：金西厓竹刻艺术特展""沧海之虹：唐招提寺鉴真文物与东山魁夷隔扇画展""明十五世纪中期景德镇瓷器大展"等，2020 年举办了六场特展，特展内容丰富，主题明确，涵盖了国内外多种经典艺术作品。多元交融，高质量的展览也是美术馆、博物馆教育活动质量的重要保证。

（二）注重中华国粹的传承与发展

1. 中华经典美术主题的展示

中华传统文化是中国千年历史文明的见证，也是我国工匠精神和民族文化艺术的集中体现，美术馆、博物馆收藏的艺术作品都是中华经典美术作品代表的荟萃。例如中华艺术宫 0 米层展示的以中国经济历史发展为背景的系列美术作品，上海博物馆中展示商周时期青铜制造工艺的青铜作品和历代书画作品馆等等，每个地方美术馆都会根据本地区的历史文化发展特色，展示相应的美术经典作品。国内不同地区美术馆中展示的美术作品反映出一个地区独特的历史文化发展，更体现出中华文明发展的多样性和包容性，这也是中国的美术馆与其他国家美术馆最大的区别。

2. 以中华传统美术为核心的教育活动

美术馆教育活动一般围绕展览主题，结合作品开展活动，设置亲子活动、学习工作坊、欣赏导览、艺术专题讲座等等，这些活动从美术作品的欣赏、制作工艺、动手实践、创意改编等教育活动环节中展现中华文化的独特之处和工匠精神。学生在参与活动的过程中，既对中国传统美术作品有了深入的认识，同时对中国传统美术作品中蕴含的工匠精神与民族审美有了更深刻的理解和感受。

3. 结合国粹艺术元素的文创产品

美术馆中一般都设有艺术商店，在艺术商店中贩售和美术馆展览主题相关的艺术商品和文创产品，包括有展品艺术元素的钥匙圈、笔记本、书包等等。美术馆中文创产品兼具审美价值、实用价值和收藏价值，其开发的文化价值折射出美术馆在展品开发上的创意性和独特性。而创作具有中华民族特色的文创产品也已成为美术馆教育活动的一部分，并深受学生的喜欢。

四、提升学生中国画素养的馆校合作活动模式与策略

（一）协作探究型的教育活动模式

以往美术馆教育活动多以体验性的教学活动为主，博物馆教育活动则多以讲座、导览等短期活动为主，这些活动多以单向输出方式进行，不能很好地兼顾学

生的中国画学习能力和素养达成。为有效解决这一问题，可以借鉴建构主义。建构主义理论认为，学生的认知和学习是在原有知识基础和经验上，在互动的过程中，通过组织、提炼从而建构新的知识，强调互动和探究活动的重要性。因此，美术馆教育可以借鉴建构主义中"支架式教育模式"和"抛锚式教育模式"中的特色优势，指导学生在群体互动过程中自主发现问题、提出问题，在问题解决过程中围绕展览，开展探究型的中国画教学活动。皮亚杰指出："我们所期望的教师不仅仅是一个讲授者，仅仅满足于传达现成的答案，而是善于激发学生主动探究未知事物的导师。"因此，教师在协作探究型美术馆教育活动中需要扮演的是引导者的角色，学生才是教学活动的主体。在协作探究型教育活动中，学生通过资料检索、知识讲解等活动来了解展览的相关背景、探寻相关问题，在问题的引导下，学生在展厅中有目的地欣赏中国画作品，通过讨论、观察、询问、听讲座等多种形式解读作品的人文价值、艺术价值、历史价值及其折射出的文化魅力，再结合作品创作等过程表达对中国画的理解，引导学生运用所学知识解决发现的问题。

（二）课程统整式的美术馆教育活动

同一时段的美术馆中往往会同时举办多场不同主题的展览，不同的主题和美术门类相互交集，构成了丰富而多样的观展体验，这也构成了美术馆教学活动的多元化、丰富性和独特性，学生处于如此丰富的视觉场域之中，有助于学生将跨学科领域的相关知识融入作品的解读之中。通过艺术作品视觉的刺激，有效地联结、融合、运用跨学科领域知识，使学生能从多元的角度和不同的观点出发，全面分析与理解作品，从而促进学生的批判性和发散性思维能力的发展，并提升学生对所鉴赏作品的理解深度。

（三）营造沉浸式的美术馆教育活动场域

独特的展品资源和艺术氛围是美术馆与学校教育、社区教育相比最具有特色的地方，观展的艺术氛围和视觉冲击能有效调动学生的视觉、触觉、听觉等多种感官的反应，激发学生的原生认知和经验。美术馆教育不仅能够利用场馆营造的艺术氛围，创设与作品更贴切的教育活动环境，甚至在美术馆以外的社会场所，创设与美术作品相关的活动环境，使学生沉浸于真实的视觉氛围中，调动身体的感官投入到展览作品的欣赏中。学生也更容易结合教育者的教育方法和学习资源的引导，促进元认知和新学习的知识、经验进行融合构建，从而更易于唤起学生心理上的共鸣，提升对作品的分析和感受能力。

五、美术馆教育活动中的教学评价原则

（一）注重美术馆教育活动中的过程性评价

美术馆教育活动的目的是普及中国画知识，提升学生的视觉艺术素养。教育者在美术馆教育活动开展过程中不仅需要关注学生在观摩中国画作品中的反馈，更需关注学生在教育活动中的多方面的艺术表现，包括与同伴之间的合作互助精神、自我探究与解决问题的能力、表达对中国画作品的看法和感受，等等，总之，要关注学生在中国画教育活动的各种表现，将评价贯穿于整个教育活动之中。

（二）拓展美术馆教育活动的评价形式

美术馆教育活动的评价与学校不同的是，其评价的形式要顺应教育活动的开展特色来实施。教学设计者可以组织学生对创作成果进行投票，也可以通过交流会、辩论会的形式针对教育活动中的学习收获和活动反思进行交流分享，甚至可以策划一场学生中国画教育展览，将学生的学习成果、学习过程记录等资料进行展示。通过教育者评价、观众评价、学生互评自评等多种角度和形式，把中国画教学评价融于教育活动的过程中。

六、教学案例：《锦绣中华——漫观海上明月共潮生》

（一）课程情况

1. 课程理念

课程为馆校合作单元探究型教育活动，在初中二年级中实施，前后共计11课时。传统美术馆教育活动多以单次体验式为主，体验式的教育活动对美术馆观众而言更具有新鲜感和趣味性，但缺少连贯性和深度性。本教育活动结合学校单元式的课程结构，以协作探究的模式展开美术馆教育活动，引导学生搜集资料、提出问题、自主探索，并通过赴美术馆欣赏展厅中的中国画作品，探索观展方法，实践观展礼仪；观展后在学校美术课程中开展相关的美术馆教育延伸活动，结合手绘观展攻略和发布等活动，延伸了场馆外的中国画学习体验，

把校内的中国画课程和校外的美术馆教育活动进行联结，提升学生的观展体验，培养学生的创造力和分享合作能力。

2. 教育意义

作为中国最重要的开放城市，上海继承了以传统经典为标识的"江南文化"，汇聚了以中西融合为特征的"海派文化"，孕育了以革命图强为目标的"红色文化"。"海上明月共潮生"是中华艺术宫 2018 年举办的特别展览，旨在将 20 世纪海内外重要的美术家与上海这座城市相关的美术作品进行连接，弘扬中华民族生生不息的灿烂文化和艺术，呈现中国独特的东方审美价值。本次教育活动的设计和实施以此展为背景，在学生学习参观美术馆的礼仪和鉴赏中国画的过程中，学生收获的不仅是中国画知识和艺术素养的提升，更强调学生在此过程中建立与海派艺术间深刻的文化传承意识和情感。

3. 学科覆盖

该项目学习活动以中国画为主，同时融合了历史、社会学、地理学等不同学科的知识内容，有效提升学生的关键能力和核心素养。

4. 教育活动设计框架

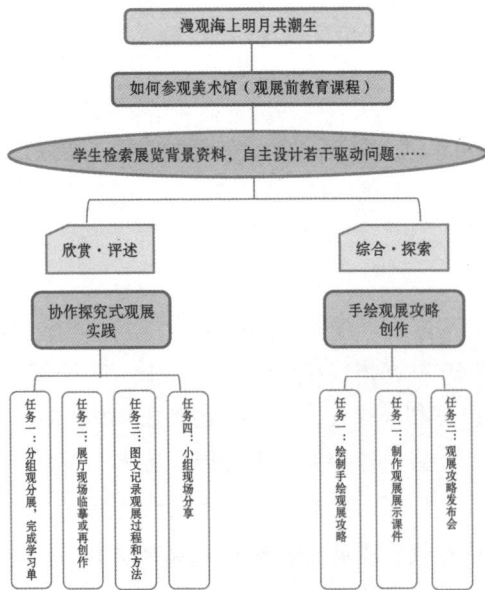

图 8-10　教学设计架构图

5. 预期学习结果

表 8-1　教学设计架构图

预期的学习结果		
既有目标：漫观"海上明月共潮生"		
教学阶段	阶段一：观展前教育课程	阶段二：观展教育活动	阶段三：观展后教育课程
理解事项	展览背景、观展注意事项、观展方法、欣赏美术作品的方法	在展前教师指导学生通过预习，搜集美术馆展览的相关知识	通过回顾再欣赏美术馆中的作品，结合学生自身的感受，对美术作品进行再创作和延伸
主要问题	如何观展和欣赏美术作品？	如何在观展过程中解决自己的疑问？	如何借助学校教育优势延伸美术馆教育的学习内容？
实践任务	通过交流总结观展和欣赏美术作品的方法	临摹展览中的作品，完成学习单，与展厅中的观众进行交流	美术作品再创作
预估量化学习成果		
预期学习成果	以思维导图的方式整合课程中的笔记	1. 学习单的填写 2. 观展笔记和照片 3. 学习交流会	1. 美术作品再创作 2. 课件制作展示
学生习得的视觉素养	培养交流能力、批评视觉现象的判断能力	评论视觉艺术作品的鉴赏能力、批评视觉现象的判断能力	学生视觉思维能力的养成，创作视觉艺术（美术）作品的能力，传递视觉信息的表现能力，迁移学习能力
获得其他潜在学习能力	沟通能力、探究能力、概括能力	概括能力、解决问题的能力、观察能力等	动手能力、探究能力

6. 教育活动涉及的问题

（1）我们需要在项目中投入多少课内和课外时间？

（2）项目开展前需要收集哪些可以利用的资料和案例？

（3）学生拥有哪些基本的知识和技能可以用于项目？

（4）学生走出学校进入博物馆，需要考虑的安全问题有哪些？

（5）学生在观展的过程中，需要哪些学习指导和资源上的辅助？

（6）学生能否有效地搜集到相关资料？

（7）如何借助美术馆的公共资源优势，帮助学生有更好的观展学习体验？

（8）学生在制作作品的过程中会遇到哪些问题？

（9）哪种展评的形式可以更好地展现相关内容？

（10）展评形式在实施中需要哪些准备和资源？

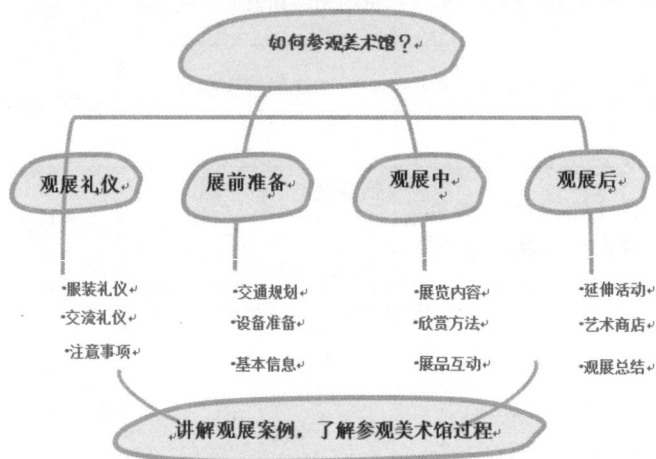

图 8-11　第一阶段项目实施流程

（二）教育活动实施

1. 第一阶段：观展前教育课程（1 课时）

实施过程：

（1）学生初步学习观展的基本礼仪和观展方法。

（2）学生通过教师讲授、图片分析以及以往自己的观展经验，总结在美术馆中观展的相应观展礼仪和欣赏美术作品的方法；根据"展前—展中—展后"的过程，结合美术馆观展的具体案例，学生在讨论、观察、分析的过程中，梳理出美术馆的观展流程和欣赏美术作品的方法。

（3）提出观展问题，做好观展前的学习准备工作。

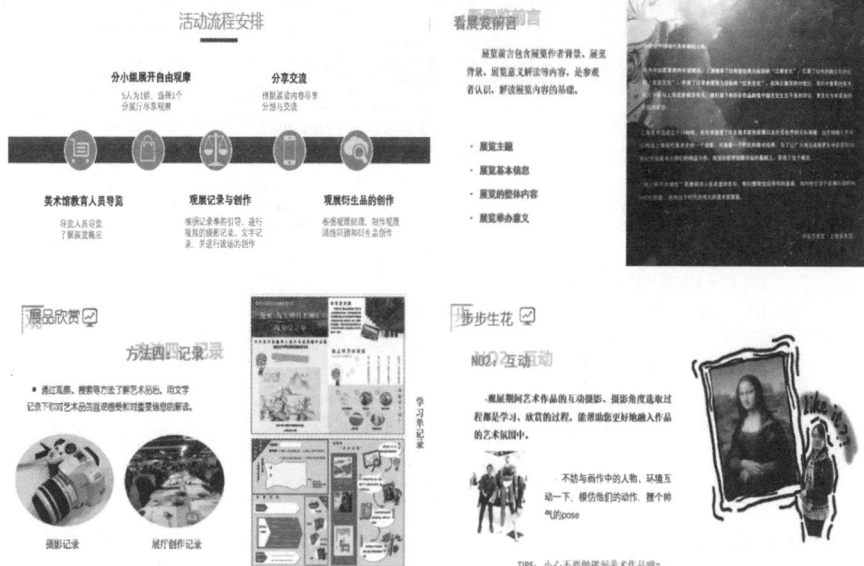

图 8-12 第一阶段项目实施课件截图

（4）课后学生对美术馆展览的背景知识进行检索，了解其文化背景，根据展览的文化背景，提出自己通过观展想知道的内容和问题（驱动问题），并进行分组，准备观展工具。

2. 第二阶段

课程内容：协作探究型观展课程

课时：6 课时

实施过程：

活动 1：展厅观摩（2 课时）

（1）展览观摩。

学生到达中华艺术宫后，与中华艺术宫教育导览人员进行对接，获取相关展览资料。美术馆教育人员首先带领学生对展览四个分展厅进行整体背景的导览概述，

图 8-13 观展导览

并欣赏展览中具代表性的美术作品。

（2）分展厅深入探究，完成学习单。

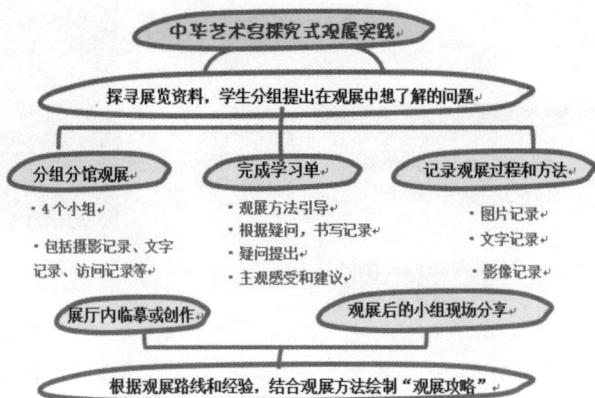

图 8-14　第二阶段观展实践流程图

学习单的编写：导览总体观展后，将分为多个小组进入四个分展厅进行观摩。每位学生都有一份观展学习单，学习单包含展览背景简介、观展准备工作、观展记录、展厅创作、观众采访教育活动评价等内容。学生在学习单的引导下可以结合分展厅内的观展实践体验，对观展中学习到的美术作品信息及时地进行图文记录。

以下为观展学习单内容分析：

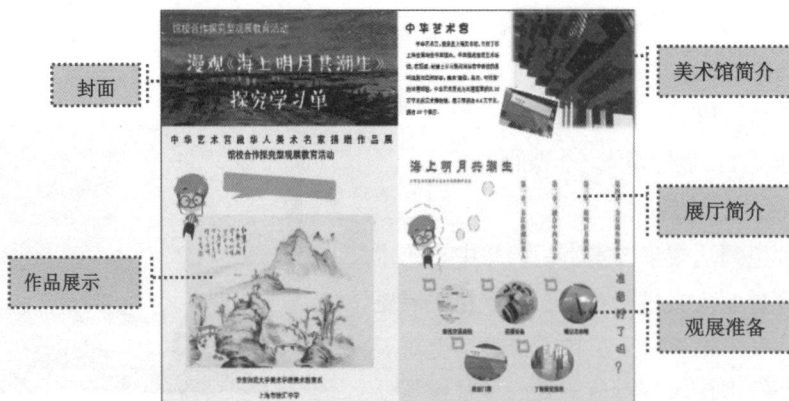

图 8-15　观展学习单 1

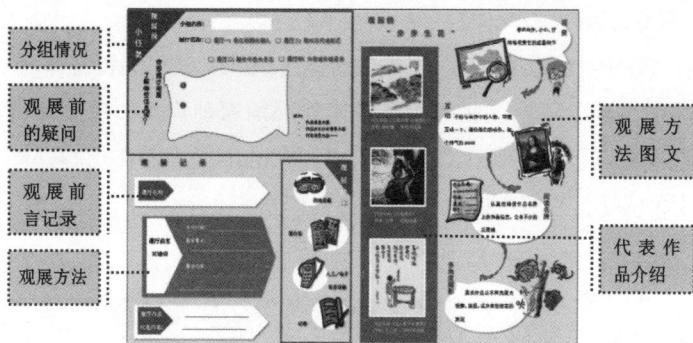

图 8-16　观展学习单 2

分组情况

观展前
的疑问

观展前
言记录

观展方法

观展方
法图文

代表作
品介绍

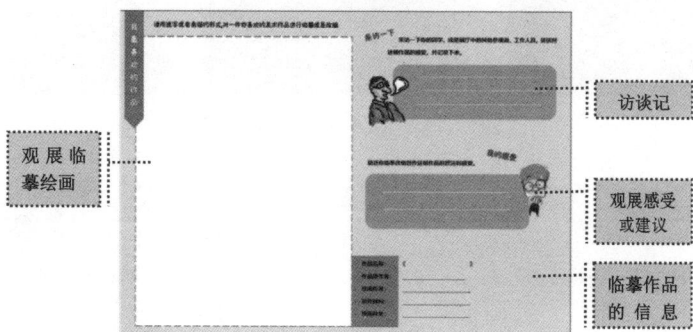

图 8-17　观展学习单 3

观展临
摹绘画

访谈记

观展感受
或建议

临摹作品
的信息

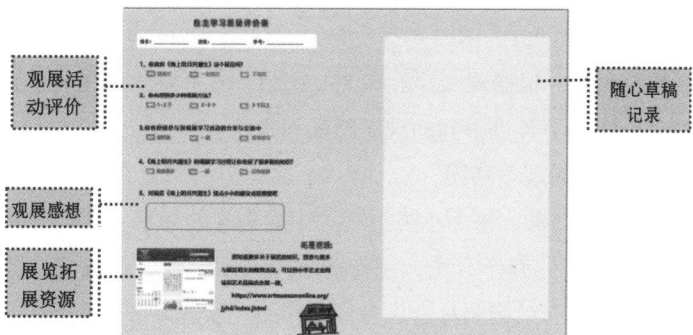

图 8-18　观展学习单 4

观展活
动评价

观展感想

展览拓
展资源

随心草稿
记录

（3）现场临摹与创作

在观展过程中，近距离接触美术作品的机会不多，获得的视觉体验更是不同。学生在展厅中，可以随意在任何一幅美术作品前席地而坐，近距离地观察中国画作品的笔墨特点、色彩变化，揣摩艺术大家的中国画创作历程，结合自己对作品的解读和感受，进行中国画作品的再创作。

（4）交流与分享

图 8-19　学生展厅临摹场景

图 8-20　学生展厅交流及与观众访谈的场景

学生观展结束后，根据观展经验和图文记录，分享彼此观展的感想和经历，在与同伴的交流中分享各自不同的观展感受和收获。

活动 2：绘制"观展攻略图"。

（1）从美术馆归来，每个小组把观展中搜集到的文字、图片资料进行归纳整理，结合旅行手账的制作方法，制作观展攻略图。观展攻略图内容包括：观展最佳路线、展厅分布结构照片、展览经典作品、欣赏方法、图像展示等。

（2）开展"观展攻略图"分享交流会，每个小组成员需要展示小组制作的"观展攻略图"，制作发表课件 PPT，按照分展厅的顺序进行展示演讲。小组成员在活动中，要分别担任演讲者、"观展攻略图"绘制、课件制作等工作。在课件中标明学生工作分担情况及攻略图的补充部分。

活动3：展览作品改编与再创作手稿。

回到学校美术课堂后，学生根据原作的艺术特征和自身的理解，对展览作品进行改编或再创作，通过画面传递自己对画作的理解与感受。

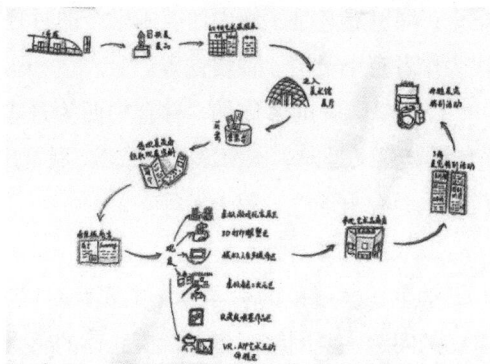

图8-21　观展攻略图教师范例图

（三）教育活动成果

以下内容为笔者带领上海市徐汇中学六年级和八年级师生开展协作探究型观展教育活动后获得的相关教育活动的成果，成果内容如下：

1. 学习单填写

学生观展前想通过展览了解的问题主要内容如下：

（1）中国海派艺术都有哪些代表艺术家？

（2）中国海派美术作品的种类、风格有哪些？

（3）中国海派文化的历史背景有哪些？（包括创作年代、创作背景、作品的由来、故事等）

（4）海派美术作品的创作手法有哪些？

（5）好的中国海派绘画是什么样的？

2. 观展前言学习记录统计

据学习单填写信息显示，学生能通过展览前言对展览内容的名称、关键词和代表作者有大概的了解。从学生填写的观展前言关键词的情况分析，可知学生能够从前言中清晰地判断出重要关键词，以下为部分学生的学习单展览前言关键词填写内容：

学生1：展厅名称是"融合中西为吾志"；展览前言关键词：展览意义是融合中西艺术，展览内容是中国的中西融合艺术；展览代表作者有林风眠等。

学生2：展览名称："海上明月共潮生"；展览前言关键词：年代是19世

纪末；展览意义是了解中西美术融合的过程，展览内容有国画、版画、油画等；代表作者有丰子恺、钱瘦铁等。

学生 3：展览名称是"融合中西为吾志"；展览前言关键词：年代是 20 世纪，展览意义是向中国海派艺术致敬，展览内容是中国近现代美术精品经典之作；代表作者有丰子恺、程十发等。

3. 观展采访

学生在学习单的引导下，主要针对展厅中的观众和观展的同学进行采访，采访的问题主要围绕观者对观展总体的感受和对一幅美术作品的感受展开。

采访对象：观展的同学	
采访 1	《女电焊工》对人物刻画栩栩如生，人物表情丰富，表现了劳动人民的形象。
采访 2	有色彩的山水自然化、生活化，可以让人直观地感受到大自然的魅力。
采访对象：其他观展观众	
采访 1	外国友人对中国的写意花鸟画和传统山水画非常感兴趣，觉得画中黄色的花朵非常美丽雅致；中国传统山水画作中的线条非常有意思，有浓有淡就可表现出画中事物的外形。
采访 2	《无题》这幅油画很有特点，是他在 20 世纪 80 年代的油画作品，那个年代的美术作品已经非常西化，且给观众留下了很大的想象空间。

4. 自主学习评价和感受寄语

（1）自主学习评价

学生观展后对观展过程进行了相应的总结和评价分析，笔者共收到六年级学生 34 份问卷，其中有效问卷为 31 份，具体分析数据结果如下：

表 8-2　"海上明月共潮生"特展自主学习质量评价表

"海上明月共潮生"特展自主学习质量评价表（六年级数据）			
你喜欢"海上明月共潮生"这个展览吗？	很喜欢（%）	一般喜欢（%）	不喜欢（%）
	84	16.1	0
你用到几种观展方法？	1—2 种（%）	3—5 种（%）	5 种以上（%）
	48.4	38.71	16.13

续表

是否很积极地参与到观展学习活动中去?	很积极（%）	一般（%）	没有参与（%）
	74.2	25	0
观展学习过程是否让你收获了很多新知识?	收获很多（%）	一般（%）	没有收获（%）
	72	22	0

　　根据以上数据分析，六年级的学生普遍对"海上明月共潮生"特别展非常喜欢；在观展过程中有48.4%的学生都运用了1—2种观展方法，有38.71%的学生反映能够运用3—5种观展方法；大部分学生都表示自己能够积极地投入到观展过程中，观展学习的过程让学生感到非常有趣新颖，并收获良多。

　　（2）学生感受寄语高频词汇汇总

　　从以上高频词汇图（如图8-22）中可以发现，学生对"水墨""海派""西方""京剧"等展览内容印象比较深刻，"形象""魅力""有趣""幽默""生动"是学生对展览和展览中美术作品的主观印象和感受反馈。

（四）教学反思

　　在教学过程中，发现学生在填写学习单的过程中对问题的解答不是很详细，其反馈到观展过程的时间较短，美术馆展览的导览时间不够充裕，导致学生无法在展厅中对美术作品进行深入的观察和了解，也无法耐心地根据观展学习单的引导开展有效的观展，所以未来在观展时间和导览人员等方面需多关注，前期和美术馆方面多进行沟通。

（五）教育活动创新点

　　以往美术馆教育活动的重心都在于指导学生近距离欣赏美术馆中的美术作品，重点在于美术作品本身，而本教育活动的开展重点在"观展"，注重的是培养学生开展正确、有效的观展活动，在观展的过程中提升其视觉素养。观展教育活动除

图8-22　学生观展感受寄语高频词统计

了欣赏美术馆的美术作品，还包括观展整体的路线规划、活动参与、观展方式等内容。从宏观规划整体的观展路线，到细致入微地深入观察美术作品，使学生在问题探究过程中，逐步把观展和欣赏美术作品结合起来，并能够在不同特征的美术作品中，从不同的视角，开发出更多有趣、有效的观展和欣赏美术作品的方法。

第三节　STEAM 教育理念下的中国画学习评价课程与教学 [①]

一、研究背景

21 世纪科学技术的迅猛发展，带来了两方面的快速发展。一方面是人工智能领域的突飞猛进，现如今越来越多的人工智能被应用于制造业，接替了许多重复性的工作；另一方面，智能设备的普及，使得便捷的信息交流所产生的海量数据开始受到人们的重视，并开始为人们所利用。大数据时代已正式到来，在此背景下，对于创新型的人才需求也就变得更为迫切，WEF 总裁克劳斯·施瓦布认为："技术革命带来的急剧社会与经济变化将导致职业的概念发生根本性改变……各国若想避免出现大规模失业等最坏的情况，比起向学生传授可能被机器人取代的单纯技术，更应该设法通过教育和训练提高学生的创造力和高度的问题解决能力"。[②] 为了迎接人工智能的挑战，培养创新型人才成为当今教育面临的一个重要问题。

2008 年，国务院印发了《国家中长期教育改革和发展规划纲要（2010—2020 年）》，强调在教育中要培养学生勇于探索的创新思维，与解决问题的实践能力。视觉艺术教育存在的意义在于美术思维习惯的获取，这里的视觉艺术思维习惯不仅指对视觉艺术相关知识技能的掌握，还包括诸如观察、想象、探索、坚毅、表达、合作和反思等能力，比如视觉艺术中开发的思维和创造力以及社交和行为能力，相较于其他科学和文化课程，视觉艺术容许存在不同的理解方式。因为视觉艺术没有标准答案，它能让学生自由尝试和探索，促人内省，让人发现自身存在的意义。[③] 在当前的学校美术教育中，依然沿用大量传统美术教育范式，注重学生的知识技能，这种教育模式很难培养出具有创新意识和探索精神的新一代接班人。

立足于 21 世纪，面对如此严峻的挑战，作为具有中国审美特色的中国画教

---

① 本节由华东师范大学美术学院硕士研究生林一函撰写

② 资料来源于知识网 [E].www.useit.com.cn. 引用日期：2017-06-06.

③ 艾伦·维纳，塔利亚·R·戈德斯坦，斯蒂芬·文森特－兰克林，回归艺术本身：艺术教育的影响力 [M]. 郑艳，译. 上海：华东师范大学出版社，2016：4-5.

育在此背景下如何做出改变，成为我们必须思索的问题。为确保每个学生享受优质的视觉艺术教育，我们要建立基于绩效和能力的多元化视觉艺术学习评估体系及模型，对学生创作视觉艺术作品与解读视觉艺术作品的智力技能进行评估，这正是我们在开展评价活动中必须坚守的目标。

二、基于 STEAM 的项目式学习有助于激发学生创意性思维

随着时代的发展，人们逐渐发现将知识按照学科划分，虽然易于学生学习，但因远离生活而逐渐失去了真实性与趣味性，产生了实践与教学相分离的弊端。在此背景下，STEAM 教育应运而生。它的前身是 STEM 教育，即科学（Science）、技术（Technology）、工程（Engineering）和数学（Mathematics）四门学科的简称，其后教育界认识到艺术（Arts）的重要性，将艺术与 STEM 教育相融，而成了 STEAM 教育。

STEM 教育最早源于 20 世纪 80 年代的美国。我国学者对于 STEM 教育研究则始于 2007 年的一篇名为《全球化时代美国教育的 STEM 战略》的文章。STEAM 教育注重跨学科教学与实践，它的教育理念与杜威的"学校即社会"的理念相近，只不过杜威强调从活动中引导儿童自愿加入活动，从活动中不知不觉地获得知识并培育品德。而 STEAM 教育则有意识地培养学生关注现实生活中存在的问题，尝试设计解决问题的方案，从中培养他们的创新思维与实践能力。

在国家倡导素质教育和核心素养培养的教育背景下，全国各地 STEAM 教育的教学实践与研究也正在急速升温。不少学校、机构乃至企业都在积极探索 STEAM 教育。李克强总理亲身探访深圳柴火创客空间，并在 2015 年政府工作报告中明确提出鼓励培养创新创造型人才。随后，国务院办公厅于 2015 年 3 月印发了《关于发展众创空间推进大众创新创业的指导意见》。我国科技的快速发展所带来的海量数据与移动式学习也使得学习知识的渠道越来越丰富，这些都为 STEAM 教育的实施推广打下了坚实的基础。人们可以通过 STEAM 教育，将自己所构思的灵感付诸实践，并在这个过程中学会自主探究的能力与创意思维的培养。

20 世纪 90 年代，科学家们提出"脑视觉"这一新概念，认为眼睛仅为外界信息的接收器，信息通过脑进行编码加工和分析，最后得到主观感受。简言之，即用脑看事物。通过研究发现，在这个过程中，富含背景与多感官的指令更有

利于学生学习与理解，激发学生的创意性思维。而这正是项目式学习模式下的美术教育所能提供的。项目式学习是一套系统的教学方法，它是对复杂、真实问题的探究过程，也是精心设计项目作品、规划和实施项目任务的过程。在项目实施的过程中，注重学生多学科学习的具体实践，需要学生对信息进行检索、分析、加工、评价、反思，再用美术的多样化语言进行表达。在这个过程中，跨学科的学习更容易激发单科教学所无法产生的创意、想象、思考、情感和观念。而这种创意最后得到实践，学生的积极性会得到鼓励与嘉奖，对于学习也会有更加活跃的表现。基于项目式学习的跨学科综合学习的过程中，学生的创意性思维逐渐由点及面得到发展，从根本上达成了学习者主动获取知识和培养创新能力的目的。

三、教学案例一：《柳暗花明又一村》——中国画中的空间关系 ①

（一）课程开发意义

本课例关注到按照传统的教育范式，通过作品赏析与画家介绍很难引起学生的兴趣，而笔墨实践的趣味对于学生来说存在一定的难度，在尝试的初期容易形成畏惧与避而远之的心理。故笔者希望能设计跨学科项目式课程案例《柳暗花明又一村》，该课程以中国画中的空间关系为探究主题，通过创设问题情景，引导学生多学科、多角度地思考问题、设计方案，最后实践自己的创意，以此来培养学生创新能力与综合学习的能力，为他们日后面对真实问题时能巧妙运用知识，顺利解决问题打下坚实基础，在此过程中潜移默化地将中国画理念融入学生的学习过程中。

课程设计：

1. 课前问卷

为了解学生对于中国画的了解程度、兴趣以及希望未来上课的教学方式，笔者设计了问卷。问卷共5题，通过调查发现只有28%的学生对中国画比较熟悉；只有31%的学生表示对中国画比较感兴趣；有69%的学生对之前的中国画课程不满意；对于哪些形式能提高兴趣，学生提出了欣赏传统作品、观看视频资料、

① 此课程案例由华东师范大学美术学院硕士研究生林一函设计并实施。

自己亲身演绎、制作现代设计等形式。对于教学方式，学生更倾向于自主学习。

2.教材分析

本课程借鉴上海少年儿童教育出版社七年级下学期《诗情画意的中国画》一课。相较于原教材对于中国山水画"三远法""游观"等基础知识的简单阐述，本课程增加了探究学习环节，从引导学生有意识地探究中国画中的空间关系，从《清明上河图》入手理解"游观""三远法"的概念，通过跨学科的教学、构图、制作立体山水画、笔墨体会等方式多层面深入学习中国画中的空间关系，使中国画对于学生而言不再有巨大的距离感。学生通过欣赏、评述和制作等多感官、多角度地学习，创作出了属于自己的作品，唤起了对多学科的兴趣，去体会中国传统艺术的智慧，增强学生的民族自信心。

3.学情分析

八年级的学生在心智上趋于成熟，不爱轻易表露自己的想法，因此课堂氛围较为沉闷，需要教师在课程教学过程中通过多样化的方式来活跃课堂气氛，吸引学生的注意。同时他们也拥有了一定的对于抽象概念的理解能力，能理解如"游观""意境"等相对抽象的内容，相较于六年级学生，他们更有能力去探究中国画中的空间关系，这为本单元的教学提供了较好的基础。

4.教学目标

（1）知识与技能：了解《清明上河图》基本知识与其作为史料价值的意义；了解宋代冗兵冗官、重文轻武的历史特点；认识"三远法"和"游观"是中国画独特的空间表达方式；掌握三维空间中体现中国画的空间表现的方法；掌握用笔墨来表现中国画中的空间关系。

（2）过程与方法：通过对《清明上河图》的赏析，了解《清明上河图》及其作者相关知识；通过小组的形式模仿《清明上河图》街景，感受古人"游观"的独特空间表达方式；通过学习单的自主探究，深入了解"三远法"的概念；通过立体摆件的制作，理解中国画中的"三远法"；通过笔墨实践，感受笔墨程式下的空间表现。

（3）情感、态度和价值观：从传统中国画中感受和了解中国人的空间表达、情景交融和诗情画意，感悟古人的宇宙观与智慧；通过对中国画笔与墨、形与色的欣赏、临摹和设计，加深对传统中国画的了解和尊重，增强中华民族的自豪感与自信心。

5. 驱动性问题

探究古人在中国画中的空间表达方式。

6. 涉及学科

美术、语文、历史、信息科技。

7. 设计思路

课程结构框架图：

表 8-3　《柳暗花明又一村》单元课程设计思路框架

课程名称	内容	类型	课时内容
《柳暗花明又一村》——中国画中的空间关系学习	第一部分：知识的积累与铺垫	鉴赏	1. 了解《清明上河图》相关信息；了解《清明上河图》作为中国十大传世名画之一的历史价值；了解"诗情画意"是中国画独特的创作手法；通过对画面的分析，了解宋朝冗兵冗官、重文轻武的历史特点；了解二重证据法的意义。
		表演	2. 通过小组形式，节选《清明上河图》部分街景进行解读、表演，理解中国独特的空间表达方式"游观"；初步了解中国画中"游观"的概念。
	第二部分：问题的解析与实践	自主探究	3. 了解驱动性问题，通过学习单，自主探究古人独特的空间表达方式，了解"游观"与"三远法"的概念与联系。
			4. 以拼贴的方式，学习山水画中"三远法"构图，并尝试表达出其所表现出来的意趣。
			5. 挑选一幅你喜欢的山水画进行临摹，以笔墨程式表现山水画中"三远法"的构图，加深对于"三远法"的理解。
			6. 按照所拼贴的山水画制作山水画文创设计。
	第三阶段：成果汇报与展示	成果发表会	7. 为小组的文创设计挑选一段与之相配的音乐，并和大家分享挑选这段音乐的原因。各小组进行作品展示与学习汇报，其余小组根据小组作品与小组发言表现进行互评。教师最后进行补充点评与总结。

（二）单元课程实践

第一部分：知识的积累与铺垫（2课时）

1. 设计意图

通过本课的学习，学生将掌握《清明上河图》相关知识，从历史的角度了解《清明上河图》作为史料对于宋代风俗民情研究的意义。并通过沉浸式的表演理解中国画中独特的空间表达方式——"游观"的概念，为接下来学生自行探究山水画中"三远法"提供了知识基础。

2. 教学过程

（1）了解《清明上河图》的艺术价值与文物价值

通过《清明上河图》实物资料与PPT对画面细节的展示，感受《清明上河图》在画面处理上的艺术价值；通过中西方空间表达方式的对比，初步了解中国画独特的空间表达方式"游观"；通过对《清明上河图》局部细节的解读，了解画卷所处朝代宋朝所面临的问题，总结宋代的历史特点，了解《清明上河图》作为史料的文物价值。

（2）学习中国画中的空间表达方式

学生基于前一部分对于《清明上河图》与宋代历史背景的理解，填写学习单，完成剧情的设计，以小组为单位编排情景剧。剧情为路过汴京的旅人一路游一路观的所见所得（具体剧情见课件附录）。以沉浸式学习的方式加深了学生对于历史特点的印象，又体会到了中国画空间关系表达的"游观"的概念。

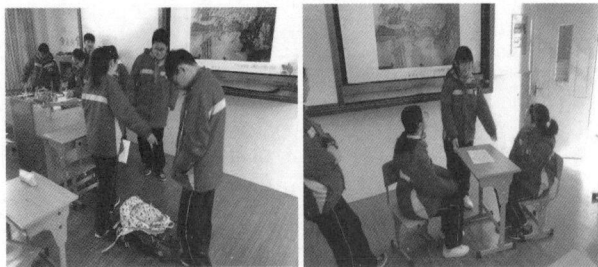

图 8-23　角色扮演表　　　　图 8-24　学生正在按照剧本表演剧情

3. 教学评价

根据学生上课的参与度以及学生自身对于课堂安排感受的分析，形成阶段性的评价，与之后两个阶段的评价形成参照。

第二部分：问题的解析与实践（6课时）

1. 设计意图

教师仅作为课堂的主导者，通过课堂活动的安排引导学生探究本单元核心驱动问题：探究古人在中国画中的空间表达方式。从本课开始，学生一步步从依靠学习单探究学习，到利用老师提供的材料完成"三远法的构图"，最后将收集资料自己制作作品来完成对自主探究能力的培养。在这个过程中，学生需要联系"游观"的知识点来理解"三远法"，考察学生对于知识的迁移性与运用知识的灵活性。

2. 教学过程

（1）了解中国画中构图程式"三远法"概念，学生通过前一部分的学习，对于中国画中的"游观"已经有了一定程度的了解，在此基础上通过学习单的自主学习，完成 "游观"与"三远法"的知识迁移。

学习单由四部分组成，分别是知识链接、《溪山行旅图》赏析、《富春山居图》赏析以及《早春图》赏析，分别对于"三远法"进行整体概述与"三远"的具体分析。学生在了解"三远法"后，随着一幅幅山水画实例去理解"三远法"的含义以及其所传达的意趣。最后通过简答题的形式，表达出自身的感受。

（2）多样化的美术形式表现"三远法"

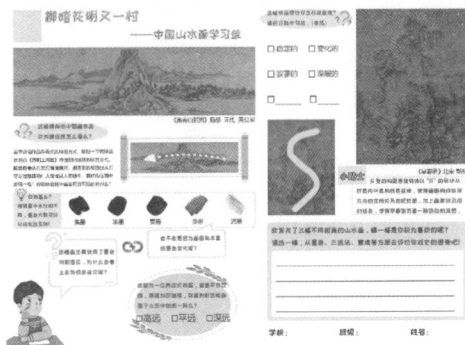

图 8-25　学生观展感受寄语高频词统计

在理解"三远法"与其传达的意趣后，学生需要通过拼贴、临摹、制作等方式来表现"三远法"作品，并表达出创作作品所想表达的意境。由于时间与场地的限制，在临摹方面主要以体验笔墨、表现空间为主。

图 8-26　学生以笔墨、拼贴等方式表现山水画的空间关系

（3）平面到立体的"三远法"

通过之前活动完成了对"三远法"认识的积累后，学生需要以小组分工合作的形式，通过选取画面、PS 抠图等方式，将平面的山水画"三远法"以立体的形式展现出来。作品既是对整个单元所学知识的呈现，也是一个漂亮的文创产品。

图 8-27　学生制作立体山水画设计

3. 教学评价

根据学生自主探究活动中的认真程度与团队合作参与度进行评价，形成阶段性评价。

第三部分：成果汇报与展示（2 课时）

1. 设计意图

成果汇报与展示部分是对学生整个单元学习最后的总结。在汇报与展示的过程中，学生一方面可以提出自己小组的优势与特点，增强小组的自信心与凝聚力；另一方面又可以看到其他小组好的一方面，思维的碰撞更容易引发他们的创意思维，使他们在之后的探索中更有想法。最后，展示汇报的过程同样也是对学生语言表达 能力的训练，让他们敢于发言、乐于发言、无关对错，不做"沉默的八年级"。

2.教学过程

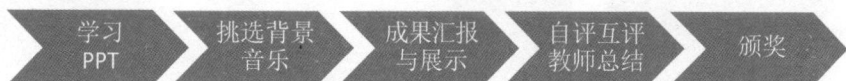

（1）PPT制作学习与资料收集

通过教师演示，了解 PPT 制作的相关步骤。对学习过程中的感受与作品照片进行收集，作为成果汇报 PPT 制作的资料。

（2）成果汇报与颁奖

小组完成成果汇报 PPT 后，还需挑选与内容相配合的背景音乐进行汇报。小组依次进行 PPT 展示，分享小组的作品、制作过程，并完成对其他小组的评价表。教师在成果汇报结束后，总结并评出"制作最精良""画面最有意境"等奖项，用奖项给予学生成就感与满足感，激发他们继续探索的热情。

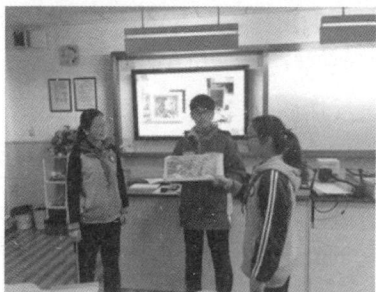

图 8-28　小组成果汇报评价表　图 8-29　学生正在展示自己小组的作品

（3）教学评价

根据学生在成果汇报过程中的认真程度和创意程度进行评价，综合前两部分的阶段性评价，形成总结性的评价。

第四部分：知识拓展

在进行《柳暗花明又一村》——中国画中的空间关系学习的过程中，恰好上海博物馆举办了"丹青宝筏——董其昌书画大展"。为了让学生更好地理解中国画的发展脉络与空间关系表达，笔者特地在上海博物馆开展了博物馆教学，带领对此感兴趣的学生参观欣赏董其昌的作品，探究他的艺术成就。

图 8-30　参观上海博物馆

在博物馆学习后，笔者收集了同学们的感想，其中一位同学这样写道："3月3日，我们在老师的带领下参观了上海博物馆的董其昌特展，欣赏到了许多董其昌收藏的山水画，学习了中国山水画的知识，比如皴法、水墨、三远法、南北宗论等等。我最喜欢的是水墨的变化，树杈上的叶子由深入浅，层层晕染，而远山只有几笔却又塑造了一个缥缥缈缈的氛围。我没想到山水画有这样美的意境。我喜欢这次美术活动，在博物馆内上课比在课堂上有趣得多，直接拉近自己与画作的距离，看着这些古人的画作，不禁感到自豪。感谢这次的展览，让我更好地理解了课程的内容。"

通过反馈，笔者感受到了学生对于自主探究学习的热情，相较于课堂上的授课，在博物馆中主动地去看、主动地去学，直观地感受画作的意境更能激发他们的学习兴趣，而这份对学习的热情，正是笔者所期待的。

（三）单元教学评价分析

为了探究基于 STEAM 的项目式中国画课程的教学效果，以便日后调整与改进，笔者通过问卷、学习单、山水画作品等资料的分析来整体评价学生的学习情况。

1. 来自课程学习的收获

为了解学生通过课程学习是否有所收获，笔者又设计了一份调查问卷来了解学生的学习情况。通过与第一份调查问卷的比较，发现学生的学习兴趣与投入程度等各方面都有增长。以对中国画的兴趣程度为例，通过本课程的学习，极大地激发了学生对中国画的学习兴趣，证明了初中学生并非缺乏对中国画的欣赏能力与兴趣，而是课程是否有吸引学生的内容和方法。

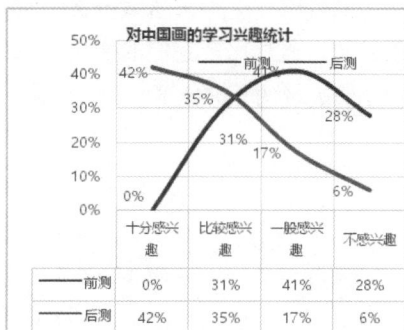

图 8-31　项目式学习课程课后评价调查问卷

图 8-32　中国画学习兴趣前后测试对比

通过对问卷最后一题学生回答词频的统计，可以清晰地看到大部分学生对于课程的总体评价是有趣，说明本次课堂活动内容已经成功地引起了学生的兴趣。其次能够看到学生提到了"探索""体验""自主探究""跨学科""互动""合作交流""其乐融融""智慧"等，这些既与课程活动内容相关，也与学生获得的学习能力和情感体验有关，而"三远法""笔墨""重叠""干湿浓淡""意境""构图"等与本课程强调从空间角度来认识中国画相关。同时，也能看到课程活动被提到的有：表演、制作、鉴赏、学习单等，在与学生的访谈中被多次提及的还有表演与制作，学生希望之后还能有这样的活动，证明了该部分内容深受学生的欢迎。跨学科部分被提到的有历史与音乐，说明学生认可这种跨学科教学。最后传承中华文化也被提及，说明课程中对中华文化的传承与保护的思想已经潜移默化地深入了学生的心中，证明了此次基于项目式学习的跨学科中国画课程开发与实践是比较成功的。

图 8-33　学生回答词频统计

2. 基于学习单和创作实践的成果

笔者统计了学生从学习单与实践探究两个阶段的感受，形成了两部分的词频云图，通过比较它们的变化，以此来观察项目式学习课程对学生理解中国画中空间表现的学习成果。

图 8-34　学生学习单词频统计　　　图 8-35　学生回答笔墨实践感受词频统计

图 8-34、8-35 中的两部分词频分别对应学习单探究和笔墨实践感受。首先可以看到词频与课程内容的高度重合，说明课上内容已经被学生所接收。更重要的是，将两个词频组合起来看会发现，在学习的过程中，学生词频从知识性名词的堆砌逐渐向表达意境与感受等更抽象性名词转变，说明学生已经将课程内容消化并加入了自己的感受与想法，说明本项目式课程中学生对于概念性知识已经达到了理解的层面。

在作品方面，通过对学生作品的归档整理，笔者以课程核心问题——山水画中空间表现为评价重点，兼及对笔墨与意境的评价，形成一套评价标准，并将学生学习的掌握程度分为三档（如下表）。通过梳理发现，学生笔墨实践的作品大多理解了山水画的构图原则，笔墨上虽然有些拘谨，但从总体上来看，都具有一定的笔墨表现能力，有些优秀的作品在构图和笔墨造型上已经能表现出生动的韵致。

表 8-4　学生山水画作品评价表

评价等级	评价标准	学生样例
优秀	（1）构图合理巧妙，能通过重叠、虚实等方法表现丰富的空间关系。 （2）笔墨丰富，有枯湿浓淡变化。 （3）画面生动有创意，能营造出具有美感的意境。	 
良好	（1）构图合理，能通过上下组合的方法表现一定的空间关系。 （2）笔墨比较丰富，有浓淡变化。 （3）画面表现出一定的创意，有一定的意境。	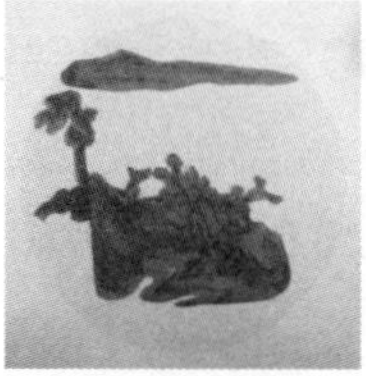 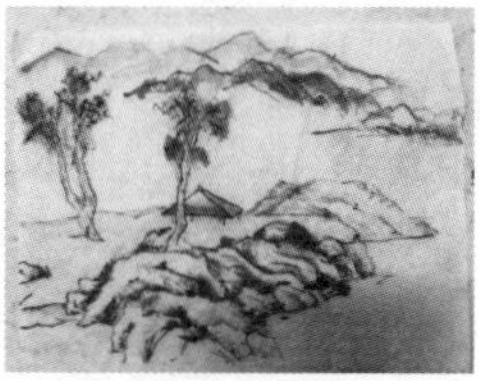
有待提高	（1）构图不够合理，空间关系混乱。 （2）笔墨缺少变化。 （3）画面表现美感不足。	 

3. 运用跨学科综合学习的能力

对《清明上河图》进行跨学科鉴赏学习之后，笔者同样收集了学生对于这一部分的感受，并以词云图形式呈现。词云中出现了多组跨学科词汇，如历史、音乐、二重证据法等，这些词汇表明在这一部分的教学活动中跨学科成分较多，学生除艺术视角外还能从历史、表演

图 8-36　学生学习《清明上河图》的词频统计

等跨学科的视角去学习《清明上河图》，表明学生已有能力多视角、多学科地开展美术鉴赏活动，拓展了学生的鉴赏视野，提高了学生的综合实践能力。

四、教学案例二：诗情画意贤文化[①]

本课例为自编教材，以七年级学生为教学对象，共8课时。本项目式学习，课程结合费德曼鉴赏方法，运用适当的美术语言描述、分析、讨论作品中的表现手法和意境。选取表现贤文化的古诗文，感受作者的心境、情感，并画出诗文的意境。基于合作学习模式下运用信息技术，使用"美图GIF"APP拍摄并制作会动的中国画GIF，以小组合作形式将中国画作品编写成教育戏剧，通过教育戏剧的形式进行展演。本课程融合语文课程中的古诗词，加强对文化理解能力的培养。以鉴赏导入，提升学生的鉴赏能力，倡导学生的自主学习，采用团队合作方式，鼓励学生自主参与创作、设计展演等活动，激发学生的想象力与创造力，在与学生探讨艺术家创作过程中让他们感受中国传统文化的魅力。

（一）课程说明

1. 设计缘起

（1）发现问题：在教学中发现大部分教师侧重于技法的传授，缺少鉴赏与文化理解等内涵的中国画鉴赏课程，即使是鉴赏课也以教师讲述为主，无法真正调动学生学习的主动性与积极性。

（2）思考问题：思考为什么无法落实鉴赏教学的原因，教材？教师？

（3）解决问题：思考如何落实鉴赏教学，并破除传统以技术导向为主的艺术教学。

2. 主题设计依据

主题教学设计以"造型·表现""设计·应用""欣赏·评述""综合·探索"为依据，并强调落实"文化·理解""审美·思辨"。

3. 方向的确立

古诗文是初中语文教学相当重要的内容，每单元有每周一诗（2首），每学期有将近10篇。古诗文的学习不仅在于对重要字词的理解，更是对创作意图和

---

① 此教学案例由上海市奉贤区实验中学美术教师陈梦倩设计并实施。

诗意境界的学习。七年级美术教材中诗情画意的中国画一课则是让学生学习如何欣赏和理解中国画中的意境，感悟画中的情和意，这与语文中古诗文的学习方向不谋而合。

（二）课程结构

表 8-5　课程结构

"诗"情"画"意			
认识·鉴赏	绘画·思考	创作·APP	展演·汇报
1. 了解中国画	1. 技法学习	1. 命题创作	1. 脚本撰写
2. 鉴赏高手	2. 创作绘画	2.APP 拍摄	2. 舞美编排
3. 鉴赏学习单	3. 读诗画意	3.GIF 展播	3. 古诗文展演

（三）课程总目标与单元目标

表 8-6　课程总目标与单元目标

主题名称	"诗"情"画"意	
课程总目标	1. 从导赏作品中了解画家创作的原因，能运用适当的美术语言结合费德曼鉴赏方法描述、分析、讨论作品中的表现手法、意境。 2. 结合语文课本，选择喜欢的古诗文，感受作者的心境、情感，并画出诗文的意境。 3. 基于合作学习模式下运用信息技术，使用"美图 GIF"APP 拍摄并制作会动的国画 GIF。 4. 以小组形式选择喜欢的古诗文编写展演脚本，学习舞美设计，并通过舞台剧的形式进行展演。	
单元名称	教学单元目标	十大基本能力
认识·鉴赏	鼓励学生事前收集资料，对国画的基本技法有一定的认识。从导赏作品中了解画家创作的原因，能运用适当的美术语言结合费德曼鉴赏方法描述、分析、讨论作品中的表现手法、意境。运用费德曼鉴赏方法完成学习单的鉴赏任务。	欣赏、表现、表达沟通与分享

续表

单元名称	教学单元目标	十大基本能力
绘画·思考	学习中国画的基本技法，包括用笔、用墨；赏析古诗，并尝试画出诗中意境； 结合语文课本，选择喜欢的古诗文，感受作者的心境、情感，并画出诗文的意境。	欣赏、表现与创新、沟通与分享
创作·APP	以小组形式选择合适的诗文，设定小组创作主题，并分工以个人形式绘画每一帧图画。运用信息技术，使用"美图GIF"APP拍摄画作。 展播各小组的GIF作品，互动观摩，分享交流。	欣赏、表现与创新、表达沟通与分享尊重、关怀与团队合作
展演·汇报	在分组学习与人合作的模式下，选择喜爱的古诗文，编写演出脚本。掌握舞美设计，包括背景、道具、舞台效果等。通过本单元中国画与古诗文结合的学习形式，完成舞台剧的展演。	欣赏、表现与创新；表达沟通与分享尊重；关怀与团队合作；规划、组织与实践

（四）教学评价

1. 单元活动1：认识·鉴赏部分

在鉴赏部分要求学生参与课堂讨论与欣赏，提出或回答问题，能以适当的中国画语言描述、分析、理解作品及其画中意境；能理解中国画的表现手法；能完成中国画欣赏，记录思考过程，完成学习单。

表 8-7　学生学习单样例 1

作品名称	《钱塘秋潮图》
作者	夏圭
朝代	南宋

续表

作品名称	《钱塘秋潮图》
叙述	在画面上看到了…… 钱塘江秋潮初至时翻滚奔腾的景象。
分析	分析画面的构图、用笔、色彩等。 用色：整幅画面用色都非常鲜艳。远处峰岫，黛青隐隐，近景崖石，杂树交织，中间则白浪滔滔，气势磅礴。 用笔：图中的树、石、浪潮全用中锋勾勒，跳跃有力，且富节奏感。
解释	作者想表达什么？ 他利用了留白来表现江山湖泊的辽阔深远，虽未着一笔，却能"无画处皆成妙境"，给人无限遐想的空间。 画中的人物没有过多地描绘细节，而是注重表现身体的动势，笔简而神全。抚琴者似在弹奏，让人不禁联想到琴声的悠扬。 夏圭受佛教禅宗的影响，主张"脱落实相，参悟自然"，趋向笔简意远，遗貌取神。
评价	我的观点是…… 夏圭本是浙江人，此图又是浙江名胜，作者表达了对祖国大好河山的喜爱及对家乡风貌的眷恋。结合作者禅意的思想，我认为作者在画钱塘时更表达了佛家"空"的概念，传达了他的佛学思想。

表8-8 学生学习单样例2

作品名称	《长城》
作者	吴冠中
朝代	近现代

续表

叙述	在画面上我看到了…… 宏伟的长城绵延在山头，红红的太阳挂在天空中照耀着大地。
分析	构图与形式：S形构图
	点线韵律：画面中有明显的点线组合。 粗细不一的自由曲线代表着长城和山脉。张弛有度的线条让人感觉到了长城的宏伟并体现了它的长。长城两侧的线粗细浓淡不一，体现了空间透视的同时粗线稳定了画面。 黑色、彩色的原点洒在画面上表示树木。点的聚散表现了漫山遍野的植被，点线的对比也突出了主体物。
	画面中的黑、白、灰：画面中黑、白、灰表现明显，主调以白色为主，灰色在画面中中和了黑白的强烈对比，使画面显得柔和。
	具象与抽象：长城的表现形式偏抽象，画家摈弃了传统长城绘画作品中具象的外形轮廓，用线来表现长城，非常特别。
解释	作者想表达什么？ 长城气势之美依凭了山峦之壮。作者刻意将画面全部面积任长城尽情奔驰，山舞银蛇是长城的独特个性。作者从写生入手，在不同地区、不同地段捕捉长城的各式各样的转折、跌宕、蜿蜒，搜寻过种种宜乎长城攀登的险隘奇峰。造型艺术中简单的加法未必增添艺术内涵，相反，往往破坏了造型美之整体，减法减去拖泥带水的累赘，突出了长城。
评价	我的观点是…… 我很不喜欢常见的长城图样，那画面全是重复雷同的绿色的山，长城被安置在丛山之中、之上。占据了画面极大部分面积之山的形和色很单调，它们自身很不入画，不配担任造型艺术的主角，因缺乏任何可被欣赏的形式特色。长城被淹没在丛山间，也完全失去了雄伟之本色。吴冠中的画却突出了长城的气势，着重表现了蜿蜒宏伟之势。

表 8-9　学生学习单样例 3

诗篇	《与颜钱塘登樟亭望潮作》	《钱塘湖春行》
作者	唐·孟浩然	唐·白居易
诗句	百里闻雷震，鸣弦暂辍弹。 府中连骑出，江上待潮观。 照日秋云迥，浮天渤澥宽。 惊涛来似雪，一坐凛生寒。	孤山寺北贾亭西，水面初平云脚低。 几处早莺争暖树，谁家新燕啄春泥。 乱花渐欲迷人眼，浅草才能没马蹄。 最爱湖东行不足，绿杨阴里白沙堤。
含义	描绘了观潮时的壮观景象和观潮者的心情，生动传神。 这首诗就是属于意境雄阔类型的。一般观潮诗往往只极力描写大潮的雄伟壮丽，而这首诗从人和潮两方面来写。写人主要写听潮，写出观，写待潮，写观潮，写观感，写出了观潮的全过程。写潮用了一虚笔一实笔：虚是"百里闻雷震"，从听的角度写潮声；实是"惊涛来似雪"，正面写大潮的雄奇伟丽。诗一张一弛，张弛有度，在雄浑壮美中显出从容潇洒的气度。	这首诗语言平易浅近，清新自然，用白描手法把精心选择的镜头写入诗中，形象活现，寓情于景，从生意盎然的早春湖光中，体现作者游湖时的喜悦心情，是当得起以上评语的。 《钱塘湖春行》不但描绘了西湖旖旎骀荡的春光，以及世间万物在春光的沐浴下的勃勃生机，而且将诗人本身陶醉在这良辰美景中的心态和盘托出。

2. 单元活动 2：绘画·思考

图 8-37　学生创作的作品

3.单元活动3：创作·APP

图 8-38　APP 创作

4.单元式课程评价量表

表 8-10　单元式课程评价表

主题名称		"诗"情"画"意
单元名称	评量方式	评量内容
认识·鉴赏	鉴赏能力	·能参与课堂的讨论与欣赏并提出或回答问题 ·能以适当的美术语言描述、分析、理解作品及其中意境
	掌握程度	·能理解中国画的表现手法
	学习单	·能在学习单上完成中国画欣赏，并记录下思考过程
绘画·思考	技法掌握	·能掌握基本绘画技巧 ·通过临摹学习能完成作品创作
	意境传达	·在完成作品的基础上能把握意境的描绘 ·随诗附画的过程中能精准传达诗中的意境
	交流	·能自然大方地介绍自己的作品并阐述创作意图
创作·APP	绘画效果	·每一幅画在构图、用笔、用色上都遵循章法 ·整体效果和谐统一
	合作学习	·能在小组中认真完成分配的任务 ·能克服合作的矛盾
	技术使用	·能熟练操作 APP ·能完成 GIF 制作并加以改变
	交流	·能用较好的形式和大家分享作品

续表

展演·汇报	脚本设计	·经小组商议，能写出脚本 ·在脚本中能遵从古诗文原意
	舞台效果	·布景、道具、表演者、台词都贴合主题 ·整体效果较好
	表演形式	·能融合古诗意境，以新颖的形式进行表演，如配乐、演唱、情境表演等
	意境把握	·精准把握古诗文意境

5. 合作学习的评价标准

在合作学习时要求学生能在小组中认真完成分配的任务，克服合作时产生的矛盾。技术使用方面，能熟练操作 APP；能完成 GIF 制作并加以改变，并且能用较好的形式和大家分享作品。具体评价标准如下：

表 8-11　合作学习评价表

表现	需努力	达标	优良
学习过程的参与度	不能参与	能参与	积极参与
小组分工	不能自主选择	基本能自主选择	完全自主选择
合作交流	相互理解不够	能相互理解	配合默契，相互包容

（五）课程反思

在课程的实践中，学生认识了中国画、感受中国画、表现中国画，整合学科内知识、其他学科知识、地域文化能使中国画课程更加生动，让学生感受到中国画这门中国传统艺术并不遥远。本教学中的绘画作品、GIF 作品、戏剧作品都充满了学生对自己生活的本土文化的理解和对中国画的尊敬。因此，通过统整式中国画课程改变了学生对中国画原有的观念，提升了学生对中华优秀文化传承与创新的理解。同时通过将评价置于教学和学习过程中，既有效促进了教学的进程，也极大地推动了学生的学习积极性，学生通过学习单和合作交流活动有效提升了中国画的鉴赏能力、主动探索和沟通合作能力。该课程教学与评价方法多元，全方位对学生进行中国画教学。中国画教学应开拓更为多元的教学形式与评价方式，让中国画教学评价融入美术教学体系，更好地促进学生知识、能力和情感、价值观的提升。

第四节　基于多元评价的高中中国画鉴赏教学 [①]

一、研究背景

网络化信息时代带来的读图时代深刻地影响了人们获得信息的渠道与速度。随着视觉文化的发展，美国芝加哥大学教授 W. J. T. 米歇尔在 1992 年提出"图像转向 (Pictorial turn)"，她认为视觉经验与阅读经验对人有同样重要的意义。图像既是视觉符号，也是人对视觉感知的物质再现。[②] 如何辨别和获取图像中的有效信息？如何对图像传达的观念做出有价值的选择？这就要求人在面对纷繁复杂的图像信息时，需要有深入鉴赏图像的能力。

康德在《判断力批判》中提出鉴赏属于判断美的能力 [③]；华东师范大学美术学院教授钱初熹认为，"鉴赏"除了感受、体验、鉴识的含义外，还包括批评、想象和再创造等行为。具体而言，"美术鉴赏"即是艺术接受者在原有经验基础上，对美术作品或美术现象进行感受、鉴识、欣赏、批评和再创造的行为。[④] 美术鉴赏的过程，实质是发展美术接受者的想象力，处理信息、建构知识和鉴赏迁移能力，批判性思维和创造力的过程。具体表现在艺术接受者在面对美术作品或美术现象时，通过鉴赏探析美术作品或美术现象中蕴含的信息和价值，进行评价和产生再创造活动的过程，侧重于将艺术接受者作为审美主体，讨论由美术作品所触发的现象、鉴赏者的审美活动及其反应。美术作品在引发观者产生情感共鸣的同时，还传递信息、反映不同时代的文化背景和思想，发展观者的视觉感知能力和审美经验。因而，"美术鉴赏"是一个动态的过程，它要求艺术接受者融会理性认知和感性审美，调动自身独立思考的能力、敏锐的观察力，融合了美学、美术史、美术批评、美术创作相关领域的知识，在对美术作品的内容及形式的了解中，探析美术作品的深层信息和美学价值，对美术作品或美术现象做出合理评判，扩展自身的美感经验，提升自身对美术作品的鉴赏能力，

---

① 本节由上海市宜川中学美术教师黄韡撰写。
② W. J. T. 米歇尔. 图像理论 [M]. 北京：北京大学出版社，2006:2-7.
③ 朱立元. 美学大辞典 [M]. 上海：上海辞书出版社，2010:395.
④ 钱初熹. 美术鉴赏及其教学 [M]. 北京：人民美术出版社，2016:102-104.

发展艺术接受者的批判性思维。并使艺术接受者能够产生能力迁移，处理纷繁复杂的图像信息，帮助学生形成正确的审美观念。[①]

心理学家鲁道夫·阿恩海姆认为，人能够深入感受美术作品的能力，是一种在美术作品和作品内容、形式之间建立联系的能力，而这种能力需要学习才能获得。因而，鉴赏者能够深入感知美术作品，需要经历多次学习和认知美术作品的过程。

二、课程设计思路

作为一个新时代的高中生，心智日趋成熟，在人生观、价值观形成的重要阶段，家国情怀和文化自信在美术教育中的渗透显得尤为重要。从新课改之后的美术教育的课程标准上来看，中国传统绘画学习内容是传承中华民族优秀文化、弘扬民族精神、提升学生美术核心素养的重要途径。认识文化的优秀、国家的强大、人民的力量，就是文化自信的强大底气。

中国人历来与山水有着亲密深厚、久远绵长的情缘，对山水美的感知体察丰富入微，中国山水画是学习中国传统绘画的重要内容之一。悠久的历史、丰富的遗产、深刻的人文内涵是其代名词，它在中国美术史上举足轻重，占有显著的位置。山水画不仅体现了"天人合一"的哲学思想和中华生态文明，更是中国文人用来抒情写意的传达媒介。中国山水画进入现当代，它的边界正在逐渐模糊，相比传统的山水画来得更加宽泛，表现内容更加多样，所呈现出的精神也愈加丰富。课堂上的传统教学方法已经远远不能满足身处信息化时代的学生的需求。山水画教学内容如果远离学生的生活经验，单一进行鉴赏和技法传授，会导致没有中国画基础的学生缺乏主动学习的积极性。因而，开展丰富的中国画鉴赏教学及评价是提升学生美术能力的重要载体。

三、教学案例一：画说山水情怀[②]

本案例为高中一年级的中国画单元课程，共6课时。旨在探索中国山水画

①　罗淑敏.融入批判性思维的中学美术鉴赏教学研究 [D].华东师范大学，2000.
②　此案例由上海市宜川中学美术教师黄鞡设计并实施。

鉴赏教学中创新的教学方式和多元评价。教学内容共为三个阶段 6 个课时，第一阶段综述中国山水画的发展及传统的鉴赏方法，评价依据课前和课后的问卷对比，检测教学目标达成；第二阶段学生自主探索山水画大师作品中的主题和意境表现，并制作演示文稿分组进行演讲，通过评价量规实现自评和互评；第三阶段是教学重点，主要集中于山水画意境的表达。学生根据上一课时寻找的主题进行多元创作，使用多媒体、影视、动画、戏剧、文学等手段表达画中主题意境。尝试从学科人文性入手，体现美术与其他学科之间的相互融合。第三阶段学习成果的表现形式多样，因此评价方式除量规表以外还尝试利用微博、学校微信公众号、校园网等网络媒介进行公开评价。

（一）教学目的

知识与技能：

1. 掌握中国山水画的基本鉴赏方法。感受历代山水画家如何借山川之景抒画家之情，如何在丰富多彩的自然美中体现中华生态文明。

2. 学会整合筛选信息，整理出不同时期山水画创作的主题，进行演讲交流。

3. 用多元的表现手法来表述山水画中的主题和意境，并尝试自主评价自己和同学的作品。

过程与方法：

1. 通过比较分析中国古代山水画和新中国成立后的山水画，鉴赏和解读中国山水画的发展历程。

2. 查找、收集喜爱的古今山水画名家及作品资料，通过分析山水画作品中意境的表现，小组讨论形成专题文稿。以讲演的形式进行交流展示。

3. 分小组完成"山水情怀"主题表述。尝试选用（或创作）诗文或散文、动画场景、影视画面、戏剧对白、音乐片段等其他艺术手段来表述所喜欢的山水画的意境。

情感、态度和价值观：

1. 在山水画的学习过程中渗透中国传统优秀文化，激发家国情怀、爱国热情。

2. 以自主学习的方式，培养和提升思维、激发学生的创意思维，从主题演讲中体现团队合作意识，学会在合作中相互理解与包容，在交流分享中乐于和他人一起分享自己的感受与成果。

3. 从认识大师的作品中品读中国山水画的意境表达，引导学生自主认识作品中的思想内涵。在单元实践活动中充分体验艺术学习的成功与快乐的同时，认识文化的优秀、国家的强大从而形成"文化自信"。

（二）教学过程

第一阶段	导入	"卧游"——山水画的由来 刘宋时，有高士宗少文者，他爱好山水，遍游名山大川，一直到老，因为有病，不能再游，于是在家里四壁画诸山，坐卧其间，名曰"卧游"，意谓："抚琴动操，欲令众山皆响。"	
	教学内容	1. 现存最早的山水画——隋代展子虔的《游春图》。 "人大于山，水不容泛"（人画得比山大，水不能行船），后有"丈山，尺树，寸马，豆人"之说。	
		2. 鉴赏山水画的基本方法（用历代名作举例）。 分组认领主题进行讨论：墨法、笔法、空间处理、意境	
		3. 学生使用鉴赏山水画的方法自主鉴赏新中国成立以后的山水作品，并与传统山水画作品进行比较，找出区别。	
	评价	采用问卷的形式，对学生这节课的教学效果进行简单的汇总。	

302

续表

第一阶段	作业	搜索查找自己喜爱的山水画大师作品。	"我心中的山水"学习任务单 1. 写出山水画鉴赏的基本方法。 2. 找一位山水画名家，尝试用学习过的鉴赏方法去分析，并完成演示文稿。
第二阶段	导入	交流上一课时布置的作业，以画家的时代风格进行分组。	
	教学内容	1. 以小组为单位，拟定意境主题（如行旅题材、家国情怀、生态文明……）。 2. 分组查找各时期大师的山水画作品。 3. 整理成稿，组织演讲交流。	
	评价	根据各小组完成情况，填写演示文稿、评价量规。	
第三阶段	导入	以第二课时讲演的山水主题，讨论一种新的表达形式。	
	教学内容	"我心中的山水"意境综合表达 1. 欣赏《山水情》片段 2. 以小组为单位，分别以"影视""动画""戏剧""文学"等为主题进行鉴赏方式的多视角演绎。 3. 完成学习单。	

续表

第三阶段	多元评价	1. 根据学生参与学习过程中的综合表现进行评价，选择作品类型完成评价量规。 2. 汇总高一年级9个班级的学习成果，并将作品进行视频编辑，上传学校公众号开展公开网络评比。	

（三）教学评价

本教学案例根据《普通高中美术课程标准（2017年版）》，中国画鉴赏教学实际和高一学生的情况，制订了具有开放性的、能促进学生发展和改进教师教学，以及推进中国画鉴赏教学不断发展的评价指标。

1. 提倡多主体评价。采用学生自评、互评以及教师和家长对学生评价等方式。本单元的第二和第三阶段都是开放性的学习成果，因此分别设计了评价量规，帮助学生在自主学习过程中，带着目标和参照标准来进行实践。

2. 注重表现性评价。运用观察、记录、访谈、录像、录音、摄影等方式收集学生学习表现的信息，对学生在参与美术学习过程中的综合表现进行评价。在单元学习前运用问卷、个别访谈来了解学生的现状和知识基础等。第一阶段的课后进行跟踪，就课前的问卷进行比较分析，并选择最适合他们的教学方式，调整和设计第二阶段、第三阶段教学。

3. 注重质性评价。规划记录高中阶段三年的美术学习过程和成果。在高一年段记录鉴赏档案，高二年段记录选修档案，高三年段记录创作档案。

4. 利用网络平台。依托学习的微信公众号、校园网结合校长、教师、学生、家长、社会等共同参与的评价制度。

表 8-12　第二阶段《走近山水大师》学生演示文稿评价量规

评价指标		评价要求			评分			
		优（1—0.85）	良（0.84—0.7）	需努力（＜0.7）	学生自评	同学评分	家长评分	教师评分
内容	资料的收集（20）	演讲主题明确，能根据课题研究的要求，准确无误的搜集资料，并能够根据自己的需要进行删减，完整地注明资料出处。	演讲主题较明确，能根据课题研究的要求，围绕山水画大师主题搜集资料，并能注明资料出处。	演讲主题不够明确，搜集资料的范围不够全面，学习不够重视。				
	资料的加工（20）	能对收集的资料进行认真的研究、分析和整理。演示文稿包含对山水画作品的分析、背景介绍和作者的风格归属。	能对所收集的资料进行初步的研究、分析和整理，演示文稿包含的内容基本完整。	文稿中虽然有收集的资料，只是简单的摘抄网络上的介绍内容，且内容不够完整。				
	自己的见解（20）	演示文稿中有自己的见解，思路清晰，并能从客观的角度来评价寻找的山水画作品，并且有自己对于作品的认知和理解。	演示文稿中有一些自己的见解，思路较清晰，并能从客观的角度评价所演的山水画作品。	演示文稿中完全没有自己的见解，也没有前人对于作品的评价。				
技术	整体规划（10）	包含六张或以上幻灯片，封面幻灯片主题清晰。每一张幻灯片在视觉上有整洁和统一的版面设计和美化。	至少包含六张幻灯片，封面幻灯片主题清晰。幻灯片的版面设计在视觉上的效果一般。	不到六张幻灯片。封面幻灯片主题不够清晰，幻灯片的版面设计效果不好。				
	多媒体的使用（10）	幻灯片富有感染力，能够吸引观众。使用多媒体适当、效果好。	幻灯片对观众较有吸引力，能使用多媒体，效果较好。	幻灯片对观众没有吸引力，使用多媒体不适当、效果不够好。				
	创新（10）	整套文稿的设计富有创意。配合主题内容涵盖有自己的创新内容。	整套文稿的设计有一定的创新。	整套文稿的设计缺乏创意。				
小组演示效果（10）		演讲者的表述清晰、富有逻辑，表达自信、表情自然，演讲时与作品的速度配合得很好。	演讲者的讲话比较清晰，有时也能面向听讲的人。演讲时与作品的速度配合得基本可以。	演讲者的讲话不够清晰或者完全没有面向听讲的人。演讲时的节奏速度过快或过慢。				
总得分		合计						

学校班级：
小组成员：

表8-13　第三阶段《我心中的山水》表演评价量规

评价指标			评价等级及分值					得分			
一级指标	二级指标	权重	优 (0.9—1)	良 (0.8—0.9)	中 (0.7—0.8)	合格 (0.6—0.7)	不合格 (0—0.6)	自评	互评	教师评	最终得分
项目活动过程	学习态度	0.1	能积极、认真、主动参与项目活动。	能认真、主动参与项目活动。	能认真参与模仿表演活动，缺乏主动性和积极性。	态度一般，缺乏主动性和积极性。	态度较差，不愿参与表演活动。				
	活动计划	0.1	有完整而详细的表演计划和脚本。	有较详细的表演计划或脚本。	有表演的计划但不够详细，没有脚本。	有简略的计划安排。	完全没有计划。				
	完成分工情况	0.1	积极按时完成小组分配的表演任务，并能帮助他人完成任务。	积极按时完成小组分配的表演任务。	基本按时完成自己承担的表演任务。	在他人帮助下完成自己承担的表演任务。	没有完成小组分工任务。				
	合作精神	0.1	与小组的成员合作意识强，有团队意识，并勤于动脑思考。	合作意识较强，能与小组成员共同完成任务。	有一定合作意识，基本能与小组成员一起完成任务。	合作意识一般，较多时间自己独立完成。	不愿意与他人合作。				

续表

项目活动成果	创新性	0.1	对画作具有革新性和独创性的理解和表演。	对已有的名画创新性表编排。	表演内容已有类似，但有自己的创意。	对名画进行表面上的模仿。	没有任何设计与创意，照搬名画名作。			
	作品现实意义	0.1	表演的山水画作创编作品能与生活实际紧密联系，自然地融入学生现实学习生活中。题材具有艺术性。	表演的名画改编作品能联系生活实际，题材雅俗共赏。	表演的名画改编片段与现实有一定关系。	表演的内容并未融于现实生活，只是按照画面历史照搬。	表演的内容与画作并无关联，没有主题，不具观赏性。			
	达成度	0.2	形成完整且有创意的表演作品。	完成表演任务，拍摄完成表演片段。	有表演计划和完整脚本，但没有实施拍摄。	有简要的表演计划。	无任何计划和表演脚本。			
说明	优：90分以上；良：80—89分；中：70—79分；合格：60—69分；不合格：低于60分				小计					

（四）教学反思

本案例旨在探索中国山水画教学鉴赏教学中的多元评价，因此在设计时将第二和第三阶段设置为开放性的内容。希望从学生的自主学习中，用他们独特的视角寻求一种顺应时代，鉴赏中国山水画的有效方法。当然，在实践的过程中，会因学生本身的差异造成一些学生的学习效果并不理想。针对这个问题，在第二阶段考虑独立完成"走进大师"的演讲，在演讲的过程中，根据演讲主题的作品分类再组合成学生小组，进入到第三阶段的创作。

（五）课程特点

1. 学科核心素养

本案例从学科的核心素养出发，三个阶段紧紧围绕"图像识读""美术表现""审美判断""创意实践"和"文化理解"五大核心素养。

2. 跨学科融合

该案例是以美术学科为主，横向结合动画、影视、戏剧、音乐等艺术模块的学习，纵向结合语文、信息技术等相关学科进行学习活动。主要培养学生理解美术与其他艺术学科之间的内在联系。

3. 体现思政内涵

中国人历来与山水有着亲密深厚、久远绵长的情缘，对山水美的感知体察丰富入微，中国山水画是学习中国传统绘画的重要内容之一。从它在全球化语境的影响，到民族文化身份的认同，都有着举足轻重的作用。

在信息高速发展的网络时代，高中学生的家国情怀和文化自信在美术教育中的渗透显得尤为重要。从新课改之后的美术教育的课程标准来看，中国传统的山水画学习内容是传承中华民族优秀文化、弘扬民族精神、体现中华生态文明的重要途径。认识文化的优秀、国家的强大、人民的力量，就是文化自信的强大底气。

四、教学案例二：《韩熙载夜宴图——雅韵华章》[①]

在美术鉴赏教学过程中，我们应当将关注度指向学生对作品由表及里的分析，结合时代背景、审美特点、意蕴内涵等方面综合评述。融合多样丰富的教学方法，将作品外在的艺术形式与深层内涵相联结。观察学生在学习过程中的显性表现，同步调整教学结构和模式，进而激发学生的创作热情和探索精神。

该案例的学习活动是以美术学科为主，结合信息技术后期处理及校园文化例如音乐戏剧特色等方面的综合学习活动，主要培养学生对于本国传统文化的了解与认知，激发学生创意思维和创新能力。

---

① 此教学案例由华东师范大学美术学院硕士研究生咸雪琴设计并实施。

（一）课前问卷调查

调查情况：

为了解高中学生所具有的中国画鉴赏能力，笔者根据学生的实际情况设计了一份调查问卷。采用开放性答题方式，通过对学生问题回答中关键词的提炼来分析学生对中国画鉴赏的认知状况。

1.您认为中国画具有哪些特征？（请分点论述）

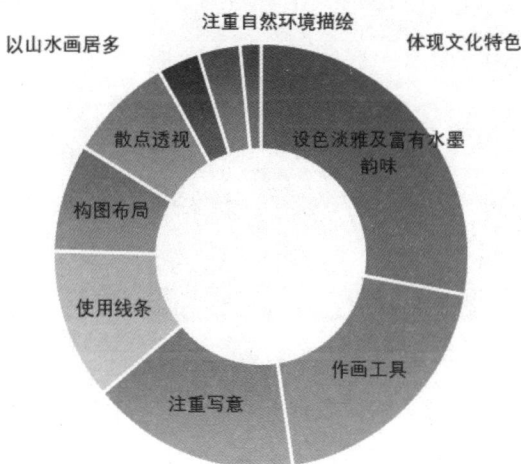

图 8-39　中国画特点关键词梳理

根据关键词词频分析，学生理解的中国画特点有 9 个方面，分别为：设色淡雅及富有水墨韵味（27.87%）、作画工具（用墨）（19.67%）、注重写意（意境描绘、托物寓意及抒发性灵）（16.39%）、使用线条（11.48%）、构图布局（中国画留白手法）（8.20%）、散点透视（8.20%）、以山水画居多（3.28%）、注重自然环境描绘（3.28%）、体现文化特色（1.64%）。学生对于中国画与西方绘画差异多归纳于设色、作画工具、写意特征、线条处理及构图布局几大类要点。高一年级学生对于中国画"散点透视"及"三远法"内容尚未了解掌握，可在中国画教学中结合不同角度及层面让学生认知其意义内涵（例如古代人物画中家具透视解析），提升学生对中国画形式语言、表现形式及精神内涵的综合审美素养。

2.您认为自己掌握了中国画欣赏的方法了吗？您是如何来欣赏一幅中国画

作品的?

图 8-40　鉴赏方法分布情况图

根据学生的回答进行关键词频分析结果显示，学生的欣赏方法分别为：描绘内容结合时代背景（及相关资料）（28.17%）、画面整体设色（21.13%）、观察作品所采用的表现手法及形式（18.31%）、作品构图（12.68%）、细节处理（9.86%）、传递意境（7.04%）、自我认知观点（2.83%）。学生答题情况中出现"我会先观察画中内容，猜测作品背后所发生的故事或感受画面整体的意境，然后再用资料辅助佐证自身的想法"；也有学生提及"我会结合作品社会背景及画面整体呈现内容，进一步揣摩联想作者心理或想表达的深层含义"，不仅可以看出学生于作品欣赏中运用由细节到整体的观察方法，还可看出运用了两种不同逻辑思维（顺推及逆推）的鉴赏方法。

3.您对高中艺术课程的中国画鉴赏教学有何建议?

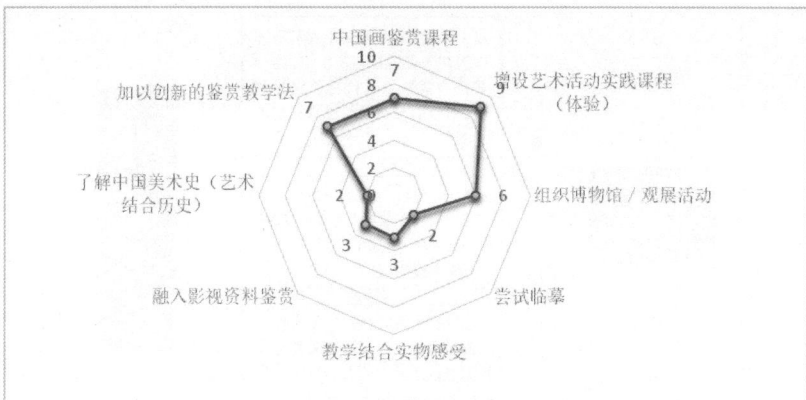

图 8-41　中国画鉴赏教学建议关键词梳理

对于中国画鉴赏教学的建议共 8 个方面:加入中国画鉴赏课程(7 次)、增设艺术活动实践课程(体验)(9 次)、运用加以创新的鉴赏教学法(7 次)、组织博物馆 / 观展活动(6 次)、教学结合实物感受(3 次)、融入影视资料鉴赏(3 次)、了解中国美术史(艺术结合历史)(2 次)、尝试临摹(2 次)。

(二)课程目标

知识与技能:1.中国传统纹样依据时间脉络的发展历程及其寓意特色;2.了解汉服纹样起源以及艺术特点和选材特征;3.尝试运用其他创意表现形式进行实践来承载中国传统纹样。

过程与方法:1.通过欣赏体验、白板描绘、构思技巧及原则的学习,进一步了解中国传统文化的内涵意义;2.采用搜集、探讨、交流、小组合作的形式,结合个人创意,将中华优秀传统文化与生活相结合进行创意实践,进而实现中国传统文化更为生活化的传承与再生。

情感、态度和价值观:1.增进学生对于我国传统绘画、服饰以及纹样历史的了解。结合多种教学方法,在自主探究式学习中,进一步锻炼学生交流探讨等多方面的协作能力;2.提升学生的美术综合素养,将我国优秀传统文化与生活相联结,增进学生对本国传统文化的关注程度。

（三）课程总体设计思路

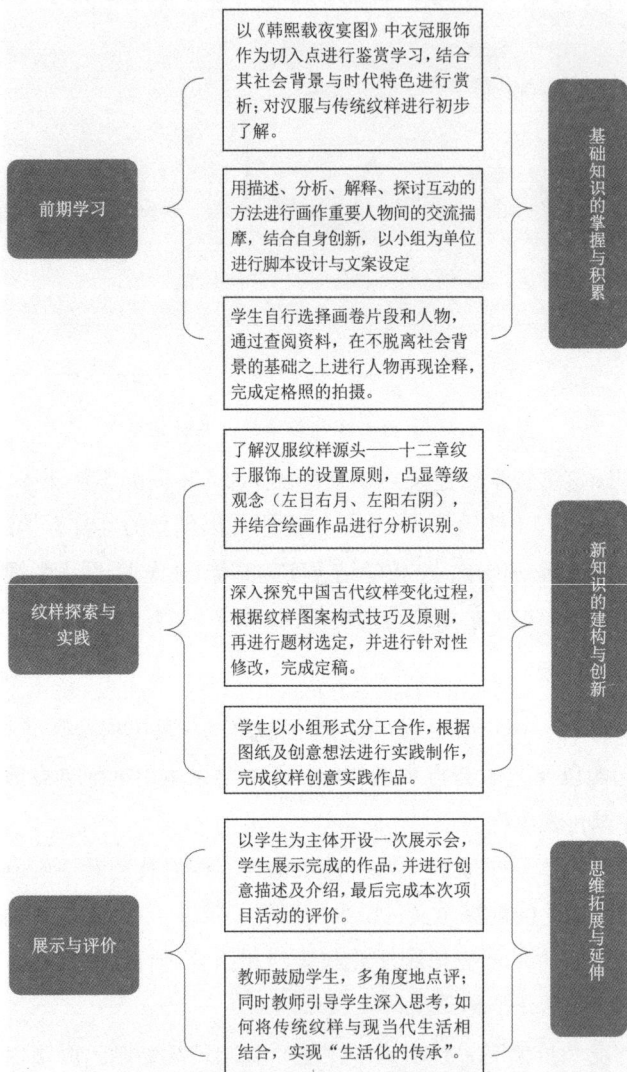

以《韩熙载夜宴图》中衣冠服饰作为切入点进行鉴赏学习，结合其社会背景与时代特色进行赏析；对汉服与传统纹样进行初步了解。

用描述、分析、解释、探讨互动的方法进行画作重要人物间的交流揣摩，结合自身创新，以小组为单位进行脚本设计与文案设定

学生自行选择画卷片段和人物，通过查阅资料，在不脱离社会背景的基础之上进行人物再现诠释，完成定格照的拍摄。

前期学习

基础知识的掌握与积累

了解汉服纹样源头——十二章纹于服饰上的设置原则，凸显等级观念（左日右月、左阳右阴），并结合绘画作品进行分析识别。

深入探究中国古代纹样变化过程，根据纹样图案式技巧及原则，再进行题材选定，并进行针对性修改，完成定稿。

学生以小组形式分工合作，根据图纸及创意想法进行实践制作，完成纹样创意实践作品。

纹样探索与实践

新知识的建构与创新

以学生为主体开设一次展示会，学生展示完成的作品，并进行创意描述及介绍，最后完成本次项目活动的评价。

教师鼓励学生，多角度地点评；同时教师引导学生深入思考，如何将传统纹样与现当代生活相结合，实现"生活化的传承"。

展示与评价

思维拓展与延伸

图 8-42　单元课程设计思路框架

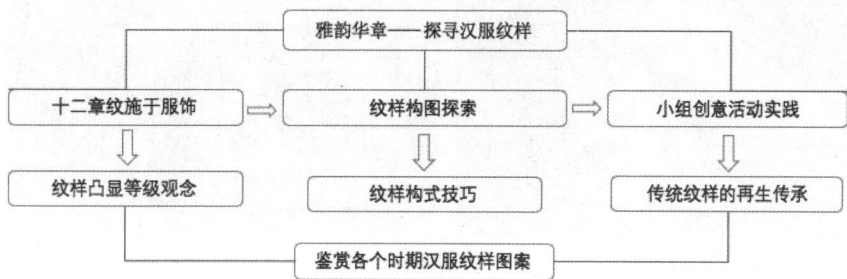

图 8-43 单元课程设计思路框架

（四）教学活动及评价

1.《韩熙载夜宴图》变成画中人

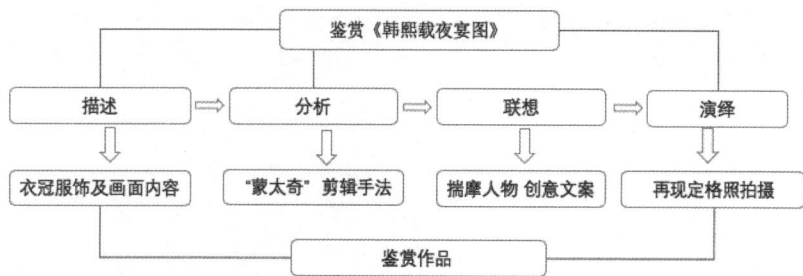

图 8-44 鉴赏《韩熙载夜宴图》

（1）教师带领学生对《韩熙载夜宴图》中出现的衣冠服饰及纹样进行赏析。

在项目学习前期铺垫的内容积累中，引导学生从社会背景及时代特色两方面并结合《韩熙载夜宴图》画作中所出现衣冠服饰的特点进行探索学习；在学生有兴趣点的基础上开展教学，让学生试穿对襟及交领款式的汉服以领会穿戴方法。

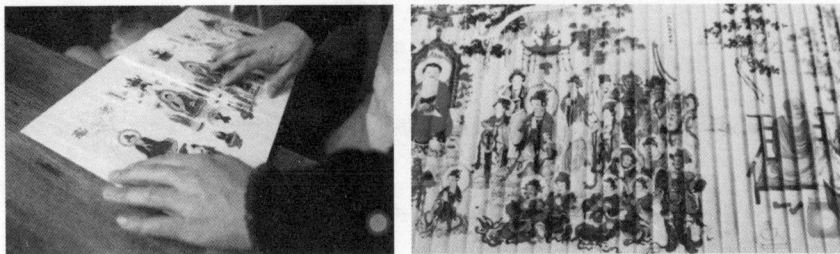

图 8-45　经龙装帧展览视频画面

（2）参观非遗装帧展览

带领学生参观宜川中学图书馆开放的经龙装帧展览，在欣赏古画《韩熙载夜宴图》之余，感受中国古代非遗文化传承人的制作工艺和文化态度，两者相融的传统艺术魅力。

（3）以小组为单位开展创意脚本改写与定格照拍摄活动

学生自由分组，根据所选片段内容以及人物，在不架空社会背景的基础之上进行角色心理活动揣摩，并将文案内容记录在学习任务单上。

《韩熙载夜宴图》创意脚本任务单

组长：（韩熙载）

联系方式：

组员：（姓名＋角色）

撰写要求：1.人物心理描述。（*根据他的地位适当描写，可以夸张）

2.人物动作描述。（*根据他在画中的动作，想象一下他后续可能进行的动作进行描述）

3. 每个人物要有一段台词独白。

（*每组可自行设定情境以进行每位角色的出场活动）

情境设定：

台词脚本：

组长：（韩熙载）

联系方式：13764885302.

组员：（姓名＋角色）

撰写要求：1.人物心理描述。（根据他的地位适当描写，可以夸张）

2.人物动作描述。（根据他在画中的动作，想象一下他后续可能进行的动作描述）

3. 每个人物要有一段台词独白。

（每组可自行设定情境以进行每位角色的出场活动）

情境设定：

台词脚本：

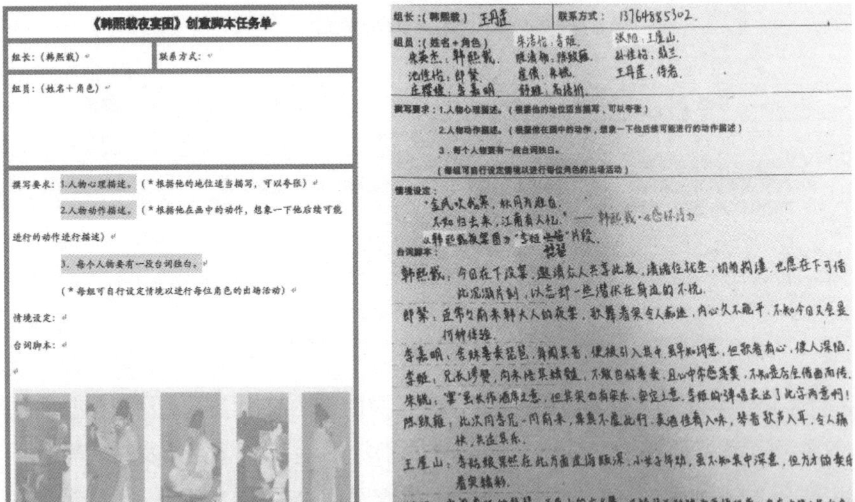

图 8-46　小组脚本文案学习单

图 8-47　定格照记录拍摄

2. 雅韵华章——探寻汉服纹样的展示评价

（1）制作成果展示的演示文稿

小组合作，运用计算机等多媒体设备，制作演示文稿和展板，展示小组项目学习的实践过程、学习的成果及课程的整体感悟等等。

（2）项目学习成果的材料归档

项目完成之后，确保将以下项目学习活动工作档案整理归档：①学习任务单；②展示汇报演示文稿；③作品照片；④相关文创产品照片。

（3）作品的展示与评价

该项目成果展示主要以发布会的形式进行，学生小组展示自己的项目学习成果，介绍各组活动的分工情况、探究内容、作品设计意图、创新点、设计意义等内容。教师与学生进行探讨点评，提出相关积极性的建议与想法；并进行简单的项目活动总结。

图 8-48　学生上台展示学习成果

在完成展示后，进行项目学习的评估活动，采用以学生自评、学生互评、教师评价相结合的多元化评价的方式全面评估学生在整个项目学习过程中的表现。

表 8-14　发布会学生评价表

奖项设置	评价标准	评价根据	获奖小组
最佳设计奖	重构设计，创意独特	作品设计	
最佳展示奖	视觉冲击，表述清晰	作品展示	
最佳协作奖	同心协力，锐意进取	团队协作	
最佳人气奖	欢声雷动，万人追捧	公众认可度	
最佳舞台奖	趣味表演，寓意传承	综合呈现度	

（五）教学总结

将鉴赏类课程结合校园文化特色实施，具有一定的创意性。通过课前基于学情分析的调查能对学生的实际情况提前有所了解，结合学生的建议，设计课程内容，促使教学过程能够双向灵活切换。运用体验式和反馈教学法，让学生的主观能动性在教学活动中得到充分的发挥。以小组合作方式开展项目学习，在理解中国传统文化基础上进一步提升学生对此幅作品的理解能力；不仅锻炼了高中生的创意思维和剧本编辑素养，同样也考验学生融会贯通且运用艺术语言和创意载体转述内心想法的能力。通过项目学习，学生亲身体验从欣赏、联想、揣摩、编辑、肢体语言再与鉴赏、提炼、构思、设计、展示相结合；在美术教学中体会架构化的学习方式且进行系统梳理，加强学生团队合作意识，主动探究学习进而实现当代中学生对于中国传统文化更为生活化的传承。

第九章　基于标准的中国画学业质量测评研究

第一节　基于标准的国外视觉艺术学业质量测评项目研究[①]

一、研究背景

在大数据时代背景下，无论是从我国基础美术教育的发展阶段和核心任务，还是从国际美术教育的发展趋势来看，美术教育质量的评价改革已迫在眉睫。目前的中小学美术课程实践及其研究，仅仅停留于"为什么"（目标）、"做什么"（内容）、"怎么做"（方法）的层面上，尚未深入至"究竟做得怎样"（结果评价），对中小学生的现在和未来产生何种影响，以及对社会发展产生何种影响的层面上。

一直以来，在全国范围内各地美术教师从来没有就学生的中国画学习内容达成一致的评价标准，用一套评价标准来评价所有学生的中国画学习。各个地区的教师往往依据本地的中国画学习内容制定相关的课程，进而制定不同的课程目标或评价标准，但这些标准往往取决于教师对学生能力的假设。这样的假设没有给学生平等的机会去努力达到要求的期望。

另一方面，经过调查，教师常常在课堂中进行相对评价，相对评价只能显示学生在所属集体中的名次或排名，不能了解学生是否达到了学习标准，获得了怎样的学习能力。而基于标准的评价正是站在了解学习能力的内容及本质的立场，主张将达到目标的程度明确化。基于标准的评价目的不仅仅是为了明晰学生知识能力的现状，而是为了在明确现状基础上进一步改善课堂教学，帮助学生取得更大进步，以保障所有学生的中国画学业和学习能力向目标推进。

评估学生的美术学习情况是学业成就评价的重要内容，也是教学中必不可少的环节。但是随着以标准为基础的学校改革运动的兴起，评估有了新的意义和新的技术要求。通常想要了解一所学校、一个地区或整个国家，是如何指导

[①]　本节由杭州师范大学美术学院讲师张旭东撰写，此文中的大部分内容以《表现性评价在国内外中小学美术教育中的应用研究》为题发表在《中国美术研究》2018（3）：112-120。

学生在美术学科达到的基本学习期望和标准，则需要对学生进行"大规模"评估，这种评估是建立在一定的评价标准基础上的。在今天的教育现状中，以标准为基础的改革旨在建立一个更加卓越、公平的教育体系，而高标准和适当的评估将有利于提高所有学生的学业水平。在 20 世纪 90 年代早期，美国教师联合会主席阿尔伯特·尚克提出了这样的观点：如果教育能够为学生的学业成就提供有意义的激励和奖励，学生就会想要学习和努力学习。他指出，明确的标准和"测试"将向学生传递正确的信息，即他们的努力是有价值的。

二、基于标准的国外美术学习评价项目

从 20 世纪 70 年代起，艺术基础教育质量开始被世界各国重视。以美国为代表的部分国家首先建立了国家艺术基础教育质量监测评价系统，同时，为了准确了解艺术教育质量的现状和发展态势，及时发现艺术教育中存在的问题，更好地为艺术教育决策服务，很多国家先后出台了教育质量评估项目，如美国国家教育进展评估（The National Assessment of Educational Progress，以下简称 NAEP）、新西兰国家学生成就监测研究（National Monitoring Study of Student Achievement，以下简称 NMSSA）、日本学力测评[①]，这些都是国际知名的学生学业评价体系。美国的 NAEP 是第一个进行大规模视觉艺术[②]学科评估的国家，这一早期的评测是在没有统一的课程和内容标准的情况下设计和实施的，在大规模艺术评估中首次提出并进行了实践任务类测试，这一突破影响了其他国家和地区的艺术评价项目。自 2012 年以来，新西兰开展了 NMSSA，NMSSA 是基于 NEMP（1995—2010 年国家教育监测项目）的优势，其学生成就是按完成任务情况进行描述性分析的。日本为了把握学生学习能力的综合情况，在 2009 年进行了关于图画工作和美术的学力测评，并颁布了《关于特定课题的调查（图画工作·美术）结果》

---

① 学力：在中国古代原指"（1）学问上的造诣，学问达到的程度；（2）学习的精力；（3）努力学习"。——参见《现代汉语词典》，商务印书馆，2012。日本的"学力"，不仅包括学习能力和知识水平等知性内容，还包括狭义上的教学本身所无法解决的兴趣、意愿、态度、志向等情意方面的内容。田中耕治：《教育评价》[M]，高峡，等，译．北京：北京师范大学出版社，2011：90-104。
② 我国中小学称为"美术"学科，美国、新西兰称为"视觉艺术"学科，日本小学称为"图画工作"，初中称为"美术"，本文中的表述均沿用各国当地的学科称谓。

的报告。基于以上三个国家的美术学业成就评价，分别从评估体系的整体设计、评估框架及维度、题型与题量三个角度进行对比和分析。

（一）美国视觉艺术国家教育进展评估项目

从 20 世纪 70 年代起，艺术教育质量就开始被世界各国重视。以美国为代表的部分国家首先建立了国家艺术基础教育质量监测评价系统，并出台了教育质量评估项目——"国家教育进展评估项目"（The National Assessment of Educational Progress，简称 NAEP）。最近一次的艺术评估是 2016 年，其中视觉艺术领域重点在衡量学生对艺术作品的"反应"和"创造"能力。在视觉艺术中，学生的表现是通过他们观察、描述、分析和评价艺术作品的能力，以及他们以原创作品的形式表达思想和感受的能力来衡量。

反应维度主要考察学生对媒体、技术、背景、形式和功能知识的了解，以及阐明和解释有关的艺术作品并进行判断的能力。要求学生分析、解释，并说明艺术和设计作品。创造维度衡量的是通过创造原创的艺术作品，对过程中所展现的知识和技能，良好的使用媒体和技术，以及对艺术作品中的意义进行沟通交流、规划创作原创的艺术作品，这些过程中体现的能力。视觉艺术中创造和反应维度的任务评价等级是相关的。例如，以视觉形象或创意设计的形式创建自己的原创艺术作品，这就包含了反应和创造两个维度。总的来说，要求学生回答 15 至 21 个多项选择题和建构题（开放式），在 75 分钟到 104 分钟内完成视觉艺术的两个部分任务。

其中，创造维度的一个任务是通过解读艺术家作品《城市的兴起》（图9-1），依据艺术家作品中的形式原理绘制两张草图，并最终深入描绘完成其中一张作品。整个评价任务分为三个部分，第一部分是画面分析，用时 5 分钟，根据题目给出的已知描述"艺术家使用线条、对比和构图创造一种动感和张力的感觉"，启发思考还可以用哪些线条

图 9-1　《城市的兴起》资料来源：
https://nces.ed.gov/nationsreportcard/arts/

或符号来创造一种动感和张力，还有哪些方法把焦点吸引到作品的主题上；还有哪些组合安排可以制造一种运动感和紧张感。第二部分是绘制概念草图，用时15分钟，以手为主题，绘制一组具有动态和紧张感的草图。特别指出草图是快速而粗略的，不是完整的图画，其目的是为了帮助学生开发一个动态构图的想法，鼓励尝试不同的手部姿态，探索不同的动态组合，适当在背景中添加其他形状或图像，以增强构图的动态效果。第三部分是描绘最终的图画，用时25分钟，从草图中选择最具动态的组合，并将其描绘成一幅完整的图画。评估小组将依据四个方面来对学生最终的美术作品及创作过程进行评价，具体的评价标准是：1. 手必须是主要的画面焦点；2. 是否利用构图来营造一种动感和张力；3. 是否运用线条增强了动感和张力；4. 是否使用对比的手法来吸引人们注意到作品的中心焦点。在评价学生的美术创作时，依据上述标准，对学生的作品进行等级评价。（表9-1）

表9-1　评价等级描述（资料来源：依据 NAEP 评价方法进行总结）

等级评价	描述
4	最终的图画是一种视觉上的动态组合，成功地达到所有的标准。
3	最终的图画是一种视觉上的动态组合，相对成功地达到大部分的标准。
2	最终的图画可能达到视觉动态的基本标准，或画面表现相当好，但图画没有达到视觉动态的基本标准，无法产生视觉刺激。
1	最终的图画只达到了一小部分标准。
0	完全没有达到基本标准；没有努力尝试；作品是与任务主题无关的。

NAEP 艺术测试已进行了多年，这个过程本身就是所有参与讨论、规划和发展艺术评估工具的艺术教育工作者专业发展的巨大源泉。这一项目影响了艺术界对正式的、大规模测试，尤其是对学生创造性的、艺术能力测试本质方面持续不断的探究，目前已逐渐形成基于深思熟虑上的共识，总体来说，NAEP 具有如下特点：

第一，美国的 NAEP 艺术评估项目是典型的注重学习过程的评价。在常规的视觉艺术课堂教学中，注重学习过程的评价屡见不鲜，但在全美开展全国性的教育进展评估项目中充分地展示学生学习过程，并将形成性评价与终结性评价综合运用的并不多见。表现性评价中较为著名的是"档案袋评价",用来收集学生创作的作品(包括日记、录像带等)或各种评价记录(教师的观察记录、学生的学习笔记等)。美国的 NAEP 实现了在国家艺术监测项目中的一个"微型"档案袋评价,把视觉艺术评价设计为一项探究性的活动。评价的第一部分侧重点是启发思维,任务设计中给出已知作品的线、对比、组成三方面的描述信息,让学生思考除此之外,还能通过哪些办法实现画面中的"动势",这一部分的巧妙之处不在于让学生描述看到了什么,而是通过给出作品的已知信息,探究实现绘画多元化的解决路径。第二部分是创意表现,记录绘制的过程并保留草图。第三部分是整合重组并深入刻画。这样的艺术评价不仅注重学习结果,也注重对过程的评价。

第二,使用真实的刺激材料。美国 NAEP 视觉艺术评价项目将生活中各种各样的艺术媒体和作品融入有意义的、动手的练习中。在评价项目中不仅只是通过纸笔这一种方式,其中运用大量的真实的刺激材料,例如代表了一系列的文化传统、历史时期和艺术风格的视觉艺术复制品、音频、视频文件及现场模拟等方法,启发学生的思维,激发创造力。

第三,设计链式的评价项目,在评价中学习。评价不仅展示了围绕任务设计的有效选择,并将相关的项目组合成"主题集",主题集又被称为"链"。我们不仅能够通过学生参与评价过程,把握学生知道什么、能够做什么的学习成果,同时对于学生来说,这本身也是一次有意义的、有效的学习。通过任务相关的链式学习,能灵活掌握所学知识与生活中的事件相关联,进行知识的迁移。

(二)新西兰视觉艺术国家学生成就监测研究

为全面了解新西兰中小学生课程的艺术成就,自 2012 年以来,新西兰开展了"国家学生成就监测研究"(National Monitoring Study of Student Achievement,以下简称 NMSSA),NMSSA 是基于 NEMP(1995—2010 年国家教育监测项目)的优势,每隔四年对四年级和八年级学生进行视觉艺术的监测,每年有来自 100 所学校的大约 2200 名学生的全国代表性样本。2015 年,NMSSA 首次对艺术学科进行了监测,分别针对艺术学习领域中的舞蹈、戏剧、音乐和视觉艺术学科实施监测,视觉艺术学科领域分别从艺术性质的评估、表现性评价、实践任务这三个方面进行监测。

表9-2 NMSSA视觉艺术评价框架（资料来源：依据NMSSA评价内容进行总结）

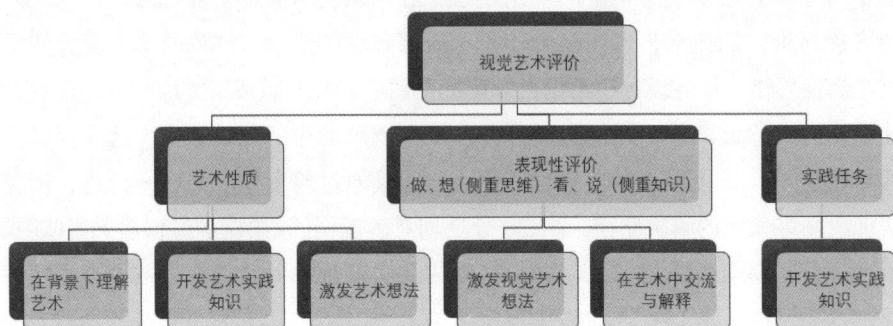

其中，实践任务是一项鼓励学生发挥创造力的表现性绘画：让学生在所提供的材料中选择一个翅膀（蝙蝠、蝴蝶、蜻蜓或鹰）（图9-2、9-3），作为创意素描画的基本形，将翅膀的一部分完全转化为其他东西，或者用它来创造自己设计的生物。鼓励学生用各种不同的方式来探索线条、色调和图，并加以转换和思考。评价小组制定的评价标准有两点：1.使用线条、图案和色调的能力；2.转换和激发创意思维的能力。评价方法采用等级评价，分为三个等级，如下表9-3所示：

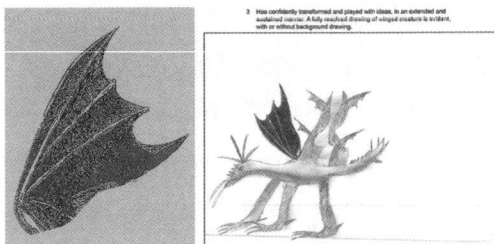

图9-2 提供的翅膀原型，资料来源：https://nces.ed.gov/nationsreportcard/

图9-3 评定为"等级3"的学生作品，资料来源：https://nces.ed.gov/nationsreportcard/arts/

表9-3 评价等级描述（资料来源：依据NMSSA评价标准进行总结）

等级	描述
3	持续不断地探索线条、图案或色调；能表现一个完整的生物图
2	尝试各种线条、图案或色调并加以表现
1	常规符号创作，尝试使用线条、图案或色调
0	没有转换翅膀

新西兰 NMSSA 视觉艺术监测在评价方法与任务设计上都较为完善，具体来说，有以下两个方面值得我们思考和借鉴：

第一，设计阶梯式的任务难度。新西兰 NMSSA 视觉艺术监测在任务设置上考虑到不同年级学生的能力，使水平较高的学生能够充分地展示他们的能力，同时也考虑到能力偏弱的学生。如果想要评估出所有学生的真实水平，所有学生都将面临一些挑战，那么就需要设置跨越多层教学难度的任务设计。因此，表现性评价的任务难度设置包括多个层面，从大多数学生可以应对的程度到不那么直接、有点难度的程度。

第二，采用多元尺度的评价准则。虽然设计非标准化、唯一答案的任务并不是必要条件，但在理解学生具有个性化的思考过程和创作方式上十分有效。多元化的评价标准，并不是没有标准、没有原则，而是标准并不是唯一的，是可以通过多种渠道实现不同程度的评价基准，实现各个水平尺度相对应的学生艺术评价表现的具体特征，其目的并不是为了关注形式本身，而是为了利用不同方法更加简便有效地辨别学生思维方式的不同，促使学生尽情地发挥自己的想象力。

（三）澳大利亚维多利亚州视觉艺术评估项目

为了准确把握澳大利亚高中阶段艺术教育质量的现状和发展态势，及时发现艺术教育中存在的问题，更好地为艺术教育决策服务，同时作为高中阶段的重要组成部分，澳大利亚维多利亚州对高中（两年制）学生开展了维多利亚教育认证（Victoria Certificate of Education，以下简称 VCE）视觉艺术教育评估。维多利亚州的 VCE 艺术评估结果用于追踪并提供反馈，反映了艺术课程实施、评价设计和课程回顾。其中，视觉艺术领域的评估重在考察这些方面：1. 视觉图像的分析；2. 在作品的分析中对"解释性框架"的应用情况；3. 作品理念的传达，对艺术评论表达的问题或信息的理解程度；4.1970 年前后的艺术家或艺术品的知识理解情况；5. 对知识灵活应用的能力，支持在评价中查看或呈现关于作品的含义和信息点；6. 对艺术作品的意义和消息发表自我评论；7. 理解和适当使用专业术语和词汇。

澳大利亚的 VCE 视觉艺术评估项目较为重视对学生艺术思维能力的培养，

每年的艺术评估中均有侧重评价学生思辨能力的任务，而且在艺术评估项目中占有很大的权重。其中，2007 年维多利亚州设置了一个思辨建构任务：《倾斜的弧》（图9-4）。这个雕塑作品安置在纽约的一个公共广场，这个雕塑一亮相就引起了争议。广场周围的许多建筑工人都反对这个倾斜的雕塑，因为它的高度和长度阻碍了人们的视线，限制了他们在公共空间中自由移动。大部分持反对意见的人在美学方面提出质疑，称这是一个锈迹斑斑、刺眼和令人生畏的"铁幕"。通过一系列的法院案件，来决定是否要移除这个雕塑。假设学生是法庭上的法官，会如何考虑这个问题，认为雕塑应该保留还是移除，

图 9-4 《倾斜的弧》水平角度呈现的样貌，资料来源：

https://nces.ed.gov/nationsreportcard/

并给出理由，至少从两个角度来评论和陈述对这件艺术作品的看法。在这个任务设计中，为了让学生对作品有更深入的解读和思考，首先向学生分别提供了不同人群对作品的看法，列举了反对、赞成和艺术家三类人群对是否移除雕塑作品的不同看法。

澳大利亚的 VCE 艺术评估项目充分体现了表现性评价的特点，评估项目具有以下的优势：

第一，评价的情境具有"真实性"。"真实性"是指布置的评价任务和教学活动必须具有现实性。比如说，我们翻开澳大利亚近年来的视觉艺术教科书就可以看到，无论是课堂内容还是布置作业，都必须与现实当中存在的人或事联系起来构想，所以维多利亚州的 VCE 艺术评价也是为学生营造一种真实的情境，让学生置身于这个公共广场来思考锈迹斑斑的倾斜的雕塑是否具有存在的必要性。这种"真实性"的情境营造更加贴近学生的生活，并不意味着凭借简单的思考就能解决问题，鼓励学生积极参与到社会事件中，并进行独立思考和判断。要完成这种"真实性"的任务，就需要"创造性地解决问题的能力""活学活用"等高层次的理解能力。这些能力对培养学生的创造性思维具有积极的导向作用。

第二，注重对艺术思维能力的评价。艺术会对思维技能产生一定的影响。维多利亚州的 VCE 艺术评价更加侧重于对学生"思考、判断和表现"层面的评价，鼓励学生表现经过自己思考和判断的结果，可以从这样几个方面来评价：有没有从各个方面去研究和考察自己选择的课题？是否能够分析和解说自己观察、创作的过程？是否能够灵活运用美术基础性知识与技能，并在遵循美术学科内容的基础上，通过记录、概括、说明、论述、讨论等语言文字活动展示应该掌握的思考能力和判断能力？ ①

美国的 NAEP、新西兰的 NMSSA、澳大利亚的 VCE，这些视觉艺术学业成就评价项目对把握本国的视觉艺术教育质量提供了有效的信息，同时为我国中小学中国画学业质量测评提供了值得借鉴的经验。

---

① 张晓蕾,袁顶国.日本中小学活动类课程评价:框架与启示——以《学习指导要领(2010)》背景下的"特别活动"课程评价为例 [J].教育测量与评价，2016(05):52-56.

第二节　视觉艺术学业质量测评项目的国际经验 ①

一、国外视觉艺术学业质量测评项目的启示

近年来，我国相继颁布的多个文件提到了教育质量标准和艺术素质测评的重要性和工作方案。2010 年中共中央、国务院印发《国家中长期教育改革和发展规划纲要（2010—2020 年）》②，其中明确指出"制定教育质量国家标准""要整合国家教育质量监测评价机构及资源，完善监测评价体系"，及"定期发布监测评价"等要求；2014 年教育部印发《关于推进学校艺术教育发展的若干意见》③中也提出"建立中小学学生艺术素质评价制度"；2014 年在全国教育工作会议上，袁贵仁部长在讲话中明确提出"制定发布全国义务教育质量监测工作方案，开展全国义务教育质量监测，科学评价义务教育阶段学生学习质量，为改进教育和科学决策提供支撑"。2015 年国务院教育督导委员会办公室印发《国家义务教育质量监测方案》，同年 5 月教育部印发《中小学生艺术素质测评办法》等三个文件，标志着我国义务教育质量监测制度的建立。

在全球化和数字化时代背景下，无论从我国基础艺术教育的发展阶段和核心任务，还是从国际艺术教育的发展趋势来看，艺术教育质量的评价改革已迫在眉睫。国外视觉艺术学业质量测评的经验为我国开展义务教育阶段学生艺术学习质量监测，尤其为本研究提供了诸多启示：

第一，以课程标准为依据，编制测评工具。依据我国义务教育美术课程标准，并参照美国教育学家布卢姆（Benjamin S.Bloom，1913—1999）及其修订者的教育目标体系，将评价目标细化以用于编制测评工具。对全国发行的义务教育美术课程标准实验教科书进行梳理，从教学内容、教学逻辑、学习方式、作业要求等角度获取编制评价框架的参照，编制测试题不用完全根据教科书，考虑到教育公平性，应该选择与此学段教科书上认知能力相似的作品，以契合学生的

---

① 本节由杭州师范大学美术学院讲师张旭东撰写。

② ［OL］国家中长期教育改革和发展规划纲要（2010—2020 年），中华人民共和国教育部政府门户网站 (moe.gov.cn)。

③ ［OL］教育部关于推进学校艺术教育发展的若干意见，中华人民共和国教育部政府门户网站 (moe.gov.cn)。

学习经验进行测评工具的编制。

第二，以社会需求为导向，考察学生基本的艺术素养。中国画学习质量监测不是为了报告学生个人的中国画学习状况，应该突出中国画课程的核心价值，突出中国画学习质量监测对学生艺术素养养成和发展的反馈和引导作用，注重学生艺术素养的培养，淡化不同地区、不同课程、不同教材的差异，淡化甄别、评比和选拔功能，以此获得广泛综合的信息来呈现宏观、动态的现实状况及发展趋势。

第三，以教育公平为前提，倡导抽样分层测评。由于我国各地区中小学中国画教学水平存在较大差异，很难用全国统一的标准开展学习测评活动。因此，以义务教育课程标准的"测评要点"为依据，根据各地区具体情况制订相适应的中国画学业水平的测评细则。可以参照美国 NAEP 的经验，制订"一般水平"和"熟练水平"等分层测评标准，以测试每位学生在中国画学习原有基础上的进步与成就，起到激励和引导作用。

第四，以学生为本位，注重表现性评价。高品质的中国画课程可以为学生提供独立实践和探索的时间，学习评价中就应同时关注学习过程与学习成果，特别倡导建立中国画学习档案袋的表现性评价方式。优质的中国画教学能提供更多机会，引导学生做出明智的选择和提升审美趣味。因此，在中国画学习评价中不必过分强调技能的掌握程度，而是应重视学生对文化理解和审美品位的养成。

国际视觉艺术学业质量测评的新理念和新做法，对推动我国素质教育为主的美术教育改革具有很好的启示意义。目前以艺术素养为中心对学生美术学习质量进行评价已经成为我国教育研究中的一个重要热点，我们期望能够建立一套科学实用的，感性与理性相结合的中国画学业质量评价体系，对中国画教学进行周期性的长期追踪评价研究，切实提高我国学校中国画教育的质量，促进学生中国画的学习潜能和审美能力的发展。

二、国际三大视觉艺术学业质量测评项目的比较

通过研究发现，美国的 NAEP、新西兰的 NMSSA、日本的学力测评是比较有代表性的案例，它们在评价目的、评价对象、评价范围、评价周期、评价类

型及评价方法诸方面有相似之处，由于国情及教育背景不同，又有所差别。下面进行综合比较，这样有助于我们在比较中进行借鉴（具体见表9-4）。

表9-4　国际三大视觉艺术学业质量测评项目的比较

角度	相同点	不同点		
		NAEP	NMSSA	日本学力测评
评价目的	了解当前中小学生美术学习状况，把握宏观教育趋势的双重目的。	·评价目的更加具体。例如主评价的目的是了解在视觉艺术领域知道什么以及能够做什么。 ·对于大量中小学视觉艺术学业表现原始数据的提炼和分析。 ·确定评价的长远意义：测量一段时期内的教育进展。	·确定和报告教育表现的趋势。 ·识别影响学生学业的影响因素。 ·准确地了解和把握教育质量状况。 ·获得更多关于公众教育成就趋势的信息。	·把握学生的（图画工作·美术）学习能力的综合情况。 ·对难以掌握的内容进行调查研究，指导和改善今后的艺术教育课程。
评价对象	·均依据年级进行抽样。 ·均是针对基础教育阶段学生取样。	小学4年级（8—9岁）及中学8年级（12—13岁）学生。		小学6年级及中学3年级学生。
评价范围	面向全国。	分为国家、州两个层面。每年约4000名学生参与视觉艺术评估。	每年约2200名学生作为全国代表性样本。	每个年级分别有3000人，共6000人。
评价周期	循环周期。	四年一次，1974年首次面向视觉艺术学科。	四年一次，1995年首次面向视觉艺术学科。	尚无固定周期，2009年首次面向艺术学科。

续表

角度	相同点	不同点		
		NAEP	NMSSA	日本学力测评
评价类型	注重测评学科知识及学生思维过程。	·纸笔测验 ·表现性评价	·纸笔测验 ·表现性评价 ·计算机交互任务	·纸笔测验 ·表现性评价
评价方法	样本提取。	通过随机抽取收集学生样本进行评估，而非所有的 4 年级和 8 年级学生。		样本提取。

（一）评估框架及评价维度

一般而言，美术学习从内容可以归纳为"美术鉴赏"和"美术创作"，从这两个角度来说，美国 NAEP、新西兰 NMSSA 及日本学力测评的视觉艺术评估框架及评价维度可以归纳为表 9–5。

表 9–5　国际三大视觉艺术学业质量测评项目的评估框架及维度比较

项目\角度	NAEP	NMSSA	日本学力测评
美术鉴赏	·反应 观察、描述、分析和评价艺术作品。	·艺术性质 （1）在背景下理解艺术。 （2）考查艺术实践知识。 （3）激发艺术思维。 （4）对艺术的解释。	·鉴赏能力
美术创作	·创造 以原创的艺术作品的形式表达思想和情感。	·做、想、看 ·艺术实践任务 （1）激发视觉艺术想法。 （2）在艺术中交流与解释。	·构思和构想的能力 ·创造性技能

（二）题型与题量

在题型和题量上，三个国家均各有侧重。总体来看，它们都兼顾到这两个方面：1.题型设定上优先考虑可行的空间和刺激材料，题型基本以选择题、建构题和表现题为主；2.题量分配上设置合理时间让学生思考并生成反应。例如，新西兰在每年下半学年（8月至11月）进行测评。评估时间约为5周，每个学生参加约4个小时的测评活动，在1周内完成。（具体见表9-6、表9-7、表9-8）

表9-6　2012年新西兰NMSSA视觉艺术评价题型及题量分布

评价维度		测试点	覆盖测试点任务数量		题型
视觉艺术	艺术性质评估	在背景中理解艺术	4组任务（每组包括基于一个主题的多个任务）	4	选择题
		考察艺术实践知识		3	
		激发艺术思维		4	
		对艺术的解释		4	
	表现性评估	做	1		建构题与表现题
		想	1		
		看	1		
	实践任务	绘画联想	1		表现题

表9-7　2008年美国NAEP视觉艺术评价题型及数量分布

评价维度		题量	题型	时长
视觉艺术	反应	15—21	选择题	75—104分
			建构题	
	创造	1	表现题	

表9-8　2009年日本学力测评图画工作·美术题型及数量分布

学段	评价维度	题量	题型	时长
图画工作课	构思和构想的能力	1	表现题	70分钟
	创造性技能	1	表现题	
	欣赏能力	2	建构题	
美术	构思和构想的能力	2	表现题＋设计题	70—80分钟
	欣赏能力	3	建构题＋表现题	

（三）国际评估项目的经验

通过对美国、新西兰、日本的视觉艺术学业质量测评的分析和比较，我们获得了如下的经验：

第一，充分体现视觉艺术学科的特殊性。项目设计了任务模型，提供真实的刺激材料，测评学生将各种视觉艺术媒体和材料整合到有意义的实践任务中去的能力。这些刺激材料代表了一系列的文化传统、历史事件和艺术风格，通过视觉艺术复制品、录音带、影像等方式呈现，尽可能为学生营造真实的测评情境。

第二，有意识地将选择题、建构题与表现性任务结合在一起，通过合理分配题型考察学生的艺术表现和鉴赏能力，以及相关的思辨和创新能力。围绕任务中的相关刺激材料或艺术作品，设计单个或组合的任务，并将相关任务组合为"链"的主题集。

第三，设计了需要学生合作和集体努力的评价任务。在讨论未来学生所需的 21 世纪技能，学生需具备哪些能力来应对未知挑战时，诸多国家和国际组织在法规和报告中不约而同地指出合作能力是关键性技能。因此在开发测评任务时，需要设计相关任务以培养学生的合作能力。

第四，美术课堂评价与大规模测评相结合将成为未来的发展趋势。随着对评价的不断重视，越来越多的美术教育工作者开始接受美术评估。借鉴其他学科的评估工具为未来美术评估工具的开发提供参照，让全国各地的美术教师用开发的评价标准及样例来评价，将大规模评估与美术课堂联系起来，广泛分享这些经验，以推进美术教育评价领域的共同发展。

第三节　中国画学业质量测评工具开发的整体设想 [①]

一、中国画学业质量测评工具开发的理论方法

（一）"结构化生命周期法"的运用和开发

为了更好地推进我国中小学中国画教学和学生中国画学习能力的提升，本研究通过对美国、新西兰、日本等国有关中小学视觉艺术学业质量评价相关资料的梳理和研究，吸纳国际视觉艺术测评及相关理论研究的最新成果，借鉴这些国家测评框架研制的技术和方法，学习其测评框架的设计思路及先进理念，从中探索出我国中小学中国画学习与测试任务之间的合理连接，体现美术课程标准要求、教学导向、育人目标、改革方向等的有机统一。

当前，我国已经在 2016 年、2019 年进行了两轮义务教育艺术学习质量监测，其中包括对学生美术表现的监测。两次监测皆通过纸笔测试的方法监测学生的美术基础能力、美术作品赏析能力和美术知识生活运用能力，其中涉及中国画的内容极少。因此建构一套用以测评学生中国画学业质量的评价工具极为重要，但是要开发适合中小学中国画学业质量的评价体系是一个非常复杂的系统工程。课题组借鉴信息系统的开发方法"结构化生命周期法"来建构中小学中国画学业质量评价体系。"结构化生命周期法"的基本思想是将测评系统的开发视为一个生命周期，它的突出优点是强调系统开发过程的整体性，强调在整体优化前提下考虑具体的问题分析。结构化是指评价体系开发过程有一定的"固定结构"，它要求开发的每一步都必须进行科学的调研及数据的统计分析，形成每一阶段格式化的分析研究报告，以保证体系开发的质量和稳定性，避免随意决策、返工修补的现象产生。

一个评价体系从它的提出、开发、应用到系统的更新，需要经历一个生产、发展、淘汰、再开发的循环过程。中国画学业质量评价体系的"结构化生命周期法"主要包括：评价体系规划阶段、评价体系结构的分析阶段、评价体系内容研制阶段、评价体系实施阶段、评价体系运行及反馈阶段五个步骤，这五个阶段构

---

① 本节由杭州师范大学美术学院讲师张旭东和华东师范大学美术学院教授郑文撰写。

成了一个彼此相关、首尾相连的整体。

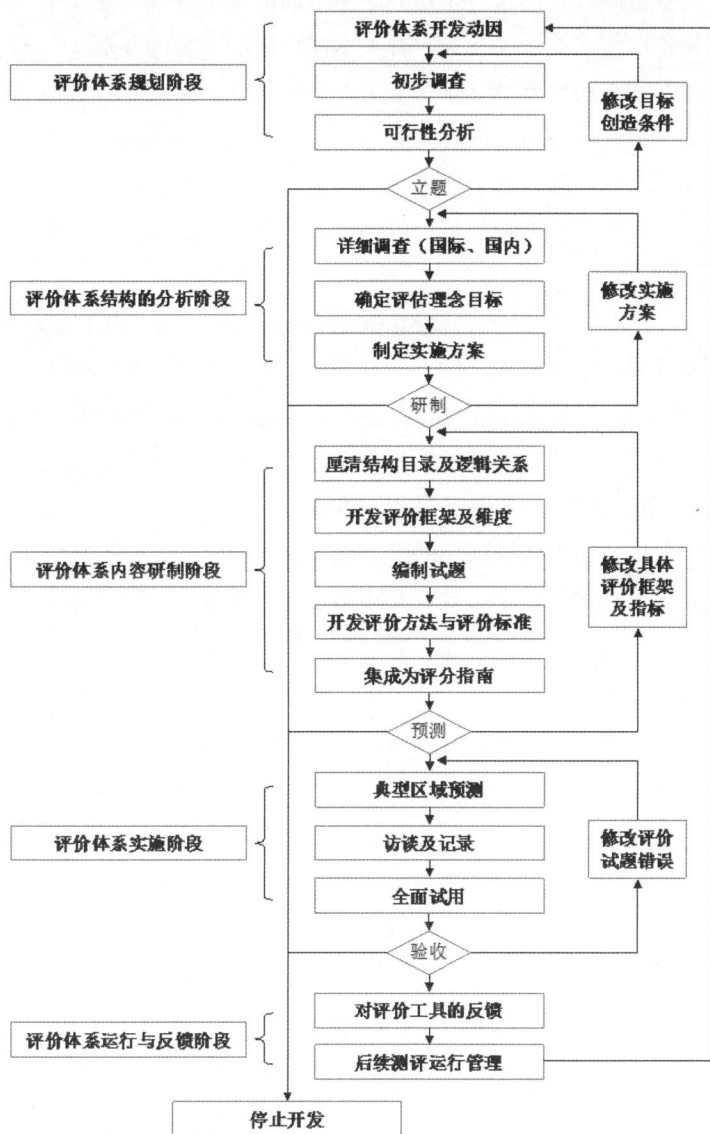

图9-5 基于"结构化生命周期法"的中国画学业质量评价工具开发流程①

————————

① 此开发流程由杭州师范大学美术学院讲师张旭东设计。

（二）"逆向设计方法"的运用

我国美术基础教育的宗旨是培养学生全面的美术素养，建立中小学中国画学业质量评价框架立足于《义务教育美术课程标准（2011 年版）》和《普通高中美术课程标准（2017 年版）》，它并非旨在衡量学生对于课程的掌握程度，它也不等同于中考和高考，因此要避免在工具研发上将考试试卷等同于学业质量评价，二者在内容和目标上有所区别。中国画学业质量测评更偏重于学生通过中国画学习而获得的知识技能的应用能力、解释分析问题的能力及创新思维的能力等素养。

"逆向设计方法"（A backwards design approach）是由美国课程与教学理论专家麦克泰和威金斯共同提出的。这种课程设计方式要求教师首先确定重要的学习成果，再确定可接受的成就证据，然后设计出达成这些预期成果的最佳路径。与传统的课程设计相比，这种逆向设计方法旨在使课程的设计成为促进学生理解学习内容、培养学生理解力的过程。本课题组在中国画学业质量测评框架开发之前，借鉴"逆向设计方法"的理念来设计测试任务，根据教学内容和性质的不同预先设想最终的教学成效，并将通常在中国画课程教学之后思考的评价方案放到教学开始之前构想成形。其"逆向设计方法"表现为：1. 设定"本质性问题"；2. 明确持续性理解；3. 设计表现性任务；4. 制作评价准则。"逆向设计"论的最大特征是在学习还没有开始之前就确定中国画学习内容和评价方法。通过核心问题提出的方式进行思考和讨论，以便检查中国画学习与测试内容之间的合理连接。

表 9-9　逆向设计方法——核心问题提纲

提出核心问题
问题一：中国画的核心内容是什么？
问题二：依据不同的年级，学生应该知道什么、了解什么？学生应该思考什么？如何思考？
问题三：如何通过测试题目来展现学生的思维？如何了解学生的思考过程？
问题四：分析到底什么才是学生未来能派上用场的持续性理解的运用能力？

二、中国画学业质量评估框架及评价维度

评价框架是指导整个评价项目的宏观蓝图，其目的是开发中国画评价标准来评估相应的知识和技能，也就是说确定评估的核心问题和评价试题的内容。依据评价框架来思考具体的问题，这些问题反映在中国画学习中，会给予每一个试题相对应的价值。

义务教育阶段美术课程中的中国画应使每个学生都具有一定的中国画能力，中国画能力是指以知识和技能为基础的解决实际问题的能力。评价框架的开发主要集中于三个方面的测评：中国画表现能力、中国画创造能力、中国画批判能力。中国画表现能力是指以中国画笔墨为手段，表达对外在事物的认识、思考、情感及与人交流的能力。中国画创造能力是指能发挥想象而使作品具有趣味性和意象性。中国画批判能力是指从观看中国画作品中获得审美愉悦，及对中国画作品具有识别、分析、评价的能力；换言之就是具有认知、理解和体会中国画作品中所蕴含的文化的能力。合理的中国画学业质量评价能不同程度地激发学生的艺术潜质，形成基本的艺术素养和中国画学习能力，为终身学习奠定基础。

本课题研制的中小学中国画学业质量评价框架和维度方案，立足于正确的教育评价观念，以课程标准的理念、目标、内容、评价为依据，既关注学生掌握中国画知识、技能的情况，更重视对价值观、必备品格和关键能力的考查。评价以表现性评价为重点，以学生在中国画学习和笔墨实践中的客观表现为基础，注重评价与教学的协调统一。

中小学中国画学业质量评价体系包括过程性评价和终结性评价两部分，涵盖学习态度、过程表现、学业质量（课堂学习、课外学习、校外学习）等多方面，贯穿于学生艺术学习的全过程和艺术教学的各个环节。主要包括课堂评价、作业评价、单元和期末评价、学业水平试卷测试，着重考查学生感受美、欣赏美、表现美、创造美的能力和正确的艺术观，突出育人价值。以《义务教育艺术课程标准(2021年版)》

图 9-6 艺术课程核心素养

中的核心素养为指标，即"审美感知""艺术表现""创意实践""文化理解"，共 4 个核心指标。每一核心指标分为 3 个二级指标，共计 12 个二级指标，并对与中国画相关的每个指标进行阐释和具体体现的关键事件或关键行为进行描述。

表 9-10　基于艺术课程核心素养的中国画学业质量评价指标

序号	核心指标	二级指标	指标阐释	具体体现 （关键事件 / 关键行为）
1	审美感知	感受 / 体验	对中国画（包括人物画、山水画、花鸟画）作品的感受	能够发现与感受中国画作品的美，表达感性体验
		辨识 / 分析	对中国画（包括人物画、山水画、花鸟画）作品等的辨识与分析	能够认识中国画作品的笔墨语言和艺术形象，辨识与分析其表现特征、风格和流派
		知道 / 理解	在对中国画（包括人物画、山水画、花鸟画）作品辨识与分析的基础上，对其内涵的解读与理解	能够理解中国画作品的内涵和意蕴，对其审美价值和意义进行判断，形成健康的审美趣味与态度，以及创造美好生活与和谐社会的理想追求
2	艺术表现	艺术知识	对中国画语言、表现形式、艺术史的了解与理解	能够掌握基本的中国画语言（艺术元素和组合原理）和表现形式，理解中国画及其发展的情境
		艺术技能	对中国画技法的掌握与运用	能够掌握基本的中国画技能和思维方式，发挥联想和想象，选择表现手段与方法，运用中国画语言表现思想和情感
		展示 / 表演	对中国画学习体验和学习成果的展示	能够在班级、学校和社区，对自己或小组、班级创作的中国画作品进行展示策划，并采用多种形式展现中国画实践过程与成果

续表

序号	核心指标	二级指标	指标阐释	具体体现（关键事件/关键行为）
3	创意实践	创新/进取	对中国画创作过程和方法所进行的探究与实验	能够激发灵感，生成独特的想法与见解，通过不断尝试与实验，完成中国画的创作，形成勇于创新的品格
		综合/探索	中国画艺术与自然、人文、科技、社会相结合的传承和创造	能够紧密联系现实生活，将所掌握的中国画知识、技能和思维方式，与自然、人文、科技、社会相结合，进行传承和创造，并转化为服务于社会发展的成果，发展综合探索与学习迁移的能力
		沟通合作	中国画方式的情感沟通和思想交流	能够参与个人或集体的创作活动，策划、展示和表演自己或团队创作的中国画作品，理解他人创作的艺术作品，用艺术的方式进行情感沟通和思想交流，增强同理心与团队协作精神
4	文化理解	家国情怀	表达热爱家乡与祖国的情感以及反映时代精神的中国画作品的赏析和创作	能够赏析或创作表达热爱家乡与祖国情感、反映我国新时代精神的中国画作品，领悟改革创新、与时俱进、求真务实、奋勇争先的时代精神
		文化自信	对我国传统文化价值体系和中国画语言体系的认同	能够运用中国传统艺术语言赏析或创作中国画作品，增强对我国传统文化价值体系、传统艺术语言体系的认同，激发民族自豪感
		国际视野	国际化艺术视野与开放、包容的文化心态的形成	能够赏析各国经典艺术作品，具有国际化的艺术视野，领悟"文明因交流而多彩，文明因互鉴而丰富"，形成开放、包容的文化心态

中国画学业质量评价工具由兴趣与态度、知识与技能、思维与价值观、表现四个维度构成，每一维度下设置具体的测试点，评价试题将会覆盖到具体的测试点。测试工具研制体现的是学生美术学科中中国画的"基础知识"和"基本技能"的掌握程度，以及学生在美术学科学习中形成的中国画的"基本思想"和"基本活动经验"。评价试题的研制以此为依据（见表9-11）。

表9-11　评价维度及覆盖测试点

评价维度	测试点
兴趣与态度	（1）学习习惯； （2）学习兴趣； （3）学习态度。
知识与技能	（1）对中国画的认识：特征、作用、种类； （2）对造型元素、形式语言的理解：笔墨、造型、色彩、章法、空间、题材、主题、形式、风格与流派等。
思维与价值观	（1）图像识读：思维方式，对中国画作品的解读、分析和评价； （2）学习迁移：学科交叉、能力、智力品质等； （3）价值观：对事物和现象的认知、理解、判断或抉择。
表现	（1）设计：中国画、思维； （2）创作：思路历程、呈现； （3）表达：交流、展示。

基于标准的中国画学业质量测试题目加强与生活情境的紧密联系，突出问题导向，强调素养之间的关联和融通，体现中国画的综合性。评分标准的制定以美术学业质量标准为依据，体现美术评价的科学性、规范性、开放性特点，降低记忆性内容测试的分值权重，增加美术思维的测试和创意表达的能力测试等分值权重，以突出美术课程核心素养的育人导向。

三、中国画学业质量评价测试点的覆盖面

考虑到中国画的学习内容只是美术学习中的一部分，小学只是初涉中国画，因此，本研究不设置小学试题，只设置初中和高中两个阶段的试题。试题类型以选择题、建构题、表现题为主，考虑到高中中国画教学以鉴赏为主，所以只在初中试题中设置表现题。初中共11题，测试时间为60分钟，其中选择题和

建构题为 40 分钟，表现题 20 分钟；高中共 10 题，测试时间为 40 分钟。

（一）初中卷

内容维度 ＼ 题目序号		第 1 题	第 2 题	第 3 题
兴趣与态度	学习习惯		O	O
	学习兴趣	O		
	学习态度	O	O	O

内容维度 ＼ 题目序号			第 4 题	第 5 题	第 6 题	第 7 题	第 8 题	第 9 题	第 10 题	第 11 题
知识与技能	对中国画的认识	特征	O		O		O			O
		作用		O					O	
	对造型元素、形式语言的理解	笔墨				O	O	O		O
		造型				O	O	O		O
		章法				O		O		O
		空间					O	O		
		题材				O		O		
		形式			O		O	O		O
		主题				O		O		O
		风格与流派			O	O	O	O		

内容维度 ＼ 题目序号			第 7 题	第 8 题	第 9 题	第 10 题	第 11 题
思维与价值观	图像识读	图像识读	O	O	O		O
	学习迁移	学科交叉			O		
		能力		O			
		品质				O	
	价值观	对事物和现象的认知、理解、判断或抉择	O		O	O	O

（二）高中卷

内容维度 ╲ 题目序号		第1题	第2题	第3题
兴趣与态度	学习习惯		O	O
	学习兴趣	O		
	学习态度	O	O	O

内容维度 ╲ 题目序号			第4题	第5题	第6题	第7题	第8题	第9题	第10题
知识与技能	对中国画的认识	特征	O			O	O	O	
		作用		O					O
	对造型元素、形式语言的理解	笔墨				O	O	O	
		造型				O	O	O	
		章法				O		O	
		空间				O	O	O	
		题材				O		O	
		形式			O	O	O	O	
		主题				O	O	O	
		风格与流派			O	O	O	O	

内容维度 ╲ 题目序号			第7题	第8题	第9题	第10题
思维与价值观	图像识读	图像识读	O	O	O	
	学习迁移	学科交叉			O	
		能力	O	O		
		品质				O
	价值观	对事物和现象的认知、理解、判断或抉择	O	O	O	O

试题中涉及的"兴趣与态度""知识与技能""思维与价值观"所占比重如下:

内容维度	兴趣与态度	知识与技能	思维与价值观	表现
初中	10%	50%	25%	15%
高中	10%	55%	35%	0%

四、中国画学业质量评价预试总体情况

为了评测编制的试题是否适合当下学生的中国画学习状况,本课题组于2021年4—6月在上海地区的初中和高中各选择了三所学校进行预测,选择的学校均开设过中国画课程。通过第一轮的预测,并对部分受测的师生进行了访谈。我们发现有些测试题目偏难,过于灵活和变通。因此,删除了部分较难的内容,并对部分试题进行了修改,对于难度较高的题目由原来的建构题改为选择题。之后,我们又选择了三所学校,在初中二年级和高中二年级各选择一个班,初中学生132人、高中学生138人参与了测试。测试结果显示,试题整体难度适中,区分度较高,信效度较好,多数学生在测试题目上的作答能够体现一定的中国画素养和水平。

第四节 基于标准的中国画学业质量测评试题实例与样本解析[①]

本研究设计的中国画学业质量评价测试试题主要分选择题、建构题、表现题三类，采用国际通行的表现性评价方式来测评学生的中国画学业质量表现，制定了单个具体题目的评价标准，选择题判断正确直接赋分，建构题和表现题则设定三个评价等级：高等、中等、低等，每个评价等级都有相应的标准。下面就出题思路和学生作答情况进行分析。

一、选择题实例分析

1.你喜欢中国画吗?

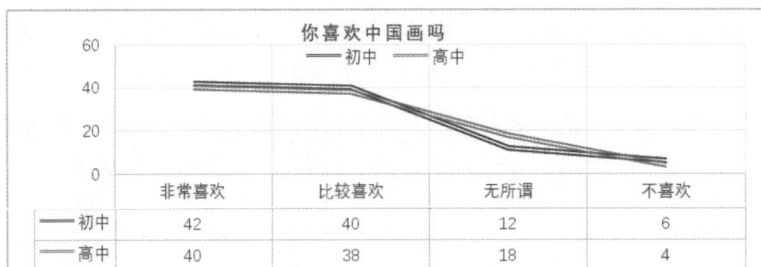

你喜欢中国画吗	非常喜欢	比较喜欢	无所谓	不喜欢
初中	42	40	12	6
高中	40	38	18	4

初中和高中阶段的学生分别测试了此题。这题是单项选择题，测评结果显示，初中和高中学生对中国画的喜欢程度没有本质差异。

2.你是通过哪些途径来了解中国画的? （多选）

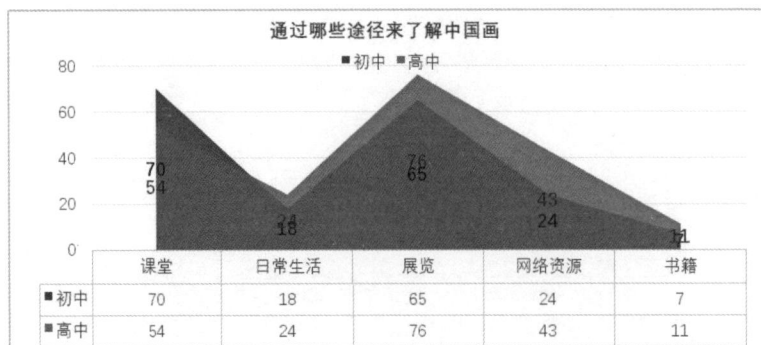

通过哪些途径来了解中国画	课堂	日常生活	展览	网络资源	书籍
初中	70	18	65	24	7
高中	54	24	76	43	11

---

① 本节由华东师范大学美术学院教授郑文撰写,测试统计由硕士研究生林一函、陈吟爽、曹珈玮、钟鑫完成。

初中和高中阶段的学生都测试了此题，测试结果显示，课堂和展览是学生获得中国画的重要途径，随着年龄的提升，网络资源也成为学生获得中国画的重要途径。

3.你会去当地的美术馆或博物馆吗？

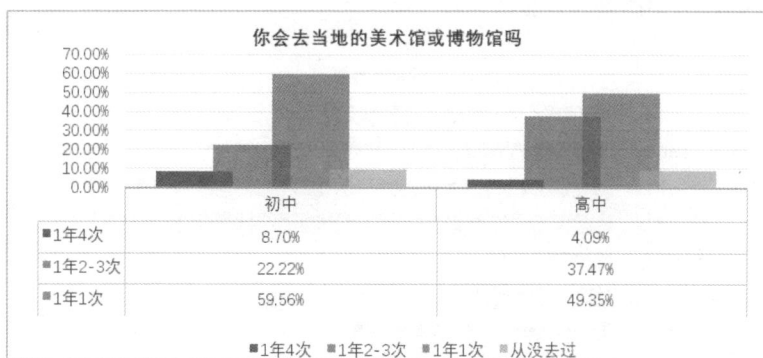

	初中	高中
■1年4次	8.70%	4.09%
■1年2-3次	22.22%	37.47%
■1年1次	59.56%	49.35%

■1年4次　■1年2-3次　■1年1次　■从没去过

初中和高中阶段的学生都测试了此题，从测评结果来看，每年1次以上去博物馆或美术馆的学生是最多的，而能达到每年4次以上的学生所占比例较低。通过访谈了解到大部分学生已经意识到参观美术馆或博物馆对其身心成长的重要性，但鉴于学业压力，空余时间有限，也影响到学生去美术馆或博物馆的积极性。

4.中国画有哪些特征？（多选）

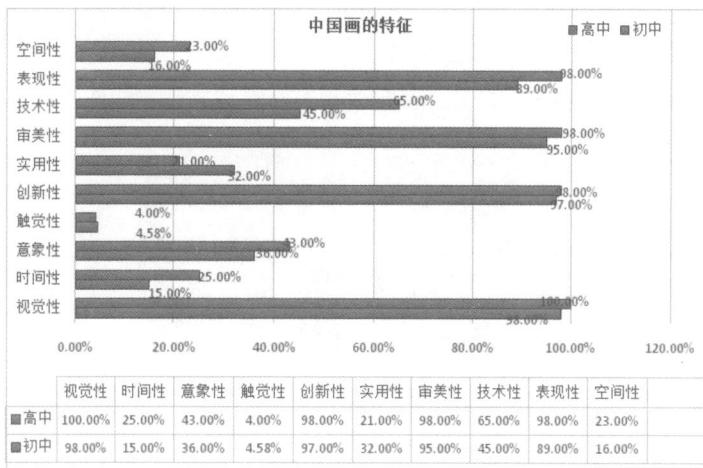

	视觉性	时间性	意象性	触觉性	创新性	实用性	审美性	技术性	表现性	空间性
■高中	100.00%	25.00%	43.00%	4.00%	98.00%	21.00%	98.00%	65.00%	98.00%	23.00%
■初中	98.00%	15.00%	36.00%	4.58%	97.00%	32.00%	95.00%	45.00%	89.00%	16.00%

初中和高中阶段的学生都测试了此题，从测评结果来看，学生对中国画特征的理解较为一致，在"视觉性""创新性""表现性""审美性"这四个特征的认知程度最高，对于"时间性""意象性"这两个中国画特征则认知度有限，说明当下的中国画教学中教师对于中国画特征的传授还有待加强。

5. 你认为中国画有什么作用？（多选）

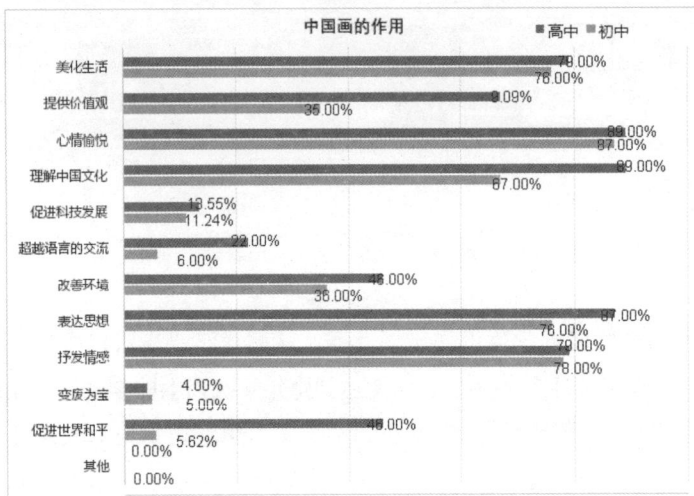

初中和高中阶段的学生都测试了此题，他们对"抒发感想""表达思想""心情愉悦""美化生活"这些观点的认识比较统一，高中学生在"理解中国文化""提供价值观""促进世界和平"方面较初中有显著增长，说明中国画学习对高中生有更多思维和文化认知上的变化。

6. 下列各项中，哪些与图片作品的表现方法一致，请用线条连接。

图 1   图 2   图 3   图 4

A. 写意   B. 工笔   C. 没骨   D. 白描

　　初中二年级和高中二年级都测试了这道题，此题的测试点是考察学生对中国画表现语言的认知分辨能力。此题为单项选择题，标准答案是：图 1 对应选项 C；图 2 对应选项 A；图 3 对应选项 B；图 4 对应选项 D。根据学生的答题情况，可以看出，大部分学生都能分辨"工笔""白描"，初中 82% 的学生能准确指出图 4 是白描，63% 的学生能准确分辨图 3 是工笔；高中 77% 的学生能准确指出图 4 是白描，79% 的学生能准确分辨图 3 是工笔。只有将近一半的学生能分辨出"写意"，初中为 48% 的学生，高中为 51% 的学生。能辨别出"没骨"画法的学生极少，初中只有 4% 的学生，高中只有 8% 的学生。

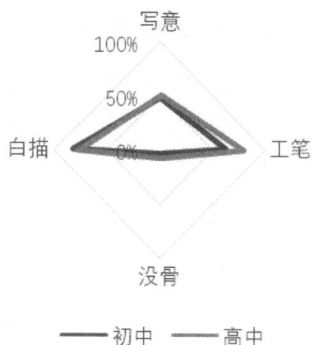

7. 观察下图，请回答下面问题。

赵佶《瑞鹤图》　绢本设色

初中二年级的学生测试了这道题，此题由两个问题构成。

（1）你看见了什么？

此题是测试学生对作品内容的解读，标准答案是宫殿屋顶、鹤、云、蓝天，答对率为95%，说明学生基本都能识别作品中表现的内容，这是整套试题中最容易得分的题目。

（2）这幅作品采用哪种形式的构图？＿＿＿＿＿＿＿＿＿＿＿＿＿＿

A. 三角形构图　　　B. 边角形构图　　　C.S形构图　　　D. 均衡式构图

此题测试点是对画面构图的理解，标准答案是D。答对率为62%，难度适中。19%学生选择了B，选项B是此题的干扰项，虽然在表现宫殿建筑选择了边角的方式来呈现，但此画的主题是仙鹤，仙鹤在画面中心处构成了椭圆形的盘旋之势，但并不完全对称，画面下方的宫殿屋檐也呈均衡状，所以，此画采用的是均衡式构图。还有11%学生选择了A，大概与画面下部梯形宫殿屋檐的造型有关；18%的学生选择了C，可见，还有近1/3的学生无法归纳此画的构图特点。

8.仔细观察下面作品，请在备选作品（图1、图2、图3）中选出一张最可能是《作品B》的图片，选出的《作品B》应该与图片①、图片②有一些共同点，并回答下面问题：

图片①倪瓒《安处斋图》　　　　　　　　　　图片②刘贯道《消夏图》

备选作品：

图1仇英《竹院品古》　　　图2张雨《倪瓒像》　　　图3周文矩《重屏会棋图》

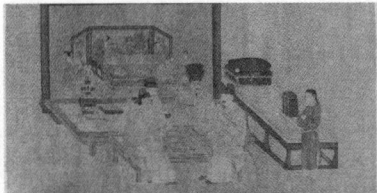

高中二年级学生测试了这道题，此题由6个小问题构成，侧重考查学生的图像识读和判断能力，此题难度较高。

问题1要求学生仔细观察图片①和图片②，选择一件与它们有共同表现手法的作品。图片①是倪瓒的一幅表现平远的山水画，在备选作品的图1、图2中皆绘有山水画，其中图2中屏风上绘制了具有倪瓒平远风格的山水画，与图片①的匹配度更好。图片②是一幅绘有屏风背景的人物画，备选的3幅作品皆绘有屏风，综合判断，正确答案为图2张雨《倪瓒像》。有79%学生答对了这道题，还有12%学生选择了图1，7%的学生选择了图3。

问题2要求学生指出图片①与《作品B》的相同点。18%的学生能回答出屏风上的作品与图片①的山水画风格一致，13%的学生指出图片①的作者与《作品B》画中人物都为倪瓒。还有近2/3学生无法准确回答这两幅作品的相似之处，说明学生的概括能力尚需提升。

问题3要求学生指出图片②与《作品B》的相同点。45%的学生认为画面中人的数量、人物主次、人物体态有相同之处；17%的学生注意到了屏风，认为画中屏风中的作品风格相似；还有10%的学生认为室内床榻、侍女等画面元素相似。这些回答都符合本题的要求，说明近3/4的学生有较好的观察能力。

问题4要求学生指出图片②与图3的相同点。本题意在考验学生对于中国画中重屏的认识，此题有很高的难度。78%的学生都提到了屏风，但只有5%的学生观察到了屏中屏的特点。

问题5考查的是学生的观察能力和对中国画表现形制的认知水平。图片①仇英《竹院品古》中呈现的中国画表现形制有挂轴、手卷、屏风、册页。从学生的回答来看，大部分学生都能从画面中识别出挂轴、屏风这两种形制，但对于手卷和册页的认识度不够，只有21%和12%的学生能识别出手卷和册页。

表 9-13

	A. 挂轴	B. 手卷	C. 屏风	D. 镜框	E. 册页	F. 扇面
高中	58%	21%	86%	3%	12%	19%

问题6：上面这些画中都画了屏风，你认为画家画屏风的作用是什么？请在下面选项中选出一个你认为最适合的说法_____

　　A. 美化环境　　B. 丰富画面空间　　C. 装饰画面　　D. 表现画主人的身份或理想

此题提供的四个答案都符合屏风的作用，但此题的题干是要学生在此四个选项中选出最适合的，此题的标准答案是 D。此题主要考查学生对作品主题的理解。从测评结果来看，一半学生选择了 B，这个选项是本题的干扰项，屏风在画面中确实起到了丰富画面空间的作用，但此题还希望学生更仔细地观察和理解画中屏风的内容和画面主题。此题的正确率仅达到 6%，说明学生尚无法认识到中国画表现中的隐喻意义。

表 9-14

	美化环境	丰富画面空间	装饰画面	表现画主人的身份或理想
高中	23%	48%	23%	6%

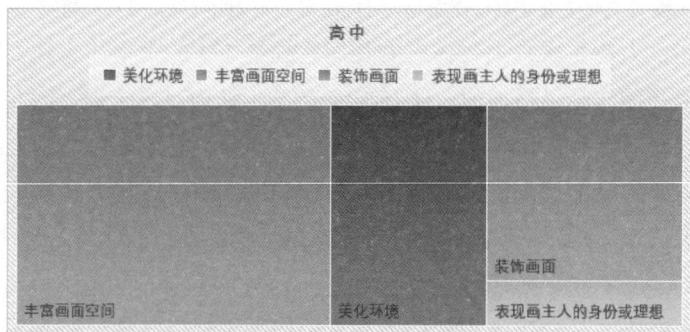

答对此题全部问题的学生仅占 5%。要准确解答这道题，首先需要学生读懂图片①和图片②中的表达方式。接着，学生需要从他们所读的几种表达方式的角度来观察备选的 3 幅作品，并找到具有相同表达方式的作品。为了培养这种图像识读和判断能力，重要的是让学生积累学习经验和逻辑思维能力，了解中国画表现的独特方式，赏析各种表现方式的作品，分析图像特点和作品寓意，归纳和判断作品的特点。

9. 观察下面作品，回答问题。

（1）下面哪个描述符合《读碑窠石图》的意境？（   ）

A. 画面中荒寒的原野、劲拔的枯树和矗立的石碑，使人产生对于自然之景的向往。

B. 画面中荒寒的原野、劲拔的枯树和矗立的石碑，使人产生对逝去历史的

李成、王晓　《读碑窠石图》　绢本水墨　纵126.3厘米　横104.9厘米

郭熙　《树色平远图》　绢本水墨　纵35.9厘米　横104.8厘米

追忆和时代变迁的感慨。

C.画面中荒寒的原野、劲拔的枯树和矗立的石碑，让人产生一种阴森恐怖的感觉。

高中二年级学生测试了这道题，此题测试的是对作品意境的认识，主要考查学生识读作品图像的能力。正确答案为B。依据学生答题情况，90%的学生都能准确识读出画面中传递出的意境，此题难度偏易，较为适合中学生的图像认知水平。

（2）根据《读碑窠石图》和《树色平远图》的尺寸和意境表现，你会选择哪幅作品用来装饰下面图片场景的背景墙，并说出理由。

此题设置了一个真实的场景，考查学生是否能够通过观察作品的尺寸、风格、主题、意境来选择作品。标准答案是《树色平远图》。通过学生的答题情况，73%的学生选择了正确答案，27%的学生选择了《读碑窠石图》，学生认为此画的尺寸适合这一场景，但这部分学生尚未考虑到《读碑窠石图》的意境并不适合这一环境。

10.请观察下面两幅作品，回答问题。

（1）作品1是荷兰画家霍贝玛的《林荫道》，他通过＿＿＿＿＿＿表现手法，将树木的空间感很好地表现出来。

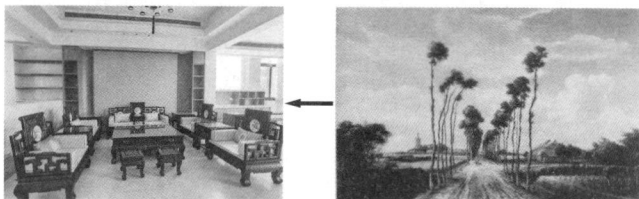

作品1　荷兰　霍贝玛　《林荫道》

A.背景和阴影　　　 B.块面和明暗　　　 C.轮廓线

（2）作品2元代画家倪瓒的《六君子图》通过_____表现手法，将树木的特性鲜明地表现出来。

A.笔墨和线条　　　 B.明暗手法

C.放大与阴影

（3）作品1荷兰画家霍贝玛的《林荫道》表现远近的表现方法是_____

A.颜色　　　 B.线条

C.透视　　　 D.阴影

（4）作品2元代画家倪瓒的《六君子图》表现远近的表现方法是_____

选项：A.平远法　　　 B.幽远法

　　　 C.深远法　　　 D.高远法

初中二年级学生测试了这道题，此题采用了比较的方法，是有关西方风景画和中国山水画空间表现的问题，用以考查学生对风景画和山水画空间表现差异的理解能力。

作品2 元 倪瓒 《六君子图》

问题1要求学生鉴赏西方风景画并选出其表现树木空间感的方法，正确答案是B，答对学生占比37%，回答正确的学生说明他们能够理解荷兰画家霍贝玛《林荫道》中的树木是通过块面和明暗来表现空间的；在错误答案方面，有44%的学生选择了"A.背景和阴影"。背景和阴影使画中物象更加突出，但并不能说是背景和阴影的使用使树木更有空间感。此外，有19%的学生选择了"C.轮廓线"。在作品中，轮廓线是造型方式的一种，但这幅作品的轮廓线几乎是隐在物象块面之中的，所以，树木空间感的表现是由块面和明暗关系来呈现的。

问题2的答案是A，正确率为93%，可以认为回答正确的学生理解了元代画家倪瓒《六君子图》中树木是采用了笔墨和线条的表现手法。在错误答案方面，4%的学生选择了"B.明暗手法"，他们有可能把线条的干枯表现理解为明暗关系。还有3%的学生选择了"C.放大与阴影"，可能是他们认为近景树木采用了放大与阴影的方法。

问题3的答案是C，此题正确率为52%，可以认为回答正确的学生能够理解

透视是荷兰画家霍贝玛《林荫道》描绘远近的表现方法。在错误答案方面，22%的学生选择了"D. 阴影"，这个选项具有一定的迷惑性，阴影能够表现物象的空间，但从表现远近来看透视更为准确。还有 4% 选择了 A；22% 选择了 B。

问题 4 的标准答案是 A，此题考查学生对中国山水画空间表现中的"三远法"的认识，正确率为 41%，回答正确的学生说明能够较好地理解"三远法"。选项中的 B 是迷惑项，"幽远"与"平远"有某些相似处，都采用平视，"幽远"是"景物至绝，而微茫缥缈者"，也就是指远处物象的描绘越来越迷茫，这与《六君子图》并不匹配。测试结果显示 44% 的学生选"D. 高远法"，4% 的学生选 B，11% 的学生选 C，这说明学生对"三远法"的认识并不清晰，选择高远法的学生居多，通过访谈得知，许多学生是从字面上来揣度作品的图式，他们并不知道高远法的真正内涵。

全部答对此题的学生占 35%。没有答对此题的学生，是因为他们没有从形、空间、色彩、笔墨等着眼点来解读画作背景、明暗、轮廓、透视、三远等表现方式及其特点，也不能理解这些术语的含义。因此在教学中，重要的是要让学生学会从形状、笔墨、空间表现等方面去认识中西绘画的表现方式，并设计通过表现和鉴赏的方式来让学生理解块面和线条、明暗和阴阳、透视和三远等绘画术语。

二、建构题实例分析

建构题重在考查学生对作品的审美鉴赏能力，建构题设计思路围绕作品题材的识读、形式的分析、主题的理解、创新性等方面表达自己的观点和见解。

（一）《瑞鹤图》

年级：初中二年级

内容维度：知识与技能

能力维度：批判能力

测试点：对艺术作品的分析与解读

任务描述：1. 画面中你看见了什么？2. 请用一两句话谈谈你对这幅作品的感想和理解。

赵佶　《瑞鹤图》　绢本设色
纵 51 厘米　横 138 厘米

表 9-15

评分等级	评价细则	学生样例
高等	（1）清晰地描绘画面表现的物象。 （2）清晰地述说画家通过作品所表达的情感、思想、观点。 （3）从造型、笔墨、章法等 2 个以上（含 2 个）角度分析画面。 * 3 个得分点中至少有 2 个得分点，且 2 个得分点中，必须包括得分点（3）	学生 A：成群的白鹤在宫廷屋顶上空盘旋，说明国家昌盛，祥瑞和平，可能这也是作者的希望，蓝天表达了作者希望自己的国家前程似锦，未来光明。 学生 B：有对称美，景色开朗，感染力强，有神秘感，并非写生，有一定夸大，有隐喻，我比较喜欢。
中等	（1）描述画面呈现的主要事物。 （2）述说画家通过作品所表达的情感、思想、观点。 （3）从造型、笔墨、章法等（1 个或 2 个角度）分析画面。 * 3 个得分点中至少有 2 个得分点	学生 C：象征着幸福安康的白鹤在宫殿屋顶上盘旋，带来了风调雨顺、和平盛世。 学生 D：整幅画面意境优美，色彩鲜艳，构图清晰，有种幽静美。描写的是飞鹤在云层、屋顶之上自由飞翔。
低等	（1）有自己的回答，但回答错误。 （2）照抄题目。 （3）无回答。 * 以上中的任何一种	学生 E：好看，鹤在天上飞翔，赏心悦目。 学生 F：樱花盛开的季节，作者看到空中飞翔的鹤就像这幅画，我认为很美。

　　此题为建构题，重在测评学生的图像识读能力，评价分为三个等第，依据学生的作答情况，参照相应的评价标准给予学生相应的等第。19% 的学生处于高等水平，44% 的学生处于中等水平，37% 的学生处于低等水平。可见只有较少的学生能够全面而细致地观察作品，并且能运用中国画表现语言来分析和评价作品。从学生回答的关键词云图来看，发现"表达""白鹤""祥瑞""屋顶""构图""意境"词汇出现频次较高，从高频词中可以看出初中的学生已经捕捉到了画面中的主要物象，具备了基础的图像识读能力，并能从作者的视角对作品进行解读，揣测画家希望通过《瑞鹤图》表达出的意境。但还没有形成或是充

分表达出学生自己对于观看《瑞鹤图》的感受，说明大部分学生还处于感知层面，鉴赏能力有待提高。

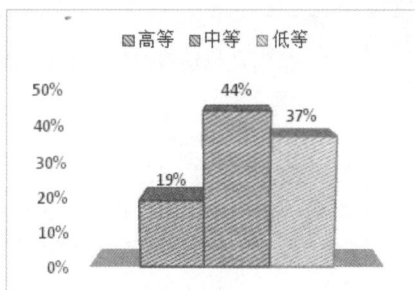

（二）《读碑窠石图》和《树色平远图》

年级：高中二年级

内容维度：知识与技能

能力维度：批判能力

测试点：比较和分析解读艺术作品

任务描述：说说《读碑窠石图》和《树色平远图》的相同点。

郭熙 《树色平远图》 绢本水墨 纵35.9厘米 横104.8厘米

李成、王晓 《读碑窠石图》 绢本水墨 纵126.3厘米 横104.9厘米

353

表 9–16

评分等级	评价细则	学生样例
高等	（1）清晰地描绘两幅作品中相同的物象。 （2）清晰地述说两幅作品所表达的相似的情感、思想、观点。 （3）从造型、笔墨、章法等 2 个以上（含 2 个）角度分析两幅画面的相似处。 ＊3 个得分点中至少有 2 个得分点，且 2 个得分点中，必须包括得分点（3）	学生 A：都是绢本水墨，两图中的枯树皆是劲拔耸立，背景辽阔，远山若隐若现，原野广阔荒寒，表达了凄凉、平淡的意境。
中等	（1）描述两幅画面呈现的相同物象。 （2）述说两幅作品所表达的相似的情感、思想、观点。 （3）从造型、笔墨、章法等（1 个或 2 个角度）分析两幅画面的相似处。 ＊3 个得分点中至少有 2 个得分点	学生 B：色调相似，都描绘了荒寒的原野、挺拔的枯树。 学生 C：两幅作品都绘制了以枯树为画面的主题，让人在这两幅作品中感受到时代的辽远。
低等	（1）只能说出对作品最简单的印象。 （2）有自己的回答，但回答错误。 （3）照抄题目。 （4）无回答。 ＊以上中的任何一种	学生 D：画面中都有人物，均使用了工笔的绘画手法。 学生 F：好看。 学生 G：只有枯树和人物。

　　此题是建构题，重在测评学生比较、分析和解读艺术作品，评价分为三个等第，依据学生的作答情况，参照相应的评价标准给予学生相应的等第。12% 的学生处于高等水平，40% 的学生处于中等水平，48% 的学生处于低等水平。可见只有较少的学生能够全面而细致地观察作品，并且能运用中国画表现语言来分析和评价作品。从学生回答的关键词云图来看，发现"枯树""人物""荒寒""原野"词汇出现频次较高，说明大部分学生还处于感知层面。除此之外，词云中还出现了"绢本""表现手法""工笔""水墨""色调"等，说明有少部分学生已经能注意到中国画的技法、材质、墨色等美术语言，到达了赏析层面。

（三）赏析题

年级：初中二年级、高中二年级

内容维度：中国画鉴赏

能力维度：图像识读能力

任务描述：你刚参观完一个中国画的展览，很想与同伴分享一下你的观看感受，以下作品是展览中的一部分，请从中选择一幅最吸引你的作品，向你的同伴介绍。请从作品的画面内容、形式语言、创作主题以及自身感受等方面来介绍。

李可染　《万山红遍》　　　　叶浅予　《藏族舞》

吴冠中　《狮子林》　　　　齐白石　《祖国万岁》

表 9-17

评分等级	评价细则	学生样例
高等	（1）清晰地描绘画面表现的物象。 （2）清晰地述说画家通过作品所表达的情感、思想、观点。 （3）从造型、笔墨、章法等 2 个以上（含 2 个）角度分析画面。 ＊3 个得分点中至少有 2 个得分点，且 2 个得分点中，必须包括得分点（3）	学生 A：叶浅予的《藏族舞》画了一位身着少数民族服装的美丽女孩。浅色的着装，俏丽活泼。手臂挥舞的样子，栩栩如生，有动态的美感。构图有留白之美，人物居左，突出人物，让我感觉很清新明丽。 学生 B：李可染的《万山红遍》画了山、树、房，远处的山较模糊，有一种重峦叠嶂的感觉。通过中国画重彩的方式画满山红遍，体现了毛泽东在橘子洲头看见满山红色的豪迈的感觉。 学生 C：我最欣赏吴冠中的《狮子林》，作者通过弯曲、粗厚的线条生动地体现出太湖石的奇怪嶙峋，用点与线构成面，以自然之景为主题，给人一种新奇之感，又从中体验到了自然的趣味。
中等	（1）描述画面呈现的主要事物。 （2）述说画家通过作品所表达的情感、思想、观点。 （3）从造型、笔墨、章法等（1 个或 2 个角度）分析画面。 ＊3 个得分点中至少有 2 个得分点	学生 D：我选齐白石的《祖国万岁》，画中一只仙鹤赞颂祖国的繁荣，松树体现了祖国的强大，初升的太阳也体现了祖国正在崛起。 学生 E：《万山红遍》描绘了一幅宏伟的山水与房屋所体现的宁静致远的情景。用山水画的形式向大家表达了祖国的美好河山，使我作为一名中国人，对祖国产生了由衷的敬佩。红色的主色调不仅寓示秋天，更代表着中国红。
低等	（1）只能说出对作品最简单的印象。 （2）有自己的回答，阐释不清楚，或回答错误。 （3）照抄题目。 （4）无回答。 ＊以上中的任何一种	学生 F：吴冠中的《狮子林》，作者在图中描绘石群和湖上的亭子，体现了作者的观点和视角，给人一种美观的感觉。

1. 初中二年级选择四幅作品的比例，达到各个等级的比例情况

从对四幅作品的选择来看，52% 的学生选择了齐白石的《祖国万岁》，26%

的学生选择了李可染的《万山红遍》，15%的学生选择了叶浅予的《藏族舞》，只有7%的学生选择了吴冠中的《狮子林》，说明学生对吴冠中的《狮子林》最为陌生。7%的学生处于高等水平，46%的学生处于中等水平，47%的学生处于低等水平。可以看出初中学生中能从中国画表现语言和形式角度对中国画作品进行赏析仅占少数，半数以上的学生还停留在感知层面，仅能做到描述与感受两个层面，对美术要素的认识与分析还有待加强。

2. 高中二年级选择四幅作品的比例，达到各个等级的比例情况

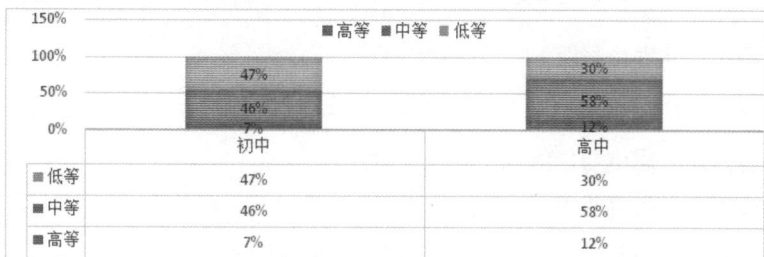

	初中	高中
■低等	47%	30%
■中等	46%	58%
■高等	7%	12%

从对四幅作品的选择来看，40%的学生选择了《万山红遍》，30%的学生选择了《祖国万岁》，21%的学生选择了《狮子林》，9%的学生选择了《藏族舞》。《万事红遍》和《祖国万岁》是两个年龄段学生选择最多的两幅作品。与初中学生相比，高中学生更多选择了《万山红遍》，并在赏析时会提到此画的创作背景是毛泽东的诗词《沁园春·长沙》。从对作品的赏析能力来看，高中学生在作品背景、表达形式分析方面较初中学生有所提升，但总体水平差异不大。12%的学生处于高等水平，58%的学生处于中等水平，30%的学生处于低等水平。高中的学生面对中国画作品已经具备了初步的美术鉴赏能力，在描述与感知的层面上，处于中等水平的学生能从色彩、构图、线条、墨色、空间等美术要素中找到一个角度进行赏析，而12%的处于高等水平的学生则能找到数个角度进行赏析，继而点出画面主题与自身感受，并能做到语言组织优美、简练。而30%的学生仍停留于感知层面，在鉴赏能力上还有待提高。

初中二年级　　　　　　　　高中二年级

（四）《富春山居图》

年级：高中二年级

内容维度：思维与价值观

能力维度：批判能力

测试点：对事物和现象的认知、理解、判断或抉择。

任务描述：600多年前，元代画家黄公望隐居山林，用了三四年时间完成了一幅《富春山居图》，作为礼物赠给了他的好友无用道人。在当时，人们也都在为名忙、为利忙，只想结识对自己有用的人，只想做有用的事。黄公望与《富春山居图》不过是一个看似无用的人做了一件无用的事情而已。然而耐人寻味的是，几百年过去了，那些一代又一代的人做的有用的事都烟消云散了，而《富春山居图》的合璧大展却在2011年成为海峡两岸交流中的一件大事，慰藉了两岸同胞的心。针对这一现象出现了两种观点，一方认为《富春山居图》是无用之物，它实际上并没有创造出生产价值。另一方认为《富春山居图》是无价之宝，其对于人精神世界的安慰是其他物质无法替代的。

你赞同以上哪种观点？不支持哪种观点？并陈述理由。

黄公望　《富春山居图》（局部）

表 9-18

评价等级	评价细则	学生样例（初中）
高等	（1）能明确表明自己的观点。 （2）能具体地阐明对事物或现象的看法。 （3）从正反两方面辩证地思考和看待问题、分析问题。 （4）能举例来论证自己的观点和看法。	学生 A：我认为《富春山居图》是无价之宝，它虽然在当时似乎只是一个无用的东西，但经过历史的沉淀后，艺术的价值体现出来，它不仅因为艺术本身而成为无价之宝，到了当代，人们又赋予《富春山居图》一层历史价值，见证海峡两岸的交流，画的合璧也象征着人们的美好期许与安慰。艺术是无价的，它给人们带来的精神上的熏陶是别的东西无法替代的。画中所描绘的祖国美景应是保留当时环境的一种方式，为我们研究当时历史有一定帮助。
中等	（1）表明了立场。 （2）能阐明对事物或现象的看法。 （3）能辩证地思考和看待问题，有一定分析问题的能力。	学生 B：我认为《富春山居图》是无价之宝，在过去，它虽没有创造出生产价值，却对人们的精神世界产生了巨大的安慰作用。在 2011 年的合璧大展中产生了巨大的象征意义，象征着两岸统一这一必然趋势。
低等	（1）有立场，只能简单阐明对事物或现象的看法。 （2）没有立场，无法阐释自己的看法。	学生 C：我赞同无价之宝。因为非常的美，且有历史沉淀。

初中学生

高中学生

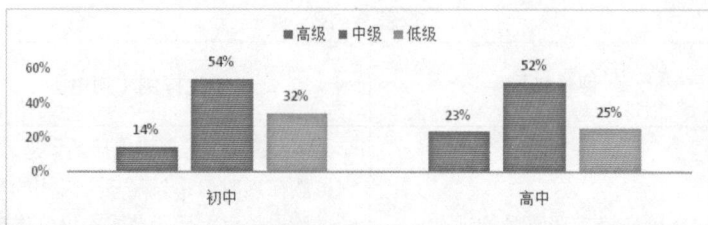

1.初中二年级达到各个等级的比例

14% 的学生处于高等水平，54% 的学生处于中等水平，32% 的学生处于低等水平。68% 的初中学生已经能对议题初步做到表明立场与阐述看法，其中14% 的学生能正反辩证地看待议题，论据能支撑其立场与看法。而 54% 的学生虽能表明立场，但不能辩证地看待议题，论据与立场间的逻辑性不严密，也存在论据错误的情况，不能有力地支撑其看法。还有 32% 的学生尚不能就议题进行分析并阐述自己的观点，分析与表达能力有待加强。

2.高中二年级达到各个等级的比例

23% 的学生处于高等水平，52% 的学生处于中等水平，25% 的学生处于低等水平。23% 的高中学生能做到对"无用"与"有用"进行概念界定，从而通过论据支撑自身的观点，做到辩证地看待议题。52% 的高中学生能基于议题阐述自身观点，认为《富春山居图》在精神层面上有价值并通过论据支撑自身观点，但在逻辑的严密性上还存在漏洞。还有 25% 的高中学生虽有立场，但只能简单阐明对事物或现象的看法，没有进行分析与阐述，分析与表达能力有待加强。

三、表现题实例分析

《园林》

年级：初中二年级

内容维度：表现

能力维度：笔墨表现、创造能力

任务描述：请参考提供的两幅江南园林作品，结合你对园林的认识，用自己的笔墨方式重构一幅你想象中的园林。

表 9-19

评分等级	评价细则	作品样例
高等	（1）创意：画面有趣味、有意象，联想丰富，构思巧妙。（2）笔墨：线条流畅，疏密得当，墨色丰富；造型：形象十分生动，有细节变化。（3）章法：主次分明，构图完整，富有美感。	
中级	（1）创意：有联想，构思比较巧妙。（2）笔墨：线条比较流畅，有一定的墨色变化，形象较为生动。（3）章法：主次比较分明，构图比较完整，尚有一定的美感。	
低级	（1）缺乏联想，缺乏构思。（2）用笔犹豫，形象不够生动，缺乏细节（造型）。（3）章法：没有主次，缺少美感。（4）与表现型任务无关。（5）无回答。	

四、对基于标准的中国画学业质量测评的思考

基于标准的中国画学业质量测评是一项复杂的工程。测评的目的是综合把握学生的中国画学习能力状况，为学生学习和教师教学提供更具针对性的证据；同时也是为了准确了解中国画教育质量的现状和发展态势，及时发现中国画教育中存在的问题，更好地为中国画教育决策服务。今后，我们将不断总结和完善中国画学业质量测评工具。

第一，进一步明确学业质量的测评导向。中国画学业质量测评应该以核心素养的育人价值为导向，改变传统学业评价过于重视学习结果和知识技能的倾向，引导学生用中国画的思维方式进行感知、观察、思考、探究和创造，关注学生的个性化成长和全面发展，尤其是个体兴趣、品格、态度、能力、价值观等方面的发展。测评内容不强调考查学生对具体知识和技能的记忆，而是侧重于评价学生是否具有良好的知识结构、中国画的理解力和探究力、知识的含义及在真实情境中的运用，以及对事物或现象的分析、论证与解释能力，侧重考查学生的艺术思维和学以致用及知识迁移的能力。

第二，进一步拓展学业质量的测评工具的研发。学业质量的测评工具采用量性评价与质性评价相结合的方法，并注重于表现性评价。作为美术学科的中国画具有较强的专业特殊性。在评价工具的开发中，本次试题设置了选择题、建构题、表现题，注重判断、反思、表现等高层次能力为特点的质性评价。在评价活动中，鼓励学生将思考的过程充分地展现出来。今后在测评中将更加注重学习过程与学习成果，提倡设置微型档案袋的评价方式，以便评价专家能从多方面、综合地评价学生的中国画学业质量。随着智能化教育趋势的到来，信息技术带来的现代教育测量技术的突破，基于"人机交互"的计算机赋能将使测评更为客观和公正。同时，从适应网络测试向实时动态数据收集过渡，增值性评价、指向学生深度学习的表现性评价、真实性评价、教育云评价等定量与定性方法，将极大地拓宽评价与监测的深度和广度，使教育评价更加精细化和集约化。[①] 这些都将成为中国画学业质量测评的发展方向。

---

① 辛涛，贾瑜. 国际视野与本土探索："国际学生评估项目"的作用及启示 [J]. 教育研究，2019(12):9−16.

第三，进一步完善学业质量的测评内容。测评依据国家课程标准，内容主要从美术学习活动的"创作""欣赏"两方面展开。在欣赏层面，主要考查学生对中国画表现语言的辨别、比较、分析、判断，进而深入到对中国画题材与主题、形式与风格、意境与趣味等的认知和思考。在表现层面，需要通过手绘的形式进行呈现和表达，考查学生中国画表现和创新的能力和水平，其中"笔墨""章法""创意"是重要的参考指标，主要通过"笔墨""章法""创意"测评点来考查学生的中国画审美能力和表现能力。在欣赏层面，则主要考查学生对中国画审美的认知和判断能力。

第四，进一步正视学业质量测评的局限性。虽然学业质量测评倡导从投入、过程和产出等环节来评价学生的学习，但测评的重点仍是学习的结果质量，"它无法深入呈现教育对学生的持续作用，因为它不可能是一项追踪的纵贯研究，无法进行增值性评价，无法展现学生发展的全貌，也无法系统衡量教育系统的质量及变化情况"[1]，这是当前学业质量测评的局限性。

学业质量监测的目的是对学生的艺术素养和学科能力进行评定，其本质是着眼于人的发展。我们应该意识到艺术素养不是一种静态的能力表现，而是诉诸人自身在特定情境中解决问题的能力，关涉必备品格、关键能力、价值观念等因素，并受到偶然性、情境、文化乃至个体等诸多复杂因素的影响。因此，如何从促进人的发展角度进行基于学科的全方位、全过程的质量监测依然是教育管理的难点。基于艺术学习质量监测中的中国画学业测评将不断探索设计出兼具普遍性和操作性的测评工具，并能兼顾艺术素养层面的内隐性和个体性差异，将学生通过中国画学习而获得艺术素养测评出来，这将成为我们不断思考和理性论证的努力方向。

---

[1]　辛涛，贾瑜. 国际视野与本土探索："国际学生评估项目"的作用及启示 [J]. 教育研究，2019(12):9-16.

结章　研究结论与展望

一、研究的结论与局限

（一）研究结论

1.本课题研究的主要观点

主要观点一：在文化创造型国家的建设中，中国画教学评价是了解学生获得21世纪视觉艺术素养的重要途径，它在培养学生爱护中华优秀传统文化艺术意识，树立正确看待文化与创新文化价值的意识，增强文化自信和社会责任感，促进学生内在精神的生长，尤其是在确立学生民族文化的认同感和自豪感方面具有强大的力量。

主要观点二：目前我国中小学中国画教学评价方面存在诸多问题，未能反映中国画教学的成效和学生的中国画素养。通过建构中小学中国画教学评价体系和基于视觉艺术素养的中国画学业质量测评工具，开发并实施中国画教学评价相关的系列课程等，能解决中小学中国画教学评价方面的问题，为培养推动中华优秀传统文化创造性转化、创新性发展的未来人才发挥独特作用。

2.本课题研究的结论

研究结论一：基于当前中小学中国画教学缺乏有效的教学评价体系的问题，本研究立足于真实情境和具体案例建构的基于"以学生为中心"的中国画教学评价体系，能够有助于推进学生对中国画的深度学习，培植学生的艺术素养。结合可视化大数据分析方法，研究建构的中国画课堂教学质量评价指标体系和中国画学习能力评价指标体系，能够有效指导中小学美术教师更好地对学生的中国画学习进行评价，并帮助教师通过评价指标体系不断反思自我的中国画教学，提升中国画教学的质量，推进师生中国画的教与学。

研究结论二：本研究尝试从神经美学、认知神经科学作为提升中国山水画学习力研究的新视角。通过眼动追踪技术的实证研究，获取了学生在中国山水画学习质量方面的客观数据，得到了学习单和笔墨体验的教育干预与学生眼动变化的新发现，即眼动变化可能是检查教育干预引起的中国画鉴赏观看策略变化的合适手段，解决以往中国画鉴赏教学完全基于教师个人经验和主观判断的问题，突破了迄今为止缺乏教育干预是否能改善学生在中国画欣赏过程中观看策略的研究瓶颈。

研究结论三：由大学、美术馆和中小学校三方联合开展的山水画教学实践活动，在培养中小学生山水画学习力方面具有可行性与有效性。本研究所提供的实证数据对我国中小学生山水画学习能力研究的不足进行补充，同时为中小学中国画课程与教学的改革提供了有效策略以及值得借鉴与推广的经验。研究成果对解决目前我国中小学中国画课堂教学以及馆校结合美术教育仍然注重向学生传递中国画知识与技能，未能真正提高中小学生中国画学习力的问题，起到了借鉴与推广的作用。

研究结论四：针对目前我国中小学中国画教学在评价方面存在课程、方法不足等问题，本研究探索了多种基于中国画课程和教学的评价策略，为开发高质量的中国画教学评价案例，提供了有益的借鉴和交流平台。

研究结论五：本研究开发了基于视觉艺术素养的中国画学业质量测评工具，能够综合把握学生的中国画学习能力状况，为学生学习和教师教学提供了更具针对性的证据；同时能够准确了解中国画教育质量的现状和发展态势，及时发现中国画教育中存在的问题，更好地为中小学中国画教育决策服务。这一测评工具从学生的基础知识和基本技能转向注重从学生的视觉感知、创新思维、迁移能力、文化理解等方面进行多维度评价，在中国画学习评价领域是全新的尝试。

（二）研究局限

本课题研究面临诸多困境，首先，建构中小学中国画教学评价体系存在困难，虽然评价研究近年来已成为教学研究中的重点，但美术教学评价相对比较滞后，可借鉴的研究方法较少；其次，对于中小学中国画教学评价而言，可视化大数据分析是个全新的领域，通过调研发现，鉴于多方面因素，许多学校并未实施中国画的课堂教学，由此也带来了中国画教学评价方法的滞后，尚未产生基于中国画教学评价的大数据。因此本研究最后落实在采用数据分析和可视化分析的研究方法上，希望研究建构的中小学中国画教学评价体系及其教学评价策略、评价案例的推广，能为更多的美术教师通过教学评价方法提升中小学生中国画学习能力，并在不久的将来，大数据技术能采集真实状态下的学生中国画学习的全样本评价数据，来检验本研究建构的中小学中国画教学评价体系，提高和改进评价结果的信度与效度。

本课题研究由于人力、时间与经费等方面的问题，存在着一些局限。其局限主要表现在以下三个方面：

第一，调查问卷虽然已兼顾到全国范围，但在调查数量和范围上考虑得还不够充分，调查集中于上海及长三角地区，西部和西北部经济及教育发展水平比较落后的地区的数据资料相对比较少。

第二，由于疫情等原因，本课题组在中小学美术教学中开发的中国画教学评价案例的地区比较局限，仅在上海、江苏、广东三省市进行了教学实验，在全国其他省市尚未得到试行与普及。

第三，本课题组在研究过程中发现，虽然学校及美术教师都已意识到中国画教学在美术课程教学中的重要性，但鉴于材料工具、课时、教室空间、美术教师中国画能力等诸多因素的困扰，目前很多学校包括经济发达的上海地区都尚未真正全面实施中国画的课堂班级教学。因此，基于中国画教学和评价的大数据还未真正产生。基于这一问题，本研究适时进行了调整，立足于采用样本实验、数据统计、可视化等分析方法进行研究，建构了基于学习者为中心的中小学中国画教学评价体系，及基于标准的中小学中国画学业质量测评体系，这些研究成果能为将来实施中小学中国画教学评价的大数据观测提供指引。

二、智能化时代中小学中国画教学评价的蓝图

延续了两年多的新冠肺炎疫情仍在全球大流行，加剧了社会和经济不平等、气候变化、生物多样性丧失、资源利用超越地球边界，以及以数字技术为代表的颠覆性技术发展等，世界正处于不确定和不稳定之中，处于这样一个新的转折点。2021 年 11 月，联合国教科文组织向全球发布《共同重新构想我们的未来：一种新的教育社会契约》（Reimagining our futures together: A new social contract for education）报告，秉承教育应成为"全球公共利益"的理念，进一步倡导构建新的"社会契约"，探讨和展望面向未来乃至 2050 年的教育。

报告认为，教育作为解决世界不平等现象的重要支点，承载着人类的美好

期许。新的教育社会契约,必须能够将人类联合起来,通过集体努力,提供所需的知识和创新,帮助我们塑造面向所有人的可持续与和平的未来,维护社会、经济和环境正义,实现教育作为"全球共同利益"的愿景。缔结这种新的教育社会契约要遵循两条基本原则:1.要确保人们终身接受优质教育的权利;2.加强教育作为公共行动和公共利益的功能。展望2050年,教育的未来是多样的。在确定公正、公平和可持续发展这个宏大目标的前提下,着力构建新的教育社会契约。报告重点关注了教学、课程、教师、学校和跨时空教育等五个方面的变革,并提出了相应的指导性原则。① 这份报告为全世界未来30年教育发展勾勒出蓝图,同样对中国画教学及评价改革的发展方向具有非常重要的启发意义。

(一)提升美术教师的中国画素养和教学评价的能力

在联合国教科文组织新发布的报告《共同重新构想我们的未来——一种新的教育社会契约》中谈到了教师的职业特点和作用:"教师的教学应进一步专业化,让教师作为知识的生产者与促进教育、社会转型的关键人物而获得社会认可。协作和团队合作应成为教师职业的特征。反思、研究和创造知识以及新的教学实践应成为教学的组成部分。同时,必须支持教师的自主性和学术自由,保证他们充分参与关于教育未来的公开探讨和对话。"② 我国《教育部关于实施卓越教师培养计划2.0的意见》也提出了卓越教师的标准:"培养造就一批教育情怀深厚、专业基础扎实、勇于创新教学、善于综合育人和具有终身学习发展能力的高素质专业化创新型中小学教师。"③ 可见,在智能化时代急需一大批具有反思和研究能力、善于育人的卓越教师。而美术教师也需顺应时代发展潮流,向卓越教师方向努力。

在全球化、浅阅读、手机直播、电子家具的时代背景下,包括中国画在内的本土文化渐渐淡出学生的脑海。如何让学生通过中国画学习,体验中国画的

---

① [EB/OL]联合国教科文组织发布报告,探讨和展望面向未来乃至2050年的教育 | 科学 | 学术 _ 网易订阅 (163.com).

② [EB/OL]联合国教科文组织发布报告,探讨和展望面向未来乃至2050年的教育 | 科学 | 学术 _ 网易订阅 (163.com).

③ [EB/OL]教育部关于实施卓越教师培养计划2.0的意见 – 中华人民共和国教育部政府门户网站 (moe.gov.cn).

语言、表达方式和内涵，感受到我国绘画样式的独特魅力，从而激发珍惜、关爱民族文化的情感，加强与中华民族文化的紧密联系，树立继承与发展本土文化的志向，同时通过中国画的学习进而来思考中华优秀传统文化在今天和未来的价值，以及对国际社会的影响，这些都体现了学校中国画教学的重要性和美术教师作用及价值所在。

中国画是一种精神产物，它以启迪人的心灵为旨归。中国画教育应该成为推动社会创新、文化传承的"有为之学"。教育的宗旨是引导学生在怀疑和自省中发现自我。蔡元培认为艺术的意义在于"破人我之见，去利害得失"。因此，中国画的学习不仅培养学生的审美能力、创新能力、文化理解和传承能力，还有反思能力和自我认识能力。

如何让学生理解和感悟到中国画价值的转化，这对美术教师而言是不小的挑战，这就要求美术教师具有中国画学习的能力和教学评价的综合素养。如果教师不具有中国画的专业素养和教学评价能力，在学校教育中他们就不能准确传递中国传统艺术的内容与价值，中小学生也就无法真正感受到中国画学习的乐趣，难以积极投入学习，由此也就难以获得适应当今及未来社会所需要的视觉艺术素养。因此，美术教师教育的目标不是仅仅培养教师去传授课程或课本上的教学内容，而是要让美术教师准确认识中国画的独特价值与目的，并理解中小学生是如何进行学习的，哪些经验能够帮助中小学生联结已知的和需知的知识和技能，通过怎样的评价方式能保证他们达到目标。在此基础上，美术教师就能更好地向中小学生传递中国画的独特价值与力量，帮助他们获取在高度复杂世界中生存和交流必不可少的视觉素养，从而在德、智、体、美、劳各方面得到全面发展。[①] 同时，我们需要增进美术教师对中国画价值与目的、课程目标与内容、教学方法与评价方式的理解，通过多种途径与方法深入开展强有力的美术教师的培训，帮助他们更好地理解评价在中国画教学中的作用，并鼓励和拓展他们对中国画教学评价策略与方法的探索。

---

① 钱初熹. 美育视域下学校美术教育的创新发展 [J]. 美术研究，2020（3）：11-14.

（二）人工智能时代教育变革对中国画教学评价的影响

近年来，人工智能的发展环境发生了深刻的变化，呈现出深度学习、跨界融合、人机协同、群智开放、自主操控等新特征。[①]当前，人工智能正在开启一场比工业革命的发展速度更快、涉及面更广、颠覆性更强的社会变革，推动经济社会从数字化、网络化向智能化加速跃升。这也推进了教育信息化、智慧教育、智能教育的迅捷发展。

随着移动互联网、教育大数据以及人工智能技术的发展，技术已渗透到教育教学的各个方面，推动传统教育向智慧教育的深刻变革。教学、管理、评价是人工智能教育变革的三个核心议题。建立综合多元的评价指标体系，对不同学生实行差别化评价，鼓励学生发展特长，把创造力、想象力、自控力、沟通能力、合作能力、信息素养、社会情感素养等作为教育的重要目标，引导学生追求人的内在价值。[②]计算机技术与人工智能的发展也为测评领域注入了新的活力，推动了智能化测评的产生。目前，智能化测评已经在学生能力和知识水平评估、人格与心理健康评估以及教学过程评估等方面取得进展。[③]

以教育大数据为基础的评价是教育现代化的重要标志，它正在进入教育教学的各个层面，孕育教育变革的力量。在教育大数据的支持下，学习分析技术与教学评价的结合创生出支持多元智能发展的智慧环境，评价实践的对象、内容和方法呈现出一种新的景象，在时空延续、过程参与和交互体验等方面超越了传统评价理论的自洽范畴，为重建智慧教育背景下的评价理论提供了思辨的土壤。[④]

在大数据时代之前，我们很难捕捉到学生学习过程中产生的数据并加以分析评价。进入智能化时代，我们能收集到过去无法获取的过程性学习数据，大数据有能力将数据的生成与处理、利用分隔开来，改变过去单向度的教学评价

---

① 新一代人工智能发展白皮书（2017）[R]. 北京：中国电子学会，2017. 5.
② 曹培杰. 人工智能教育变革的三重境界 [J]，教育研究，2020,41(2):143−150.
③ 骆方、田雪涛等. 教育评价新趋向：智能化测评研究综述 [J]. 现代远程教育研究，2021（5）：42−52.
④ 毛刚、周跃良、何文涛. 教育大数据背景下教学评价理论发展的路向 [J]. 电化教育研究，2020（330）10：22−27.

方式，向教师、学生、家长提供一个更为便利的、针对学生行为和表现的全面评价体系。学习分析技术通过采集学习过程数据，为学生提供最优化的学习路径。目前，学习分析正在从单向度在线学习数据分析转向多模态数据分析。①

中国画教学评价研究要解决当前的问题，既要关注中国画教学评价本身的复杂性，又要确立新的问题框架，找到新的理论支点，创新中国画教学评价体系和研究范式。从研究范畴与方法来看，以往中国画教学研究多聚焦于学科内部的单向研究，未来中小学中国画教学评价研究的发展离不开多种研究范式的交汇融合与理性借鉴。借鉴人工智能和可视化分析等新技术和创新观念，从以往重视教学评价转向关注学生的学习评价，不断开发出多元化研究工具以提高研究成果的信度和效度，本课题研究正是在此方面作了一些探索和实践，而随着人工智能和大数据分析技术的不断推进，基于智慧教育研究框架的智慧评估必将为未来中国画教育评价研究提供更多的方法指引。

---

① Agathe，M.，et al. Learning Analytics：From Big Data to Meaningful Data［J］. Journal of Learning Analytics，2016，（3）.

附　录

附录1：中国画学习情况调查问卷——小学篇

TO：亲爱的小朋友：你好！为了让大家更喜欢画画，我们制定了这份中国画学习情况调查问卷。相信你会认真答题，非常感谢你的帮助。（请在□内打钩）

1.请问你是男孩还是女孩？

　　□男孩　　　□女孩

2.请问你所在的年级？

　　□四年级　　　□五年级

3.请问你学过中国画吗？

　　□学过　　　□没学过

4.请问你在哪里学习的中国画？

　　□学校　　　□校外培训机构

5.请问以下哪些属于中国画的工具材料？（可多选）

　　□毛笔　　□铅画纸　　□宣纸　　□墨汁　　□砚台　　□水　　□水彩笔

6.请问哪幅图是侧锋用笔？

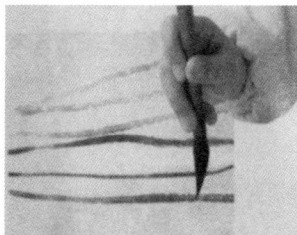

　　　　　　　□　　　　　　　　　　　　　　　　□

7.请问你去过博物馆吗？

　　□1—2次　　　□3次以上　　　□从没去过

8.请问你去过美术馆吗？

　　□1—2次　　　□3次以上　　　□从没去过

9.请问你在哪里见过中国画作品？（可多选）

　　□美术馆、博物馆　　□手机　　□教科书

　　□旅游　　□电视或网络　　□课外书籍

10.请问以下哪几位是中国画大师？（可多选）

　　□毕加索　　□齐白石　　□凡·高　　□张大千　　□吴冠中　　□马蒂斯

11."墨分五色"通常是指？

　　□焦墨　　□淡墨　　□浓墨　　□重墨　　□清墨　　□中墨

12.请问以下哪些图是中国画？

　　　　□　　　　　　　　□　　　　　　　　□　　　　　　　　□

附录2：中国画学习情况调查问卷——初中篇

TO：亲爱的同学：你好！我们正在进行关于中国画教学的调查，你的意见将帮助我们更全面地了解当今中学中国画教学的现状及存在的问题。请根据自己的实际情况选择答案（方框内打√），感谢你的支持。

1. 你的性别？
　　□男　　□女
2. 你所在的年级？
　　□六年级　　□七年级　　□八年级　　□九年级
3. 你是否在美术课堂中学习过有关中国画的内容？
　　□是　　□否
4. 你学过中国画的哪些内容？
　　□山水画　　□花鸟画　　□人物画
5. 你是否喜欢中国画？
　　□喜欢　　□比较喜欢　　□一般　　□不喜欢
6. 你认为现在的中国画课堂？
　　□生动有趣　　□一般　　□枯燥
7. 是否有参加校外中国画培训的经历？
　　□两年以上　　□两年　　□一年　　□半年　　□从未
8. 参观美术馆展览的频率？
　　□一月一次以上　　□一年几次　　□一年一次　　□从未去过
9. 前往博物馆参观的频率？
　　□一月一次以上　　□一年几次　　□一年一次　　□从未去过
10. 以下中国画题材作品中你更喜欢哪一种？
　　□花鸟画　　□山水画　　□人物画
11. 以下属于中国画表现手法的是？（多选）
　　□重彩　　□写意　　□工笔　　□泼墨　　□水彩

12. 以下作品中属于工笔画作品的是？

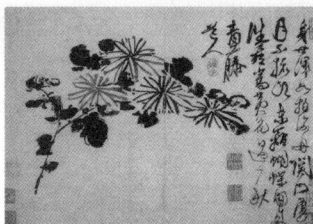

□

□

□

□

13. 请将以下作品与它相匹配的中国画表现手法进行连线：

写意画   工笔画   白描

14. 请判断以下这幅中国画作品属于哪个朝代？

□宋代   □唐代   □五代   □元代

15. 以下哪一项是对中国画作品的要求？

　　□物象逼真　　□气韵生动　　□色彩鲜艳　　□比例准确

16. 请对以下作品进行赏析（可以从你对这幅作品的感受、作品的内容、色彩、造型、表现手法等方面进行鉴赏）

《出水芙蓉图》　宋代　吴炳

附录3：中国画学习况调查问卷——高中篇

TO：亲爱的同学：你好！我们正在进行关于中国画教学的调查，你的意见将帮助我们更全面地了解当今中学中国画教学的现状及存在的问题。请根据自己的实际情况选择答案（方框内打√），感谢你的支持。

1. 你的性别？

   □男　　　□女

2. 你所在的年级？

   □高一年级　　　□高二年级　　　□高三年级

3. 你是否在美术课堂中学习过有关中国画的内容？

   □是　　　□否

4. 你是否喜欢中国画？

   □喜欢　　　□比较喜欢　　　□一般　　　□不喜欢

5. 中国画很多都是长卷，欣赏的方式是什么呢？

   □左开右收　　　□右开左收　　　□从中间往两边的欣赏方式

6. 中国山水画中的"三远法"包含哪些？（多选题）

   □高远　　　□平远　　　□迷远　　　□幽远　　　□深远

7. 传统的中国画颜料，一般分成哪两大类？

   □矿物颜料　　　□丙烯颜料　　　□水性颜料　　　□植物颜料

8. 以下中国画题材作品中你更喜欢哪一种？

   □花鸟画　　　□山水画　　　□人物画

9. 你学习过的中国画山水画有？（多选）

   □水墨山水　　　□青绿山水　　　□浅绛山水　　　□金碧山水

10. 现存最早的中国纸本绘画作品是？

    □《照夜白》　　　□《八骏图》　　　□《五牛图》　　　□《百骏图》

11. 这张图节选自哪幅作品？

    □《韩熙载夜宴图》

    □《汉宫春晓图》

    □《步辇图》

12. 这张图片节选自清代郎世宁（意大利米兰）所绘的《百骏图》，它的表现技法是？

　　□西方写实技法

　　□中国重彩技法

　　□中西合璧的绘画技法

13.《步辇图》是唐朝画家阎立本的名作之一，为唐代绘画的代表性作品。它记录唐代的哪件大事件？

　　□松赞干布迎娶文成公主入藏的事。

　　□玄宗即位，开元盛世。

　　□张骞出使西域，开辟丝绸之路。

14. 请对以下作品进行赏析（可以从你对这幅作品的感受、作品的内容、色彩、章法布局、表现手法等方面进行鉴赏）

宋代《千里江山图》　王希孟

_____

_____

_____

附录4：中小学中国画教学状况调查——教师问卷

性别_____ 学历_____ 任教年_____ 任教单位_____ 所在地区_____
（请根据实际情况在方框内打√）

1. 您从事哪个学段的美术教学工作？
　　□高中　　□初中　　□小学
2. 您认为中小学有必要进行中国画教学吗？
　　□有必要　　□没有必要　　□无所谓
3. 您觉得中国画教学在中小学美术教学中的地位如何？
　　□受重视　　□一般　　□不受重视　　□不好说
4. 您觉得大学所学的中国画专业知识能胜任现在中国画的教学吗？
　　□完全能胜任　　□基本能胜任，但还需要继续学习　　□不能胜任
5. 在您的美术课堂教学中进行中国画内容的教学吗？
　　□没有　　□有
6. 您认为下面哪些方面对评价学生中国画作品是重要的？（请按重要程度
排序）
　　□笔墨　　□造型　　□构图　　□创新　　□趣味
7. 您觉得现行教材设计的中国画教学内容合理吗？
　　□合理　　□比较合理　　□不太合理　　□不好说
8. 您完全按照教材进行中国画教学吗？
　　□是　　□否　　□部分参照
10. 在进行中国画教学中您有没有给学生作示范？
　　□有　　□没有　　□无所谓
11. 您在教学中会自己设计中国画教学内容吗？
　　□经常　　□没有　　□偶尔
12. 您的中国画教学会对学生重视哪些方面的培养？
　　□技法表现　　□鉴赏能力　　□审美判断　　□创新思维　　□文化理解

13. 您会选择下列哪些中国画学习方法进行教学?

　　□临摹　　　□写生　　　□创作　　　□鉴赏

14. 您平时会利用课余时间从事中国画实践吗?

　　□经常　　　□偶尔　　　□不会　　　□不好说

15. 您通过什么途径来提高自己的专业水平? （可多选）

　　□博物馆　　　□画展　　　□实践　　　□其他

16. 在中国画教学过程中您通常会采用哪些评价方法? （多选题）

　　□口头点评　　　□打分等级　　　□自评互评师评

　　□档案袋评定　　　□评价量表

17. 在中国画教学中，您通常依据什么评价标准进行学习评价?

　　□国家课程标准　　　□自定标准　　　□教科书标准

18. 您现在使用的是哪个出版社的教材_____

19. 您觉得目前中小学中国画教学存在哪些困难或问题?

_____

20. 根据您的教授对象,您觉得进行中国画教学时还应让学生学习哪些知识?

_____

21. 您认为高等师范院校的中国画教学中存在哪些问题? 有何建议?

_____

22. 您尝试过运用一些电子、网络设备进行评价吗? 如果有，您是如何做的? 效果如何?

_____

23. 在中国画教学中，您认为教学评价对教学有何作用? 为什么?

_____

24. 您如何来评价学生的中国画作品? 从哪些方面? 有哪些标准?

_____

25. 您认为当前中国画教学评价存在哪些问题?

_____

本调查结果只运用于课题研究，感谢您的合作。

_____

附录5：初中中国画学业成就测评试题

学校＿＿＿＿＿年级＿＿＿姓名＿＿＿

1. 你喜欢中国画吗？（　　　）

A. 非常喜欢　　　B. 比较喜欢　　　C. 无所谓　　　D. 不喜欢

2. 你是通过哪些途径来了解中国画的？（可以多选）（　　　）

A. 课堂　　　B. 日常生活　　　C. 展览　　　D. 网络资源

3. 你会去当地的美术馆或博物馆吗？（　　　）

A. 1年4次以上　　　B. 1年2—3次　　　C. 1年1次　　　D. 从没去过

4. 中国画有哪些特征？（可以多选）（　　　）

A. 视觉性　　B. 空间性　　C. 表现性　　D. 技术性　　E. 审美性

F. 实用性　　G. 创新性　　H. 触觉性　　I. 造型性　　J. 意象性

K. 其他＿＿＿＿＿

5. 你认为中国画有什么作用？（可以多选）（　　　）

A. 美化生活　　B. 促进世界和平　　C. 变废为宝　　D. 抒发情感

E. 表达思想　　F. 改善环境　　G. 超越语言的交流　　H. 促进科技发展

I. 理解中国文化　　J. 心情愉悦　　K. 提供价值观　　L. 其他＿＿＿＿＿

6. 下列各项中，哪些与图片作品的表现方法一致，请用线条连接。

A. 写意　　　　　　B. 工笔　　　　　　C. 没骨　　　　　　D. 白描

7.请观察下图，回答下面问题：

（1）你看见了什么？ 1.＿＿＿＿＿ 2.＿＿＿＿＿ 3.＿＿＿＿＿ 4.＿＿＿＿＿

（2）这幅作品采用哪种形式的构图？ ＿＿＿＿＿＿＿＿＿＿＿＿＿＿＿

　A.三角形构图　　B.边角构图　　C.S形构图　　D.均衡式构图

（3）请用一两句话谈谈你对这幅作品的感想和理解：＿＿＿＿＿＿＿＿＿＿

＿＿＿＿＿＿＿＿＿＿＿＿＿＿＿＿＿＿＿＿＿＿＿＿＿＿＿＿＿＿＿＿＿＿＿＿＿

＿＿＿＿＿＿＿＿＿＿＿＿＿＿＿＿＿＿＿＿＿＿＿＿＿＿＿＿＿＿＿＿＿＿＿＿＿

＿＿＿＿＿＿＿＿＿＿＿＿＿＿＿＿＿＿＿＿＿＿＿＿＿＿＿＿＿＿＿＿＿＿＿＿＿

8.请观察下面的两幅作品，回答问题：

（1）作品1荷兰画家霍贝玛的《林荫道》通过＿＿＿＿＿＿表现手法，将树木的空间感很好地表现出来。

　A.背景和阴影　　B.块面和明暗　　C.轮廓线

（2）作品2元代画家倪瓒的《六君子图》通过＿＿＿＿＿＿表现手法，将树木的特性鲜明地表现出来。

　A.笔墨和线条　　B.明暗手法　　C.放大与阴影

381

（3）作品1荷兰画家霍贝玛的《林荫道》表现远近的表现方法是_____

选项：A.颜色   B.线条   C.透视   D.阴影

（4）作品2元代画家倪瓒的《六君子图》表现远近的表现方法是_____

选项：A.平远法   B.幽远法   C.深远法   D.高远法

9.赏析题

你刚参观完一个中国画的展览，很想与同伴分享一下你的观看感受，以下作品是展览中的一部分，请从中选择一幅最吸引你的作品，向你的同伴介绍。请从作品的画面内容、形式语言、创作主题以及自身感受等方面来介绍。

_____

_____

李可染《万山红遍》

叶浅予《藏族舞》

吴冠中《狮子林》

齐白石《祖国万岁》

10. 论述题

黄公望《富春山居图》（局部）

　　600多年前，元代画家黄公望隐居山林，用了三四年时间完成了一幅《富春山居图》，作为礼物赠给了他的好友无用道人。在当时，人们也都在为名忙、为利忙，只想结识对自己有用的人，只想做有用的事。黄公望与《富春山居图》不过是一个看似无用的人做了一件无用的事情而已。然而耐人寻味的是，几百年过去了，那些一代又一代的人做的有用的事都烟消云散了，而《富春山居图》的合璧大展却在2011年成为海峡两岸交流中的一件大事，慰藉了两岸同胞的心。针对这一现象出现了两种观点，一方认为《富春山居图》是无用之物，它实际上并没有创造出生产价值。另一方认为《富春山居图》是无价之宝，其对于人精神世界的安慰是其他物质无法替代的。

　　你赞同以上哪种观点？为什么？

　　理由是：＿＿＿＿＿＿＿＿＿＿＿＿＿＿＿＿＿＿＿＿＿＿＿＿＿＿＿＿＿

＿＿＿＿＿＿＿＿＿＿＿＿＿＿＿＿＿＿＿＿＿＿＿＿＿＿＿＿＿＿＿＿＿＿＿＿＿＿

　　不支持另外一种观点的理由是：＿＿＿＿＿＿＿＿＿＿＿＿＿＿＿＿＿＿＿

＿＿＿＿＿＿＿＿＿＿＿＿＿＿＿＿＿＿＿＿＿＿＿＿＿＿＿＿＿＿＿＿＿＿＿＿＿＿

11. 创作题

请参考下面提供的两幅江南园林作品，结合你对园林的认识，用自己的笔墨方式重构一幅你想象中的园林。

附录6：高中中国画学业成就测评试题

学校_____ 年级_____ 姓名_____

1. 你喜欢中国画吗？（   ）

    A. 非常喜欢   B. 比较喜欢   C. 无所谓   D. 不喜欢

2. 你是通过哪些途径来了解中国画的？（可以多选）（   ）

    A. 课堂   B. 日常生活   C. 展览   D. 网络资源

3. 你会去当地的美术馆或博物馆吗？（   ）

    A.1 年 4 次以上   B.1 年 2–3 次   C.1 年 1 次   D. 从没去过

4. 中国画有哪些特征？（可以多选）（   ）

    A. 视觉性   B. 空间性   C. 表现性   D. 技术性   E. 审美性

    F. 实用性   G. 创新性   H. 触觉性   I. 造型性   J. 意象性

    K. 其他_____

5. 你认为中国画有什么作用？（可以多选）（   ）

    A. 美化生活   B. 促进世界和平   C. 变废为宝   D. 抒发情感

    E. 表达思想   F. 改善环境   G. 超越语言的交流   H. 促进科技发展

    I. 理解中国文化   J. 心情愉悦   K. 提供价值观   L. 其他_____

6. 下列各项中，哪些与图片作品的表现方法一致，请用线条连接：

  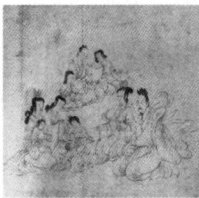 

    A. 写意   B. 工笔   C. 没骨   D. 白描

7.仔细观察下面作品,请在备选作品(图1、图2、图3)中选出一张最可能是《作品B》的图片,选出的《作品B》应该与图片①、图片②有一些共同点,并回答下面问题。

图片①倪瓒《安处斋图》　　　　　　　　　　图片②刘贯道《消夏图》

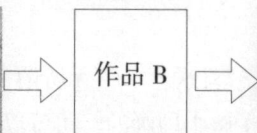

备选作品:

图1仇英《竹院品古》　　　图2张雨《倪瓒像》　　　图3周文矩《重屏会棋图》

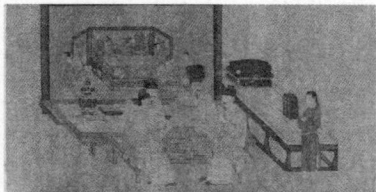

（1）《作品B》是_____

（2）图片①与《作品B》的相同点_____

（3）图片②与《作品B》的相同点_____

（4）图片②与图3的相同点_____

（5）图1仇英的《竹院品古》中描绘了文人雅集,其中有多种中国画的装裱形制,请你从下面选项中选择（多选）_____

　　A.挂轴　　B.手卷　　C.屏风　　D.镜框　　E.册页　　F.扇面

（6）上面这些画中都画了屏风,你认为画家画屏风的作用是什么,请在下面选项中选出一个你认为最适合的说法_____

　　A.美化环境　　B.丰富画面空间

　　C.装饰画面　　D.表现画主人的身份或理想

8.观察下面作品，回答问题。

（1）下面哪个描述符合《读碑窠石图》的意境？
（　　）

A.画面中荒寒的原野、劲拔的枯树和矗立的石碑，使人产生对于自然之景的向往。

B.画面中荒寒的原野、劲拔的枯树和矗立的石碑，使人产生对逝去历史的追忆和时代变迁的感慨。

C.画面中荒寒的原野、劲拔的枯树和矗立的石碑，让人产生一种阴森恐怖的感觉。

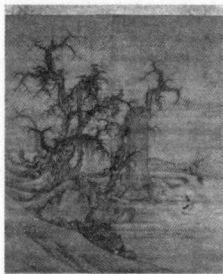

李成、王晓《读碑窠石图》
绢本水墨
纵 126.3 厘米　横 104.9 厘米

郭熙《树色平远图》　绢本水墨　纵 35.9 厘米　横 104.8 厘米

（2）比较《读碑窠石图》和《树色平远图》，说说它们之间的相似之处___

_____

_____

（3）根据这两幅作品的尺寸和意境表现，你会选择哪幅作品用来装饰下面图片场景的背景墙，并说出理由。

_____

_____

9. 赏析题

你刚参观完一个中国画的展览，很想与同伴分享一下你的观看感受，以下作品是展览中的一部分，请从中选择一幅最吸引你的作品，向你的同伴介绍。请从作品的画面内容、形式语言、创作主题以及自身感受等方面来介绍。

李可染《万山红遍》

叶浅予《藏族舞》

齐白石《祖国万岁》

吴冠中《狮子林》

10. 论述题

黄公望《富春山居图》（局部）

　　600多年前，元代画家黄公望隐居山林，用了三四年时间完成了一幅《富春山居图》，作为礼物赠给了他的好友无用道人。在当时，人们也都在为名忙、为利忙，只想结识对自己有用的人，只想做有用的事。黄公望与《富春山居图》不过是一个看似无用的人做了一件无用的事情而已。然而耐人寻味的是，几百年过去了，那些一代又一代的人做的有用的事都烟消云散了，而《富春山居图》的合璧大展却在2011年成为海峡两岸交流中的一件大事，慰藉了两岸同胞的心。针对这一现象出现了两种观点，一方认为《富春山居图》是无用之物，它实际上并没有创造出生产价值。另一方认为《富春山居图》是无价之宝，其对于人精神世界的安慰是其他物质无法替代的。

　　你赞同以上哪种观点？为什么？

　　理由是：＿＿＿＿＿＿＿＿＿＿＿＿＿＿＿＿＿＿＿＿＿＿＿＿＿＿＿＿＿

＿＿＿＿＿＿＿＿＿＿＿＿＿＿＿＿＿＿＿＿＿＿＿＿＿＿＿＿＿＿＿＿＿＿＿＿＿

＿＿＿＿＿＿＿＿＿＿＿＿＿＿＿＿＿＿＿＿＿＿＿＿＿＿＿＿＿＿＿＿＿＿＿＿＿

　　不支持另外一种观点的理由是：＿＿＿＿＿＿＿＿＿＿＿＿＿＿＿＿＿＿

＿＿＿＿＿＿＿＿＿＿＿＿＿＿＿＿＿＿＿＿＿＿＿＿＿＿＿＿＿＿＿＿＿＿＿＿＿

＿＿＿＿＿＿＿＿＿＿＿＿＿＿＿＿＿＿＿＿＿＿＿＿＿＿＿＿＿＿＿＿＿＿＿＿＿

＿＿＿＿＿＿＿＿＿＿＿＿＿＿＿＿＿＿＿＿＿＿＿＿＿＿＿＿＿＿＿＿＿＿＿＿＿

主要参考文献

◇书籍

1. 经济合作与发展组织.为了更好的学习：教育评价的国际新视野 [M].窦卫霖，等.译.上海：上海教育出版社，2019.

2. 联合国教科文组织国际教育发展委员会.学会生存：教育世界的今天和明天 [M].华东师范大学比较教育研究所.译.北京：教育科学出版社，1996.

3. 联合国教科文组织.反思教育：向"全球共同利益"的理念转变 [M].联合国教科文组织总部中文科.译.北京：教育科学出版社，2017.

4. 林崇德.21世纪学生发展核心素养研究 [M].北京：北京师范大学出版社，2016.

5. 朱智贤，林崇德.思维发展心理学 [M].北京：北京师范大学出版社，1986.

6. 边玉芳，梁玉婵.基础教育质量监测工具研发 [M].北京：北京师范大学出版社.2015

7. 李雁冰.课程评价论 [M].上海：上海教育出版社，2002.

8. 杨向东，崔允漷.课堂评价：促进学生的学习和发展 [M].上海：华东师范大学出版社，2016.

9. 崔允漷.有效教学 [M].上海：华东师范大学出版社，2009.

10. 崔允漷.学校课程实施过程质量评估 [M].上海：华东师范大学出版社，2017.

11. 张治.大数据背景下普通高中综合素质评价研究 [M].上海：上海教育出版社，2017.

12. 钟志贤.面向知识时代的教学设计框架——促进学习者发展 [M].北京：中国社会科学出版社，2006.

13. 朱雪梅."多元交互式"教学评价 [M]，北京：北京师范大学出版社，2019.

14. 吴志宏等.多元智能：理论，方法与实践 [M]，上海：上海教育出版社，

2004.

15. 陆璟 . PISA 测评的理论和实践 [M]. 上海：华东师范大学出版社，2013.

16. 陈玉琨 . 教育评价学 [M]. 北京：人民教育出版社，1999.

17. 吴永军 . 课程社会学 [M]. 南京：南京师范大学出版社，1999.

18. 张炳江 . 层次分析法及其应用案例 [M]. 北京：电子工业出版社，2014.

19. 尹少淳 . 美术教育学新编 [M]. 北京：高等教育出版社，2009.

20. 尹少淳主编 . 美术核心素养大家谈 [M]. 长沙：湖南美术出版社，2018.

21. 钱初熹 . 与大数据同行的美术教育 [M]. 上海：上海教育出版社，2017.

22. 钱初熹 . 当代发达国家艺术教育理论与实践 [M]. 上海：华东师范大学出版社，2010.

23. 钱初熹 . 美术教学理论与方法 [M]. 北京：高等教育出版社，2005.

24. 胡知凡 . 全球视野下的中小学美术教育 [M]. 上海：上海教育出版社，2015.

25. 徐复观 . 中国艺术精神 [M]. 上海：华东师范大学出版社，2001.

26. 丁钢 . 历史与现实之间：中国教育传统的理论探索 [M]. 桂林：广西师范大学出版社，2009.

27. 董立军 . 中国画教育的出路 [M]. 南昌：江西美术教育出版社，2007.

28. 郑文 . 中国画教学研究：基于中小学师资培训的视角 [M]. 上海：上海教育出版社，2018.

29. 周至禹 . 反思与责任：视觉艺术教育的现在与未来 [G]. 杭州：浙江人民美术出版社，2019.

30. 李英梅 . 数字化时代下的新媒体艺术教育 [G]. 上海：上海教育出版社，2017.

31. 格罗姆 . 儿童绘画心理学——儿童创造的图画世界 [M]. 李甦 . 译 . 北京：中国轻工业出版社，2008.

32. 沃尔博格 . 教育评价 [M]. 张莉莉，等 . 译 . 重庆：西南师范大学出版社，2011.

33. 林恩·埃里克森，洛伊斯·兰宁 . 概念为本的课程与教学：培养核心素养的绝佳实践 [M]. 鲁效孔 . 译 . 上海：华东师范大学出版社，2018.

34. 格兰特·威金斯，杰伊·麦克泰格.追求理解的教学设计（第二版）[M].闫寒冰，宋雪莲，赖平.译.上海：华东师范大学出版社，2017.

35. 格兰特·威金斯，杰伊·麦克泰格.理解为先模式：单元教学设计指南 [M].盛群力，等.译.福州：福建教育出版社，2018.

36. 詹姆斯·波泊姆.教师课堂教学评价指南 [M].王本陆，赵婧，等.译.重庆：重庆大学出版社，2010.

37. 洛林·W.安德森.布卢姆教育目标分类学：分类学视野下的学与教及其测评(修订版)[M].蒋小平，张琴美，罗晶晶，等.译.北京：外语教学与研究出版社，2009.

38. 约翰逊.学生表现评定手册 [M].李雁冰.译.上海：华东师范大学出版社，2000.

39. Grant Wiggins.教育性评价 [M].国家基础教育课程改革"促进教师发展与学生成长的评价研究"项目组.译.北京：中国轻工业出版社，2005.

40. Eric Jensen.艺术教育与脑的开发 [M].董奇.译.北京：中国轻工业出版社，2005.

41. 加涅著.教育设计原理 [M].皮连生，等.译.上海：华东师范大学出版社，1999.

42. 罗恩费德.创造与心智的成长 [M].王德育.译.长沙：湖南美术出版社，1993.

43. 大卫·苏泽，等.教育与脑神经科学 [M].方彤，等.译.上海：华东师范大学出版社，2014.

44. 田中耕治.教育评价 [M]，高峡，等.译.北京：北京师范大学出版社，2011.

45. 田中耕治，松下佳代，西岗加美惠，等.学习评价的挑战：表现性评价在学校中的应用 [M].郑谷心.译.上海：华东师范大学出版社，2015.

46. L.斯特弗.教育中的建构主义 [M].高文，徐斌艳，程可拉，等.译.上海：华东师范大学出版社，2002.

47. 布兰思福特，等.人是如何学习的：扩展版 [M].程可拉，等.译.上海：华东师范大学出版社，2013.

48. 索尔所，麦克林.认知心理学（第七版）[M].邵志芳，等.译.北京：教育科学出版社，2008.

49. 美国 EMC 教育服务团队 (EMC Education Services).数据科学与大数据分析——数据的发现 分析 可视化与表示 [M］.曹逾，刘文苗，李枫林，译.北京：人民邮电出版社，2016.

50. 埃雷兹·艾登，让 – 巴蒂斯特·米歇尔.可视化未来：数据透视下的人文大趋势 [M].王彤彤，沈华伟，程学旗，译.杭州：浙江人民出版社，2015.

51. 邱南森，张申译.数据之美：一本书学会可视化设计 [M].北京：中国人民大学出版社，2014.

52. 霍华德·加德纳.艺术·心理·创造力 [M].齐东海，等.译.北京：中国人民大学出版社，2008.

53. 鲁道夫·阿恩海姆.对美术教学的意见 [M].郭小平，翟灿，熊蕾，译.长沙：湖南美术出版社，1998.

54. 鲁道夫·阿恩海姆.视觉思维：审美直觉心理学 [M].滕守尧.译.成都：四川人民出版社，1998.

55. 埃德蒙·伯克·费德曼.艺术教育哲学 [M].马菁汝，译.杭州：浙江人民美术出版社，2016.

56. 艾略特·W·艾斯纳.教育想象：学校课程设计与评价 [M］.李雁冰，译.北京：教育科学出版社，2008.

57. 艾略特·W·艾斯纳.儿童的知觉与视觉的发展 [M］.孙宏，刘海英，张丹，译.长沙：湖南美术出版社，1994.

58. 艾伦·维纳，等.回归艺术本身：艺术教育的影响力 [M].郑艳，译.上海：华东师范大学出版社，2016.

59. 约翰·杜威.我们如何思维 [M].伍中友，译.北京：新华出版社，2010.

60. 约翰·D·布兰思福特，等.人是如何学习的 [M].程可拉，等译.上海：华东师范大学出版社，2021.

61. 斯塔尔·萨克斯坦.如何引导学生自我评估 [M].彭相珍，译.北京：中国青年出版社，2018.

◇期刊

1. 刘妍等 . 文化理解与传承素养：21 世纪核心素养 5C 模型之一 [J]. 华东师范大学学报（教育科学版），2020（2）：29–42.

2. 钱初熹 . 国外中小学视觉艺术教育评价的新动向及其启示 [J]. 现代基础教育研究，2017，26（6）：197–207.

3. 郑太年 . 以学习者为中心的课堂对话：理论框架与案例分析 [J]. 开放教育研究，2019，25（4）：59–65.

4. 舒越，盛群力 . 聚焦核心素养　创造幸福生活——OECD 学习框架 2030 研究述要 [J]. 中国电化教育，2019，386（3）:9–15.

5. 张华 . 论核心素养的内涵 [J]. 全球教育展望，2016（4）：10–24.

6. 毛泓 . 我国视觉素养教育的特色及启示 [J]. 新闻世界，2011（2）：102–103.

7. 刘沛 . 美国艺术教育国家标准（续）[J]. 中国美术教育，1999（4）：50–52.

8. 钱初熹 . 培养青少年视觉素养的学校美术课程与教学改革 [J]. 中小学教材教学，2015（2）：19–22.

9. 杨向东 . 关于核心素养若干概念和命题的辨析 [J]. 华东师范大学学报 (教育科学版)，2020，38（10）：48–59.

10. 张华 . 国外中小学数学教育评价研究述评及其启示 [J]. 课程·教材·教 法，2007（10）:83–87.

11. 郭文斌，方俊明，陈秋珠 . 基于关键词共词分析的我国自闭症热点研究 [J]. 西北师范大学学报（社会科学版），2012（1）：134–138.

12. 徐春浪，汪天皎 . 我国学生评价研究热点聚类分析及其知识图谱 [J]. 教育理论与实践，2016（11）：37–41

13. 程红，张天宝 . 论教学的有效性 [J]. 上海教育科研，1999（5）：13–14.

14. 钱初熹，徐耘春 . 视觉文化背景下的中小学美术学习评价 [J]. 现代基础教育研究，2013（3）：72–80.

15. 彭俐 . 初中学生美术学习评价标准的依据，原则与框架 [J]. 江苏教育研究，

2018（5）：43–46.

16. 张曦，曹建林 . 小学美术"欣赏·评述"课评价工具开发与运用探析 [J].
上海教育科研，2016（8）：70–72.

17. 刘琢 . 小学美术课堂教学评价思考 [J]. 现代教育科学，2014（6）：143–
144.

18. 张晓蕾，袁顶国 . 日本中小学活动类课程评价：框架与启示——以《学
习指导要领 (2010)》背景下的"特别活动"课程评价为例 [J]. 教育测量与评价，
2016（05）：52–56.

19. 郝志军 . 中小学课堂教学评价的反思与建构 [J]. 教育研究，2015，(421)
2：110–116.

20. 李燕芳，李红菊，陈福美，等 . 我国美术基础教育质量监测工具研制的
探索与思考 [J]. 教育参考，2017，（6）：14–18.

21. 陈向明 . 扎根理论的思路和方法 [J]. 教育研究与实验，1999，（4）：
58–63.

22. 郭亚婷 . 英国 ELLI 项目学习力理论要素，提升策略及启示 [J]. 教学与管理，
2015（21）：118–120.

23. 吕启松，庞佳，贺小光 . 英国 ELLI 项目中学习力的评估方式及启示 [J].
长春师范大学学报，2018（12）：131–133.

24. 李宝敏，宫玲玲，祝智庭 . 在线学习力测评工具的开发与验证 [J]. 开放
教育研究，2018（3）：77–84 下转 120.

25. 汪宏，陈笑浪 . 中小学美育教学评价智能化平台的建构与运用 [J]. 湖南
师范大学教育科学学报，2021，20（3）：44–50.

26. 陆润豪，张兴利，施建农 . 眼动技术在个体认知能力差异研究中的应用 [J].
心理科学，2021，44（3）：552–558.

27. 丁晓君，周昌乐 . 审美的神经机制研究及其美学意义 [J]. 心理科学，
2006，29（5）：1247–1249.

28. 李苗利，陈晶，吴杨 . 美术专业与普通专业学生对中西方绘画作品的审
美认知差异 [J]. 心理科学，2015，38（2）：366–372.

29. 黄龙等 . 眼动轨迹匹配法：一种研究决策过程的新方法 [J]. 心理科学进展，

2020，28(9):1454–1461.

30. 于洋等 . 瞳孔变化在记忆加工中的生物标记作用 [J]，心理科学进展，2020，28（3）：416‑425.

31. 张旭东，钱初熹 . 表现性评价在国内外中小学美术教育中的应用研究 [J]. 中国美术研究，2018（4）：112–120.

32. 魏晓东，于冰，于海波 . 美国 STEAM 教育的框架，特点及启示 [J]. 华东师范大学学报 (教育科学版)，2017，35（04）：40–46.

33. 王美，郑太年，裴新宁，仝玉婷 . 重新认识学习：学习者，境脉与文化——从《人是如何学习的 II 》看学习科学研究新进展 [J]. 开放教育研究，2019，06：46–57.

34. 顾小清等 . 智慧教育的理论框架，实践路径，发展脉络及未来图景 [J]. 华东师范大学学报（教育科学版），2021（8）：20–32.

35. 郑冠群 . 基于档案袋评价的中小学美育评价体系建构 [J]. 基础教育课程，2021（13）：66–72.

36. 尹少淳 . 教育观念决定评价技术——对美术教学评价问题的思考 [J]，中国美术教育，2001（5）：2–4.

37. 蔡清田 . 核心素养的学理基础与教育培养 [J]，华东师范大学学报（教育科学版），2018，36（1）：42–54.

38. 郑文 . 中小学中国画课堂教学评价指标体系建构——基于"以学习者为中心"的理念 [J]. 课程·教材·教法，2022（1）：117–122.

39. 沈晓敏 . 从文化传承到文化创造——日本传统与文化教育的走向 [J]. 全球教育展望，2011（11）.

40. 段鹏 . 对义务教育阶段学生艺术素质测评的思考 [J]. 教育与管理，2015（5）：18–20.

41. 戴歆紫，王祖浩 . 国外深度学习的分析视角及评价方法 [J]. 外国教育研究，2017（10）：45–57.

42. 蔡敏 . 论教育评价的主体多元化 [J]. 教育研究与实验，2003（1）：21–25.

43. 陈霞，肖之进 . 加德纳的多元智能理论与灵活多样的学生评价观 [J]. 考试周刊，2009（14）：195-196.

44.何玲.运用多元智能促进教师专业发展 [J].中小学电教，2009（3）：11-12.

45.曹培杰.人工智能教育变革的三重境界 [J]，教育研究，2020，41（2）：143-150.

46.钱初熹.以扩展与挑战培养学生核心素养的"大观念"视觉艺术课程研究 [J].美育研究，2019（4）：1-9.

47.毛刚，周跃良，何文涛.教育大数据背景下教学评价理论发展的路向 [J].电化教育研究，2020，330（10）：22-27.

48.闫志明，等.教育人工智能（EAI）的内涵，关键技术与应用趋势［J］.远程教育杂志，2017（1）.

49.曾文婕，郭佳佳，黄甫全.培育全民的创造力与责任心——联合国教科文组织《中期教育战略（2014-2021）》价值取向解析 [J].现代远程教育研究，2017（6）：20-27.

50.骆方，田雪涛等.教育评价新趋向：智能化测评研究综述 [J].现代远程教育研究，2021（5）：42-52.

51.刘坚，魏锐，刘晟，刘霞，方檀香，陈有义.《面向未来:21世纪核心素养教育的 全球经验》研究设计 [J].华东师范大学学报 (教育科学版)，2016，34（03）：17-21.

后　记

本课题研究历时将近五年，在此期间历经了三年的新冠疫情，对课题研究产生了一些影响，但也促使我们放慢脚步，对课题最初设定的关键问题重新思考其可行性和有效性。同时，这五年来，人工智能迅猛发展，也带来了教育评价方法的变革，2020年修订的《普通高中艺术课程标准》和2022年颁布的《义务教育艺术课程标准》对艺术课程和学生的艺术素养提出了新要求，这些变化为本课题研究提供了许多新思路和新方法，帮助我们更好地深化课题研究。

此课题研究难度较大，课题的顺利完成离不开课题组成员及诸多研究生的辛勤付出，在此，衷心感谢！他们是：钱初熹、张旭东、王颖洁、李欣芸、杨一宾、黄鞴、杨慧、李燕南、林一函、王依曼、龚祺星、唐利、陈梦倩、徐丹、赵刚琴、戚雪琴、董晖、陆吴佳、杨嘉晨、钱慧洁、陈吟爽、曹珈玮等。其中尤值得一提的是钱初熹教授，她在百忙中对课题研究的总体框架给予悉心指导，并在研究方法和实践案例推进上提出了诸多建议；在我们遇到研究瓶颈时，也能得到她及时的点拨和帮助。课题顺利完成和推进深化都离不开钱初熹教授的悉心指导和支持，在此表达我深深的感激之情。

本书得以顺利出版，还要感谢浙江人民美术出版社给予的大力支持，衷心感谢陈辉萍、许诺安编辑为本书出版所付出的诸多努力。

郑　文

2023年8月8日于沪上愉园